上海市实验学校南校
SOUTH SHANGHAI EXPERIMENTAL SCHOOL

“项”美攀登

上海市实验学校南校项目化学习实践与探索

陈罡／主编
谭李华／副主编

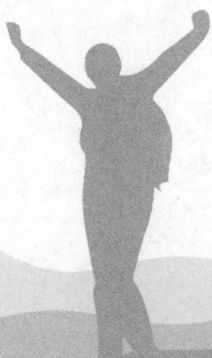

文匯出版社

目　　录

前言

一切从师生出发，让成长真实发生
——项目化学习推进路径 …………………… 陈　罡　谭李华　李帅帅（1）

第一部分　活动项目化学习案例

巡游规划师 …………………… 陈于为（3）
"双减"减负"双肩"，今天你给书包减重了吗 …………………… 谭李华　李帅帅　陈于为（13）
小记者：如何报道一篇新闻 …………………… 马文娟（19）

第二部分　学科项目化学习案例

"演员"的诞生 …………………… 黄岩辉（29）
当代初中生课余生活大揭秘 …………………… 童安杰（45）
文创中的埃舍尔 …………………… 郭妍婕　叶莉慧（69）
How to Create a Brochure to Introduce a Community …………………… 桑熠婷（75）
Compose an Article on WeChat Official Account …………………… 曹　沁（89）
你好，南校的春天 …………………… 高　琪　虞晶晶（103）
"梦回盛唐"博物馆之旅 …………………… 任艳彬（111）
"一瓶蚝油"品味"粤港澳"之旅 …………………… 杨晓丽（119）
地理有多美，带你去看看 …………………… 王　鑫　杨晓丽（127）
学习焦虑图册集 …………………… 张芳芳　印佳雯（131）

第三部分　跨学科项目化学习案例

植物医生："疫"起"沪"蔬，生命续航 …………………… 李帅帅（143）
打造永不落幕的"新型毒品"云展厅 …………………… 李帅帅　谭李华（157）

"漫"游三峡
——游戏设计师…………………………………………………………………… 黄岩辉(177)
"穿越时空，云赏四时"
——诗词情境化微电影教学……………………………………………………… 任　荣(185)
拾"意象"明珠，书现代新诗 ……………………………………………………… 任　荣(199)
图形的运动：我的动态校园 ……………………………………………………… 柳爱静(219)
魅力景观
——小小城市考察团……………………… 王　浩　黄岩辉　黄文君　凌淑雯(239)

第四部分　实践智慧

博物馆教育视野下初中整本书阅读跨学科学习模型建设
——以《昆虫记》为例……………………………………………………………… 王　萍(251)
项目化学习下初中语文古诗情境化教学策略探究
——以统编版七年级语文上册第一单元诗歌跨学科教学为例…………………… 任　荣(265)
语文课本剧项目化学习的实施策略………………………………………………… 黄岩辉(273)
指向数学建模素养的项目化学习设计与实施
——以"测量旗杆的高度"为例…………………………………………………… 徐丽玉(279)
从"旁听者"到"参与者"
——项目化学习在初中历史教学中的实践……………………………………… 任艳彬(287)
新时代、新征程：改革开放后浦东发展成就展
——项目化学习实践与思考………………………………………………………… 陈　润(293)
基于PBL的美国加州地区课堂的观察与思考 …………………………………… 谭李华(301)

第五部分　行动计划

浦东新区义务教育项目化学习三年行动计划第三批实验校申报表……………………… (317)
上海市实验学校南校2022年项目化学习工作计划 ………………………………… (323)
上海市实验学校南校2023年项目化学习推进计划 ………………………………… (329)

前 言

一切从师生出发，让成长真实发生

——项目化学习推进路径

陈 罡 谭李华 李帅帅

一、政策导向，指路引航

2019年6月，《中共中央国务院关于深化教育教学改革全面提高义务教育质量的意见》中指出，要"探索基于学科的课程综合化教学，开展研究型、项目化、合作式学习"。同时，上海市教委出台了《义务教育项目化学习三年行动计划(2020—2022年)》，将项目化学习作为促进义务教育学校教与学方式变革的重要手段。2021年3月，浦东新区教育局印发《浦东新区义务教育项目化学习三年行动计划(2021—2023年)》的通知，探索项目化学习教与学的新样态，激发学校办学活力。2022年4月，教育部发布《义务教育课程方案和课程标准(2022年版)》，文件指出，"义务教育课程应该开展跨学科主题教学，强化课程协同育人功能，跨学科主题学习的课时不少于本学科总课时的10%"。

我校自2020年以来，按照上级政策和通知要求，基于新课标的育人要求，结合"护长容短，适性成才"的办学理念，针对不同个性天赋学生发展的需求，建构指向核心素养的跨学科项目实施策略，积极开展项目化学习的探索之路。

二、发展回顾，行稳致远

2020年至今，我校实现了"区项目化学习创建校"到"区项目化学习实验校"的进阶，并获得多项国家级、市级、区级奖项。

(一) 2020 排兵布阵，扎实基础

2020年我校作为"区项目化学习创建校"，实施"校长室—教师发展中心—教研组—备课组"四级管理模式，由"综合文科组"率先尝试，践行"以点带面"的工作思路，并邀请崔春华研究员来校做培训讲座，夯实项目化学习的实践基础。

(二) 2021 以点带面，初见成效

2021年从"综合文科组"扩展至"综合文科组、学科发展年、拓展课"，7名教师设计和实施

了 4 个学科项目，其中 1 个项目获评“区优秀项目化学习案例”。

（三）2022 全面开花，考核优秀

2022 年我校考核“优秀”，进阶为“区项目化学习实验校”，面向全校、全学科推进项目化学习，并实现活动、学科、跨学科的全面开花、相互赋能。由教研组和备课组牵头落实学科项目和跨学科项目，年级组牵头落实活动项目。30 余名教师设计和实施了 13 个项目，涵盖活动、学科、跨学科全类目。

其中 2 个项目分获第三届“学习素养・项目化学习”全国案例征集与评选的一等奖和三等奖，1 个项目获评首届“中国基础教育卓越原创案例展评”特色案例，1 个项目获评首届长三角地区“课本中的博物馆”二等奖，多个项目在区级项目化展示中汇报展出。

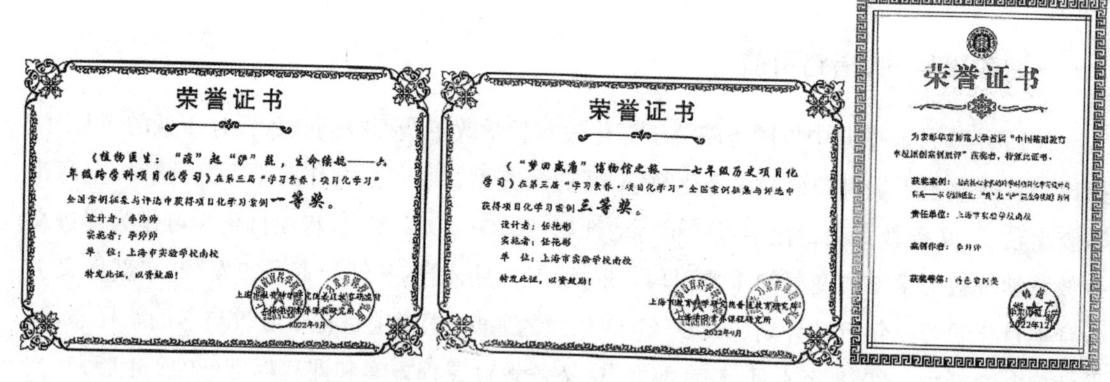

荣誉证书

《植物医生：“蔬”起“沪”能，生命续航——六年级跨学科项目化学习》在第三届“学习素养・项目化学习”全国案例征集与评选中获得项目化学习案例一等奖。

设计者：李帅帅

实施者：李帅帅

单　位：上海市实验学校南校

特发此证，以资鼓励！

2022年9月

荣誉证书

《“梦回盛唐”博物馆之旅——七年级历史项目化学习》在第三届“学习素养・项目化学习”全国案例征集与评选中获得项目化学习案例三等奖。

设计者：任艳彬

实施者：任艳彬

单　位：上海市实验学校南校

特发此证，以资鼓励！

上海学习素养课程研究所

2022年9月

荣誉证书

为表彰华东师范大学首届“中国基础教育卓越原创案例展评”获奖者，特颁此证书。

获奖案例：[illegible]

责任单位：上海市实验学校南校

案例作者：[illegible]

获奖等第：特色案例奖

2022年12月

（四）2023 保持势头，稳扎稳打

2023 年 5 月 17 日，我校举办了主题为“落实新课标，践行项目化，遇见真成长”的浦东新区区级项目化展示活动。活动邀请到上海开放大学理工学院院长张永忠教授、上海市实验学校副校长陈兴冶老师及东明学区领导，得到了各位领导专家的肯定和鼓励。在上海市项目化学习案例库征集（第四批案例）中，我校取得 1 个一等奖、1 个二等奖、2 个三等奖的好成绩。

三、探究实践，融合创新

我校以项目化学习为抓手，开展“学—做—评—研—促”一体化，依托夏雪梅博士团队的项目化学习建构丛书、“预见学习”项目申报平台及浦东新区项目化学习的专家培训和指导，积极利用家、校、社资源，培养面向未来的学习者，赋能教师的专业发展，助力学校教与学方式变革。

（一）学——共学共研

秉承上海市实验教育集团的教师专业发展理念，以“懂实验、乐学习、善教学、会研究、敢创新”为目标打造教师队伍。我校组建了 18 人的项目化研究小组，邀请上海市实验学校科研室陆如萍主任做专家引领，每周三的第 7、8 节课，开展项目化学习的“学—行—研”。在学习上，共学共研项目化学习的建构丛书，夯实理论基础；进而应用在行动上，设计与实施活动、学科、跨学科项目化学习案例，积累实践经验；从而生成研究性成果，撰写项目化学习案例论文，开展项目化学习研究课题。

(二) 做——行思并进

学校以"'项'上攀登，'目'营心匠，'化'雨春风"为主题，展开了项目化学习探索。截至目前共完成22个项目化案例，60余名教师参与设计和实施，占我校教师总人数的70%，涵盖活动、学科、跨学科全类目，涉及语文、数学、英语、物理、心理、历史、道法、地理、科学、生物、信息科技、劳动教育、大队部、艺术节等学科及活动，德、智、体、美、劳五育融合，指向各学科和跨学科核心素养的培养。

项目化学习以设计六要素和实施六步骤为理论指导，规范开展项目化学习的设计和实施。项目化学习的设计要素有核心知识、本质问题和驱动性问题、高阶认知、学习实践、公开成果和学习评价六个维度(见图1)。项目化学习的实施流程包括入项探索、知识与能力建构、合作探究、形成与修订成果、出项、反思迁移六个阶段，这六个阶段形成"低结构(L)-高结构(H)"的循环(见图2)。在每一次从低结构到高结构的变化过程中，都会涉及学生的认知和理解的新变化。

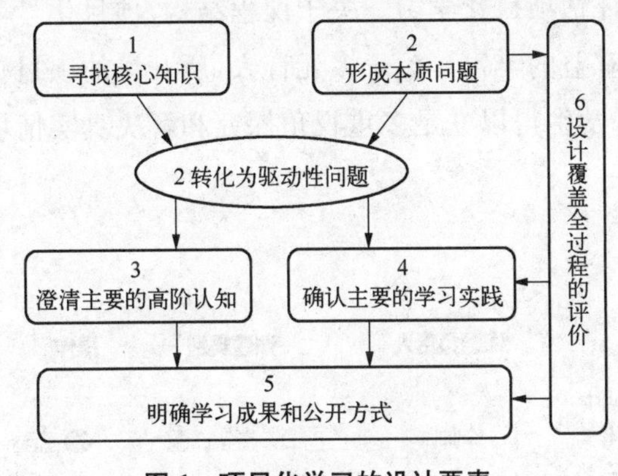

图1　项目化学习的设计要素

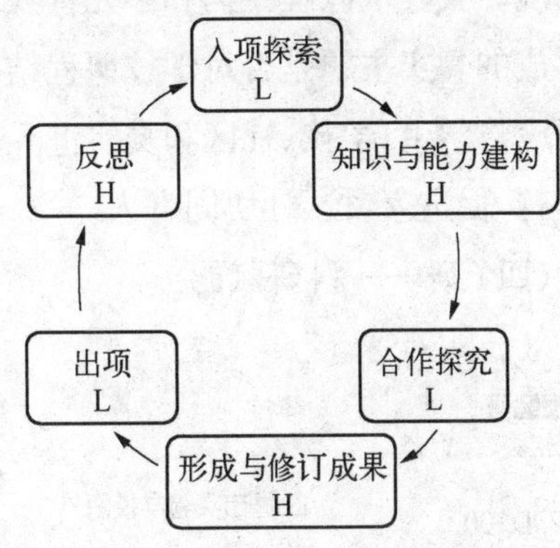

图2　项目化学习的实施流程

(三) 评——成果检验

为促进项目化学习的高质量发展，制定"指向素养的项目化学习评价质量分析框架(见附件)"，评价标准分基本标准和进阶标准。依托此评价标准，从学生学习、教师教学、学校发展三方面检验项目成果。

1. 学生学习成效

学生的学习成效将从关联核心素养、学习实践、高阶认知、个人成果和团队成果的量化评价及认知性和非认知性反思、远迁移和近迁移的质性评价两大方面展开验证。并且为提高学生项目化学习中的参与度和积极性，激发学习实践的主动性和成就感，每个项目负责教师选取所执教项目占比不超过25%的优秀学生进行校级表彰。

2. 教师教学成效

"双减"后的基础教育须提质增效，要求学校改变传统的教学方式，实现"四个转向"。我校项目化学习案例以"四个转向"为出发点，评价教师在课堂上是否实现了从知识传授转向能力培养、从做假设性的练习题转向解决现实世界和社会发展的真实问题、从被动学习转向主动学习、从单学科的学习转向跨学科的学习。

3. 学校发展成效

项目化学习是一种教与学的变革，会改变教与学的真实行为，突破纸上谈兵落实不了课堂的困境。我校从课程结构和多元育人两大方面评估项目化学习。关于课程结构，项目化学习所形成的真实主题是否对学校课程结构是一种有益的丰富。关于多元育人，所开设的项目化学习应将学生、学校、社区和真实世界联系起来，学生得以立足多重视角探究和解决真实情境的问题，促进家、校、社协同育人。

(四) 研——科研赋能

申报编号	学校	课题名称	课题负责人	课题类别	操作
2023D100	上海市实验学校南校	表现性评价在初中信息科技项目化学习中的应用研究	李帅帅	D. 青年课题	◎ 查看
2023B075	上海市实验学校南校	初中语文课本剧项目化设计与实施研究	黄岩辉	B. 一般课题	◎ 查看
2023D132	上海市实验学校南校	核心素养导向下初中语文古诗情境化教学实践研究	任荣	D. 青年课题	◎ 查看

我校坚持课题引领、科研赋能，助推学校项目化学习高质量发展。目前项目化学习相关课题《积极行为支持视角下劳动教育核心素养的培养体系研究》成功立项区级课题，着重开展劳动教育的项目化学习。《核心素养导向下初中语文古诗情境化教学实践研究》《表现性评价在初中信息科技项目化学习中的应用研究》《初中语文课本剧项目化设计与实施研究》三项区级课题已立项，着重开展语文诗词、信息科技和课本剧相关的活动、学科、跨学科学习。

四、机制保障，凝聚力量

1. 唤醒全员教师“善教善研”意识

真能教者必能研，真善研者必善教。研究型教师就应该是真能教者和真善研者的统一体。通过创建“令人心动的PBL”项目化学习群，及时分享我校、外校、市区等项目化培训和展示资源，并建立获奖项目案例资源库，供教师学习借鉴。

2. 构建项目化学习“动态赋能”机制

基于学校项目化学习的探索实践，关注实践过程中各级管理者、教师、学生对跨学科项目化学习的切实需求、问题挑战和实践智慧，形成融交流、培训、咨询为一体的动态赋能机制。

3. 构建项目化学习“绩效激励”机制

为激励学校教师参与项目化学习的热情，进一步探索教与学方式新路径，提高学校的内涵发展质量，在项目化学习绩效激励中，充分体现多劳多得、优绩优酬的原则，考核规范合理，兼顾公平公正的原则。

4. 构建项目化学习“辐射推广”机制

依托上海市项目化学习平台网站，以年级组、教研组、备课组为管理抓手，跟进教师的项目化设计和实施进展，研制典型案例，辐射推广实践经验，塑造学校科研氛围。

五、砥砺前行，铸就成长

一切从师生出发，让成长真实发生。从学生层面，通过实施项目化学习活动，全面提升学生综合核心素养，深度强化学生研究和探究能力，动态优化学生学习评价方式，帮助其成长为适应未来发展需要的、心智自由的终身学习者。从教师层面，以三类项目赋能教师专业发展，着重培养跨学科教师综合能力，构建项目化学习共同体，适应教育变革发展趋势。从学校层面，基于国家新课标育人目标，融合学校个性化育人目标，引领项目化学习的设计与实施，构建具有学校特色的教育和管理体系。

附件：

上海市实验学校南校 2023 年度项目化绩效奖励评价机制

评价指标		评　价　标　准	证明资料
基　本　标　准			
项目设计	项目选题	项目有创意，注重真实情境下问题的研究与解决，符合课程标准和培养核心素养的要求	项目化学习平台验证，须落实到项目设计与实施中，在项目化学习汇报中要有所体现
	驱动问题设计	问题具有层次性和内在逻辑关系，能推动项目成果的创建，促进学生高阶思维发展	
	教学过程设计	教学过程设计完善，能根据项目目标（核心素养、学习实践、高阶认知），制定阶段任务，设计学习活动，体现学生探究、协同和反思的学习过程	
	成果设计	项目成果含个人成果和团队成果，呼应驱动性问题，体现学生创造性问题解决的意识和能力	
	评价设计	项目评价前置，布置任务时同步告知评价标准，发挥评价作用的同时引导学生学习，选用多样且适宜的评价方法和工具，学生参与评价或制定评价标准	
项目实施	项目准备	项目启动前做好各项准备工作，组织项目实施团队制订切实可行的实施计划，分阶段准备教学资源	
	实施过程	根据教学设计和实施计划完整实施项目，能适时调整教学设计和实施计划，提供相应的学习支架，指导学生应对项目的复杂性和不确定性	
	资源采集	注重项目实施过程中各类资源的采集、分类和存档，尤其关注学生在项目过程中生成性资源的采集	
进　阶　标　准			
展示汇报	校级展示	发布项目案例公众号，并做组内或校级汇报	提供公众号资料/汇报 PPT
	市区级展示	展出学生的项目成果，学校推荐做市区级汇报	提供学生成果/汇报 PPT
成果输出	展示/公开课	项目中的课程作为校级以上公开课，或校级以上的展示研讨课	提供录像
	案例、论文	撰写的项目实践案例、论文，在校级以上刊物公开发表或在校级以上活动中交流、获奖	提供发表记录/交流证明/获奖证书
	课　题	申报并立项校级、区级或市级项目化相关课题	提供课题立项证明
	种子教师	通过区种子教师遴选，并获得项目化学习种子教师称号	提供种子教师荣誉证书
其他		项目化五周年庆出书纳入征稿 根据实际情况补充	

第一部分

活动项目化学习案例

巡游规划师

设计者：陈于为
实施者：陈于为

一、项目背景

上海拥有众多优质的展览馆，有着丰富的艺术空间与资源，同时也是中国共产党的诞生地和中国革命的摇篮，有着丰富的文化底蕴和红色资源。

在特殊时期，难以亲临实地，欣赏了解，由此思考如何结合多样的形式，带领学生巡游，了解属于上海的红色文化，展现出对新时代美好未来的憧憬，留下南校学子的足迹，发挥其自主性与合作实践能力。

二、项目目标

1. 通过手绘设计红色邮票作品，培养学生的美术实践创作能力，提高审美能力。

2. 通过线上设计红色路线地图，了解各类修图软件的使用，提高学生的信息技术操作能力。

3. 通过讲解介绍红色地标，培养学生的语言表达能力。

4. 通过团队协作，完成“线上红色路线展览”，培养学生的团队协作能力与沟通能力，激励学生不忘初心，赓续红色血脉，坚守初心使命。

三、项目设计

1. 本质问题

如何在特殊时期，结合艺术节活动，用多样的形式在线上了解红色地标与艺术场馆。

2. 驱动问题

子问题 1：可以结合哪些形式，进行综合展览？

子问题 2：这些多元的展览形式，分别对应哪些具体任务与岗位？

子问题 3：小队分工的流程线该如何设计？

子问题 4：最后如何整体呈现展出？

3. 项目规划

了解活动含义，介绍岗位—分配任务，各自组队—学生结合多种形式分头实施—形成成果展示。

四、项目实施

1. 了解活动含义，介绍岗位

召集各班宣传委员、美术课代表、班长等各班代表提出问题，进行"头脑风暴"，集思广益讨论如何结合多样的形式了解红色地标与艺术场馆。整体介绍本次"巡游规划师"团体内的基本岗位设置与任务（见表 1）。

表 1 "巡游规划师"岗位任务

路线规划师	1. 规划整体巡游路线，分配组员任务 2. 确定团队名称，路线名称
红色集邮家	根据路线涉及地标，手绘设计红色邮票
地图设计师	线路地图设计绘制（电子易拉宝设计）
路线讲解员	1. 撰写路线介绍文案 2. 语音介绍路线上涉及的各类场馆，音频录制（公众号插入）
技术指导员	1. 整合文字图片素材 2. 巡游路线公众号制作

2. 分配任务，各自组队

各班负责同学在班级内进行传达，召集班级同学组队，填写报名表并上交。结合岗位任务（路线规划师、红色集邮家、地图设计师、路线讲解员、技术指导员）进行组队，10 人一组，认领岗位（见表 2）。

本次活动针对初一年级，共有 10 个小队组队完成。

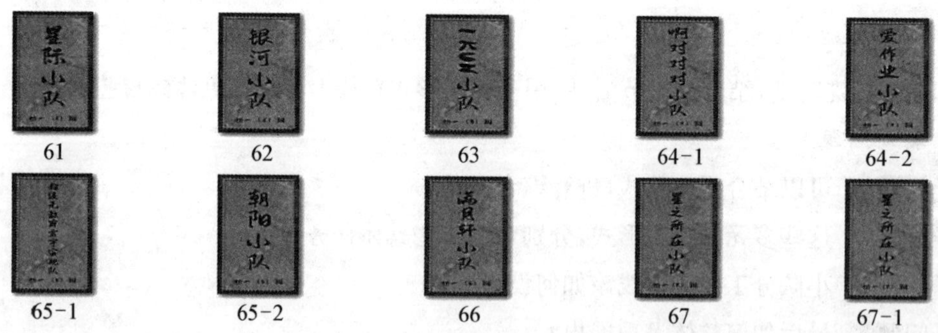

61 62 63 64-1 64-2
65-1 65-2 66 67 67-1

表 2 “巡游规划师”报名表(以星际小队为例)

班　　级	初一(1)班	团队负责人	姜凯译
团队名称	星际小队		
团队成员	姜凯译、赵艺涵、张之悦、赵思语、李天懿、周琳峰、钟泽宇、刘旭、王逸文、李悦阳		
线路名称	星际遨游		
路线规划师	姜凯译		
红色集邮家	赵艺涵、张之悦、姜凯译、李天懿、李悦阳、周琳峰、王逸文		
地图设计师	刘　旭		
路线讲解员	赵思语		
技术指导员	钟泽宇		

3. 小组合作，学生分头实施

(1) 结合教师提供的“地标推荐”，由各组“路线规划师”进行牵头，规划一条校外艺术实践路线(见表 3)。

表 3 地 标 推 荐

红色地标推荐	
红色纪念馆系列	中共一大会址纪念馆 中共二大会址纪念馆 中共四大会址纪念馆 团中央机关旧址纪念馆 中共代表团驻沪办事处纪念馆(周公馆) 中共上海地下组织斗争史陈列馆(刘长胜故居) 中国共产党发起组成立地(《新青年》编辑部)旧址 中共中央政治局机关旧址 红色泥城主题馆等
名人故居、纪念馆系列	上海毛泽东旧居陈列馆 陈云故居暨青浦革命历史纪念馆 张闻天故居 宋庆龄故居 孙中山纪念馆 鲁迅纪念馆 韬奋纪念馆 李白烈士故居 淞沪会战纪念馆 四行仓库等

续 表

红色地标推荐	
烈士陵园系列	龙华烈士陵园 宋庆龄陵园 高桥烈士陵园 川沙烈士陵园等
革命遗址遗迹系列	五卅惨案烈士流血处 三山会馆 地下少先队群雕 迎接上海解放纪念群雕 朱家店抗日之战纪念碑等
艺术地标推荐	
美术馆	上海当代艺术博物馆
	浦东美术馆
	上海外滩美术馆
	中华艺术宫等
建筑美	外滩建筑群
	武康大楼
	外白渡桥
	油罐艺术中心
	复星艺术中心等

(2) 以手绘红色邮票设计接力的形式,整体设计路线地图,同步进行地标介绍与讲解,路线内须包含艺术+红色元素地标并分头实施。

表4 "巡游规划师"各岗位实施过程(以星际小队为例)

岗 位	实 施 内 容
红色集邮家	根据路线涉及地标,手绘设计红色邮票进行接力  1-1  1-2  1-3

续　表

岗　　位	实　施　内　容
红色集邮家	1-4　1-5　1-6 1-7　1-8　1-9
地图设计师	根据整体线路，设计红色路线地图

续表

岗位	实施内容
路线讲解员	撰写路线介绍文案,语音介绍路线上涉及的各类场馆。 **星际小队路线讲解员演讲稿** 尊敬的老师,亲爱的同学们,大家好! 我是来自初一(1)班星际小队的路线讲解员赵思语。接下来由我为大家阐述我们小队本次活动的设计理念并详细讲解路线内具体地标,带大家领略充满历史记忆和时代气息的上海! 我们小队的路线名称是"追寻红色记忆,感受时代气息",小队成员是:赵思语,姜凯译,赵艺涵,张之悦,李天懿,周琳峰,钟泽宇,刘旭,王逸文,李悦阳。 百年来,历史给上海贴过无数的标签,每一个都象征着时代的发展变迁。如今,摩天高楼拔地而起,市井生活一如往昔,当现代艺术遇上历史文化,酿出一种独特的情调。在这趟旅程中,我们不仅可以感受充满历史气息的上海,也可以感受充满艺术范儿的魔都! 我们小队共选择了7个红色地标作为站点,分别是一大会址纪念馆、三山会馆、中华艺术宫、浦东美术馆、外滩美术馆、外白渡桥、上海博物馆。 从学校出发,第一站来到中国共产党诞生地——一大会址,一同追寻红色历史记忆。一大会址,全名中国共产党第一次全国代表大会会址,是一座砖木结构旧式石库门住宅建筑,坐北朝南。1921年7月23日至30日、8月3日,中国共产党第一次全国代表大会先后在上海和嘉兴的会址内举行。一大会址是中国共产党的诞生地,也是中国共产党人的精神家园。 接下来让我们走进三山会馆:三山会馆是一座具有福建地方特色的会馆建筑,四周清水红砖墙,高大的门楼正中有"三山会馆"馆名石刻,上方及两侧有"天后宫"字样和象征吉祥如意图案的花岗石刻浮雕群。1909年,旅沪福建籍水果业商人集资兴建三山会馆。1989年9月26日,三山会馆移建竣工并免费对外开放。 第三站让我们来到中华艺术宫。中华艺术宫位于上海市浦东新区上南路205号,其前身为创建于1956年的上海美术馆。中华艺术宫是2010年上海世博会的标志性建筑,被誉为"东方之冠",总建筑面积达到16.68万平方米,拥有展示面积近7万平方米,拥有1.4万件馆藏品,首批展出1 400多件。位于49米层5号展厅的《多媒体版清明上河图》,于2012年10月1日起开展。作品的总长有128米,高6.5米,将原作放大了将近30倍。整件作品结合声光电全效。 下面我们再来到浦东美术馆看一看,体验时代的气息。浦东美术馆位于陆家嘴滨江第一线,紧邻东方明珠塔、上海国际会议中心,是目前上海的新地标。浦东美术馆面对外滩历史建筑群,向西延伸到黄浦江面,与沿江景观规划及东岸贯通工程相结合;东侧的绿地成为从美术馆延伸出的一个艺术公园,也是举办音乐节、艺术节等重大户外活动的草坪公园。 参观完了浦东美术馆,让我们再回到浦西,一览外滩美术馆的艺术特色。上海外滩美术馆坐落于上海黄浦江与苏州河交汇之处的外滩源片区,以"人文的关照、艺术的推广"为使命,致力于当代艺术研究,是一个艺术推广与交流的国际平台。未来,上海外滩美术馆也将依托自身的文化传统和汇聚潮流的地域优势,定期举办以上海外滩历史文化为主题的活动,期许发展成为融艺术、设计和创意为一体的上海新生活美学空间,为民众提供优质的艺术教育和文化休闲资源,以此推动社会进步,提升城市生活品质。 苏州河是上海的母亲河,而外白渡桥则是上海市境内连接黄浦区与虹口区的过河通道,位于苏州河汇入黄浦江口附近,是中国的第一座全钢结构铆接桥梁和仅存

续　表

岗　位	实　施　内　容
路线讲解员	的不等高桁架结构桥梁，也是上海市优秀历史保护建筑。1856 年，第一代外白渡桥建成，名为“威尔斯桥”。1876 年，第二代外白渡桥建成，定名为“公园桥”。1907 年，第三代外白渡桥建成并沿用至今。 最后让我们来到上海市中心——人民广场，参观上海博物馆，体验中国历史的源远流长。上海博物馆位于上海市黄浦区人民大道 201 号，陈列面积共计 12 000 平方米。一楼为中国古代青铜馆、中国古代雕塑馆和展览大厅；二楼为中国古代陶瓷馆、暂得楼陶瓷馆和展览厅；三楼为中国历代书法馆、中国历代绘画馆、中国历代玺印馆；四楼为中国古代玉器馆、中国历代钱币馆、中国明清家具馆、中国少数民族工艺馆和展览厅，是综合性博物馆。 以上就是我们星际小队这次“巡游规划师”的详细路线图介绍，希望我们小队的本次讲解能带给你们不小的收获。感谢大家的聆听。
技术指导员	整合所有文字图片素材，巡游路线公众号编辑制作，形成完整的初步线上展览内容合集，每周推送一期，线上交流展示。 扫一扫：欣赏“星际小队”线上展览

4. 形成成果

经过前期各小队的合作整合，在线上学校公众号平台发布展出各小队的成果，线下作品进行展览，选取优秀作品，制作成册。组织师生线上线下进行参观浏览，并评价交流。

成果类型	具　体　内　容
颁发荣誉证书	评价时关注个人和集体： 1. 个人奖项：最优规划师、最强集邮家、最强地图设计师、最佳技术指导员 2. 集体奖项：团体一、二、三等奖，优秀奖
红色路线展览 （公众号合集）	形成线上红色路线合集，线上展示学生优秀作品 ikun小队　啊对对小队　爱作业小队

续 表

成果类型	具　体　内　容
红色路线展览 （公众号合集）	满月轩小队　星际小队　星之所在小队　银河小队
红色邮票展览 （线下展览）	挑选优秀的红色邮票设计作品，在校内进行布展，与校园文化融合在一起 
“巡游规划师” 项目成果册	集合优秀邮票作品和线上的展览（扫描册子内相应附带的二维码，可以直接观看）。可以作为纪念册送给参与项目的同学留念，也可存放于学校公共图书区域，供学生浏览优秀作品 

续　表

成果类型	具　体　内　容
“巡游规划师” 项目成果册	

5. 复盘反思

星际小队：百年来，历史给上海贴过无数的标签，每一个都象征着时代的发展变迁。如今，摩天高楼拔地而起，市井生活一如往昔，当现代艺术遇上历史文化，酿出一种独特的情调。在这趟旅程中，我们不仅可以感受充满历史气息的上海，也可以感受充满艺术范儿的魔都！

满月轩小队：红色地标不管是红色纪念馆、名人故居还是美术馆，都有一定的代表性，也很好地展现了当时的革命精神及红色故事。时间在流逝，时代在进步，然而革命先烈的精神永垂不朽！从我们自身做起，珍惜自己的青春年华，努力学习，开拓进取，争做新时代的好少年！

星之所在小队：“红焰之路”内包含了红色纪念馆、名人故居、纪念馆、烈士陵园、革命遗址等红色地标及一些艺术地标，向大家展示了红色革命时期的一些历史故事和关键历史信息，使大家了解革命时期出现的一些名人、烈士等。中国共产党的诞生是中国历史上开天辟地的大事件，让我们一起参观这条“红焰之路”，了解中国革命。

五、项目反思

在这个项目中，学生需要团队合作，经历各种学习历程，最后形成"线上红色路线展览"的成果。学生以小队为单位，护长容短，发挥个性，多元融合活动形式，依托绘画、讲解、设计等方式进行巡游，结合学生各自擅长的领域，各司其职，自由设计自己心目中的红色路线。学生在项目过程中对于团队协作沟通能力与多学科多元结合的创作能力有了更深的理解，少先队员也在潜移默化中将爱国主义融入精神根脉。项目激励全体少先队员不忘初心、牢记使命，争做担当民族复兴大任的时代新人，为实现伟大中国梦接续奋斗。

成功之处：

1. 多元融合活动形式，结合学生各自擅长的领域，各司其职，护长容短，发挥特长。
2. 线上线下结合，多角度展示宣传。

改进之处：

1. 红色邮票设计可添加电子板绘。
2. 可以再加入职业体验内容，结合实践教育，将德育活动更加有机地结合在一起。

“双减”减负“双肩”，今天你给书包减重了吗

设计者：谭李华　李帅帅　陈于为
实施者：谭李华　李帅帅　陈于为

一、项目背景

伴随书包重量过重的问题，国家颁布的双减政策其中一个必要的环节便是减轻书包重量。同时还有越发丰富炫酷的减重书包，比如我们众所周知的拉杆式书包。拉杆式书包一定程度上确实减轻了书包对学生的负担，但仍然存在许多弊端，如磨损台阶，发出噪声，影响到楼梯的使用寿命；给我们的教室走廊增添许多障碍，使道路拥挤、堵塞，造成很大的不便；拉杆式书包的拖行方式也会引起脊柱侧弯等问题。但拉杆式书包“存在即合理”。

鉴于此，本研究以大队部成员为行动实验小组，展开让“双减”减负“双肩”的书包减重实践研究工作。

二、项目目标

1. 通过观察，知道校园书包的实际现象与问题。探究真实现状，自主设计调查研究内容，分小组进行合作整理、归纳与研讨，锻炼学生的组织领导能力。

2. 结合多样的知识内容，形成“双减”减负“双肩”的可行性建议，落地应用减负建议，小范围实施，收集反馈实验结果并分析，提高学生解决实际问题的能力。

3. 统计分析数据，形成调研报告，并形成可推广的校园书包减负建议。整体培养学生观察现象、搜集资料、研究问题、分析数据、组织规划、沟通表达、合作学习等综合能力。

三、项目设计

1. 本质问题

如何在减负双肩的同时，既不影响学习质量，又不破坏校园环境？

2. 驱动问题

现实性问题情境：在本项目的前期调研中发现，拉杆书包使用率比双肩背包使用率低但占比也很高。高年级比低年级使用率更高；由于高年级楼层高，所以拉杆书包拉起来更不方

便；上下楼梯声音响，还磨损楼梯；班级走道拥挤，影响出入走动。基于以上现实问题，本项目旨在不取缔拉杆书包的情况下，解决如下问题：

问题 1：如何做到书包减重，又不影响学习质量？

问题 2：如何做到携带拉杆式书包，又不破坏校园环境？

3. 项目规划

明确驱动性问题，自主讨论，分组调研，分解任务。以小组为单位，调研书包现状，收集前测数据。在搜集、整理了前测数据后，反馈调研结果，基于结果形成“双减”减负“双肩”的可行性建议，最后形成落地应用减负建议，在校内大范围实施。

四、项目实施

1. 寻找典型案例

根据我校目前拉杆式书包的现状，寻找典型案例，如书包内非常杂乱、书包内没什么东西等。

2. 问卷调查

设计学生调查问卷，进行普查，了解学生最真实的使用情况。问卷中涉及学生的个人基本信息、书包类型、书包内物品种类、往返学校方式与时长、个人主观感觉等。

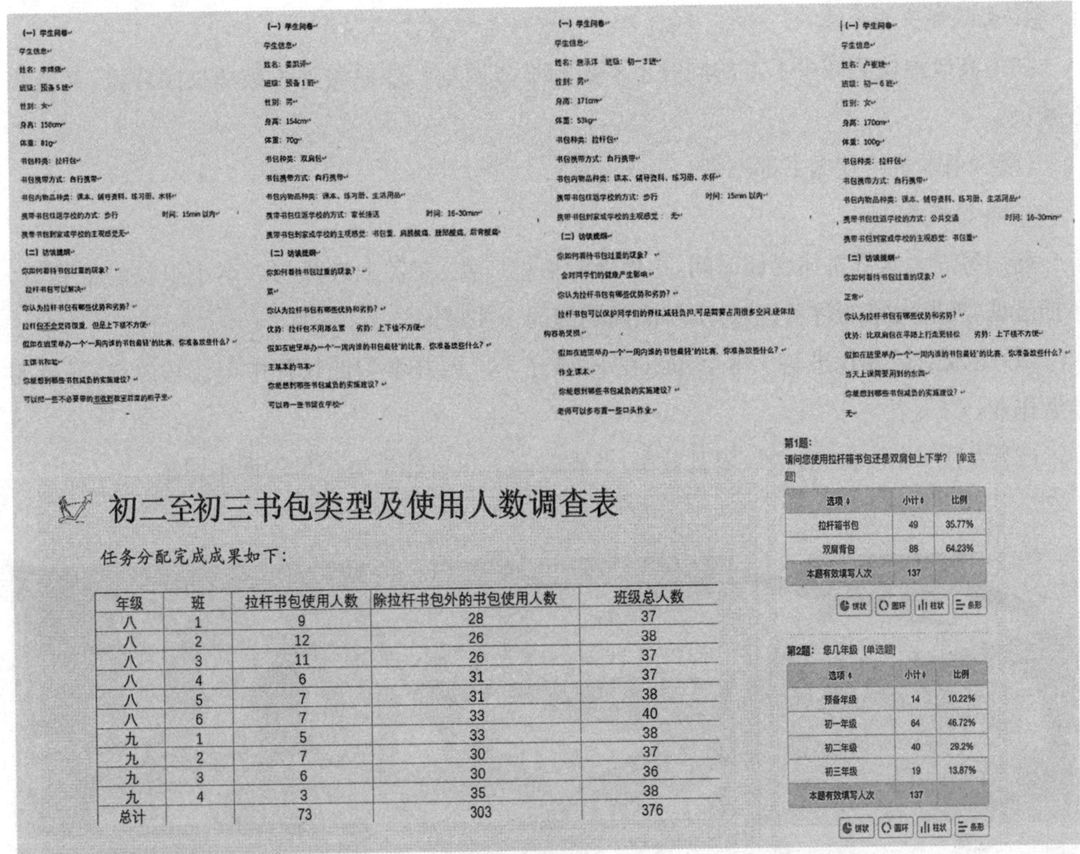

初二至初三书包类型及使用人数调查表

任务分配完成成果如下：

年级	班	拉杆书包使用人数	除拉杆书包外的书包使用人数	班级总人数
八	1	9	28	37
八	2	12	26	38
八	3	11	26	37
八	4	6	31	37
八	5	7	31	38
八	6	7	33	40
九	1	5	33	38
九	2	7	30	37
九	3	6	30	36
九	4	3	35	38
总计		73	303	376

第1题：
请问您使用拉杆箱书包还是双肩包上下学？ [单选题]

选项	小计	比例
拉杆箱书包	49	35.77%
双肩背包	88	64.23%
本题有效填写人次	137	

第2题：您几年级 [单选题]

选项	小计	比例
预备年级	14	10.22%
初一年级	64	46.72%
初二年级	40	29.2%
初三年级	19	13.87%
本题有效填写人次	137	

3. 整理数据资料

根据前期不完全统计，总结现状，对比两种书包的不同优势。

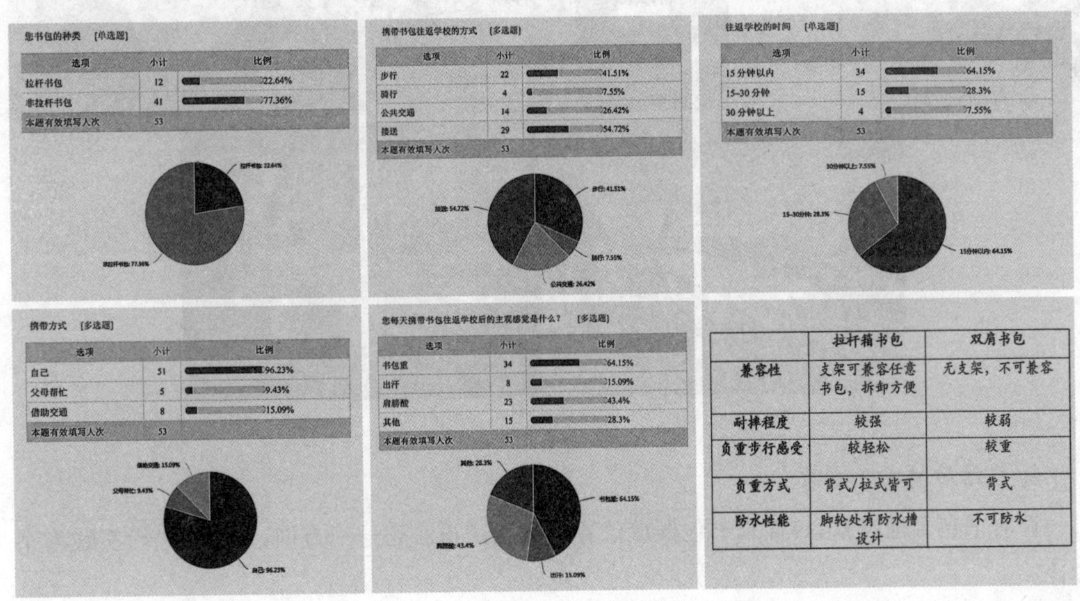

您书包的种类 [单选题]

选项	小计	比例
拉杆书包	12	22.64%
非拉杆书包	41	77.36%
本题有效填写人次	53	

携带书包往返学校的方式 [多选题]

选项	小计	比例
步行	22	41.51%
骑行	4	7.55%
公共交通	14	26.42%
接送	29	54.72%
本题有效填写人次	53	

往返学校的时间 [单选题]

选项	小计	比例
15分钟以内	34	64.15%
15-30分钟	15	28.3%
30分钟以上	4	7.55%
本题有效填写人次	53	

携带方式 [多选题]

选项	小计	比例
自己	51	96.23%
父母帮忙	5	9.43%
借助交通	8	15.09%
本题有效填写人次	53	

您每天携带书包往返学校后的主观感觉是什么？ [多选题]

选项	小计	比例
书包重	34	64.15%
出汗	8	15.09%
肩膀酸	23	43.4%
其他	15	28.3%
本题有效填写人次	53	

	拉杆箱书包	双肩书包
兼容性	支架可兼容任意书包，拆卸方便	无支架，不可兼容
耐摔程度	较强	较弱
负重步行感受	较轻松	较重
负重方式	背式/拉式皆可	背式
防水性能	脚轮处有防水槽设计	不可防水

4. 大队部头脑风暴

如何高效地做到减少书本的同时也不影响学习质量？如何做到不破坏校园环境，又能高效减负？

（减少书本量≠什么书都不带）

5. 集思广益

利用每周大队部集体会议时间，小伙伴们集思广益，在各个教师与3名小组长的带领下，各抒己见，汲取大家的智慧，整合出解决问题的两个关键词。

(1) 记忆：记知识进脑子里>知识在书、本子上。要在学习的过程中记住知识点，尽量闭卷做作业。

(2) 专注：专注做题，可以提升效率，节省时间。尽可能带更少量的课本回家。

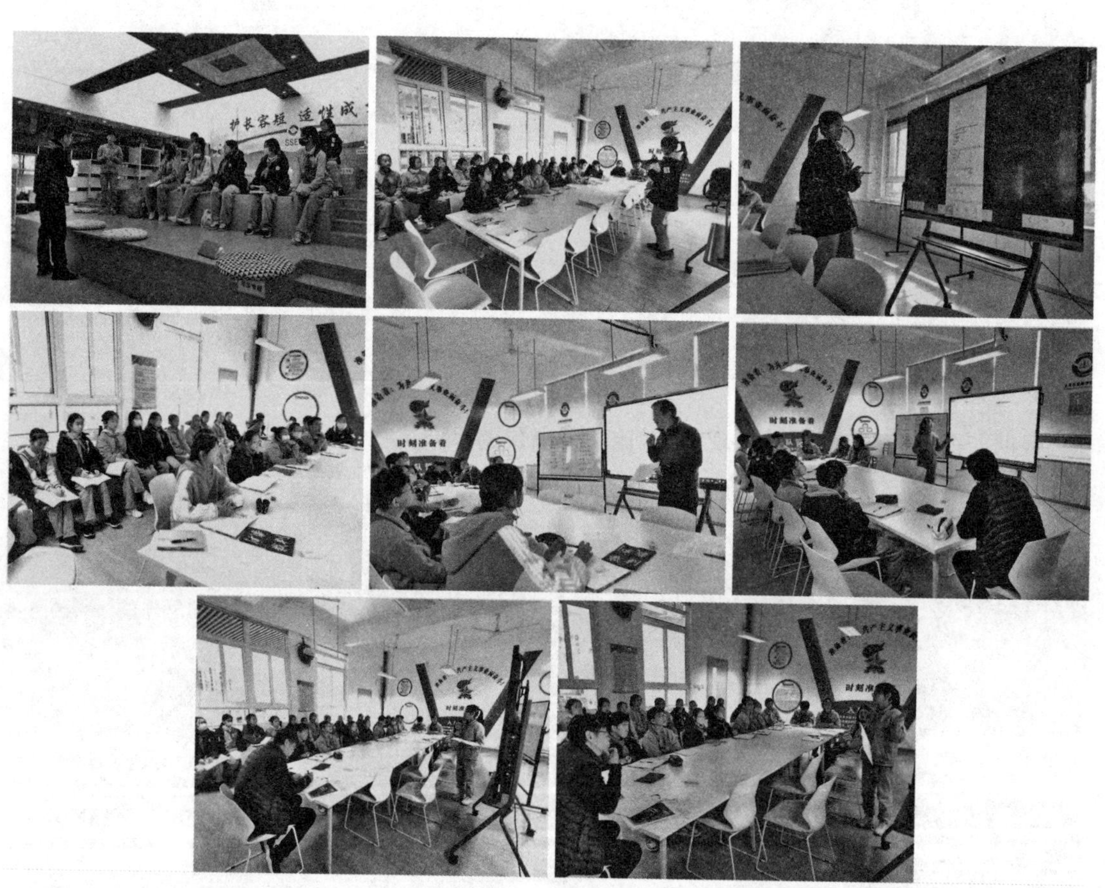

6. 总结后续实践方案

针对书包合理减重、拉杆式书包摆放位置和减压摆正心态这三方面，分小组进行实践方案设计。

针对方面	解决问题关键词与实施内容
书包合理减重	1. 整理：使用 RGB 整理法，整理各自书包，为其减重 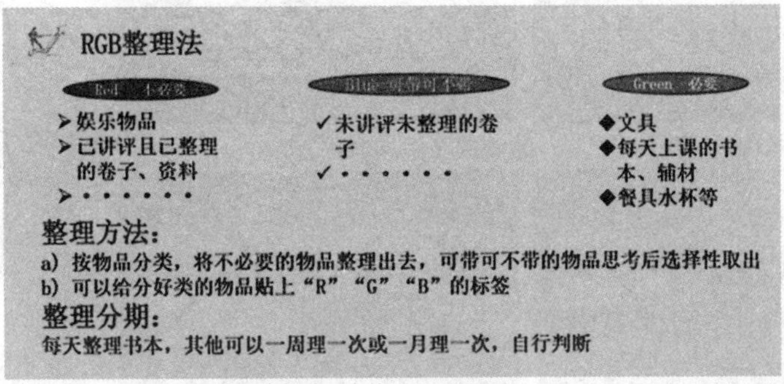 RGB整理法 ➢娱乐物品 ➢已讲评且已整理的卷子、资料 ➢…… ✓未讲评未整理的卷子 ✓…… ◆文具 ◆每天上课的书本、辅材 ◆餐具水杯等 整理方法： a）按物品分类，将不必要的物品整理出去，可带可不带的物品思考后选择性取出 b）可以给分好类的物品贴上“R”“G”“B”的标签 整理分期： 每天整理书本，其他可以一周理一次或一月理一次，自行判断 2. 记忆：记知识进脑子＞看知识在书本，尽量闭卷做作业。班级范围内推广高效学习方法，靠大脑记忆知识点，专注学习 3. 专注：提升效率，节省时间，尽可能带更少量的课本回家。高效省时高质完成作业，留少部分作业带回家完成
拉杆式书包放置	1. 背行结合拖行：楼梯或楼道背起，空旷处拖行 2. 摆放位置：根据班级走动习惯合理摆放。放置于走道空余处，合并桌椅，增大教室有效空余空间 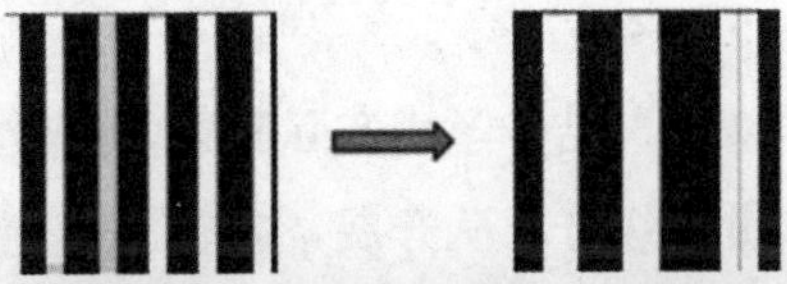 
调整心态	心态：学习安全感不与书包重量成正比。调整学习状态，避免盲从，听取建议，不盲目坚持“带得越多越好”“我的书包重是自己的事”“别的同学又酷又炫的拉杆式书包我也要有”“大家背了都没事，别说得那么夸张”的观念

7. 推进减负行动

根据减负方案，大队部成员分头行动，在各年级、各班进行后续实践，将书包减重减负落到实处。

减重开始前重量：4.15 kg

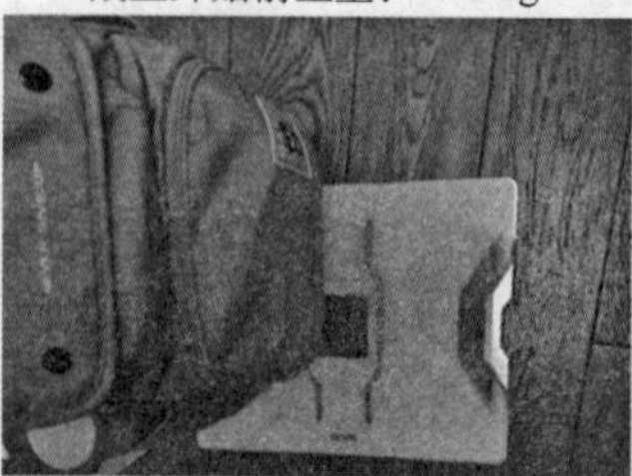

减重后重量：2.90 kg

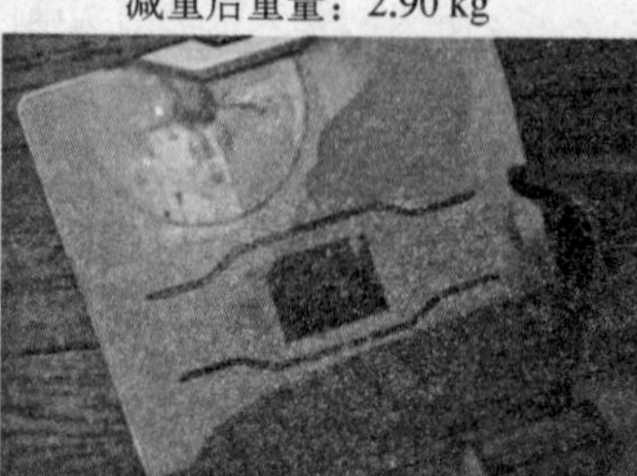

书包物品罗列

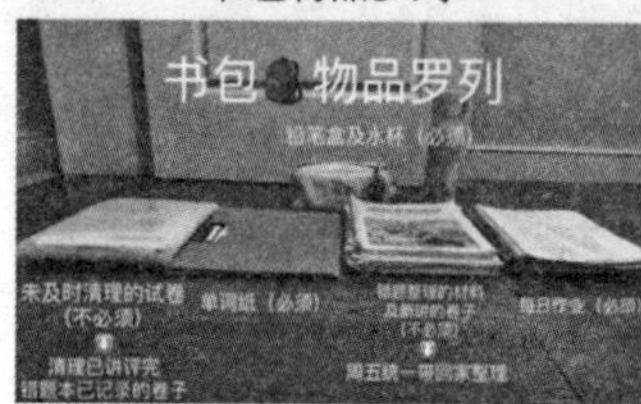

减重之后

最终减重成果：1.25千克

相当于一升装的水加上250毫升装的水的重量

五、项目反思

“书包减负”行动后，队员肩膀上的“负担”明显轻了下来，进入书包的回家作业本变少了，不必要的书本留在了学校里，队员调整心态，重整学习方法。从大队部开始践行，进一步落实“双减”，让书包真正“减重”，让负担真正“变轻”，望更多队员加入我们，让每一个孩子健康成长！

成功之处：

1. 结合当下热点“双减”，结合学生实际问题，可操作性强，共鸣感高。

2. 结合团队活动，分年级分小队开展，实施策略丰富。

不足之处：

本次实施范围略小，可适当扩大范围，广泛开展活动。

注：该活动项目荣获上海市项目化学习案例库征集（第四批案例）三等奖。

小记者：如何报道一篇新闻

设计者：马文娟
实施者：马文娟

一、项目背景

这个项目是面向八年级学生的活动探究类型项目。八年级第一单元都是围绕“新闻”展开的，这也是本套教材的第一个活动探究单元，本单元的三个学习任务分别为新闻阅读、新闻采访和新闻写作。新闻阅读是第一个任务，本单元共选入5篇新闻作品，它们都是典范的新闻作品，都秉持“用事实说话”的原则，都能够体现消息、新闻特写、通讯和新闻评论在结构、写法、语言等方面的不同特点，而且学生在学习的过程中可以基本了解不同新闻体裁的异同。第二个和第三个任务为：采访与写作。这是单元阅读学习后的实践，采访是活动性最强的任务，写作是对采访的落实。采访与写作基本覆盖了成为一名小记者所具备的基本能力。这也是此次实践性项目化活动设计的背景。希望通过本次活动，学生可以对新闻有更加深入的认识，并且了解一篇新闻报道的过程。

二、项目目标

1. 活动项目目标：重点关注学生发现问题、分析问题、沟通交流、创造性思考等学习素养的培养。

2. 学科项目目标：

(1) 理解新闻“用事实说话”的基本原则。

(2) 锻炼捕捉新闻线索、抓住新闻热点的能力，提高策划组织、分工合作、交流沟通的能力。

(3) 养成关注现实、关注时事的习惯，形成求真的思维方式，学会准确、有理有据地表达。

三、项目设计

1. 本质问题：如何撰写出一篇新闻稿？

2. 驱动问题：新闻作品的采编过程是怎样的？

3. 项目规划：通过课堂学习熟悉新闻采访的一般步骤与方法；自主确定报告题材—制订采访方案—草拟提纲—分组进行采访实践—搜集新闻素材—完成一篇新闻写作。希望通过本次项目实践，学生对新闻有更深的理解。

四、项目实施

1. 入项活动

教师：学完本单元的五篇新闻阅读，我们重点把握消息、新闻特写、通讯的特点。（同学们根据所学进行回答，完成下表）

表 1

比较点	消　　息	新闻特写	通　　讯
篇　幅	一般而言比较短	篇幅比较灵活	较长
时效性	强	一般	较弱
主要内容	报道新闻事件的全过程	突出新闻事件的某一场景	详细记述新闻事件，具体表现特点人物
表达方式	以记叙、说明为主	以记叙、描写为主	综合运用多种表达方式

教师：新闻是我们了解世界的窗口，通过刚刚的梳理，同学们对常见的新闻体裁的特点有所把握，那么大家知道新闻作品的采编过程是怎样的吗？

2. 知识建构

教师：同学们知道要想完成一篇新闻采编都需要哪些步骤吗？（自由回答）

学生：确定选题、联系采访对象、写出来……

明确流程：确定采访主题—制订采访方案—草拟提纲—分组进行采访实践—搜集新闻素材—完成一篇新闻写作。

3. 小组合作

（1）以小组为单位召开新闻采访选题会，确定报道题材，制订采访方案，报道的题材要有意义、有价值、彰显正能量、与学生生活密切相关。比如学校的热门话题、小区的重要事件等。

（比如：社区疫情防控志愿者报道、校园运动会、上海交通的发展等）

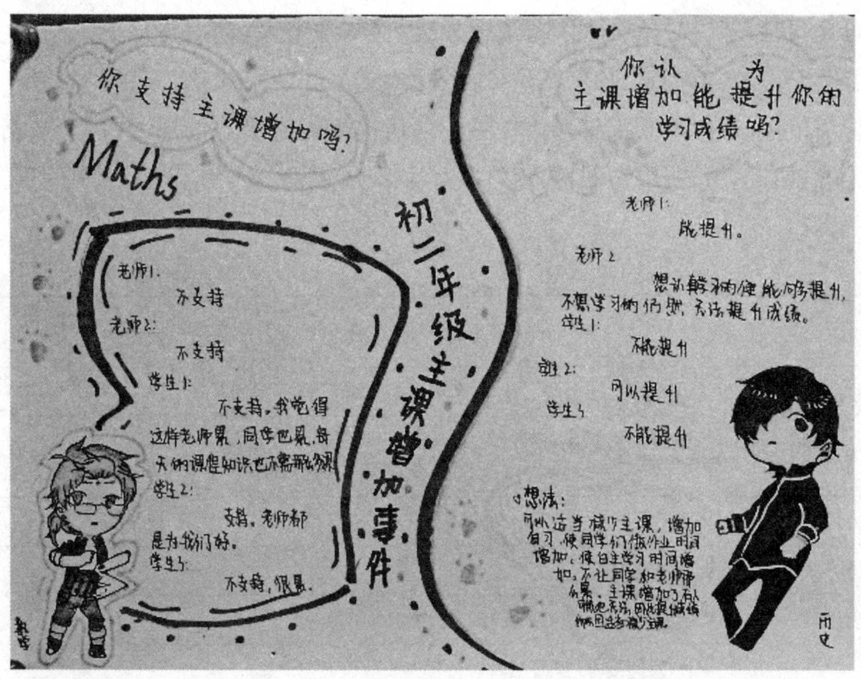

(2) 制订采访方案,明确组内分工,各有侧重。(一共分五个小组)

表 2

组　　长	侯知行
小组成员	张海阳、张东昱、刘光岳、杨子霖、王薛宸、胡昊
小组分工	张海阳:寻找采访对象 张东昱:联系采访对象并规划时间 王薛宸:提出问题 杨子霖:总结并写提纲 侯知行:采访 刘光岳:记录 胡昊:写报告

表 3

组　　长	谢薛远
小组成员	叶梓昊、徐泽元、谢静远、薛鑫源、马承鲁、康子涵、凌梓馨
小组分工	康子涵:找到采访对象,约好时间 薛鑫源:整理资料,汇总成文 叶梓昊:将汇总的资料认认真真地誊写到 Word 文稿上 徐泽元:负责上网查找资料了解房地产行业,对采访的事有一定了解 凌梓馨:出谋划策,决定采访人员类型 谢静远:负责采访,记下问题及回答,安排组织成员 马承鲁:协助组长

(3) 选择、联系采访对象。确认采访对象后,应与之联系,向对方说明采访的主题、目标等,发出请求。如果对方同意,约定好采访时间及地点。

(4) 搜集相关材料,草拟新闻采访提纲。采访提纲没有固定的形式,一般包括采访的时间、地点、对象、目的、方式、采访器材、预先拟好的采访问题。

表4

采　访　提　纲	
时间、地点	11月27日上午　金禾新苑小区(结束核酸采集)
采访对象	小区采集核酸志愿者 (共三位女性　一位为居委会成员　两位为居民志愿者)
采访目的	了解小区采集核酸志愿者的工作和心得
采访方式	现场采访
采访用具	笔记本、笔、手机(录音)
采访问题	1. 为何要来当志愿者? 2. 认为这一工作的辛苦程度如何?遇到哪些困难? 3. 认为这项工作的意义是什么? 4. 认为这项工作还会持续到什么时候?对疫情形势的展望如何?

采访问题

1. 问:近两年自行车销量如何?

答:比往年增长约30%。

2. 问:您是何时从事这一行业的?

答:十年前(2012年)。

3. 问:当时为什么要从事?

答:一开始就是个爱好,后面慢慢发展成工作。

4. 问:以后还会扩大店面吗?

答:有这个想法,生意越来越好,这个小店铺不怎么够用了。

5. 问:你自己也会骑行吗?

答:会,骑过百公里。

6. 问:从预订到交货的流程是怎样的?

答:确定车辆信息;

去仓库调货;

交货。

周期大约两星期。

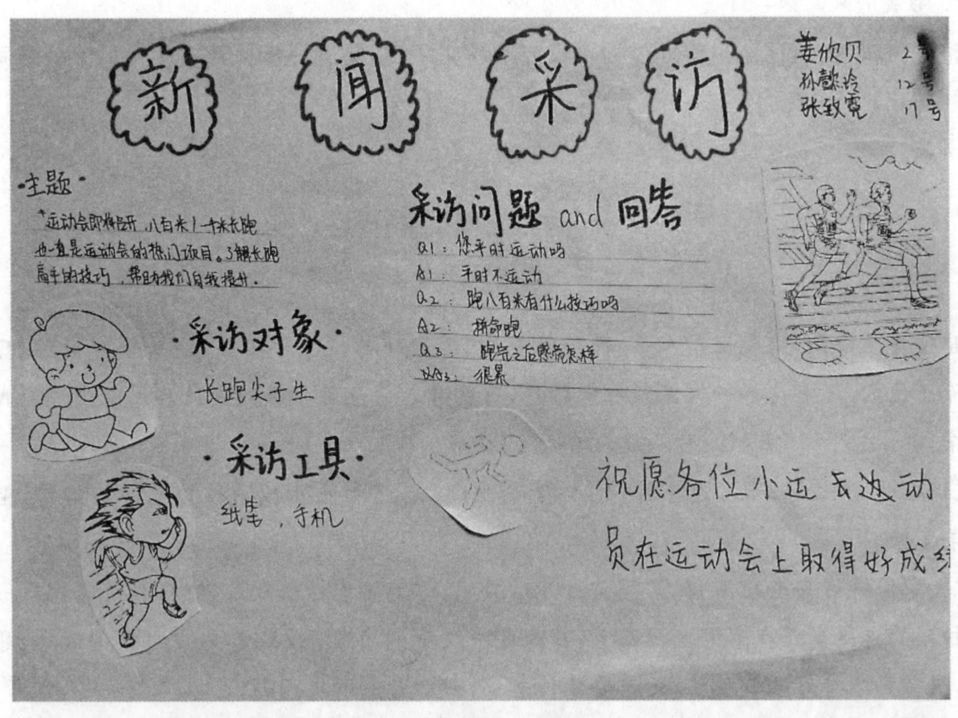

（5）现场问答注意事项：采访者举止要有礼貌；做好笔记，重视笔录。（在得到采访对象允许的情况下可以录音）

PS：鉴于疫情防控需求，很多同学选择线上采访

4. 形成成果

整理材料，去粗存精。整理过程不仅要疏通文字，还要进一步补充核实材料。最终完成一篇新闻写作。

例如：

"义不容辞　志愿有我"

——金禾小区核酸采集志愿者采访

疫情发生以来，广大医护人员、民警保安、社区干部都投身于抗疫事业，坚守岗位，日夜奔波。除了他们，还有这样一群佩戴红色袖标，有些身着白色防护服的居民志愿者出现在我们的视野中。

11 月 27 日上午 8 点，随着喇叭提示音的响起，志愿者便开始了核酸采样的工作，整个流程有条不紊。

"大家保持好安全距离啊。""提前打开核酸码。""婆婆您核酸码过期啦，我帮您刷新一下。"负责扫码的志愿者正在不停地忙碌着，作为这一过程的负责人，她需要做到眼观六路，耳听八方，不仅需要维持好队伍秩序，还需要操作手机，帮助老人解决问题。

同时，坐在板凳上穿防护服的两名志愿者正不断重复拆开拭子包装再为每个居民做核酸，这一动作也需要她们几乎不间断地重复整个上午。看上去如此辛苦的工作，在她们的口中也得到了证实。"辛苦肯定是辛苦的，通常一早上的采样结束之后总是腰酸背痛的。不过同时也会感到开心，为小区的核酸采样工作出了一份不小的力，也算为国家做贡献了嘛。""经常有老人的核酸码过期，有时候我还能学着操作一下，有时候就真的不知道怎么办了，还得靠你们这些年轻人帮帮忙呢。不过居民同志排队都很注意安全距离，不用我提醒了。"

经过一番了解，我们也对核酸采集的工作有了大致了解。当问到来当志愿者的原因时，三位阿姨都有自己不同的出发点。"退休在家没事干呀，就来了解了一下这个工作，为小区出力多好，正好可以锻炼锻炼身体。""作为居委成员，肯定要冲在前头嘛，做这份工作，心里也挺有自豪感的。""大家都是自愿过来参加的，做点力所能及的事情，人多的时候也没人抱怨。"

从开始摆点位到居民纷纷下来做核酸，大家都特别配合，有人忘记做了也是楼道组长一个个打电话到家中提醒。"大家氛围都很好，特别愉快。哈哈。有时候有些小朋友会问候我们几声，大家的话都让我们觉得心里很暖。"阿姨们都认为，能够在帮助居民通行更加便利的同时得到他们的认可、支持还有关心，便是这项工作的意义所在。

如今，浦东新区的疫情形势已经在快速往好的方向发展，志愿者的工作也会渐渐变得轻松许多。"看到疫情形势变好，真的蛮欣慰的，自己毕竟也出了一份力。现在小区每周日上午大筛一次，不远的将来可能就不需要这份工作了。这份经历对我们而言艰辛过，但更多的是温暖。""希望中国疫情形势越来越好！"

哪有什么岁月静好，只不过是有人为你负重前行。在上海乃至全国各地都有像这三位阿姨一样的志愿者，正因为她们义不容辞的奉献精神，才让我们的生活如此便利，让疫情防控工作如此顺利。让我们向这些志愿者说声：谢谢你们！

记者：步佳琪　杨珞珈

5. 复盘反思（学生）

(1) 成功之处：通过实践，学生对写作有了更好的认识，熟悉新闻采访的一般方法和步骤。同学们可以自主确定报道题材、制订方案、草拟提纲、分小组进行采访、搜集新闻素材等，最终完成一篇新闻写作。

(2) 不足之处：采访提纲中问题设置封闭性问题较多，且问题多为无效问题。采访目的和最终版新闻稿之间存在出入。新闻写作类型不明确，是评论还是人物特写分不清等。新闻格式不够严谨。

五、项目评价量表

个人成果：完成一篇消息写作（结构完整，包含标题、导语、电头、正文），能够体现时效性和客观性。

团体成果：小组完成一篇新闻通讯或者新闻特写。（通讯：完整记录新闻事件；特写：具体描写新闻事件的某一场景，生动展现新闻现场）

评　价　表

项　目	目　标　与　要　求	项目分值	得　分	存在问题
标题	简洁、明确、凝练	20		
导语	突出重点，用事实说话，客观	30		
主体	新闻要素较全，采用倒金字塔结构	20		
语言	准确、简练、易懂	20		
总得分		修改重点		

六、项目反思

首先，本次活动激发了学生对新闻采写的学习兴趣，学生参与度很高，锻炼了学生的小组合作能力、实践能力、人际沟通能力、写作能力等。

但是活动设计中仍有很多不足：教师在活动开始之前的指导不够充分，在知识构建中仅仅指出了采访流程，缺乏案例教学，尤其是采访大纲中的问题设计，应该在实施之前对学生进行指导。

其次，在新闻采访环节，大部分学生把新闻采访等同于现场访谈，这样的认识体现了现场访谈作为主要的采访方式的地位，但是忽略了前期的材料收集、调查、观察等。比如初二(4)班某小组采访主题为“上海的交通发展变化”，这个选题很好，他们把目光聚焦在见证上海交通变化的老人身上，采访对象的基本信息可以提前做好调查，不需要放在采访提纲中。

最后，学生新闻写作完成后，教师忽略了新闻稿的审核和文字修改，这一步其实是对新闻语言、新闻特点把握的重要一步。希望借下次机会将这一环节进行落实。

第二部分

学科项目化学习案例

“演员”的诞生

设计者：黄岩辉
实施者：黄岩辉　鲁　力　王　蓓　马文娟

一、项目背景

《中国学生发展核心素养》提出：“以培养全面发展的人为核心，分为文化基础、自主发展、社会参与三个方面，综合表现为学会学习、实践创新、责任担当等六大要素，具体细化为问题解决等18个基本要点。”[1]核心素养因此成为教育改革的热点，在教育改革中发挥着至关重要的作用。语文作为初中课程的重要组成部分，对学生语文核心素养的培养具有重要作用。《义务教育语文课程标准(2022年版)》指出，“语文核心素养是学生在积极的语言实践活动中积累与构建起来，是学生在语文学习中获得的语言知识与能力，思维方法与品质等能力的综合体现”[2]。这就要求语文学习不能仅停留在教授知识层面，应注重学生综合能力和素养的发展。在初中开展课本剧项目化学习实践即是发展学生语文核心素养的一个有效途径。课本剧本身新颖、有趣，且具有挑战性，较能够考验学生的综合能力。这样受欢迎的课程，在实践过程中却常常以教师为主导，忽略学生的主体地位。因此，将项目化学习与课本剧结合，不仅是对课本剧新型教学路径的探索，也是提升学生的语文综合能力和核心素养、促进教师跨专业发展、丰富校本课程的有益尝试。

二、项目目标

- **语文核心素养**

【理解与感悟力】

1. 能够理清课文思路，理解文章主要内容，领悟作品的内涵。
2. 能够对课文的内容和表达有自己的心得，对作品中感人的情境和形象说出自己的体验。

【表达与交流能力】

1. 能够耐心专注地倾听，根据对方的话语、表情、手势等，理解对方的观点和意图。
2. 能够自信、负责地表达自己的观点，做到清楚、连贯、不偏离话题。
3. 讨论问题时，能积极发表自己的看法，有中心，有根据，有条理；能把握讨论的焦点，并能有针对性地发表意见。

【审美鉴赏能力】

1. 在撰写剧本中,能够推敲重要词句在语言环境中的意义和作用,品味语言文字的魅力。

2. 在舞台布置、服装道具选择过程中,能有自己的审美评价,给出恰当的建议。

【文化自信】

在学习体验中,能够理解并热爱社会主义先进文化、革命文化、中华优秀传统文化。

● **驱动性问题所蕴含的高阶认知**

1. 创见(在撰写剧本和排练中,能够提出创造性的丰富情节、人物形象,深化主题的建议)。

2. 问题解决(在撰写剧本和排练中,能够发现问题,提出问题,并分析、解决问题)。

3. 合作意识(在撰写剧本和排练中,能与他人合作,共同探讨)。

三、项目设计

1. 本质问题

如何运用课本剧的形式,表达出文本的主题?

2. 驱动问题

如何呈现一场精彩的课本剧演出?

3. 项目规划

进　程	评 价 点	学 习 支 架
入项活动:项目介绍,提出和分解问题,划分小组	1. 了解该项目的大致内容和目标 2. 能够根据驱动性问题,提出子问题 3. 完成分组,能够讨论合作,确定任务	项目化学习介绍,课本剧理论知识讲解,小组名单,教师指导
如何评价一场课本剧演出?	1. 了解课本剧评价的标准 2. 观看课本剧视频,从主题、演员表现、舞台效果等方面做出评价	视频资源和文献资料,课本剧评价标准
如何撰写剧本?	1. 能够理解文本的内容和内涵,对作品中感人的情境和形象说出自己的体验 2. 能够掌握剧本写作格式,创作完成剧本 3. 讨论修改剧本,能够聆听他人意见,提出自己的看法	课文,剧本写作格式,剧本范例,小组合作讨论修改,教师指导
如何选择演员?	1. 制定选择演员的流程图,自信清晰地向大家展示成果,聆听他人意见并改进 2. 能够与他人合作,共同探讨,聆听他人的汇报并提出中肯的建议 3. 小组讨论中,能够分析并解决问题	小组讨论汇报,小组互评,教师指导

续 表

进　程	评 价 点	学 习 支 架
如何进行舞台排练?	1. 研读剧本,能够明白关键语句在语言环境中的意义和作用,通过语言、神态和动作,准确传达出人物的情感,突出人物形象 2. 舞台排练,能够对剧本内容、舞台走位、人物动作提出自己的看法,能够发现问题并解决问题 3. 台词吐字清晰,声音洪亮,根据语境使用恰当的语气 4. 表演真实自然,情感充沛,具有较强的舞台感染力 5. 排练态度认真,能够聆听他人,具有合作意识 6. 能够根据剧本,有自己个性化的表达,具有创新意识	观看《鲁迅》纪录片;舞台表演要求与技巧讲解;分组竞演,同伴互评,教师指导
出项活动	完成舞台表演,修改并完善	专家指导和评价
反思与迁移	1. 态度真诚,自评与他评能够做到客观、中肯 2. 讨论修改建议和措施过程中,能聆听他人并提出自己的看法	小组合作,观众、教师、专家点评

四、项目实施

第一阶段:入 项 活 动

(一) 揭示项目,提出驱动性问题。

1. 了解学情,交流对项目化学习和课本剧的认识。

2. 从现实生活出发,提出驱动性问题。

我校即将迎来2022学年第二学期结业典礼暨读书节闭幕式,学校邀请话剧社在典礼上表演课本剧。作为学校的"金牌社团",我们如何通力合作,完成一场精彩的课本剧演出呢?

(二) 分解问题,划分小组。

1. 小组讨论,围绕驱动问题"如何呈现一场精彩的课本剧演出?"分解问题。

子问题1:作为观众,你觉得什么样的课本剧是精彩的?

子问题2:作为编剧,如何改编或创作出精彩的剧本?

子问题3:作为导演,如何选择演员和排练课本剧?

子问题4:作为演员,如何在舞台上展现出人物的形象和品质?

2. 根据子问题,结合个人优势和兴趣,划分小组。各组成员讨论,组长汇报,教师指导,讨论修改。

【演员组】

组长:周濯瑜

成员:侯懿轩、赵涵墨、丁玟歆

小组讨论主题：如何选择演员？

成果展示：

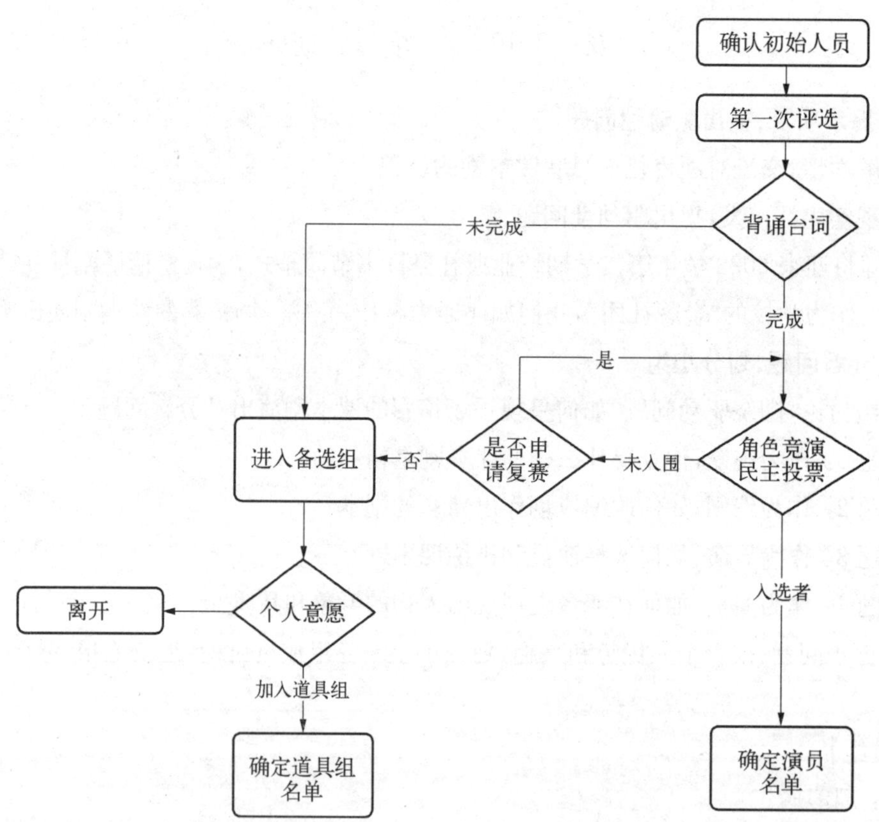

【剧本组】

组长：陈书奇

成员：闫语、赵芷安、刘倚宁、林辰汐

小组讨论主题：如何改编或创作出精彩的剧本？

成果展示：

1. 选择大家都喜欢的题材（经典）

2. 剧本语言要简短、口语化、具有个性化特征

3. 剧本要情节紧张，具有戏剧冲突

4. 剧本要贴近现实，主题深刻

5. 根据主题和人物形象，可适当增删情节

6. 剧本要包含旁白、道具、场景描述

总结：课本剧既要立足于课文，也要考虑到其作为戏剧的舞台表演性质，在课文的基础上进行二次创作

【道具组】

组长：刘羿成

成员：程柔嘉、赵芷乐、张鸿炜

小组讨论主题：如何为演出提供合适的道具？

成果展示：

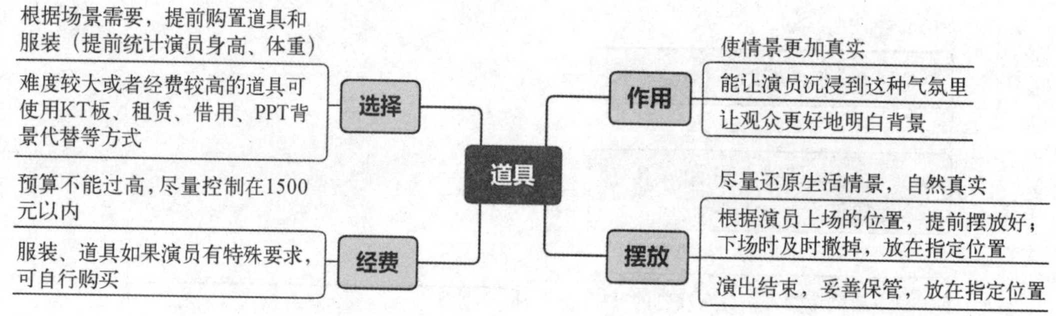
道具
选择
根据场景需要，提前购置道具和服装（提前统计演员身高、体重）
难度较大或者经费较高的道具可使用KT板、租赁、借用、PPT背景代替等方式
经费
预算不能过高，尽量控制在1500元以内
服装、道具如果演员有特殊要求，可自行购买
作用
使情景更加真实
能让演员沉浸到这种气氛里
让观众更好地明白背景
摆放
尽量还原生活情景，自然真实
根据演员上场的位置，提前摆放好；下场时及时撤掉，放在指定位置
演出结束，妥善保管，放在指定位置

第二阶段：知识建构与形成成果

（一）如何评价一场课本剧演出？

1. 讨论交流课本剧评价标准。

2. 教师讲解课本剧理论知识。

3. 观看课本剧视频，从主题、戏剧冲突、演员表现、舞台效果等方面做出评价。

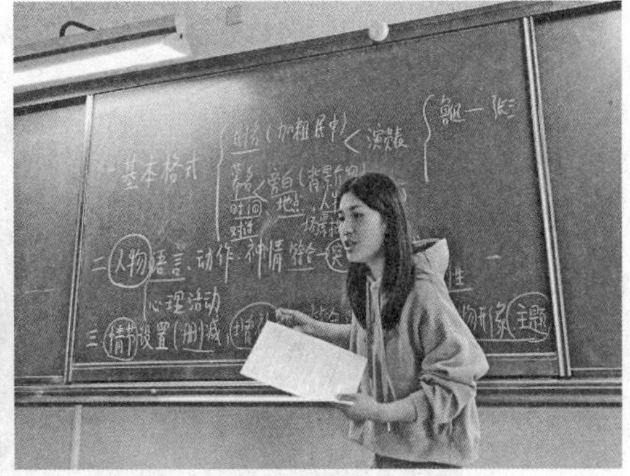

(二) 如何撰写一部剧本?

赋予学生“编剧”的身份，教师提供学习支架，讲解剧本写作格式，引导学生讨论补充，最后进行剧本撰写。

1. 学生根据课本剧评价标准，从教材中选择大家喜欢且符合读书节主题的课文，民主投票。

2. 教师讲解剧本格式，展示剧本范例，学生根据课文进行剧本撰写。

3. 小组讨论，每组负责修改一幕，成果汇报，同伴互评，教师指导，再次修改。

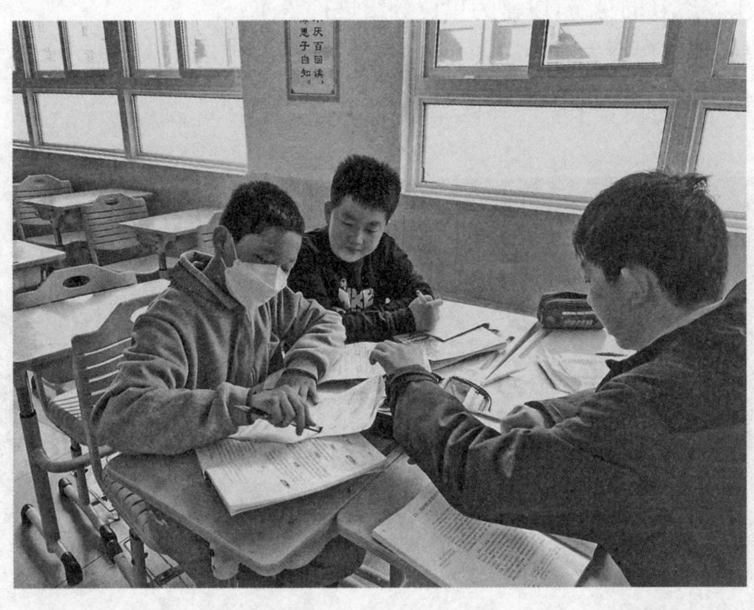

(三) 如何确定角色和选择演员?

1. 根据小组讨论初步确定选择演员的流程图，讨论修改。

2. 教师指导，提出意见，再次讨论修改。

3. 由组长负责组织演员竞选，每名同学 1 票，教师 2 票，民主投票确定演员名单。

（四）如何进行舞台排练？

1. 赋予学生"导演"的身份，以幕为单位分组进行竞演。

2. 教师指导，讲解舞台表演的要求和技巧。

3. 同伴互评，教师评价和指导，修改完善。

第三阶段：出 项 活 动

经过同学们和教师的通力合作，话剧社在我校读书节闭幕式上顺利完成《我的伯父鲁迅先生》课本剧表演，深受观众喜欢！幸运的是，我们得到了浦东新区艺术节（话剧专场）评委的肯定和指导，并获得浦东新区艺术节课本剧专场一等奖。对话剧社成员而言，本次演出收获了宝贵的舞台经验！

第四阶段：反 思 与 迁 移

1. 本项目注重过程性评价，根据同伴和教师的意见，实时反思修改。

2. 项目结束时借助量表完成自评，并选择自己最欣赏的一位演员，进行同伴评价。根据自评、同伴评价、教师评价及专家意见进行修改完善。

3. 学生在该项目中习得的可迁移的能力有理解和感悟力、语言表达能力、合作沟通能力、发现和解决问题的能力、创新思维能力。

讨论记录：

1. 第一幕情景化较弱，晔晔和爸爸进门可以带点水果或礼物，后面三个人一直聊有点尬。
2. 第二幕（黄包车夫受伤那部分）街道背景有点违和感；道具增加绷带、消毒水。
3. 烟花前后衔接有点突兀，可以删掉。
4. 整体表演节奏太快，不够真实。
5. 第三幕两个人聊天有点单调，可以三组人同时，一组鲁迅妻子+儿子谈论父亲，一组鲁迅的朋友谈论，一组晔晔和阿三，逐次进行，一组表演其他组静止。

【同伴互评】

刘羿成：我最喜欢刘倚宁(周晔)的表演，台词顺，表演得有感情。话剧表演为了更真实一点，不穿自己的鞋子。

周濯瑜：张鸿炜(车夫)表演得很真实，但动作有点僵硬。建议：动作是怎样的，不须刻意表演。

赵芷乐：最喜欢赵涵墨(鲁迅)的表演，有代入感，感情很自然，演得最像。

张鸿炜：周濯瑜(路人)演得最好，动作和语言写出了人物在寒冷天气中的表现。建议：朗诵情感把握须调整。

闫语：有进步的是张鸿炜，会控制自己的表情，比演指导员演得更好。建议：多一点动作表演，少一点台词。

侯懿轩：表演最好的是刘倚宁，表演得很有感情。建议是第二幕的背景不太符合。

赵涵墨：最喜欢的是周晔，有感情。建议：第三幕改为葬礼，加入更多的人对鲁迅的评价。

林辰汐：最喜欢周晔的表演。建议：第一幕烟花这一幕没有台词，建议删掉这一部分的内容。

课本剧自我评价

姓名：赵芷乐　　班级：6(3)

1. 经过本课程的学习，我在以下哪个方面有提高？（如实填写）

理解与感悟能力	1. 能够理清思路，理解、分析课文的主要内容，体味和推敲重要词句在语言环境中的意义和作用。 ✓A. 有较大提高　B. 有一定提高　C. 没有提高　D. 不确定 2. 对课文的内容和表达有自己的心得，能提出自己的看法，能对作品中感人的情境和形象说出自己的体验。 ✓A. 有较大提高　B. 有一定提高　C. 没有提高　D. 不确定 3. 能够领悟作品的内涵，从中获得对自然、社会、人生的有益启示。 ✓A. 有较大提高　B. 有一定提高　C. 没有提高　D. 不确定
表达与交流能力	4. 能够耐心专注地倾听，根据对方的话语、表情、手势等，理解对方的观点和意图。 ✓A. 有较大提高　B. 有一定提高　C. 没有提高　D. 不确定 5. 能够自信、负责地表达自己的观点，做到清楚、连贯、不偏离话题。 ✓A. 有较大提高　B. 有一定提高　C. 没有提高　D. 不确定 6. 能够注意表情和语气，根据需要调整自己的表达内容和方式，提高应对能力和说服力。 ✓A. 有较大提高　B. 有一定提高　C. 没有提高　D. 不确定 7. 讨论问题能积极发表自己的看法，有中心，有根据，有条理；能把握讨论的焦点，并能有针对性地发表意见。 ✓A. 有较大提高　B. 有一定提高　C. 没有提高　D. 不确定
审美能力	8. 在改编和创造剧本中能够有自己的看法，并和大家讨论交流。 ✓A. 有较大提高　B. 有一定提高　C. 没有提高　D. 不确定 9. 在舞台布置、服装道具选择过程中，有自己的审美评价。 ✓A. 有较大提高　B. 有一定提高　C. 没有提高　D. 不确定
文化理解与传承	10. 认识中华文化的丰厚博大，弘扬社会主义先进文化、革命文化、中华优秀传统文化。 ✓A. 有较大提高　B. 有一定提高　C. 没有提高　D. 不确定
合作意识	11. 在改编剧本、课本剧排练过程中，能与他人合作，共同探讨、分析并解决问题。 ✓A. 有较大提高　B. 有一定提高　C. 没有提高　D. 不确定
创新意识	11. 能够在编写剧本中，能够提出创造性地丰富情节、人物形象，深化主题的建议。 ✓A. 有较大提高　B. 有一定提高　C. 没有提高　D. 不确定

2. 本课程你觉得对自我提升较大的部分是？（ BC ）

A. 选剧本　B.编写剧本　C.舞台排练　D.道具、服装安排

3. 通过本课程的学习，你有哪些收获？（100字左右）

通过这学期的学习，我对语文科目方面有了很大的提升，这个社团还让我对语文这门学科更加感兴趣了，我可以在语言表达方面更好的发表自己的看法，也还可以让我在舞台上不再怯场，增加我的舞台经验；以及在写作方面，让我这学期一直保持在30分以上，从表演的方式，更深入了解了中国文化，以及历史。

4. 为了能有更好的学习体验，你有哪些建议？（直言不讳）

可以外出观看话剧，多看电影，收集经验；也可以多在剧院里表演，增强演技。

1. 关于这次舞台表演，你有哪些收获和遗憾？

我收获到了团队合作的力量，与又一次的舞台经验，我也了解到了鲁迅的生平及他的为人。

但是我们在后台并没有关注麦克风，我们在后台说的话都被观众听到了，以及整个表演过程中，我们声音的大小，紧张导致的感情不充沛都要调整。

2. 对于评委给出的改进建议，你有哪些想法？

①主题不够突出，情节较平，剧本如何安排详略来突出鲁迅的品质？

可以选一幕作为重点，然后加一些情节，其它的都减少情节，这样就可以突出主要情节，或者在每一幕前面都说一下。

②连贯性不够，各部分之间如何关联？幕与幕之间的切换更加自然？

把上台的板子去掉，情节修改，和旁白结合在一起

六(3)赵正要11

1. 关于这次舞台表演，你有哪些收获和遗憾？

收获：了解了关于鲁迅的人生，收获了团队精神.

遗憾：没有演到主角.

2. 对于评委给出的改进建议，你有哪些想法？

①主题不够突出，情节较平，剧本如何安排详略来突出鲁迅的品质？

1. 碰壁 2. 车夫 3. 病重 4. 周晔和阿三谈论

②连贯性不够，各部分之间如何关联？幕与幕之间的切换更加自然？

减掉不突出中心的部分，车夫那一段鲁迅阻送他们.

五、项目评价量表

课本剧自我评价

姓名：________　班级：________

1. 经过本课程的学习，我在以下哪方面有提高？（如实填写）

理解与感悟能力	1. 我能够理清思路，理解、分析课文的主要内容，体味和推敲重要词句在语言环境中的意义和作用。 A. 有较大提高　B. 有一定提高　C. 没有提高　D. 不确定 2. 我对课文的内容和表达有自己的心得，能提出自己的看法，能对作品中感人的情境和形象说出自己的体验。 A. 有较大提高　B. 有一定提高　C. 没有提高　D.不确定 3. 能够领悟作品的内涵，从中获得对自然、社会、人生的有益启示。 A. 有较大提高　B. 有一定提高　C. 没有提高　D. 不确定
表达与交流能力	4. 能够耐心专注地倾听，根据对方的话语、表情、手势等，理解对方的观点和意图。 A. 有较大提高　B. 有一定提高　C. 没有提高　D. 不确定 5. 能够自信、负责地表达自己的观点，做到清楚、连贯、不偏离话题。 A. 有较大提高　B. 有一定提高　C. 没有提高　D. 不确定 6. 能够注意表情和语气，根据需要调整自己的表达内容和方式，提高应对能力和说服力。 A. 有较大提高　B. 有一定提高　C. 没有提高　D. 不确定 7. 讨论问题能积极发表自己的看法，有中心，有根据，有条理；能把握讨论的焦点，并能有针对性地发表意见。 A. 有较大提高　B. 有一定提高　C. 没有提高　D. 不确定
审美能力	8. 在改编和创作剧本中能够有自己的看法，并和大家讨论交流。 A. 有较大提高　B. 有一定提高　C. 没有提高　D. 不确定 9. 在舞台布置、服装道具选择过程中，有自己的审美评价。 A. 有较大提高　B. 有一定提高　C. 没有提高　D. 不确定
文化理解与传承	10. 认识到中华文化的丰厚博大，能够理解并热爱社会主义先进文化、革命文化、中华优秀传统文化。 A. 有较大提高　B. 有一定提高　C. 没有提高　D.不确定
合作意识	11. 在改编剧本、课本剧排练过程中，能与他人合作，共同探讨、分析并解决问题。 A. 有较大提高　B. 有一定提高　C. 没有提高　D. 不确定
创新意识	12. 在编写剧本中，能够提出创造性的丰富情节、人物形象，深化主题的建议。 A. 有较大提高　B. 有一定提高　C. 没有提高　D. 不确定

2. 本课程你觉得对自我提升较大的部分是（　　）。

A. 选择剧本　B. 编写剧本　C. 舞台排练　D. 道具、服装安排

3. 通过本课程的学习，你有哪些收获？（100 字左右）

____

4. 为了能有更好的学习体验，你有哪些建议？（直言不讳）

剧本写作评价表

评　价　标　准	评级（☆☆☆☆☆）
1. 能够理解文本的内容和内涵，对作品中感人的情境和形象说出自己的体验	
2. 剧本撰写格式基本正确，内容充实	
3. 讨论修改剧本，能够聆听他人意见，提出自己的看法	
4. 修改态度认真，有一定进步	

舞台表演评价表

评　价　标　准	评级（☆☆☆☆☆）
1. 研读剧本，能够明白关键语句在语言环境中的意义和作用，通过语言、神态和动作，准确传达出人物的情感，突出人物形象	
2. 舞台排练，能够对剧本内容、舞台走位、人物动作提出自己的看法，能够发现问题并解决问题	
3. 台词吐字清晰，声音洪亮，根据语境使用恰当的语气	
4. 修改态度认真，有一定进步	
5. 排练态度认真，能够聆听他人，具有合作意识	
6. 能够根据剧本，有自己个性化的表达，具有创新意识	

选择角色评价表

评　价　标　准	评级（☆☆☆☆☆）
1. 能够初步制定选择角色的流程图，自信清晰地向大家展示成果	
2. 能够与他人合作，共同探讨，聆听他人的汇报并提出中肯的建议	
3. 表演真实自然，情感充沛，具有较强的舞台感染力	
4. 修改态度认真，有一定进步	

六、(教师)项目反思

(一) 项目成功的点

本项目的成功之处在于真正做到把课堂还给学生，由此激发了学生内在的潜能。最后的演出虽然仍有遗憾，但在特定的时间和条件下，我们运用集体智慧共同完成一部作品。这种学习体验，对学生来说是新鲜的、有趣的，对教师而言，同样有着巨大的意义。

(二) 项目可以改进的地方

1. 项目设计

针对活动各个部分的目标虽然明确，但评价量表设计欠缺，学习支架提供不够，导致课堂效率较低。

2. 项目实施

项目实施过程中，未能注意保存资料。如交流讨论中大家思考的路径和成果，未能及时记录，十分遗憾。

【参考文献】

[1] 中国学生发展核心素养[J].上海教育科研，2016(10)：85.

[2] 义务教育语文课程标准(2022 版)[S].北京：人民教育出版社，2022.

当代初中生课余生活大揭秘

设计者：童安杰
实施者：童安杰　付　雨　任　荣　顾康宁

一、项目背景

这个项目是面向七年级学生的学科类型的项目。之所以确定这个项目，是因为：

第一，在实际生活中，“双减”政策对于学生的生活确实起到很大的影响，最为明显的是作业量、补习量的急剧减少，导致可由学生自由支配的课余时间得到了增加，他们的时间一般而言投入自己的兴趣爱好之中，那么学生是如何管理自己的时间的呢？这些爱好有没有值得注意与反思的地方？当然也有学生的家长可能会对课余时间有自己的安排，那么这些安排的内容有哪些？学生是否愿意接受？这也都是值得观察与思考的部分。

第二，在《义务教育语文课程标准(2022年版)》中，“跨学科任务群”第四学段(7～9年级)的要求中明确提出“在心理健康、身体素质等方面，选择师生共同关心的问题，组织小课题组，开展校园调查，学习设计问卷、访谈、统计、分析，撰写并发布调查报告”，本项目主题高度符合这一要求。

所以，本项目希望能够通过本次“课余生活大揭秘”活动，做到以下三点：第一是可以促进学生之间兴趣爱好的交流，成为拓宽视野、跳出信息茧房、走出自身舒适圈的一个契机；第二是希望学生通过调查课余生活的同时，对这样的生活进行元认知与反思，扬长避短；第三是帮助教师和家长更了解学生的课余生活与心理状况，促进师生之间、家庭之间的和谐交流。

本次项目设计的驱动性问题是“双减”之后大家的课余时间充裕起来，同学们平时的课余生活是什么样子？学生在这个项目中需要经历的学习历程是：(1) 班级讨论，了解课余状况；(2) 形成小组，认领一项具体的课余活动；(3) 技术指导，指导学生如何设计问卷；(4) 设计问卷，调查该活动的吸引力、投入时间、回报、值得注意与反思的地方等内容；(5) 展开访谈①，每个小组针对某位学生或某几名有这样课余安排的学生进行个人或集体访谈；(6) 展开访谈②，每个小组选取部分教师或家长，了解这样的课余安排在他们心中的看法；(7) 统计结果，每个小组将自己的问卷与访谈内容汇总，并分析这些课余安排的合理性及其不足；(8) 撰写报告，每个小组将自己的调查过程与调查结论形成文字报告，并制作 PPT；(9) 展出成果，在全体学生前展示自己小组的调查报告；(10) 填写评价总结表，总结本次活动的收获，反思不足之处。

最后形成的项目成果是"当代初中生课余生活揭秘调查报告",学生的创造性体现在要根据自己小组的任务与现实情况设计调查问卷与访谈提纲,并且要将这些调查的结果用清晰、概括的文字形成结论,上台展示,从最初的课题讨论到最后形成报告全部以学生为操作主体,学生在项目过程中将会对于如何开展课题调查,如何在生活情境中学语文、用语文,如何提高交流沟通、团队协作和实践创新能力有更深的理解。

二、项目目标

1. 课程标准和教材章节

课程标准:

《义务教育语文课程标准(2022年版)》"跨学科任务群"第四学段(7～9年级):在心理健康、身体素质等方面,选择师生共同关心的问题,组织小课题组,开展校园调查,学习设计问卷、访谈、统计、分析,撰写并发布调查报告。

教材章节:

义务教育教科书(五·四学制)语文七年级上册 第四单元 综合性学习:少年正是读书时;

义务教育教科书(五·四学制)语文八年级上册 第一单元 活动·探究:新闻采访、新闻写作;

义务教育教科书(五·四学制)语文八年级上册 第一单元 口语交际:讲述。

2. 学科知识和能力

识字与写字:规范、端正、整洁地书写调查问卷、访谈提纲与调查报告。

表达与交流:在访谈的过程中,访谈者需要事先设计访谈提纲,并且在访谈过程中围绕提纲搜集需要的信息,整理被访谈者的观点与认识。被访谈者需要条理清晰地表述自己的经历和体验,表达感受、认识与观点。

梳理与探究:在小组活动中,根据自己小组的任务分工合作,设计调查问卷、访谈提纲,最终汇总调查内容形成调查报告。

3. 学科大概念

调查研究:在真实问题的驱动下,通过各种方式,有计划、有目的地调查现实的真实情况,并且对搜集到的材料进行提炼总结,得出结论。

4. 学习素养

创造性实践:通过调查同学的课余生活,进而反思自己课余生活安排的优势与不足;

探究性实践:通过小组合作,根据任务设计调查问卷、访谈提纲,并且最终形成调查报告;

社会性实践:向其他学生发放调查问卷,选取个别学生进行访谈,选取个别教师与家长进行访谈;

调控性实践:在小组合作的过程中,要合理分配每个成员的工作量,任务安排上扬长避短,成员之间互相帮助;

技术性实践：可以运用信息技术制作电子问卷，便于梳理与统计；需要制作 PPT 展示自己小组的成果。

5. 高阶认知

问题解决：了解同龄学生的课余生活状况；

决策：小组自行选择一项课余活动展开研究，成员之间自行分配任务；

创见：针对所调查的内容设计问卷和访谈提纲；

系统分析：对问卷和访谈的结果系统分析，并且得出结论形成报告；

调研：通过问卷和访谈的方式了解学生的课余生活。

三、项目设计

1. 本质问题

如何了解并评价学生的课余生活活动？

2. 驱动问题

现实性问题情境：

“双减”之后大家的课余时间充裕起来，同学们平时的课余生活是什么样子的呢？

子问题 1：有哪些课余活动？可以分几类？

子问题 2：这些课余活动的吸引力、投入时间、投入回报、值得注意与反思的地方等分别有哪些？

子问题 3：教师和家长是怎么看待这些课余活动的？

子问题 4：我们对这些课余活动的评价如何？

3. 项目规划

(1) 入项活动

课时：1。

活动：班级讨论，了解课余状况。

(2) 知识建构

课时：1。

活动：形成小组，认领具体的一项课余活动；技术指导，指导学生如何设计问卷。

(3) 小组合作

课时：6。

活动：设计问卷，调查该活动的吸引力、投入时间、投入回报、值得注意与反思的地方等内容；展开访谈①，每个小组针对某名学生或某几名有这样课余安排的学生进行个人或集体访谈；展开访谈②，每个小组选取部分教师或家长，了解这样的课余安排在他们心中的看法；统计结果，每个小组将自己的问卷与访谈内容汇总，并分析这些课余安排的合理性及其不足。

(4) 形成成果

课时：2。

活动：撰写报告，每个小组将自己的调查过程与调查结论形成文字报告，并制作 PPT。

(5) 出项活动

课时：1。

活动：展出成果，在全体学生前展示自己小组的调查报告。

(6) 复盘反思

课时：1。

活动：填写评价总结表，总结本次活动的收获，反思不足之处。

四、项目实施

1. 入项活动

进程：

(1) 介绍本次项目化活动，展示活动目标、活动过程、活动收获；

(2) 班级讨论，集思广益，提名最热门的课余活动。

支架：

(1) 为什么要做这个调查？

因为现在大家课余时间丰富，希望能够通过调查了解大家目前的课余生活，找到一些热门的课余选项，分析它们的优势与不足(学业上和生活上的影响)，指导大家如何在这一课余选项上正确地安排时间和精力(提出建议)。

(2) 如何完成这个调查？

每个小组认领一个课余选项，通过调查问卷的方式了解大家对这个选项的大体参与度和看法，通过访谈的方式，进一步深入了解不同学生对这个选项的看法。最后通过数据分析，了解这个选项的优势和不足。

(3) 我们能从中得到什么？

简易调查研究的经验；制作问卷的能力；访谈与被访谈的经验；团队合作的经验；口头的表达与交流能力；说明文、议论文写作的经验。

评价：

学生对本次项目化活动感兴趣，提名课余活动表现积极。

成果：

提名活动汇总：出门游玩、玩手游、玩电脑、运动、追剧、饲养宠物、听音乐、绘画、网上交友、刷短视频/直播、阅读、补习等。

2. 知识建构

进程：

(1) 学生根据兴趣，自由成立调查小组，每个小组人数为 7 人左右；

(2) 教师指导学生如何设计调查问卷，每个小组集体合作设计问卷。

支架：

如何设计调查问卷，以“阅读”为例。

性别(单选)：男、女、保密

平均每周花在阅读上的时间(单选)：偶尔、不超过 30 分钟、30 到 60 分钟……

你喜欢阅读的种类(多选)：小说、散文集、诗词集、科普、其他(请填写)

你平时更习惯的阅读方式(单选)：纸质书、电子书

你在平时阅读的原因是(多选)：有兴趣、增长见识、提升成绩、打发时间、家长要求……

你的阅读习惯(多选)：做笔记、圈点批注、分享感受、弄清楚不懂的内容……

你的家人是否支持你的阅读行为(多选)：非常支持、基本支持、无所谓、基本反对……

你获取图书信息的来源渠道(多选)：教师或父母推荐、同学交流、课本推荐、软件推送……

请列出你最喜欢的三本图书(填空)

评价：

学生能够自由形成调查小组，组内关系和谐；问卷设计能达到调查目的。

成果(见图 1)：

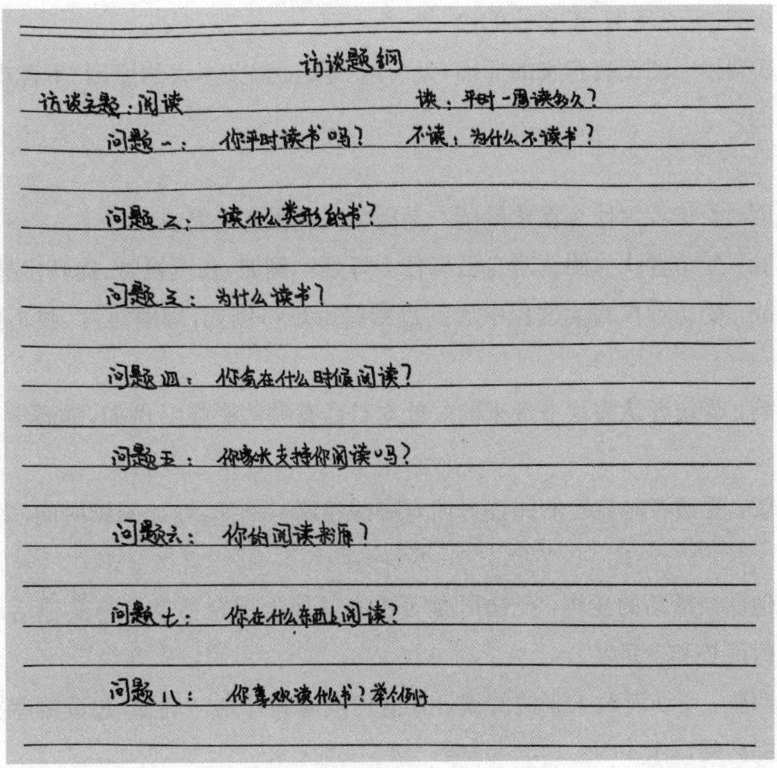

访谈题纲

访谈主题：阅读　　　　读：平时一周读多久？

问题一：你平时读书吗？　不读：为什么不读书？

问题二：读什么类形的书？

问题三：为什么读书？

问题四：你会在什么时候阅读？

问题五：你家长支持你阅读吗？

问题六：你的阅读来源？

问题七：你在什么东西上阅读？

问题八：你喜欢读什么书？举个例子

图 1　学生初步设计的调查问卷

3. 小组合作

进程：

(1) 以小组为单位，在电脑上完成问卷的设计与发布，每个小组不参与自己问卷的填写，但是要互相填写其他小组的问卷。同时每个小组要邀请同年级的其他学生参与问卷填写。

(2) 教师指导学生如何设计访谈提纲，每个小组邀请其他小组的学生、同年级的其他学生及家长、教师参与访谈。

(3) 每个小组收集并统计问卷和访谈结果。

支架：

(1) 访谈准备步骤。

分配访谈任务(谁负责设计问题，谁负责访谈，谁负责记录)；

设计访谈提纲(设计问题)；

确定访谈对象(须征得对方同意)；

约定时间访谈(一般利用语文阅读课的时间)。

(2) 如何设计访谈提纲，以"阅读"为例。

身份：学生/教师/家长

知情同意：访谈的内容和目的，自愿和保密

立场：喜欢阅读/无所谓/不喜欢阅读

看法：喜欢阅读→阅读有意义的原因/无所谓→阅读意义不大的原因/不喜欢阅读→阅读没有意义的原因

提问：

阅读的原因：受访者为什么喜欢阅读？是因为兴趣爱好还是其他？

阅读的体验：受访者认为阅读对自己有什么好处？例如，拓宽视野、提高自身修养等。

阅读的挑战：受访者在阅读过程中遇到过哪些困难？例如，理解难度、找不到好书、读书时间不足等。

阅读的影响：受访者认为读书带来的好处对自己有哪些影响？例如，提高学习成绩、拓展人际关系等。

阅读的建议：受访者对自己的阅读习惯有哪些建议？例如，增加阅读时间、多尝试不同类型的书籍等。

阅读与其他课余活动的比较：受访者是否也有其他的课余活动？与其他活动相比，受访者认为阅读有何优势和不足？

对阅读的期望：受访者对未来的阅读计划有何期望和计划？例如，想读哪些类型的书籍、想在哪些方面提高阅读水平等。

致谢与评价。

(3) 访谈记录表。

“当代初中生课余生活大揭秘”访问提纲

访谈主题：________ 访谈时间：_____年_____月_____日

访问者：__________ 记录者：__________

<table>
<tr><td rowspan="2">访问对象
基本信息</td><td>姓 名</td><td></td><td>性 别</td><td></td></tr>
<tr><td>身 份</td><td></td><td></td><td></td></tr>
<tr><td colspan="5">访谈记录</td></tr>
<tr><td>问题 1：</td><td colspan="4"></td></tr>
<tr><td>问题 2：</td><td colspan="4"></td></tr>
<tr><td>问题 3：</td><td colspan="4"></td></tr>
<tr><td>问题 4：</td><td colspan="4"></td></tr>
<tr><td>问题 5：</td><td colspan="4"></td></tr>
<tr><td>问题 6：</td><td colspan="4"></td></tr>
<tr><td colspan="5">访问对象的意见或建议(包括对学生和活动的评价)：

签名：________ 日期：________</td></tr>
<tr><td colspan="5">访问者自我评价(是否达到目的、解决什么问题、有什么收获和体会)：

签名：________ 日期：________</td></tr>
</table>

评价：

学生能够通过小组合作，完成调查问卷的设计与发布，并组织其他学生参与填写；学生能够分工合作，设计访谈提纲，并找到合适的人选进行访谈。

成果：

(1) 调查问卷成稿(见图 2～图 4)。

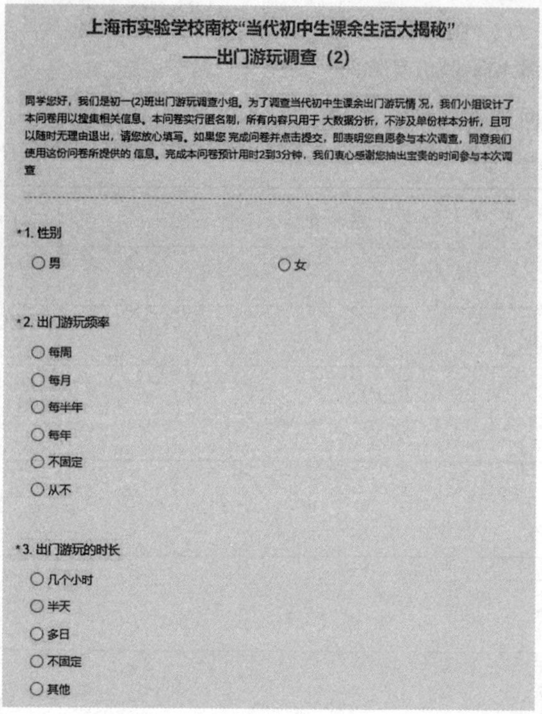

上海市实验学校南校"当代初中生课余生活大揭秘"
——出门游玩调查（2）

同学您好，我们是初一(2)班出门游玩调查小组。为了调查当代初中生课余出门游玩情 况，我们小组设计了本问卷用以搜集相关信息。本问卷实行匿名制，所有内容只用于 大数据分析，不涉及单份样本分析，且可以随时无理由退出，请您放心填写。如果您 完成问卷并点击提交，即表明您自愿参与本次调查，同意我们使用这份问卷所提供的 信息。完成本问卷预计用时2到3分钟，我们衷心感谢您抽出宝贵的时间参与本次调查

*1. 性别

○男 ○女

*2. 出门游玩频率

○每周
○每月
○每半年
○每年
○不固定
○从不

*3. 出门游玩的时长

○几个小时
○半天
○多日
○不固定
○其他

图2　学生设计的调查问卷成稿(1)

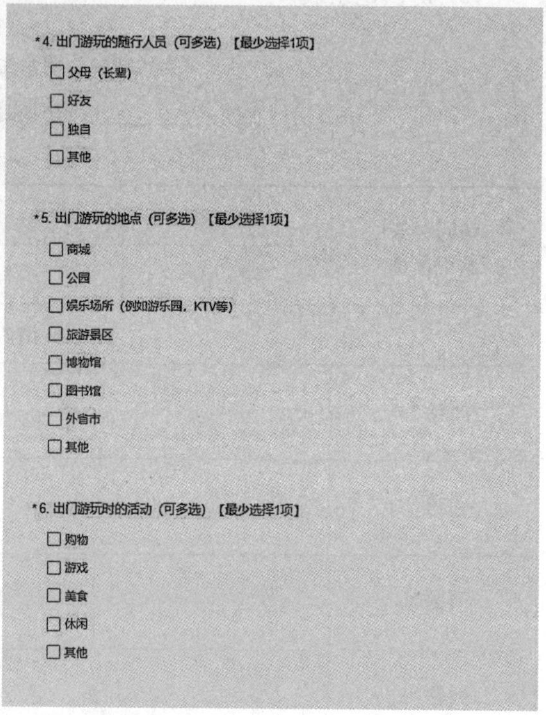

*4. 出门游玩的随行人员（可多选）【最少选择1项】

□父母（长辈）
□好友
□独自
□其他

*5. 出门游玩的地点（可多选）【最少选择1项】

□商城
□公园
□娱乐场所（例如游乐园，KTV等）
□旅游景区
□博物馆
□图书馆
□外省市
□其他

*6. 出门游玩时的活动（可多选）【最少选择1项】

□购物
□游戏
□美食
□休闲
□其他

图3　学生设计的调查问卷成稿(2)

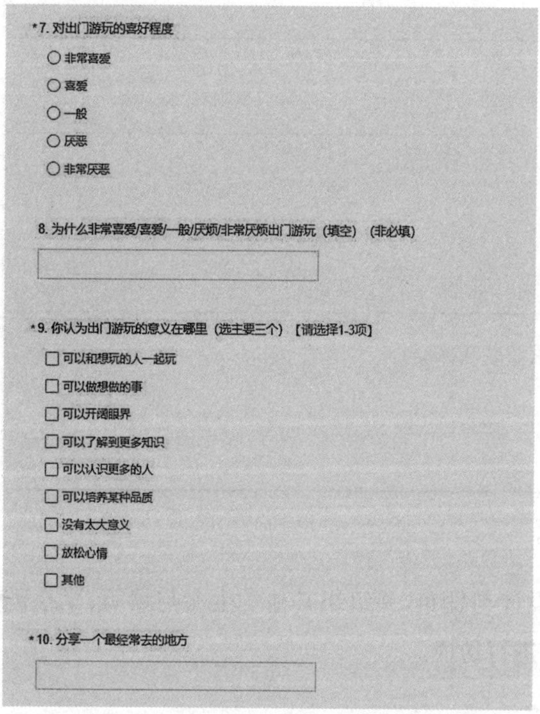

*7. 对出门游玩的喜好程度

○非常喜爱
○喜爱
○一般
○厌恶
○非常厌恶

8. 为什么非常喜爱/喜爱/一般/厌烦/非常厌烦出门游玩（填空）（非必填）

*9. 你认为出门游玩的意义在哪里（选主要三个）【请选择1-3项】

□可以和想玩的人一起玩
□可以做想做的事
□可以开阔眼界
□可以了解到更多知识
□可以认识更多的人
□可以培养某种品质
□没有太大意义
□放松心情
□其他

*10. 分享一个最经常去的地方

图4　学生设计的调查问卷成稿(3)

更多问卷可通过以下网址查看：

出门游玩调查问卷：

https://www.wjx.cn/vm/emmPYuK.aspx#

补习调查问卷：

https://www.wjx.cn/vm/tOHrV2H.aspx

音乐调查问卷：

https://www.wjx.cn/vm/mAqjGo2.aspx#

阅读调查问卷：

https://www.wjx.cn/vm/Y4hmNiA.aspx

手游调查问卷：

https://www.wjx.cn/vm/Q8mVbp7.aspx#

旅游调查问卷：

https://www.wjx.cn/vm/YI1aSAI.aspx#

(2) 访谈提纲成稿(见图 5～图 8)。

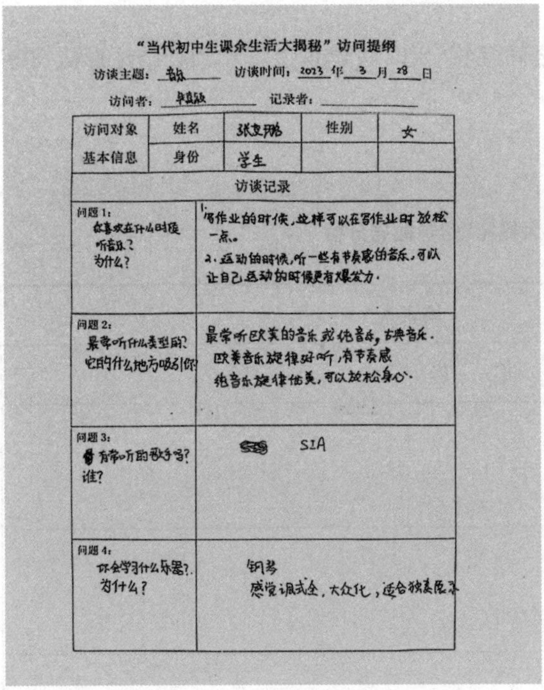

"当代初中生课余生活大揭秘"访问提纲

访谈主题：音乐　访谈时间：2023 年 3 月 28 日

访问者：华嘉敏　记录者：

访问对象基本信息	姓名	张宜晓	性别	女
	身份	学生		

访谈记录	
问题 1：你喜欢在什么时候听音乐？为什么？	1.写作业的时候，这样可以在写作业时放松一点。 2.运动的时候，听一些有节奏感的音乐，可以让自己运动的时候更有爆发力。
问题 2：最常听什么类型的？它的什么地方吸引你？	最常听欧美的音乐或纯音乐，古典音乐。 欧美音乐旋律好听，有节奏感 纯音乐旋律优美，可以放松身心。
问题 3：有常听的歌手吗？谁？	SIA
问题 4：你会学习什么乐器？为什么？	钢琴 感觉调式全，大众化，适合独奏表演

图 5　学生的访谈提纲(1)

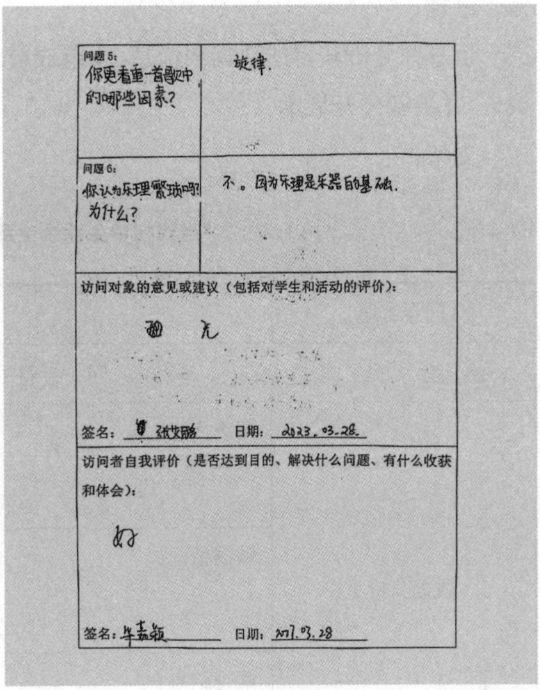

问题 5：你更看重一首歌中的哪些因素？	旋律。
问题 6：你认为乐理繁琐吗？为什么？	不。因为乐理是乐器的基础。

访问对象的意见或建议（包括对学生和活动的评价）：

无

签名：张宜晓　日期：2023.03.28.

访问者自我评价（是否达到目的、解决什么问题、有什么收获和体会）：

好

签名：华嘉敏　日期：2023.03.28

图 6　学生的访谈提纲(2)

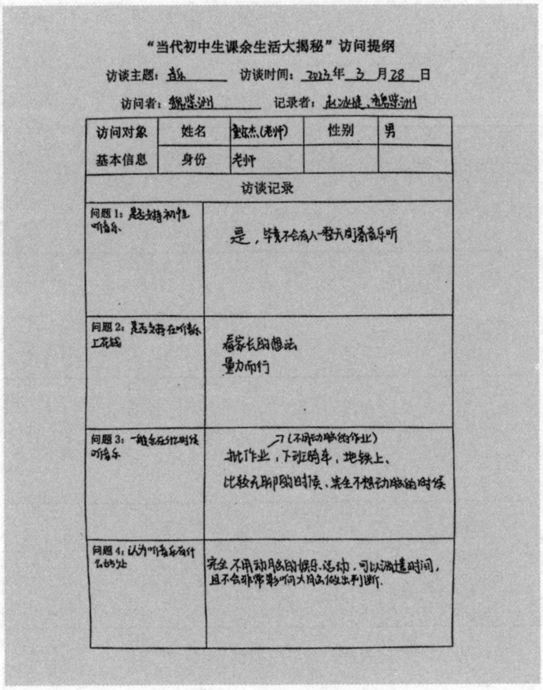

"当代初中生课余生活大揭秘"访问提纲

访谈主题：音乐　访谈时间：2023 年 3 月 28 日

访问者：魏紫洲　记录者：赵冰婕、魏紫洲

访问对象基本信息	姓名	董俊杰(老师)	性别	男
	身份	老师		

访谈记录	
问题 1：是否支持初中生听音乐	是，毕竟不会有人一整天闷着音乐听
问题 2：是否支持在听音乐上花钱	看家长的想法 量力而行
问题 3：一般在什么时候听音乐	批作业上(不用动脑的作业)，下班的车，地铁上、比较无聊的时候、某些不想动脑的时候
问题 4：认为听音乐有什么好处	完全不用动脑的娱乐、活动，可以消遣时间，且不会非常影响大脑做出判断。

图 7　学生的访谈提纲(3)

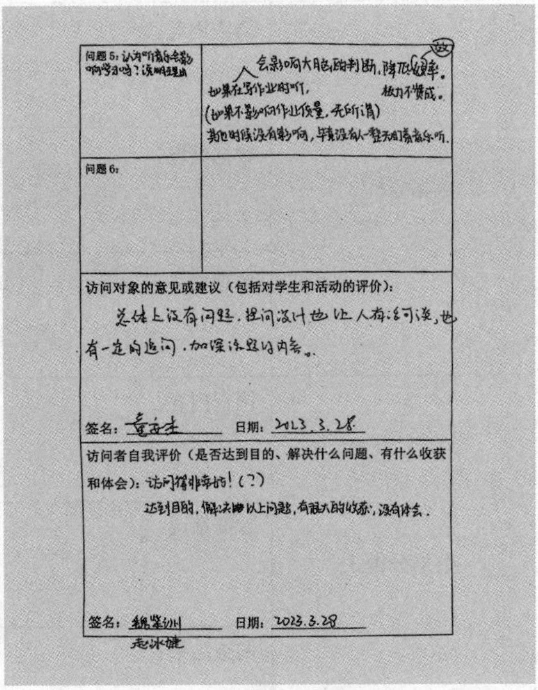

问题 5：认为听音乐会影响学习吗？说明理由	会影响大脑的判断，降低效率。如果在写作业时听，极力不赞成。(如果不影响作业质量，无所谓) 其他时候没有影响，毕竟没有人一整天都需要音乐听。
问题 6：	

访问对象的意见或建议（包括对学生和活动的评价）：

总体上没有问题，提问设计也让人能够问谈，也有一定的追问，加深谈话的内容。

签名：董俊杰　日期：2023.3.28.

访问者自我评价（是否达到目的、解决什么问题、有什么收获和体会）：访问得非常好！(?)

达到目的，解决了以上问题，有很大的收获，没有体会。

签名：魏紫洲　赵冰婕　日期：2023.3.28

图 8　学生的访谈提纲(4)

4. 形成成果

进程：

汇总并分析获得的数据和信息，小组成员之间互相合作，将调查过程和调查结论形成文字报告，并准备公开展示。

支架：

“当代初中生课余生活大揭秘”问卷数据分析

问卷主题		填表人	
问　　卷　　报　　告			
数据分析 1	调查内容：		
	数据情况：		
	调查结果：		
数据分析 2	调查内容：		
	数据情况：		
	调查结果：		
数据分析 3	调查内容：		
	数据情况：		
	调查结果：		

续　表

问　卷　报　告	
数据分析 4	调查内容：
	数据情况：
	调查结果：
数据分析 5	调查内容：
	数据情况：
	调查结果：
数据分析 6	调查内容：
	数据情况：
	调查结果：
数据分析 7	调查内容：
	数据情况：
	调查结果：
分析总结	

评价：

学生能够分析数据，并结合访谈信息，对所调查的项目进行分析总结。

成果：

"当代初中生课余生活大揭秘"问卷数据分析(1)

<table>
<tr><td>问卷主题</td><td>音乐</td><td>填表人</td><td>张梓涵</td></tr>
<tr><td colspan="4">问　卷　报　告</td></tr>
<tr><td rowspan="3">数据分析 1</td><td colspan="3">调查内容：音乐在不同性别的学生群体中的受欢迎程度哪个更高？</td></tr>
<tr><td colspan="3">数据情况：
X/Y　是　否　小计
男　17(85%)　3(15%)　20
女　25(100%)　0(0.00%)　25</td></tr>
<tr><td colspan="3">调查结果：在男生群体中喜欢音乐的占比达到 85%，女生群体中喜欢音乐的占比达到 100%
因此可见在女生群体中音乐更加受到欢迎</td></tr>
<tr><td rowspan="2">数据分析 2</td><td colspan="3">调查内容：男女学生群体更喜欢哪种类型、语言的歌曲？</td></tr>
<tr><td colspan="3">数据情况： 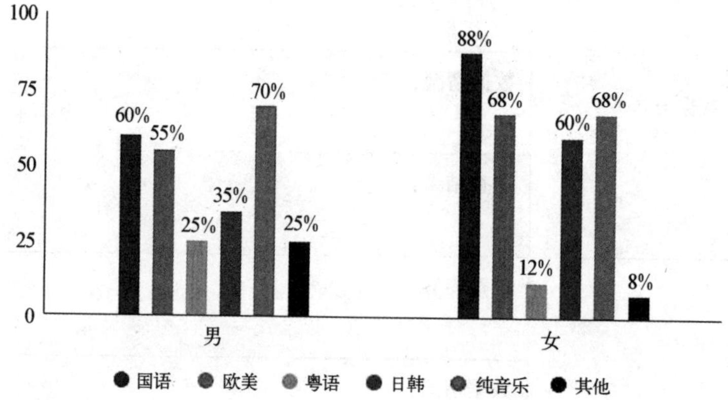 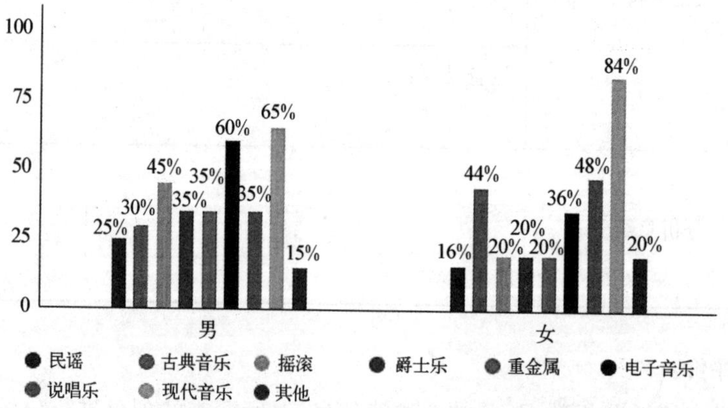
100　75　50　25　0
男：60%　55%　25%　35%　70%　25%
女：88%　68%　12%　60%　68%　8%
国语　欧美　粤语　日韩　纯音乐　其他

100　75　50　25　0
男：25%　30%　45%　35%　35%　60%　35%　65%　15%
女：16%　44%　20%　20%　20%　36%　48%　84%　20%
民谣　古典音乐　摇滚　爵士乐　重金属　电子音乐　说唱乐　现代音乐　其他</td></tr>
</table>

续　表

<table>
<tr><th colspan="2">问　卷　报　告</th></tr>
<tr><td>数据分析 2</td><td>调查结果：男生群体对于纯音乐的喜欢率达到 70％，女生群体对于国语歌曲的喜欢率达到 88％
男生群体对于现代音乐的喜欢率达到 65％，女生群体对于现代音乐的喜欢率达到 84％
重金属、爵士乐等类型并未获得很多人喜欢，男生群体中低于 35％，女生群体中低于 20％
因此，现代音乐、国语歌曲、纯音乐在学生群体中更为流行；重金属、爵士乐等并不流行。大多数学生更喜欢较为平静的音乐</td></tr>
<tr><td rowspan="3">数据分析 3</td><td>调查内容：喜欢或不喜欢边做事情边听音乐的学生在课余时间听音乐的时间有什么区别？</td></tr>
<tr><td>数据情况： 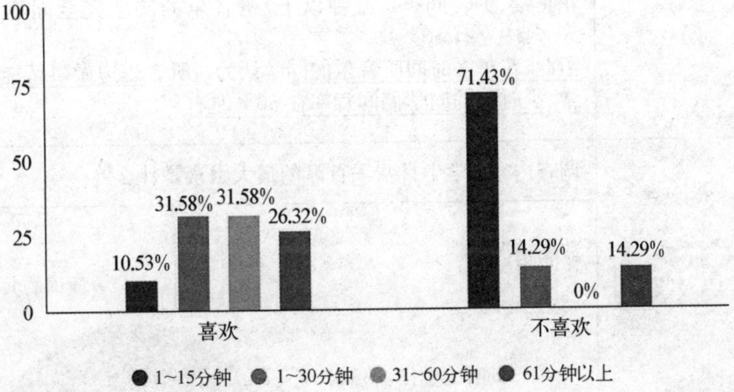
100
75
50
25
0
喜欢：10.53%　31.58%　31.58%　26.32%
不喜欢：71.43%　14.29%　0%　14.29%
● 1~15分钟　● 1~30分钟　● 31~60分钟　● 61分钟以上</td></tr>
<tr><td>调查结果：在课余时间，喜欢边做事情边听音乐的学生花 1～30 分钟听音乐的占比有 42.11％，花 31 分钟以上听音乐占比的有 57.9％
不喜欢边做事情边听音乐的学生会在课余时间花 1～30 分钟听歌的占比为 85.72％，花 31 分钟以上听音乐占比的有 14.29％
由此可见，大部分喜欢边做事情边听音乐的学生也会在课余时间花大额休息时间听歌。而不喜欢边做事情边听音乐的学生花的时间较少</td></tr>
<tr><td>数据分析 4</td><td>调查内容：花大额时间、正常、少时间听音乐的同学对于边听音乐边做事情能够提高办事效率的看法</td></tr>
</table>

续 表

问 卷 报 告	
数据分析 4	数据情况： 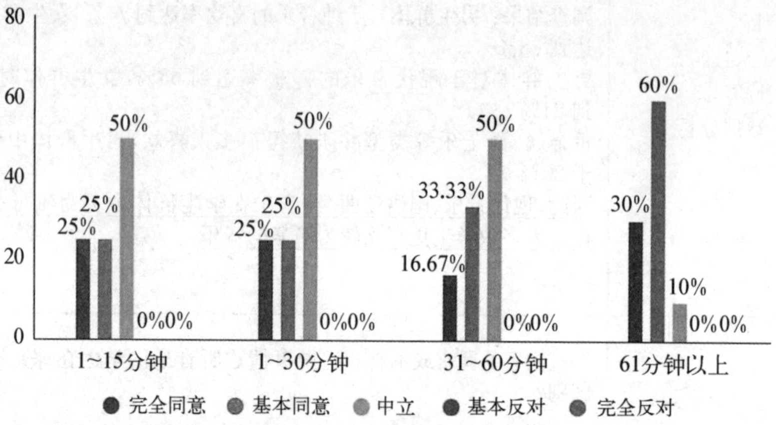
	调查结果：花大额时间(61 分钟以上)听音乐的同学完全同意、基本同意此看法的占比有 90% 花正常、少时间(60 分钟以下)听音乐的同学完全同意、基本同意此看法的占比有 50%，中立有 50% 由此，花越多时间听音乐的同学认为边听音乐边做事情能够提高办事效率；反之，花正常、少时间的同学们同意率在 50%左右
数据分析 5	调查内容：学生喜欢一首歌的最大因素是什么？
	数据情况： 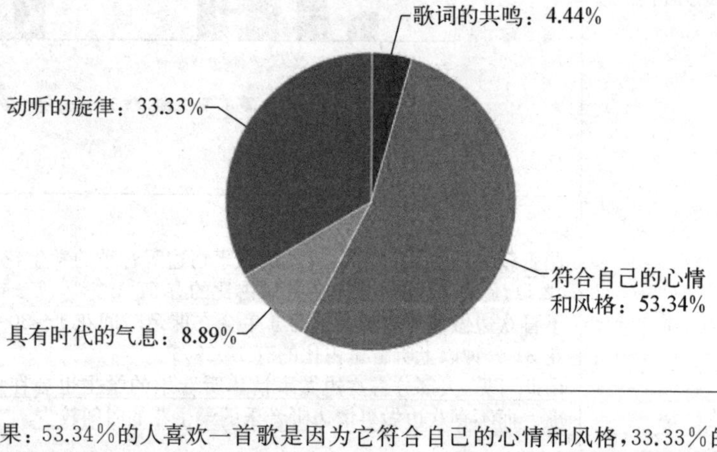
	调查结果：53.34%的人喜欢一首歌是因为它符合自己的心情和风格，33.33%的人喜欢一首歌是因为它有动听的旋律，8.89%的人喜欢一首歌是因为它具有时代的气息，仅有 4.44%的人喜欢一首歌是因为歌词的共鸣 因此，大多数人选择喜欢一首歌是因为它符合自己的心情和风格，而旋律也是一个重要的因素。对学生来说，他们不喜欢随大溜，更喜欢坚持自己的喜好

续　表

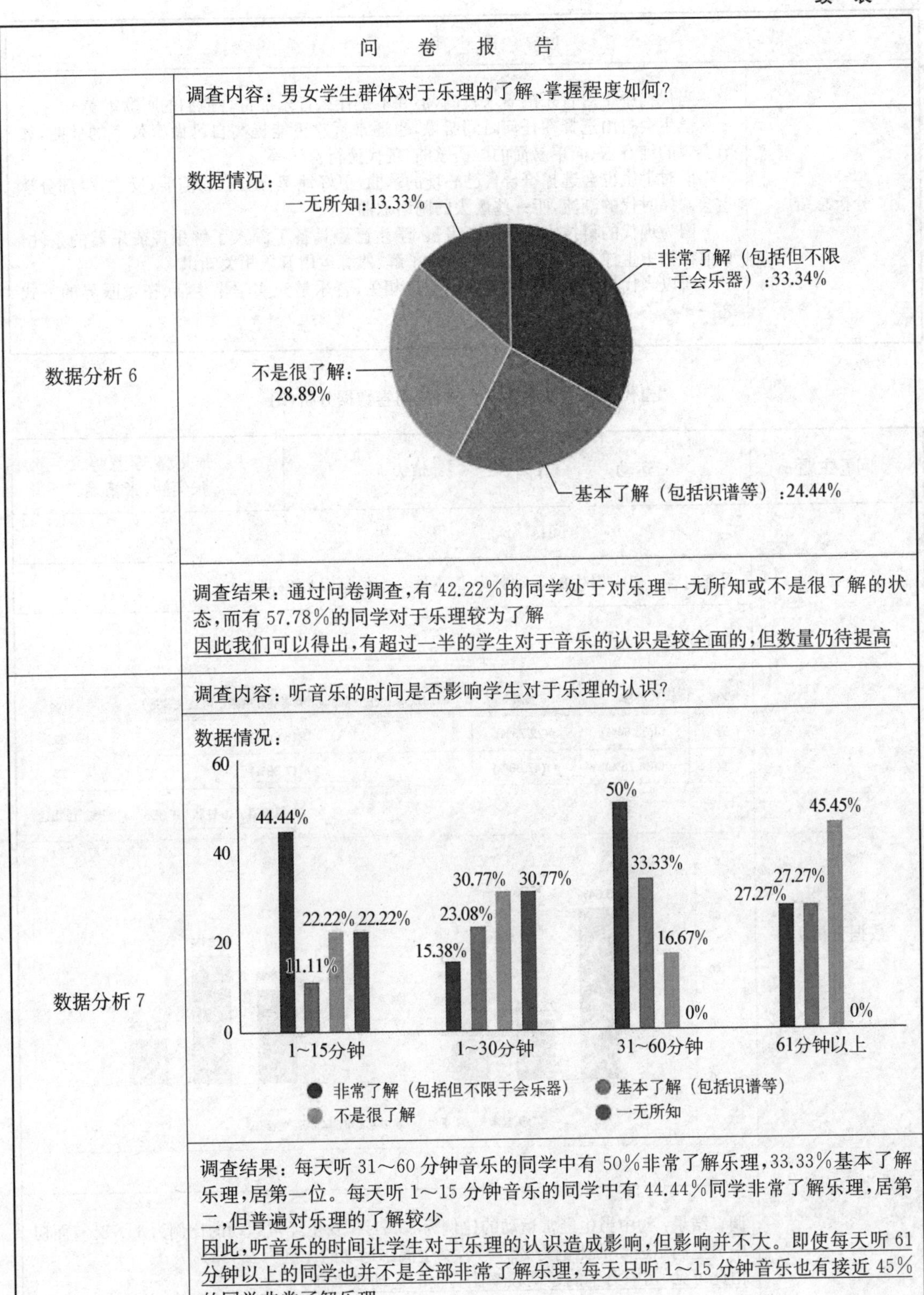

问　卷　报　告	
数据分析 6	调查内容：男女学生群体对于乐理的了解、掌握程度如何？
	数据情况：
	调查结果：通过问卷调查，有 42.22%的同学处于对乐理一无所知或不是很了解的状态，而有 57.78%的同学对于乐理较为了解 因此我们可以得出，有超过一半的学生对于音乐的认识是较全面的，但数量仍待提高
数据分析 7	调查内容：听音乐的时间是否影响学生对于乐理的认识？
	数据情况：
	调查结果：每天听 31~60 分钟音乐的同学中有 50%非常了解乐理，33.33%基本了解乐理，居第一位。每天听 1~15 分钟音乐的同学中有 44.44%同学非常了解乐理，居第二，但普遍对乐理的了解较少 因此，听音乐的时间让学生对于乐理的认识造成影响，但影响并不大。即使每天听 61 分钟以上的同学也并不是全部非常了解乐理，每天只听 1~15 分钟音乐也有接近 45%的同学非常了解乐理

续 表

<table>
<tr><td colspan="2">问　卷　报　告</td></tr>
<tr><td>分析总结</td><td>当代初中生对音乐的需求较高，但并不是什么音乐都符合他们的听歌审美
学生会自由选择在任何时间听歌，也通常喜欢更能提高自己做事效率的歌曲，如节奏快的纯音乐、简单易懂的国语歌曲、现代流行音乐等
同时学生也会选择符合自己心境的歌曲，更好地契合自己的需要；反之，少部分学生会选择时代的潮流，听一些爆火的网络歌曲
因为现代的科技水平等不断发展，学生已经具备了深入了解乐理或乐器的条件，目前在初中生样本中有超过一半学生了解、熟练运用音乐相关知识
所以当代初中生的生活与音乐息息相关，音乐是充实学生生活、拓宽眼界的方式之一</td></tr>
</table>

"当代初中生课余生活大揭秘"问卷数据分析(2)

<table>
<tr><td>问卷主题</td><td>运动</td><td>填表人</td><td>张艾璐、李薏婷、
张奕涵、张婧瑜</td></tr>
<tr><td colspan="4">问　卷　报　告</td></tr>
<tr><td rowspan="3">数据分析 1</td><td colspan="3">调查内容：初中男生的运动频率高还是女生的运动频率高？</td></tr>
<tr><td colspan="3">数据情况：
<table>
<tr><th>X\Y</th><th>经常</th><th>偶尔</th><th>从不（如选择此项，问卷到此结束，可直接提交）</th><th>小计</th></tr>
<tr><td>男</td><td>14(63.64%)</td><td>5(22.73%)</td><td>3(13.64%)</td><td>22</td></tr>
<tr><td>女</td><td>8(34.78%)</td><td>11(47.83%)</td><td>4(17.39%)</td><td>23</td></tr>
</table>
表格　柱状　条形　折线　雷达
 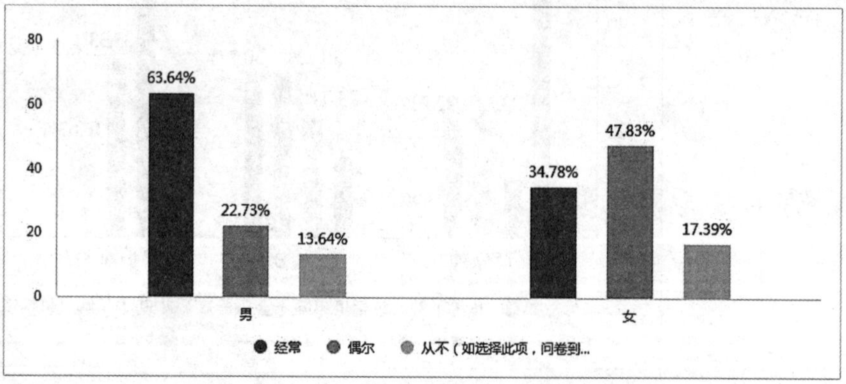
80
60
40
20
0
63.64%　22.73%　13.64%　34.78%　47.83%　17.39%
男　女
● 经常　● 偶尔　● 从不（如选择此项，问卷到...</td></tr>
<tr><td colspan="3">调查结果：初中男生经常运动的比例为 63.64％，女生经常运动的比例为 34.78％；而初中男生偶尔运动的比例为 22.73％，女生偶尔运动的比例为 47.83％
<u>由此可见，初中男生的运动频率比女生的运动频率高</u></td></tr>
</table>

续　表

问　卷　报　告

数据分析 2

调查内容：初中男女生平均每天运动的时间是多久？

数据情况：

X\Y	半小时以内	半小时～1小时	1～2小时	2小时以上	小计
男	2(10.53%)	7(36.84%)	8(42.11%)	2(10.53%)	19
女	4(21.05%)	13(68.42%)	1(5.26%)	1(5.26%)	19

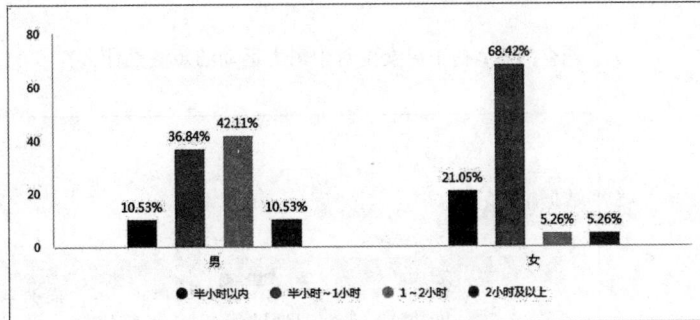

调查结果：

初中 42.11％的男生每天运动 1～2 小时，36.84％的男生每天运动半小时到 1 小时；初中女生每天运动半小时到 1 小时的人数为 68.42％

由此可见，初中男生每天运动 1～2 小时的人数较多，女生每天运动半小时到 1 小时的人数较多

数据分析 3

调查内容：初中生较受欢迎的运动

数据情况：

X\Y	球类	田径	耐力体能（如跑步、仰卧起坐、跳绳等）	冰雪项目	舞蹈	体操	水下运动	其他（请具体写出）	小计
男	16(84.21%)	6(31.58%)	10(52.63%)	1(5.26%)	1(5.26%)	2(10.53%)	5(26.32%)	3(15.79%)	19
女	16(84.21%)	2(10.53%)	7(36.84%)	4(21.05%)	8(42.11%)	2(10.53%)	7(36.84%)	1(5.26%)	19

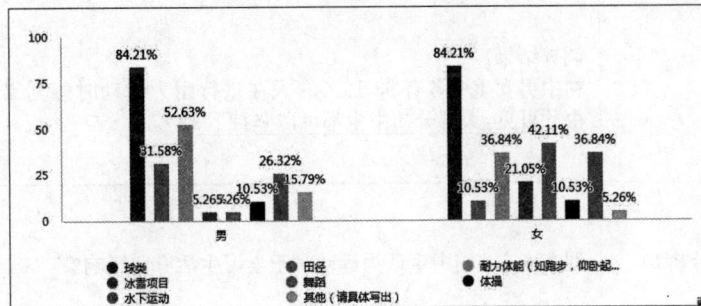

续 表

问 卷 报 告

数据分析 3

调查结果：
初中男女生中各有 84.21％的人喜欢球类运动，其次男生有 52.63％的人喜欢耐力体能运动，女生则有 42.11％的人喜欢舞蹈
由此可见，初中生最受欢迎的运动为球类运动，男生中较受欢迎的运动是耐力体能和田径，女生中较受欢迎的运动为舞蹈、耐力体能和水下运动

数据分析 4

调查内容：初中男女生对于耐力运动的想法是什么？

数据情况：

X\Y	无力坚持	累，但能接受	很轻松	其他（写出来）	小计
男	1(5.26%)	12(63.16%)	4(21.05%)	2(10.53%)	19
女	4(21.05%)	12(63.16%)	1(5.26%)	2(10.53%)	19

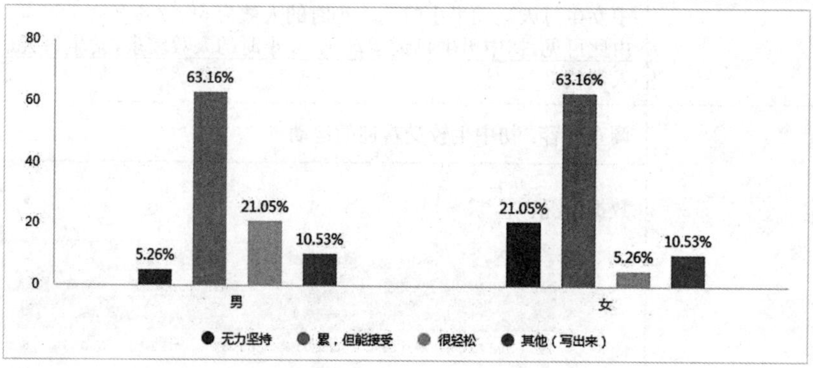

调查结果：
初中男女生中各有 63.16％的人在进行耐力运动时感觉累，但是能接受并坚持下来。由此可见，大部分初中生都可以坚持下来

数据分析 5

调查内容：初中生认为运动对于学习生活有何影响？

续　表

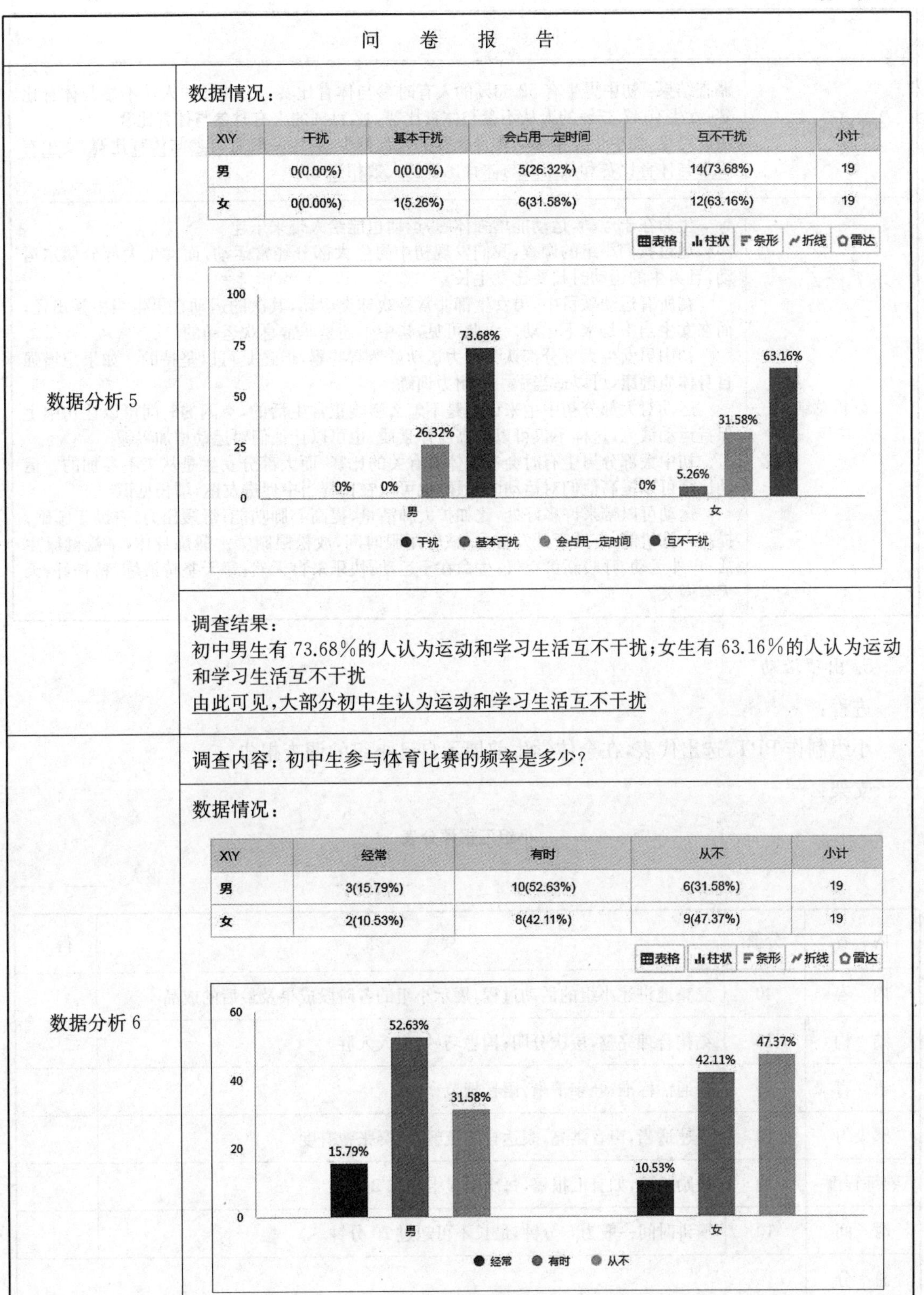

问　卷　报　告

数据分析 5

数据情况：

X\Y	干扰	基本干扰	会占用一定时间	互不干扰	小计
男	0(0.00%)	0(0.00%)	5(26.32%)	14(73.68%)	19
女	0(0.00%)	1(5.26%)	6(31.58%)	12(63.16%)	19

调查结果：
初中男生有 73.68%的人认为运动和学习生活互不干扰；女生有 63.16%的人认为运动和学习生活互不干扰
由此可见，大部分初中生认为运动和学习生活互不干扰

数据分析 6

调查内容：初中生参与体育比赛的频率是多少？

数据情况：

X\Y	经常	有时	从不	小计
男	3(15.79%)	10(52.63%)	6(31.58%)	19
女	2(10.53%)	8(42.11%)	9(47.37%)	19

续　表

问　卷　报　告	
数据分析 6	调查结果：初中男生有 52.63%的人有时参与体育比赛，31.58%的人从不参与体育比赛；女生有 47.37%的人从不参与体育比赛，42.11%的人有时参与体育比赛 由此可见，初中生经常参与体育比赛的人数偏少，男生一般有时参与体育比赛，女生有时参与体育比赛和从不参与体育比赛的人数相当
分析总结	生命在于运动，运动能增强体魄，运动也能给人带来乐趣 通过我们小组的调查，我们发现初中男生大部分经常运动，而女生大部分偶尔运动，且男生的运动时长要比女生长 在所有运动项目中，男女生都非常喜欢球类运动，其次的运动在男生当中是田径，而在女生当中是水下运动。由此可见，初中生还是非常喜欢运动的 初中男女生大部分都认为耐力运动虽然有些累，但还是可以坚持的。如果想增强自身体质健康，可以适当做一些耐力训练 运动对大部分初中生来说都是不怎么影响正常生活的，空闲的时间可以让初中生保持运动锻炼，这样不仅可以提高身体素质，也可以让他们对运动增加兴趣 初中大部分男生有时会参加体育有关的比赛，而大部分女生是从来不参加的。运动比赛可以提高他们对运动的兴趣，也可以在比赛当中促进友谊、增长见识 运动可以带来许多好处，比如扩大肺活量，提高心肺功能；舒缓压力，有助于睡眠；提高大脑机能，有助于开发智力；减轻用眼时间，放松眼睛等。锻炼身体，享受健康生活；户外运动，呼吸新鲜空气；生命在于运动，快乐来自天然；每天坚持锻炼，精神好，天天有微笑

5. 出项活动

进程：

小组制作 PPT，选出代表，在全体学生前展示自己小组的调查报告。

支架：

小组汇报评分表

汇报人：________

内　容	分数	要　求	得分
内　容	40	完整地讲述小组的活动过程，展示小组的各阶段成果及最后的成品	
结　构	10	结构合理完整，层次分明；构思巧妙，引人入胜	
语　言	20	普通话标准，吐字清晰，语音规范	
感染力	10	语速适当，声音洪亮，表达自然流畅，节奏张弛有度	
熟练程度	10	鼓励脱稿，如有汇报稿，每次明显卡顿扣 2 分	
时　间	10	演讲时间一般为 5 分钟，最长不可超过 10 分钟	
总　分			

评价：

小组能够记录自己的活动经历，完成活动任务，汇报活动成果。

6. 复盘反思

进程：

所有参与项目化学习的学生填写评价总结表，对自己和其他组员的活动表现进行评价，总结本次活动的收获，反思不足之处。

支架：

“评价总结表”见下文“五、项目评价量表”。

评价：

学生对自己的活动表现能够公允地给出评价，并且在评价其他组员时同样保持公平公正的心态，对本次活动的收获和不足之处能够进行详尽的反思与总结。

成果：

“当代初中生课余生活大揭秘”评价总结表

姓名	金仁爱	班级	七(1)班	调查主题	旅游

活动流程	参与项目	个人评价	教师评价
设计问卷（30分）	1. 你是否为问卷设计问题？（10分满分，按参与程度给分）	10	
	2. 你是否参与问卷星使用？（10分满分，按参与程度给分）	10	
	3. 你是否观看过问卷星后台数据？（观看过1次即10分，从未观看得0分）	10	
访谈（40分）	4. 你是否为访谈设计问题？（10分满分，按参与程度给分）	10	
	5. 你是否担任访谈者？（10分满分，担任1次得10分，从未担任得0分）	10	
	6. 你是否记录过访谈？（10分满分，记录1次得10分，从未记录得0分）	10	
	7. 你是否被人访谈过？（10分满分，被访谈1次得10分，从未被访谈得0分）	10	
分析数据（30分）	8. 你是否参与数据分析的内容规划？（10分满分，按参与程度给分）	10	
	9. 你是否参与调取数据的环节？（10分满分，按参与程度给分）	10	
	10. 你是否撰写过调查结果和分析总结？（10分满分，按参与程度给分）	10	

图 9　学生的评价总结表(1)

总分（100分）	100	

组内互评

组员姓名	组员主要贡献
金仁爱	组长，基本任务完成者，参与问题讨论，数据分析，进行访谈，记录，认真负责，积极参与。
樊佑诚	参与过访谈，记录者，认真负责。
陈睿	数据统计，问卷星登录，参与统计，时好时坏，有时不参与
陈志成	参与部分数据统计，部分访谈的记录，不够细心，有时不参与。
贾文博	基本没有参与任何活动，一直摆烂。

请推荐本组的活动之星（最多不超过三人）：

金仁爱，樊佑诚。

请谈谈本次活动中的收获：

大部分组员都做出了贡献，设计、访谈、统计三方面都很顺利。按时完成任务，及时进行文件提交。金仁爱贡献最多，贾文博贡献最少，希望大家能努力完成自己的任务，更快地进步！

填表人签名：金仁爱　填表时间：2023年6月17日

图 10　学生的评价总结表(2)

五、项目评价量表

"当代初中生课余生活大揭秘"评价总结表

<table>
<tr><td>姓　　名</td><td></td><td>班级</td><td></td><td>调查主题</td><td></td></tr>
<tr><td>活动流程</td><td colspan="3">参　与　项　目</td><td>个人评价</td><td>教师评价</td></tr>
<tr><td rowspan="3">设计问卷
(30分)</td><td colspan="3">1. 你是否为问卷设计问题?(10分满分,按参与程度给分)</td><td></td><td></td></tr>
<tr><td colspan="3">2. 你是否参与问卷星使用?(10分满分,按参与程度给分)</td><td></td><td></td></tr>
<tr><td colspan="3">3. 你是否观看过问卷星后台数据?(观看过1次即10分,从未观看得0分)</td><td></td><td></td></tr>
<tr><td rowspan="4">访谈
(40分)</td><td colspan="3">4. 你是否为访谈设计问题?(10分满分,按参与程度给分)</td><td></td><td></td></tr>
<tr><td colspan="3">5. 你是否担任访谈者?(10分满分,担任1次得10分,从未担任得0分)</td><td></td><td></td></tr>
<tr><td colspan="3">6. 你是否记录过访谈?(10分满分,记录1次得10分,从未记录得0分)</td><td></td><td></td></tr>
<tr><td colspan="3">7. 你是否被人访谈过?(10分满分,被访谈1次得10分,从未被访谈得0分)</td><td></td><td></td></tr>
<tr><td rowspan="3">分析数据
(30分)</td><td colspan="3">8. 你是否参与数据分析的内容规划?(10分满分,按参与程度给分)</td><td></td><td></td></tr>
<tr><td colspan="3">9. 你是否参与调取数据的环节?(10分满分,按参与程度给分)</td><td></td><td></td></tr>
<tr><td colspan="3">10. 你是否撰写过调查结果和分析总结?(10分满分,按参与程度给分)</td><td></td><td></td></tr>
<tr><td colspan="4">总分(100分)</td><td></td><td></td></tr>
<tr><td colspan="6">组　内　互　评</td></tr>
<tr><td>组员姓名</td><td colspan="5">组 员 主 要 贡 献</td></tr>
<tr><td></td><td colspan="5"></td></tr>
<tr><td></td><td colspan="5"></td></tr>
<tr><td></td><td colspan="5"></td></tr>
<tr><td></td><td colspan="5"></td></tr>
<tr><td></td><td colspan="5"></td></tr>
</table>

续　表

组员姓名	组 员 主 要 贡 献
请推荐本组的活动之星（不超过三人）：	
请谈谈本次活动中的收获：	

填表人：__________　日期：______________

六、项目反思

“当代初中生课余生活大揭秘”是本人第一次设计并参与实施的学科项目化学习活动，虽然对这样的学习方式并不熟悉，但是在实践的过程中，逐渐领悟了项目化学习的特点。

在本次项目化学习的过程中，我首先感受到的是学生对学习的兴趣。在整个项目化的入项活动中，我将自己对于这个活动的想法和设计介绍给学生，学生立刻就给予我非常积极的反应，大家纷纷说出自己的课余活动，我写了满满一黑板。究其原因，调查课余活动是学生生活中感兴趣的问题，所以项目化学习的优势之一就在于真正将生活变成学习的场景。

其次，我虽然设计的是语文学科的项目化活动，但在实施项目的过程中，除了口语表达、写作能力，我还看到了学生信息技术能力的提升。在项目化学习中学生需要设计一份问卷，调查其他同学对于某项课余活动的看法。一方面，学生需要自己在脑海中设计问卷；另一方面，学生还要通过电脑，了解如何将自己脑海中的问卷变成电子问卷。这项技能在我们现在的工作中其实非常实用，但是在平常的课程中，似乎很少会涉及。所以，在项目化学习的过程中能掌握一般课程中不教但在生活中又极为实用的技能，这也是项目化的优势。

另外，在具体的各个环节，我能看到每个小组都在尽力把合适的任务分配给合适的组员，最大限度地调动了组员的积极性。在面对一个工作量极大、难度极高的任务时，单打独斗的实力固然重要，但是小组合作的能力能够事半功倍。学生在项目化活动的过程中，是真真切切地感受到了合作的力量。

当然，初次尝试项目化，还有很多可以改进的地方。例如，如果能将每个小组的作品按一定方式装订成册，让学生的成果可看、可用、可查，一定会更加增加学生的成就感，更多地调动每个学生的积极性。只要能吸取本次经验，相信一定会在未来项目化学习的设计和实施中获得进步。

总体上，本次项目活动比较圆满地实现了项目目标，学生能够在本次活动中得到综合素养的发展。“调查研究”是一项相当实用的技能，虽然本次尝试未必能够使每个学生都熟练运用这项技能，但相信这次的活动学习和体验一定会对学生未来看待问题、解决问题产生潜移默化的影响。

文创中的埃舍尔

设计者：郭妍婕　叶莉慧
实施者：郭妍婕　叶莉慧

一、项目背景

这是个面向七年级学生的学科类型项目。学生除了学习课本中的数学知识，也要学习把知识用于实际，用数学的眼光观察世界，并且感悟数学中的美。

几何的美感装扮着世界，并影响着我们的视觉思维。几个简单的基本图形通过平移、旋转、翻折的运动，就能组合成新的优美图形。上海市实验学校南校五周年校庆之际，以“SSES五周年校庆”为主题，将几何元素和图形运动融入设计理念中，学生尝试设计带有埃舍尔风格的文创作品。

本次项目设计的驱动性问题是如何设计一件埃舍尔镶嵌画风格的文创作品，学生在这个项目中需要经历的学习历程是：欣赏和讨论埃舍尔风格作品的特征；提出作品中与之相关的数学元素；分解驱动问题并探究图形运动的相关知识；组内和组间交流，构建知识结构；小组共同完成文创作品的绘制。

最后形成的项目成果是埃舍尔镶嵌风格的文创作品及相关作品介绍。学生的创造性将会体现在文创作品的制作过程中图形运动的应用，学生在项目过程中对于图形的抽象、应用、数学思想有了更深的理解。

二、项目目标

1. 课程标准和教材章节

《义务教育数学课程标准(2022年版)》中的课程内容为：图形与几何、图形的变化。

本章为第十一章 图形的运动，一共三节，内容为图形的平移、图形的旋转、图形的翻折。

2. 学科知识和能力

知识：

(1) 理解平移、旋转、翻折的相关对应点、对应线段等知识。

(2) 通过操作归纳出图形通过平移、旋转、翻折后的图形的形状、大小不变。

能力：

(1) 从图形中抽象出概念(图形的平移、旋转、翻折)。

(2) 会用运动的观点看待静止的几何图形，体会图形运动过程中的变与不变，感知几何变换的思想。

(3) 在学习的过程中感受化归、类比的数学思想。

(4) 文创作品设计中图形运动的灵活运用。

3. 学科大概念

图形的运动——平移、旋转、翻折。

4. 学习素养

社会性实践：完成埃舍尔风格作品特征的分析；分成项目小组，形成小组分工和职责表。

审美性实践：设计含有埃舍尔风格的文创产品。

技术性实践：运用 PPT；网络信息的搜索；运用图片处理工具。

三、项目规划

1. 本质问题

如何设计一件埃舍尔镶嵌画风格的文创作品？

2. 驱动性问题

体验性问题情境：如何借助数学几何的知识，来设计一幅具有美感的埃舍尔镶嵌画文创作品？

从人们比较熟知的绘画美术作品中，剖析其中隐含的平面几何、对称等诸多初中的数学知识，体会数形结合的思想，感知数学怎样帮助美术变得更容易掌握，美术怎样帮助数学变得更平易近人。

从了解图形最基本的三种运动开始，过程中体会图形的运动轨迹，逐渐绘制出独具个人风格的文创作品。

3. 项目规划

入项： 了解埃舍尔画的风格特征	知识构建：了解埃舍尔画的风格特征，探讨埃舍尔风格美术作品中的数学元素	探索与形成成果： 1. 图形运动知识的学习 2. 埃舍尔作品的尝试设计	评论与修订： 组内/组间交流讨论，教师提出建议
公开成果： 文创产品展示	反思与迁移： 项目反思优化		

四、项目过程

1. 入项活动

上实南校即将迎来五周年的校庆活动，数学备课组准备邀请同学们设计一份具有七年级数学特色的文创作品作为伴手礼。结合数学图形，参考埃舍尔风格的美术作品，你是否能以“SSES五周年校庆”为主题，设计具备埃舍尔风格的几何文创作品？

教师提供典型的美术作品供学生欣赏，要求寻找美术作品中的特别之处，观察学生对于基本图形的敏感度。提出驱动性问题，如何从数学的角度来绘制一幅埃舍尔风格的镶嵌画。过程中记录自己已知的内容和想知的部分，在组间讨论，形成问题清单。

2. 知识与能力建构

(1) 提供镶嵌画，寻找镶嵌画中的基本图形。

(2) 在镶嵌画中，基本图形发生了哪些运动？

(3) 如何描述这些运动？

(4) 图形发生运动后与原图形有什么关联？

借助这些问题，在感悟作品美的过程中，体会探索课程内容第十一章图形的运动中图形的平移、图形的旋转、图形的翻折的知识学习。

3. 探索与形成成果

感受图形的运动过程，解析作品中出现的几何知识并进行记录，尝试设计一幅埃舍尔风格的作品。

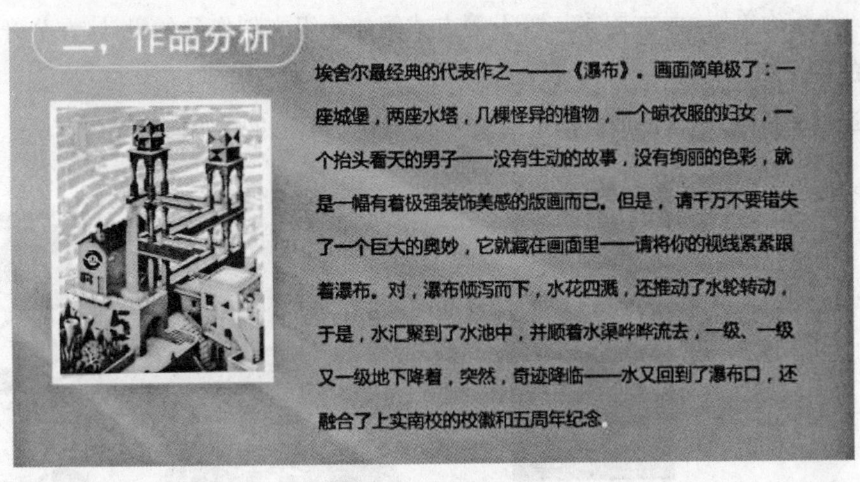

4. 评论与修订

组内/组间交流讨论作品的创意，进一步完善文创作品的创作，教师对于绘图作品提出建议。

本次课程进行过程中，因为疫情转为线上教学。学生利用语音通话、钉钉会议、文字沟通等方式，完成讨论。

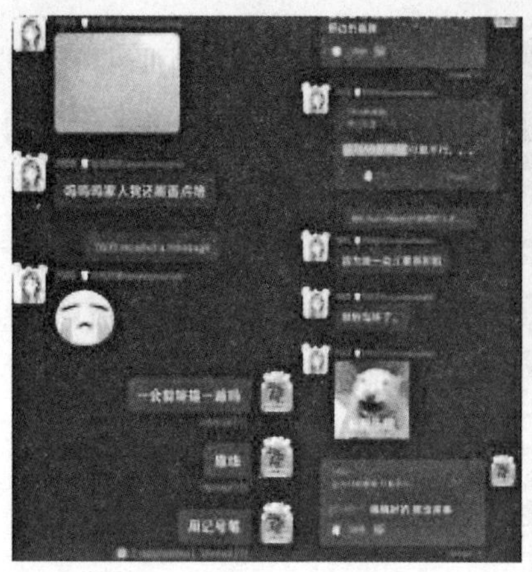

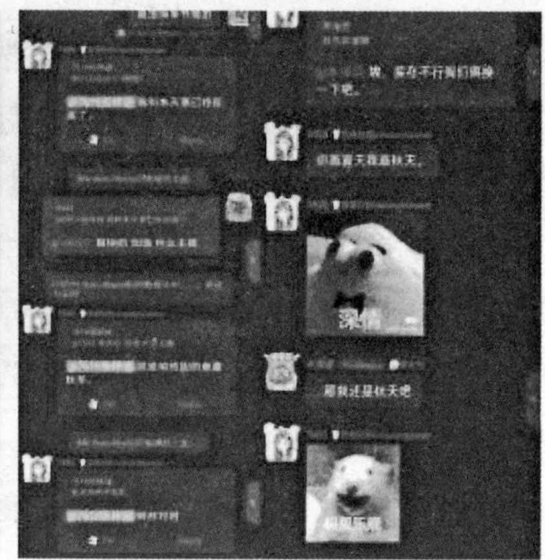

5. 公开成果

个人成果：

（1）理解图形运动的相关知识点。

（2）利用相关知识点，完成作品的设计。

团队成果：

（1）和同伴共同创造以“五周年校庆”为主题的文创作品，须包含埃舍尔元素，并制作视频或PPT来阐述自己的设计，分析如何运用图形的运动来画图。

（2）以小组为单位，通过视频或PPT等方式阐述小组文创作品的设计，在公开成果展中记录他人的建议和观点。

最终通过评价量规，选出最具认可的埃舍尔镶嵌画风格的文创作品。

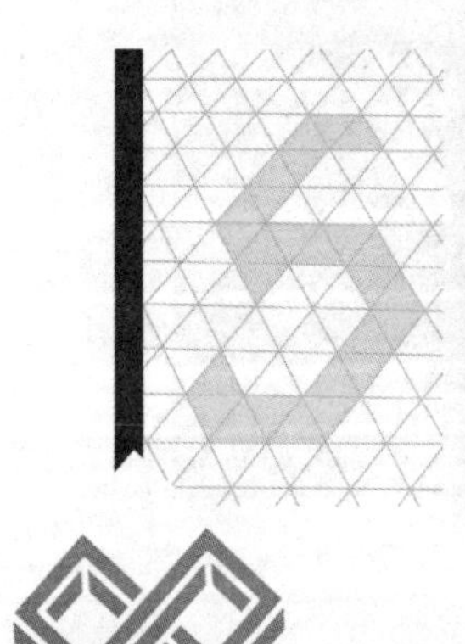

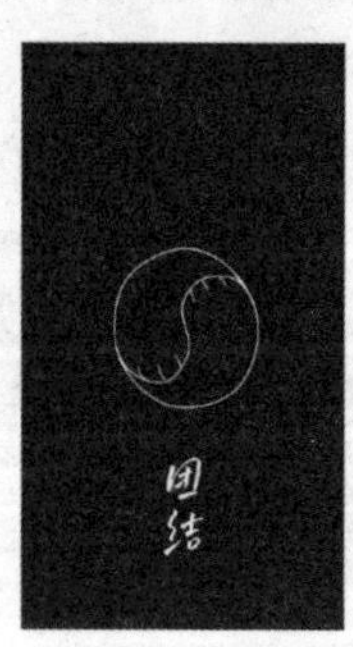

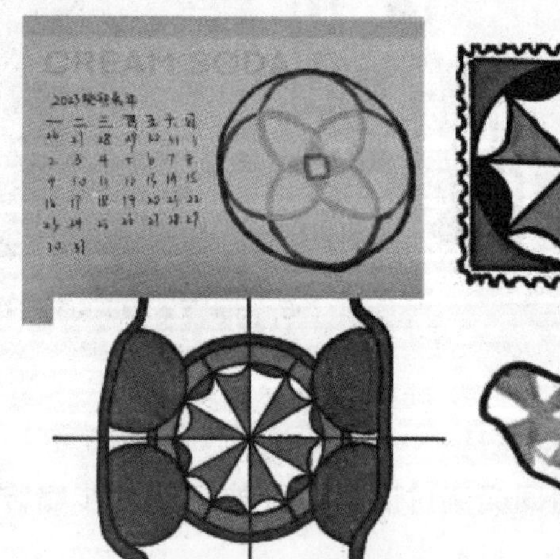

6. 反思与迁移

完成反思：本次团队合作中，如何分工？同伴之间有分歧吗？如何解决？下次遇到类似问题如何解决？本次文创作品设计中的构图如何？该如何更好地改进？

文创中的埃舍尔——数学项目化活动（小组反思表）

小组名称：地表最强小分队　组长：康雅婷

评价指标	五星	四星	三星	自评（填数字）
设计方案	1. 含有上实南校5周年主题 2. 含有埃舍尔风格元素 3. 系列完整性及美观程度较高 4. 有较好的寓意及原创性 5. 作图精准性较高	1. 含有上实南校5周年主题 2. 含有部分埃舍尔风格元素 3. 有一定的完成度 4. 有寓意及原创性 5. 作图有一定的精准性	1. 作品没有很好地呈现主题 2. 运用部分图形运动知识点 3. 完成部分细节 4. 有寓意非原创 5. 不具备成型的原创	4
展示与效果	1. 恰当使用图片等多媒体展示 2. 展示准备充分，效果令人印象深刻、新颖有趣、有吸引力 3. 小组成员分工合理，演讲语言表达熟练、自信	1. 合理使用图片等多媒体展示 2. 展示内容准备不足，效果有一定的吸引力 3. 小组成员分工合理，演讲语言表达熟练、自信	1. 能完整地呈现展示内容	5
简述：（请用简述性语句列出本次项目化活动的"亮点"和"改进"各2处） 亮点 1.结合埃舍尔想象，更有力地突出南校学子的特点。 2.分工明确，组员负责，任务完美完成。 改进				

1.灵活运用图形知识点。
2.埃舍尔风格不明确。

文创中的埃舍尔——数学项目化活动（自评表）

小组名称＿＿＿＿随便＿＿＿＿　组长：＿周好攀＿＿＿＿

成员姓名	姚皓轩	肖亚莹	张浩宇	程羿超	韩璟	周好攀		
成员分工	PPT	画手	画手	画手	查找资料	PPT+画手		
自我评价（5分）	5	5	5	5	5	5		
伙伴评价（5分）	5	5	5	5	5	5		
小组协作完成任务综合得分(10分)	10							
自我总结	1. 本活动，你学会了哪些技能？	认真做PPT，更加巩固了解的数学平移旋转及一些图形的知识						
	2. 作为组长/组员，你有无需要改进的地方？（有，请详细说细节）	有，画画画得并不是很好，下次可以再多花功夫在上面						
	3. 本活动，小组配合情况？是否有需要改进的地方	还不错，但是在线时间不统一，可以商量一个统一的时间						
	4. 通过本活动，你对于哪些数学知识有更进一步的了解？	平移、旋转、四边形、三角形、圆及半圆						

How to Create a Brochure to Introduce a Community

设计者：桑熠婷
实施者：桑熠婷　凌淑雯

一、项目背景

2020年，上海市教委发布了《义务教育项目化学习三年行动计划（2020—2022年）》。上实南校作为“项目化创建校”“项目化实验校”，鼓励教师积极参与项目化学习实践，通过主题学习、专题教研等方式，积极开展相关学习和研究。《义务教育课程方案（2022年版）》和《义务教育英语课程标准（2022年版）》明确指出要强化学科实践，推进综合学习，积极探索育人方式的变革，以此落实英语课程要培养的学生核心素养。项目化学习作为一种包含知识、行动和态度的“学习实践”，为培养学生创造性问题解决能力提供了新的可能性，是推动育人方式变革的有力抓手。夏雪梅博士在《项目化学习设计：学习素养视角下的国际与本土实践》一书中对学科项目化学习做了详细的描述。笔者将其中关键要素进行提炼，并结合英语学科的教学特性思考什么是英语学科项目化学习。英语学科项目化学习是一种将英语学习与实际问题解决结合起来的学习方式。它以英语学科核心概念为引领，引导学生在英语学习中开展自主或合作探究，在真实和有意义的语境中用英语做事、解决问题、创建项目成果，深度理解英语核心知识，综合运用听、说、读、看、写等语言技能，灵活运用各种学习策略，发展语言能力、培育文化意识、提升思维品质和提高学习能力。

社区是一个人成长的重要环境，通过介绍社区，学生可以更好地了解社区的地理环境、场所、职业、文化、特色活动等，进一步加深对社区的理解和认识。为了强化学科实践，推进综合学习，笔者尝试通过英语学科项目化学习 How to Create a Brochure to Introduce a Community 引导学生积极参与社区主题的探究活动，从而培养学生的实践能力，增强他们对所在社区的认同感和归属感，以及培养学生的社区建设主人翁意识。首先，该项目可以为学生提供一个真实的问题情境，帮助学生将课堂所学的英语知识运用到生活实际情境中，提高语言运用能力和沟通技巧。其次，通过探究本地社区的特点和优势，学生可以深入了解自己所在社区的历史、文化和发展现状，增强对社区的认同感、归属感和责任心。此外，该项目也涉及团队合作和自我管理等方面的技能培养，学生需要合理分配任务，协调沟通，及时反馈和修改意见，在良好的团队氛围中锻炼团队协作能力。最后，通过向他人展示团队创建的社区宣传小册子，学生可以得到他人的认可，从而提高自信心和自我价值感，这种学习体验将有助于激励学生进一步探索新的知识。

基于以上思考，笔者积极尝试用英语学科项目化学习的方式引导学生进行学科实践，在真实和有意义的语境中用英语介绍社区和创建社区宣传小册子，进而促进学生语言能力、文化意识、思维品质和学习能力的综合提升。

二、项目目标

1. 英语课程要培养的学生核心素养

核心素养	教　学　目　标
语言能力	(1) 能读懂与社区主题相关的简短语篇，提取并归纳关键信息 (2) 能分析和梳理介绍类文本的基本结构特征；能辨识和分析介绍类文本常见句式的结构特征 (3) 能围绕社区主题，运用所学语言，与他人进行交流；能选用不同句式结构和时态，描述和介绍自己的社区
文化意识	(1) 能初步理解社区的概念和社区建设的重要性，了解社区文化特色，尊重社区文化的多样性和差异性 (2) 能比较不同社区之间的异同，能用所学语言描述社区文化现象，表达社区文化认同 (3) 能关注社区发展，欣赏、鉴别美好事物；增强社区认同感和文化自信
思维品质	(1) 能全面了解社区，并能将收集到的社区信息加以筛选和整合，形成一个具有逻辑性的框架，从而使读者更容易理解和接受所介绍的社区亮点 (2) 能通过创新的方式呈现抓人眼球的内容和布局，以吸引潜在读者的关注和兴趣
学习能力	(1) 能积极参与项目化学习，认真倾听同伴意见，主动探究，使用英语进行交流，并积极使用现代信息技术收集信息，设计和创建小册子 (2) 能制定明确的学习目标和计划，合理安排学习任务，并根据项目进展合理调整学习计划和策略 (3) 能与他人合作，协作完成社区小册子的设计和创建，共同完成学习任务

2. 学习素养

学习实践	目　标
创造性实践	小组协作探究，选择突出社区特色或有代表性的社区相关内容进行介绍；设计独特且有吸引力的版面，选择与内容相关的图片，运用创意的文字和排版等美化和制作社区宣传小册子

续　表

学习实践	目　　标
探究性实践	能利用各种资源探究社区的内涵与介绍社区的不同切入点；探究如何利用信息技术制作社区宣传小册子
社会性实践	通过小组分工与合作，沟通与交流如何更好地介绍自己的社区，在与他人交流的过程中，认真倾听其他组员的观点并给出回应，进行有效沟通
调控性实践	对完成项目有信心和决心，能主动沟通并商榷项目阶段性小目标的完成节点，根据计划自我调控，阶段性地反思计划完成情况和问题，并积极沟通寻求帮助解决问题，以确保高效率地完成任务
审美性实践	能选择与主题和内容契合的图片、色彩和排版，以图文并茂、架构清晰的方式创建富有美感的社区宣传小册子
技术性实践	网络检索社区或街道的辖区范围、社区不同场所的地理位置、图片等；操作系统软件对小册子进行排版设计、美化和创建；能运用软件设备等多种技术、方法与他人交流与沟通

3. 驱动性问题所蕴含的高阶认知

(1) 系统分析：系统分析介绍社区时涉及的不同方面，如社区场所、职业、社区文化活动等，对构成社区的要素进行全面解读；综合考虑宣传成果的呈现内容、方式、效果等方面，进行全面的计划和分析。

(2) 调研：能利用各种资源，通过问询、上网查询、翻阅书籍等方式查询、了解社区街道的辖区范围，辖区内的主要社区场所，受辖区居民喜爱的社区场所和社区亮点等。

(3) 决策：能根据组内成员的特长分工合作；小组讨论决定社区介绍要点。

(4) 问题解决：以“社区志愿者”身份，探究如何用英语介绍社区、设计小册子，能够有效地传达社区宣传信息。

(5) 创见：通过介绍类文本写作创造性地介绍自己所在的社区，并设计、美化和创作社区宣传小册子，使其以更吸引人的方式呈现社区信息。

三、项目设计

1. 本质问题

如何用英语介绍自己的社区？

2. 驱动问题

如果你的社区要参与评选“2022 年浦东新区最美社区”，作为一名社区志愿者，你如何用英语创建社区宣传小册子介绍自己的社区？

3. 项目规划

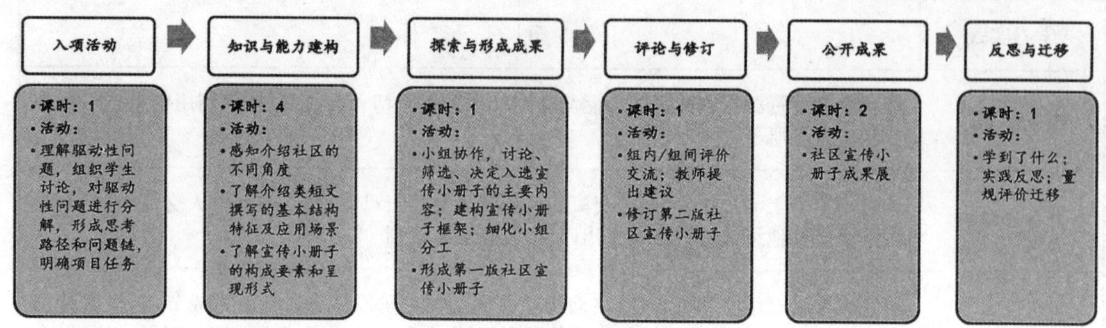

图1　项目规划图

四、项目实施

1. 入项活动(第1课时)

活动1：分解驱动问题。教师引出驱动性问题，学生讨论并对驱动性问题进行分解，形成思考路径和问题链，明确项目任务。

活动2：头脑风暴。教师引导学生思考"一份好的社区宣传小册子包含哪些内容和要求?"，引导学生明确项目目标。

活动3：小组讨论填写项目待解决问题清单(Need-to-Know Questions)。小组针对项目思考已知、梳理须知，从而明确下一步学习任务。

活动4：制订项目计划。学生讨论完成小组项目分工，进行项目规划。

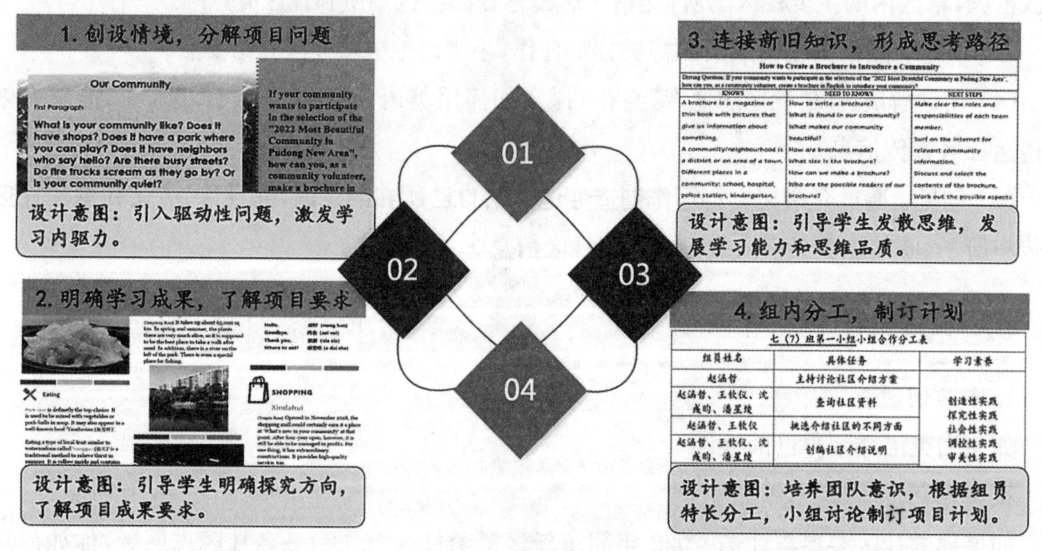

图2　入项活动及设计意图

2. 知识与能力建构(第 2～5 课时)

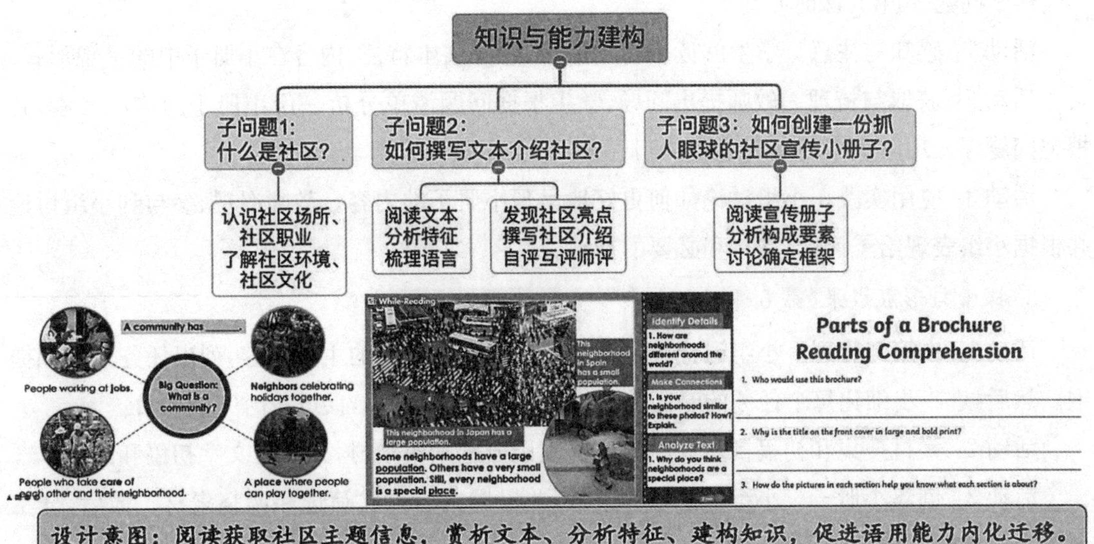

图 3　知识与能力建构图

➢ 子问题 1(第 2 课时)

活动 1：头脑风暴。教师通过引导学生思考“What is a community?”，激活学生已知。学生小组讨论，分享自己对社区的了解和印象。

活动 2：对比分析。教师引导学生看图片、阅读对比不同社区的异同，找出共性与个性，了解不同社区的特点，提炼“community”内涵与意义。

活动 3：学习理解。学生在语境中学习与社区场所、社区活动、社区文化、社区职业等相关的英文表达，初步感知介绍社区的不同角度。

活动 4：小组讨论决定介绍社区的切入点。教师巡视、参与到小组讨论并根据小组表现给予评价、支持和必要的指导。

➢ 子问题 2(第 3～4 课时)

活动 1：感知与注意。学生阅读一篇介绍社区的文本，感知文本特征。

活动 2：获取与梳理。教师提供学习支架，学生根据问题清单分析文本特征，根据线索读懂文章。

活动 3：应用实践。学生小组讨论最喜欢的社区场所，教师巡视、参与小组讨论并根据小组表现给予评价、支持和必要的指导。

活动 4：迁移创新。学生根据写作检查清单在规定的时间节点前完成写作初稿，以图文并茂的方式介绍社区(个人成果)。

活动 5：评价与修改。学生对个人成果进行自评和同伴互评，并根据量规、同伴反馈和教师评价修改个人成果初稿。

➢ 子问题3(第5课时)

活动1：感知与注意。学生阅读一份小册子，感知文本特征、内容在小册子中的呈现形式。

活动2：获取与梳理。教师提出问题，学生根据问题清单分析一份小册子的构成要素，并根据问题深入理解文本的呈现形式。

活动3：应用实践。小组讨论如何更好地呈现小册子的内容。教师巡视、参与到小组讨论并根据小组表现给予评价、支持和必要的指导。

3. 探索与形成成果(第6课时)

活动1：决策与管理。小组讨论确定社区宣传小册子包含的主要内容，列出任务清单和提纲。然后，进一步细化每个任务的时间节点，以便进行自我管理，促进按时完成项目。

活动2：素材搜集和初稿撰写。小组根据主题分别搜集素材，并撰写文字初稿和配图。

活动3：创建小册子。小组汇总所有素材，并根据主题再次筛选和调整素材。最后，分工合作完成社区宣传小册子第一稿。

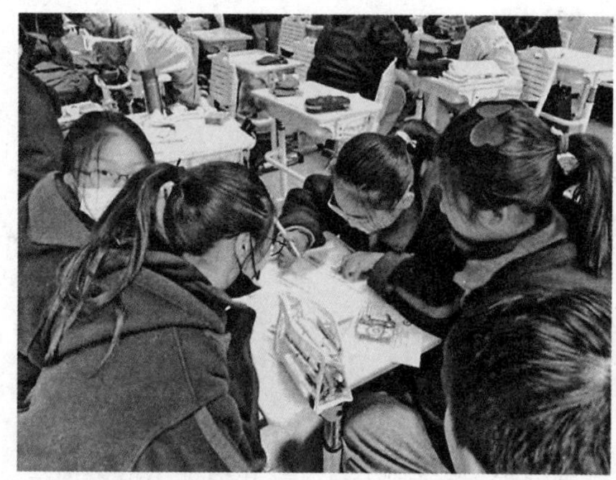

图4 项目小组合作探究

4. 评论与修订(第7课时)

活动1：自评互评。学生根据评价量规，在项目小组内自查问题。教师通过"旋转木马"这一交流型学习支架，引导各小组进行批判性思考。小组间利用结构化反馈(Plus-Delta Conceptboard)对小册子的内容、图片和语言的形式进行评价，写出亮点及可改进的点(见图5)。

活动2：师评。教师对团队成果的内容、图片和语言的形式提出修改建议。

活动3：修订迭代。小组反思、讨论、制订修改方案，在反复尝试和体验中修改社区宣传小册子。

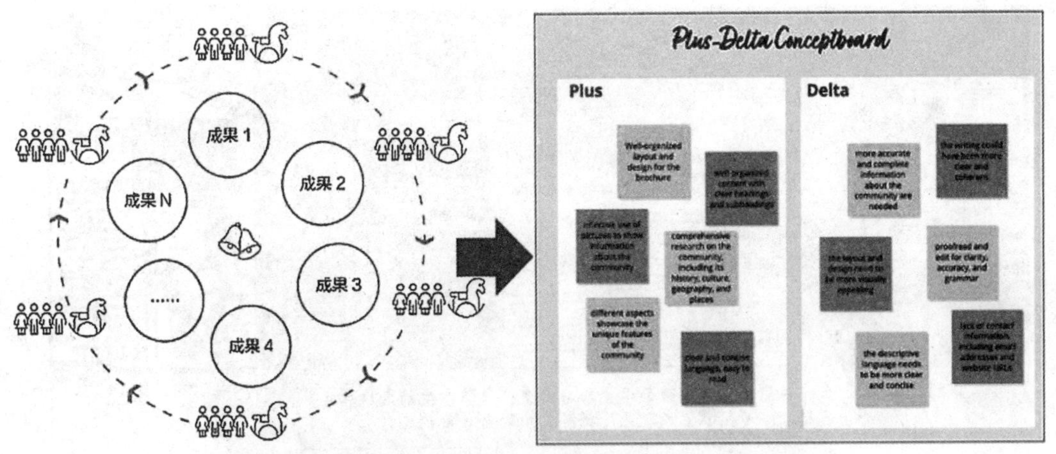

设计意图：培养依据量规进行评价的语言能力、运用批判性思维给出客观评价的思维品质及基于评价反馈及时做出调整进行优化的学习能力。

图 5　组间结构化反馈学习支架

5. 公开成果(第 8～9 课时)

活动 1：教师引导学生明确团队成果展示的要求及宣讲步骤。

活动 2：举行项目交流与分享会，各小组进行项目宣讲。在展示过程中，学生彼此认真聆听、参与互动、运用评价表互相评价并提出建议。教师通过问卷星投票公开展示各小组的优秀成果(见图 6)。

OUR COMMUNITY
Our Community
Xindahui
设计意图：展示、评估学生学习成果；培养学生的表达和沟通能力，增强学生成就感，提高学生的自我价值感。

图 6　项目成果公开

6. 反思与迁移(第 10 课时)

活动 1：回顾。教师引导学生根据评价者的反馈单，对反馈出的问题进行梳理和总结。

活动 2：反思。教师指导学生完成项目反思表(见图 7)。

活动 3：迁移。学生分享本次项目化学习所学知识、技能及形成的问题解决路径可迁移的新情境。

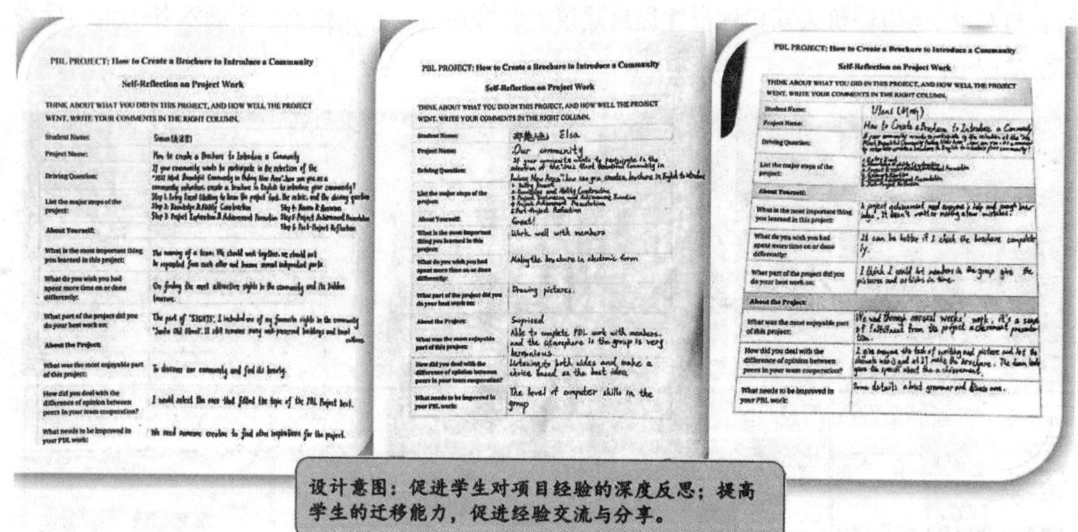

PBL PROJECT: How to Create a Brochure to Introduce a Community
Self-Reflection on Project Work
设计意图：促进学生对项目经验的深度反思；提高学生的迁移能力，促进经验交流与分享。

图 7　学生项目反思

五、项目评价

在本案例中，既有对学生知识与技能的评价，如社区生活相关词汇、概念与表达，介绍类文本写作(见表1)等,也有对学习实践的评价,如对学生分析、筛选、整合信息、解决问题能力的评价,合作与探究表现的评价(见表2、表3),还有对学习成果的评价,如项目个人成果、团队成果评价(见表4)。学生通过自评,主动反思和评价自我表现,促进自我监督性学习,在互评过程中取长补短,总结经验,改进学习。

表1　项目个人成果写作评价量表

Requirements		Self	Peer
1	Using clear language with rich vocabulary and sentence structures, with no significant spelling or punctuation errors.	☆☆☆	☆☆☆
2	Describing different aspects of the community place such as location, views, activities, etc.	☆☆☆	☆☆☆
3	Using the third person perspective, displaying objectivity and enhancing the persuasiveness of the text. For example, "It is famous for its...", "It is a place of..."	☆☆☆	☆☆☆
4	Engaging readers and making the text more easily understood by using language devices or proper pictures.	☆☆☆	☆☆☆

表2　学生项目表现自评表

组名:__________　姓名:__________

请根据实际情况,在每个空格内打分

评　价　点	评分(1～5)
我能规划项目进程,并按时间节点完成任务	
我会通过各种途径搜集与主题相关的资料	
我能在项目中很好地运用所学表达主题内容	
我能主动与组员积极讨论,沟通项目问题	
我能耐心倾听组员的意见	
我能提出引发小组讨论的议题	
我能主动参与,并尽力完成所分配的任务	
我会虚心学习其他组员的长处(优点)	
总　评	

评量标准,每项最高5分,总分40分

很好:5分;好:4分;普通:3分;还可以:2分;待改进:1分

表3　项目化学习小组成员互评表

组名：________

请根据实际情况，在每个空格内打分

组员名字	团队合作(1～5)	善于沟通(1～5)	耐心聆听(1～5)	项目贡献(1～5)	总　评

评量标准，每项最高5分，总分20分

很好：5分；好：4分；普通：3分；还可以：2分；待改进：1分

教师根据学生在英语项目化学习过程中的实际表现，及时、有效地提供反馈和帮助。例如，在评论与修订阶段，教师通过亮点—建议互动白板引导学生进行组间互评，促进横向对话，交换意见和建议，以促进成果迭代。学生的反馈显示，通过互评交流，能够体现出小组的优势和价值，激发了学习动机。多元整合项目评价能够帮助学生真正投入学习，并最终实现指向素养的项目目标。

表4　项目团队成果评价量表

Project Rubric

Class：________　Group No：________　Total Score：________

CATEGORE	(4′) Excellent	(3′) Good	(2′) Almost	(1′) Not Yet	Scores
Attractiveness & Organization (Organization)	The brochure has exceptionally attractive formatting and well-organized information.	The brochure has attractive formatting and well-organized information.	The brochure has well-organized information.	The formatting and organization of the brochure are confusing to the reader.	
Content-Accuracy (Ideas)	The brochure has all of the required information(see checklist) and some additional information.	The brochure has all of the required information(see checklist).	The brochure has most of the required information(see checklist).	The brochure has little of the required information(see checklist).	

续　表

CATEGORE	(4′) Excellent	(3′) Good	(2′) Almost	(1′) Not Yet	Scores
Writing-Mechanics (Conventions)	All of the writing is done in complete sentences. Capitalization and punctuation are correct throughout the brochure.	Most of the writing is done in complete sentences. Most of the capitalization and punctuation are correct throughout the brochure.	Some of the writing is done in complete sentences. Some of the capitalization and punctuation are correct throughout the brochure.	Most of the writing is not done in complete sentences. Most of the capitalization and punctuation are not correct throughout the brochure.	
Pictures	The pictures go well with the text and there is a good mix of text and pictures.	The pictures go well with the text, but there are so many that they distract from the text.	The pictures go well with the text, but there are too few.	The pictures do not go with the accompanying text or appear to be randomly closen.	
Presentation	The team showed high-quality results, with creativity and impact, outstanding performance, and received high recognition and praise from the audience.	The team's presentation was good, with some novelty that made the audience feel affirmed.	The team's presentation was relatively plain, lacking creativity and uniqueness, and did not capture the interest and resonance of the audience.	The quality of the team's presentation was very poor, with no creativity or impact, completely failing to meet the expected goals.	

六、(教师)项目反思

1. 项目成功的点

项目通过引入真实的情境，提出驱动性问题，引导学生以社区志愿者的身份用英语创建宣传小册子介绍自己的社区。学生在教师的引导下进入问题解决的真实情境中，主动探究社区宣传介绍的构成要素，如社区场所、社区活动、社区生活、社区环境等内容，综合运用所学用英语宣传介绍自己的社区。项目通过子问题链，逐步让学生将在项目中学到的知识转化为可迁移的能力和创新素养。教师将学科知识包裹在驱动性问题中，让学生在问题的驱动下，完成信息收集、整理、分析、比较、筛选、问题解决和创见，在“做中学、用中学、创中学”，逐步学会利用关键信息撰写社区宣传介绍的文案，分工合作创建介绍社区的宣传小册子，学会在教师反馈、同伴启发、自我反思中自主修订小册子的设计及内容，最终解决如何用英语宣传介绍社区的任务问题。

2. 项目可改进的地方

通过回顾项目实施过程，笔者总结了以下项目可以改进的地方：

(1) 增加协作机会，培养合作技能。通过团队协作，学生不仅可以获得更多的见解和思路，还可以提高沟通协调能力和团队合作精神。

(2) 丰富实践活动，增强学习体验。有机会可以实地参观社区场所，并利用社区资源，深入了解社区文化和历史背景。学生可以将这些资料整理归纳，制作成宣传册，以更加真实全面的方式向公众展示社区形象，这样可以增加学生的兴趣，同时也增强他们的实践能力和思维能力。

(3) 拓宽公开渠道，突出社会价值是另一个重要的方面。教师可以将学生的团队成果张贴在社区公告栏，让更多人了解社区的文化、历史和人文风情。通过这种方式，学生不仅能够加深对社区的理解和认识，更可以增强公民意识和责任感。

(4) 打破学科边界，走向学科融合。在本项目中，教师还可以鼓励学生运用其他学科，例如地理、历史、美术等学科知识，来丰富宣传小册子的内容和设计。这样可以帮助学生培养跨学科思考的能力，并促进学科之间的交流与融合。

3. 学生能够在项目中学到的可迁移的能力

(1) 探究能力：学生在项目中调查和了解社区的特点、历史、文化等方面的信息，以便能够准确、有效地介绍社区。他们能学习如何搜集准确和与问题解决相关的信息、分析信息、解决问题和做出决策。

(2) 审美能力：学生需要选择与主题契合的图片、色彩和排版，以图文并茂、架构清晰的方式设计、美化和制作社区宣传小册子，创造富有美感的项目成果。通过这个过程，学生将培养并展示出审美眼光和设计能力。

(3) 沟通技能：在创建社区宣传小册子的过程中，学生需要通过写作、互评、讨论和演讲等方式有效地传达信息。学生能学习如何清晰、准确地表达自己的想法和观点，以及如何组织和展示信息。

(4) 调控能力：学生对完成项目保持信心和决心。他们主动沟通商榷项目阶段性小目标完成节点，对项目进度有清晰的规划，并能够根据计划进行自我调控和调整。这种学习体验能使他们更好地在学习和生活中自我管理和有效地分配时间和资源。

(5) 复盘能力：学生在项目化学习过程中，阶段性反思学习计划完成情况和存在的问题，并积极沟通寻求帮助解决问题，确保高效率地完成任务。学生能够回顾、总结和评估自己的项目经验和学习成果，以提高学习效果和项目质量。

(6) 团队合作能力：在项目中，学生需要认真倾听其他组员的意见，包容差异性与多样性，并积极表达观点，进行有效沟通，以确保团队能够协同合作完成任务。

综上所述，学生能够在项目中学习到的可迁移的能力包括但不限于探究能力、审美能力、沟通技能、调控能力、复盘能力和团队合作能力。这些能力将帮助学生在现实生活中用英语进行其他社区、城镇或事物的介绍，从而提升学生跨文化交流能力和解决实际问题的能力，促进学科核心素养的形成。这些能力还将帮助学生更好地迎接在未来的学习、生活和工作中的各种机会和挑战，使其成为有创造力、有解决问题能力、善于沟通和合作的学习者和工作者。

注：该学科项目荣获上海市项目化学习案例库征集（第四批案例）一等奖。

Compose an Article on WeChat Official Account

设计者：曹　沁
实施者：曹　沁

一、项目背景

长期以来，英语教学的途径呈现表层化、碎片化和模式化的特征，在评价方式上也十分单一，无法摆脱应试教育的束缚。为改变这些问题，《义务教育英语课程标准(2022 年版)》提出了以主题为引领、以语篇为依托，融合语言知识、文化知识、语言技能和学习策略的六要素整合的课程内容，以单元为单位呈现内容，服务学生核心素养的发展。为将课程标准落地课堂，本次项目面向八年级的学生，结合牛津英语教材八年级下册第二模块 Mass media 的第四单元 Newspaper，通过整合、转化和优化教材单元的内容，充分挖掘“人与社会”主题下“大众传媒”的意义和内涵，引导学生结合时下流行的微信公众号，联系社会实践活动——春游，开展微信公众号的新闻稿撰写活动。通过对单元知识框架的重构与丰富，学生在学会书本知识的基础上，在真实生活情境中运用知识，学会认识自我、接纳他人、了解社会、知晓世界，最终内化为自身的素养。

本项目通过复习引入，并创设真实的入项情境，提出驱动性问题：“作为一名初中生，如果给班级创建一个微信公众号，如何来展示班级的活动和特色，增强班级凝聚力?”该项目赋能学生主编、秘书和编辑三种角色，学生根据自身的性格与能力用所学的英语对话竞选相应的角色。该项目也从班集体利益出发，使得每个学生都能够感受到问题与自己紧密相关，从而深入问题解决的真实情境中去。项目通过子问题链，逐步让学生把在项目中学到的知识变成可迁移的能力和创新素养。教师把学科知识包裹到驱动性问题中，在驱动性问题的驱动下，学生逐步学会如何观察、分析并总结各类微信公众号的异同点、恰当取舍关键信息形成公众号文章、合作完成微信公众号文字介绍与通讯稿的撰写与修改，学会在其他同学的建议下不断调整和改善成果，最终完成班级微信公众号创建的英语文字介绍和与春游社会实践活动相关的新闻稿一篇。学生的创造性体现在需要为自己小组的公众号取名并决定其含义、板块、发文频率和未来计划，还需要根据亲身经历的春游社会实践活动选择出精彩的活动事件，合作完成一篇图文并茂、符合新闻稿格式的公众号文章。学生在这个项目中需要经历的学习历程是：根据已知联系新知、迁移情境、构建知识与能力、探索问题、规划初步成果、修改完善并形成最终成果、公开展示成果并总结反思。项目中蕴含的高阶认知能力将会引导学生迁移到生活中用英语进行事件或大众媒体的介绍任务里，落实提升学生的跨文化交流能力和解决问题的能力。

二、项目目标

（一）学科项目目标

1. 语言能力

(1) 阅读报刊文章，整体理解主要内容，提取关键信息，梳理新闻稿的结构，对所读内容进行简要的概括、归纳、描述和评价；

(2) 能正确、流利地阅读报刊内容，有逻辑地讲述报刊主要内容；

(3) 能在情境中用所学语言与他人进行口头交流，有效询问，恰当表达，请求澄清或寻求帮助，完成组内选举活动；

(4) 能在情境中使用正确的词汇、句式与语法，表意准确、得体地完成小组点评；

(5) 能用口头和书面的形式，运用所学语言和故事五要素描述春游社会实践活动；

(6) 能在教师的指导下起草并修改文章；

(7) 能在书面表达中正确使用标点符号，用词准确，表达通顺；

(8) 能在沟通与交流中，借助手势、表情等体态语表达意义；

(9) 在学习与运用英语的过程中调控自身情绪，取得成绩不盲目骄傲，对他人的建议能够虚心接受，遇到问题不轻言放弃，有一定的抗挫折能力。

2. 文化意识

(1) 能理解创建一个积极、正面媒体的重要性；

(2) 能理解传播正确且积极信息的重要性。

3. 思维品质

(1) 能观察和记录身边事件和活动的发展，提取、整合、概括出关键信息；

(2) 能理解微信公众号上新闻稿的内容，依据新闻稿内容进行独立思考、合理评价，并提出适当的改进措施；

(3) 能使用现代信息技术收集、整合、处理信息，创建出具有原创性的班级微信公众号并撰写具有正确价值导向的新闻稿。

4. 学习能力

(1) 能在学习中激活并关联已知；

(2) 能积极参与项目化学习和小组合作，合理规划、分配、利用和管理时间，及时监控和调整各项学习任务的进度；

(3) 能努力尝试用英语进行对话交流,发现自身英语语言表达的错误并进行自我纠正,有意识地借助工具书,提升英语学习效率;

(4) 能认真倾听他人成果,养成抓要点、记笔记的好习惯;

(5) 能养成审题、选材、列提纲、修改习作和积累词组的好习惯,提升写作能力。

(二) 学习素养

1. 创造性实践: 能围绕班级公众号的创建,创作公众号名称和介绍文字,并对公众号文章内容进行创意排版。

2. 探究性实践: 能利用各种资源探究对比优秀公众号的名称和简介,优秀文章的语言、内容和结构,并尝试利用信息技术完成公众号的创建、文章撰写和分享。

3. 社会性实践: 通过小组分工和合作设计,能运用合适的交际策略完成课堂与线上讨论交流,有意识地收集身边素材并记录自己的感受形成文章内容,并利用微信公众号文章分享的方式宣传班级的活动,建设优良班风。

4. 审美性实践: 能创作出图文并茂、结构清晰的微信公众号新闻稿。

5. 技术性实践: 能利用信息技术合作完成公众号的创建与文章的撰写,并使用 Word 文档或微信公众号文章链接分享的方式展示内容。

(三) 驱动性问题所蕴含的高阶认知

1. 创见: 各组组长创造性地组织线下课堂和线上合作学习讨论,完成班级微信公众号的创建和通讯稿的撰写和设计。

2. 系统分析: 对微信公众号的组成与新闻稿结构、内容和语言进行全面解读,综合考虑和计划成果分享的呈现内容、方式和效果。

3. 实验: 完成班级公众号的介绍文字说明及新闻稿内容的汇报和展示,在聆听和沟通中不断调整修改成果。

4. 调研: 能利用各种资源,通过问询、上网查询、翻阅书籍等方式探究能成为一个优秀公众号和文章的原因。

5. 决策: 学生根据对各角色(主编、秘书、编辑)职责的了解和学生自身的技能和特长,运用各种交际策略决定各成员所须承担的任务;学生根据对班级的了解,决定班级公众号的创建和文章内容所须包含的各方面。

6. 问题解决: 能运用各种交际策略,围绕班级公众号的介绍文字信息和新闻稿的撰写向读者介绍班级的活动和特色,用学科素养提高利用时下流行大众媒体进行对外宣传的能力。

三、项目设计

1. 本质问题: 如何利用微信公众号平台向其他同学介绍班级的活动来展示班级特色?

How to showcase my class by introducing the activities to other students on the Official WeChat platform?

2. 驱动问题：微信公众号在我国已经成为一种重要的社交媒介和信息发布平台。如今，各大院校都纷纷创建了属于自己学校的微信公众号，不仅能够将学校的新闻、活动、政策等信息快速传递给学生和家长，提高信息的传播效率，还能与家长进行互动沟通，及时了解家长的反馈和意见。对内为教师与学生提供了更多的学习资源，对外增强了学校的品牌形象，提升了学校的知名度和影响力。作为一名初中生，如果给班级创建一个微信公众号，如何来展示班级的活动和特色，增强班级凝聚力？

3. 内容问题(问题链)。

子问题1：什么样的微信公众号名称能够体现我们班级的特色和风貌？

子问题2：微信公众号需要包含哪些版块来帮助体现我们班级的特色和风貌？

子问题3：你能够就近期的社会实践活动撰写一篇班级公众号新闻稿吗？

子问题4：你能对其他小组的公众号新闻稿留言或点评吗？

4. 项目规划。

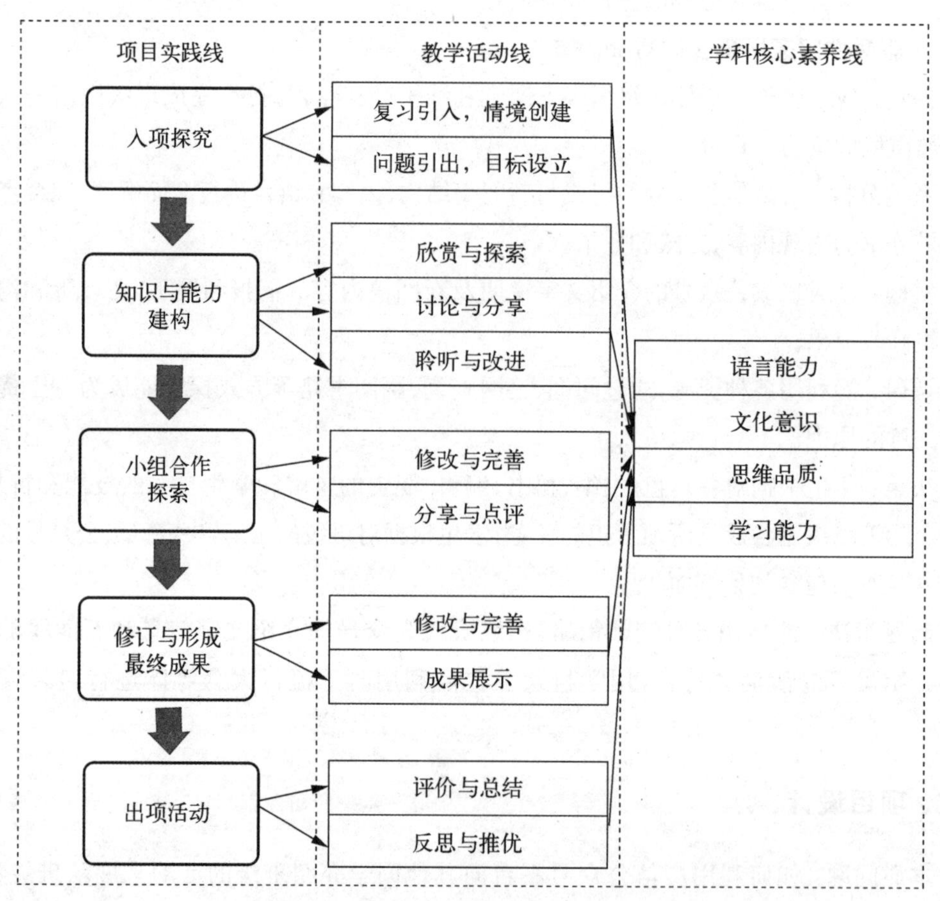

四、项目实施

(一) 入项活动：第一课时

1. 活动内容与模式

回顾牛津英语八年级下册 Module 3 的模块话题“大众媒体 Mass media”的含义、作用与重要性，引出驱动性问题：微信公众号在我国已经成为一种重要的社交媒介和信息发布平台。截至 2022 年 3 月，我国微信用户总数已经超过 10 亿，它不仅为用户提供了便捷的信息获取和交流方式，也为企业和机构提供了广阔的营销渠道。我们学校也创建了微信公众号，不仅能够将学校的新闻、活动、政策等信息快速传递给学生和家长，提高信息的传播效率，还能与家长进行互动沟通，及时了解家长的反馈和意见。对内为教师与学生提供了更多的学习资源，对外增强了学校的品牌形象，提升了学校的知名度和影响力。你知道微信公众号是由多少部分组成的吗？作为一名初中生，如果给班级创建一个微信公众号，如何来展示班级的活动和特色，增强班级凝聚力？你与你的小组成员能否合作完成班级微信公众号的创建？学生理解并讨论驱动性问题，根据校园实践活动小组进行分组，明确本组的学习目标与项目任务，并运用单元所学对话，进行角色分配与任务分工。

2. 学习目标

(1) 能够初步了解创建微信公众号的意义。

(2) 能理解探究项目任务并思考如何创建一个能够展现班级特色的公众号。

(3) 能合作讨论完成《微信公众号创建——小组合作分工表》。

<table>
<tr><th colspan="4">Official WeChat Account Creation — Group work division
微信公众号创建——小组合作分工表
Group name:________</th></tr>
<tr><th>Name of group member
成员姓名</th><th>Role
(chief editor, secretary, editor)
角色（主编、秘书、编辑）</th><th>Specific responsibilities
具体职责</th><th>学习素养</th></tr>
<tr><td></td><td></td><td></td><td rowspan="6">创造性实践
探究性实践
社会性实践
审美性实践</td></tr>
<tr><td></td><td></td><td></td></tr>
<tr><td></td><td></td><td></td></tr>
<tr><td></td><td></td><td></td></tr>
<tr><td></td><td></td><td></td></tr>
<tr><td></td><td></td><td></td></tr>
</table>

(二) 知识与能力建构 1: 第二课时

1. 活动内容和模式

首先,教师通过图片资源支架,以"青春上海"为例,呈现了微信公众号各个组成部分的英语表达方式,为学生后续的对话扫清词汇上的障碍。接着,教师展示非常多的公众号名称,学生在教师的引导下通过观察并寻找名称中的关键词,探索优秀公众号名称的共性与个性,总结出公众号名称的特点,从而分解驱动性问题,形成思考路径和问题链(子问题 1 和子问题 2),为学生给班级微信公众号起名提供灵感和思路,学生根据所学内容,以小组为单位讨论并记录班级微信公众号创建的设想,并进行初步的分享,教师根据学生分享的内容进行总结,形成公众号介绍评价量规。

2. 学习目标

(1) 学习与微信公众号相关的表达,如: 订阅号 subscription account,自定义菜单 custom menu,二级菜单 secondary menu,文本信息 text messages,图片信息 image messages,音频信息 voice messages,视频信息 video messages,短视频信息 short video messages,地理位置信息 geographic location messages,链接 link messages,目标用户 target users,特点 feature……

(2) 学习用来表达个人想法的英文词句: I think/believe/feel/suppose/guess/suggest that..., according to me, in my view, in my opinion, I can't agree more, I agree, I don't agree……

(3) 各小组为班级微信公众号的创建讨论出初步计划。

(三) 知识与能力建构 2: 第三课时

1. 活动内容和模式

在复习上一课时的基础上,回顾驱动性问题,并再进行分解,形成子问题 3,教师通过示范与指导,以"Youth League Party Brings Fun to Students"为例,引导学生对各个段落进行大意概括,学生通过阅读和分析,观察并总结微信公众号通讯稿的内容与结构,从而明确在各部分所须撰写的内容并形成与新闻稿结构和内容相关的评价量规。根据评价量规,学生根据近期的社会实践活动——春游,进行通讯稿的初稿框架的讨论与撰写,最后学生根据结构与语言评价表进行自评、互评与师评。

2. 学习目标

(1) 能够阅读并理解通讯稿的内容,观察并总结通讯稿的结构。

(2) 能够根据总结的信息完成通讯稿内容初稿文字撰写。

(3) 各小组能够在完成文字初稿后根据评价量规进行自评、互评和师评。

(四) 小组合作探索: 第四课时

1. 活动内容和模式

根据上一课时中的初步框架与评价小组合作确定公众号名称、完善公众号文字介绍,并尝试运用所学知识和信息技术完成通讯稿的文字稿，在反复的讨论和修改中，不断调整完善公众号介绍说明和通讯稿中的语言表达。

2. 学习目标

(1) 能够运用各种交际策略解决合作中出现的沟通交流问题。

(2) 能够在小组合作和设计中反复修改、不断调整公众号的介绍说明和通讯稿的语言表达。

(3) 能够用现代信息技术收集、整合、处理图文信息，创建出具有原创性和特色的班级公众号并撰写具有正确价值导向的新闻稿。

(五) 形成最终成果：第五、第六课时

教师指导流程聆听，各小组根据评价量规参与点评互动、交流反馈，记录每组的得分与优缺点，并提出相应的改进措施。教师在组织活动中进行过程性评价活动，引导学生回顾项目目标、驱动性问题和成果，明确汇报要求及公众号文字介绍和通讯稿的基本要素：在公众号介绍中要包含公众号的名称、含义、分类、更新频率，在通讯稿中要包含大字标题、作者栏、开头、主体、结尾部分，语言上要富有逻辑，多运用好词好句且无语法错误。各小组准备好相关文字材料与视频材料，分工协作进行书面及口头汇报展示。

(六) 出项活动：第七课时

教师总结整个项目的目标与活动，学生对整个项目中的合作伙伴进行打分评价，对自身进行反思，完成《学生自评互评表》。

Team Member Evaluation form

Date: ________ Class: ________ Name: ________

Please rank the individual on-site team member according to your perceptions of his/her counduct(行为举止) throughout the team's activities, his/her contribution to the team, and his/her performance of his/her duties.

请根据你对每个在场的团队成员在整个团队活动中的行为、他/她对团队的贡献及他/她履行职责情况的看法，对他/她进行打分，满分 15 分。

Evaluaion criteria	Strongly agree	agree	Neutral	Disagree	Strongly disagree
	5	4	3	2	1
Communicated promptly and got along well with teammates throughout the activity 在整个活动过程中与队友及时沟通，相处融洽					
Understood his/her responsibilities and completed his/her own tasks 理解他/她的责任，完成他/她自己的任务					

续 表

Evaluaion criteria	Strongly agree	agree	Neutral	Disagree	Strongly disagree
	5	4	3	2	1
Contributed to the team in ways that beyond his/her duities 对团队的贡献超出了他/她的职责范围					

Name	score	If given the opportunity, would you agree to work with this team member on another teamwork? 如果有机会,你会同意与这个团队成员在另一个团队一起工作吗?
Team member 1 ________ Team member 2 ________ Team member 3 ________ Team member 4 ________ Team member 5 ________ Team member 6 ________	Total score: ________ Total score: ________ Total score: ________ Total score: ________ Total score: ________ Total score: ________	Yes/No: ________ Yes/No: ________ Yes/No: ________ Yes/No: ________ Yes/No: ________ Yes/No: ________

The Chief editor	Strongly agree	agree	Neutral	Disagree	Strongly disagree
	5	4	3	2	1
Served appropriately as spokesperson for the team (i.e.accurately represented team members) 适当地担任了团队的发言人(准确代表团队成员)					
Served effectively in coordination(协调) team efforts in providing mutually(相互地) acceptable tasks and in writing the composition 有效地协调团队工作,提供彼此可以接受的任务和写作任务					
Was thorough, objective, decisive, focused and respect everyone's opinions 是彻底的,客观的,果断的,专注的和尊重每个人的意见					
Total score: ________ If given the opportunity would you agree to work with this chief editor on another teamwork? Yes/No: ________					

(七)(学生)复盘反思

学生A:我承担了分配任务、收集信息、整合资料、上台演讲的职责,并完成了相应的任务，我还剪辑了视频，协助修改文稿。本次小组作业中令我开心的是组员都按时上交了自己负责的部分内容，小组内部基本所有问题都是讨论完成，每个人都很团结、配合，基本没有出现互相推托的现象。令我不太开心的是我在整合好资料发给 chief editor 后，他在第二天的晚上才回复我，并且没有修改文稿，他还反复强调他不干其他活，只负责审核，但是审核也没有做。不过还好后面一天他审核修改了，并且效果很好，算是尽到了他那部分职责。此外，他在演讲的时候放的大段视频没有事先和组员商量，我觉得他这么做很不尊重视频里“出糗”的一些同学。通过本次小组作业，我发现我的英语口语技能提升了，而且增加了团队写作经验，拥有了良好的心态，更懂得如何解决同学间的矛盾了。我也发现我自己在遇见一些意料之外的特殊情况时，不能够冷静应对，以后需要多培养处理事务的经验，管理小组时有作为组织者的威慑力。最后，比起平常的作业形式，我更喜欢此次作业，由于是第一次以这种方式写作业，有种很新奇的感觉，虽然比平常上课更加烦琐，但是我更愿意把它理解为玩，在玩中学，我觉得印象更加深刻，更可以吸引我们的兴趣，总体是很有意思的。这次公众号是一次超级棒的突破，期待下一次活动！

学生 B：在本次小组作业中我承担了编辑的职责，负责写 5 句话的内容，但是我实际完成了所有的书面作业，包括内容的书写和创作、格式的修改、vlog 的制作、语法错误的修改、照片的征集、征询组内成员的意见。在本次小组作业中，令我高兴的是得到了 secretary 和 chief editor 的帮助，他们做了不是他们职责范围内的事情。此外，自己独立完成的作业得到了很高的评价，让我很开心，我也很享受制作和向大家分享的过程，在 article 里的巧思也有被大家注意和 get 到。昨晚所有东西发在群里后收获了同伴的可爱表情包，在剪 vlog 的时候学会了一个新技能。让我不开心的是没有 editor 回复我，好像我们组就我一个人，虽然我很享受写的过程，但是他们什么也不干就和我拿一样的分感觉很离谱。通过本次小组作业，我学会了关键帧使用，复习了一下 Word 的基本用法，写文章的时候学了些新单词，唯一的不足就是我发现我电脑打字容易打错。和平常的作业相比，我更喜欢这种做作业的方式，可以打破框架，发挥自己，我超级喜欢完全自由的创作方式，以及这种能得到反馈的感觉，感觉自己被其他人认真对待了。虽然我们组的 editors 都没有认真听我说话，但是大家都听见啦，我的奇思妙想可以展示出来了，特别 enjoy 这个过程！

学生 C：

1. 我是主编，负责合理分配组员事务，按时督促完成，最终审稿。我按时完成个人任务，我还找资料(图片)，重新大改文稿(完成了≥一半的文稿内容)，联系未上线同学的家长(他们在已约定好的时间未上线)，审合语法等错误，最终上台演讲。

2. 有3位组员(孙，宋，康)按时完成任务(质量不评价，仅说按时，不需要我额外催促)。

3. 明明我已经明确安排任务，并n次重申上交时间，但仍有2位同学未按时完成上交。孙上交的内容不符合我的要求（我的要求叙述较明确）孙还有添加图片+美工设计的任务（她自己愿意+接受的）但晚了好多个小时才上交（问题2中说孙准时上交，指的是文稿内容）并且内容并不认真，我基本完全修改（图片不合要求）李要做的文稿内容不多，但依旧迟到上交。还说自己在上课（我再三确认过上交时间是否合理，他们都答应了，但现在又说自己有事。我：???）王迟到上传，完成的内容很晚才发给我，我甚至联系了她家长（最终分数高的原因是：内容质量很高，完成的态度认真，且有道歉，嗯，勉强接受。其他两位同学无歉意，且态度不认真）朱与康完成的挺好。[Sorry，有点"人型吐槽机"了，但真的要788！]

4. 英语写作技能UP!!更好地记叙了内容!!!学会了好几个新单词!!!也锻炼了团队协作能力（虽然回忆起来不太美好……）我悟了呀!!!好词好句积累UP!

5. 缺乏耐心（不喜欢一个问题不停重复）写作+语法还需提高。美工设计也不太行。改进：耐心一点，多说说没事，别人能懂是重点。再好好学学英语+美术！

6. 我爱这种！虽然队员不靠谱，但真的很有趣！比起枯燥乏味的概念学习，实践才是检验真理的唯一标准！爱!!!（期待一个强强联手的team work

7. 喜欢这种作业！超爱！很特别的体验！

学生D：

Answer:

① 我承担了写通篇文章（推文+内文）。并都按时完成。图文美化，收集素材，演讲/汇报以及最后审稿不算是我的任务，由于组员没有及时做（就算做了，也有些不行），也就一块做掉了。总之，我觉得怎么好像都是我的（除secretary之外的事）。

② 令我快乐的是在本次编辑文章中，我认识许多生词，也顺便巩固了写作技能。当我看到本次公众号后的得分后，我觉没有辜负我自己。

③ 令我不快乐的是在我第一次听到这个任务时，却不主动提出自己干什么，其次在分配到职位后，不马上写稿（或干自己的事），在我看来，快点将事做完不是后面就有更多空闲的时间吗？令我生气的是就算我已经提早写好了文章，这也不代表你可以直接挪用吧（其实每个人可以写一篇，最后再比较谁写得好，这也是一个较好的方法，我自认没有他（她）写的好，我也心甘情愿）。令我不甘心的是这整次活动的准备几乎都是我一个人做的！😭（好像就我一个人一组），唉，我做完之后，~~连chief ed~~还和我说，你要不把文档发我，我就来~~作者~~做美化吧。（我做了这么多你们三个就只干这些？），最令我无语的是，在最后演讲环节，chief editor不汇报，还要我汇

服了(本来就你是chief editor，我想还是听你的吧)。可是，当打算安排谁读哪段，把最难读的留给我？我还读的最多？(我不服！☆)还说什么"你写的文章，你最熟了……")我真是服了他们啊！(除secretary外)。

④ 我学到了写作技能(如：多使用好词好句/掌握的语法结构/…)，收获了大量不认识的生词，以及我从你付出的，你总会收获的(是你的，就是你的)。

⑤ 我还发现自己存在一些发音不准，在演讲前要做足够的准备，以及演讲时大声讲话。

⑥ 我更喜欢像这次作业一样，既能提升自己的写作能力，又能促进小组合作，也通过这种方式让其他同学认识不一样的我。

⑦ 我认为以后可以采取按学习成绩分组，这样可以促进大家之间的学习(我独自自我认为这样，不会发生这个人不做也做，那个人不做，还有在一旁只享别人的工作成果)☆仅个人想法，勿喷 ^_^。

To 曹老师：

我好喜欢这样的作业方式，能不能以后再多出现这种形式的作业(最好有一次独自一人做一课，行不？)😊求求。

五、项目评价量表

表1　公众号介绍评价量规

Checklist: the Statement of WeChat Official Account	
What should we call our official account? Why?	
How many primary and/or secondary menus are there in our official account? What are they?	
How often should we publish an article?	
What's the future plan of our official account?	

表 2　通讯稿结构与内容评价量规

Headline and byline
- Catch the readers' attention in interesting and powerful language.
- Sum up the story in a few words.

Byline
- Include the writer's name and speciality.

Lead
- Include important information that explains what has happened.
- Answer as many of these six questions as possible. (Who? What? Where? Why? When? How?)

Body
- Add more details and background information to the lead.
- Include quotes from people involved in the story.

Tail
- Tend to be the least important information in the report.
- Sum up the story or hint at what might happen next.

表 3　通讯稿语言评价量规

The context is coherent The expressions are accurate, and there are no or few grammatical errors: excellent vocabulary and sentence patterns are used appropriately, and there are many good sentence patterns and idioms	3
The context is coherent in some ways The expressions are good, and there are some grammatical errors: some good vocabulary and sentence patterns are used, and there are some sentence patterns and idioms	2
The context is not quite coherent There are a lot of grammatical errors in expression, though some good vocabulary and sentence patterns are used	1
The article is not completed	0

六、(教师)项目反思

(一) 项目成功的点

1. 本项目基于课本材料，又高于课本材料。课本中将报纸作为大众媒体进行学习，但是现实生活中学生已很少接触到报纸这样的媒介，因此，选择贴近学生生活的公众号作为本项目的大众媒体宣传平台，且以学生的春游实践活动作为公众号通讯稿的写作内容，学生积极性和参与度都非常高。在学生的反思中也能感受到学生在整个项目活动中是快乐的、有话可说的，他们对于这样的学习活动非常感兴趣。

2. 在整个项目实施过程中，学生通过合作学习，建立了学习共同体，学会了如何与他人合作和有效沟通的同时，也在英语语言和技能的学习上取得了进步，形成了观察、选择、讨论、创作、设计等学习素养。在合作设计和展示过程中，每个人都有自己的发言权和选择权，他们各自发挥特长和优势，结合班级的实际情况创建与自身班集体相关的微信公众号，发展了创新能力、探究合作能力和交流能力，提升了综合学习素养。

3. 在对他人作品的赏析和评价过程中，所有小组全都进行了展示，没有任何一个小组中途放弃，学生能够根据评价量规对其他小组的作品进行有依据的加减分和点评，而非胡乱凭感觉进行评价，重视了评价量规的作用，并能够慎重并尊重他人的作品。得到点评的小组也能够虚心接受他人的建议并进行改进。

(二) 项目的不足之处

1. 对于新闻稿内容进行了限定，而非让学生自由发挥，可能会存在新闻稿的内容与小组想创建的公众号目的不一致。

2. 缺少了对展示成果时间的把握，导致有些小组的成员一股脑将所有视频材料全部拿过来进行播放和展示，既没有重点，又浪费了大量时间。

3. 缺少了对演讲者演讲的评价量规，出现了部分同学背对同学进行报告、声音过轻等现象，演讲效果不尽如人意。

(三) 项目可改进的地方

1. 可以让学生选取符合自己公众号目标和内涵的题目撰写新闻稿。

2. 项目可以增加一些需要提交的小型个人任务，以此来避免团队中有个别同学不作为的现象。

3. 最终的呈现虽然是以 Word 的形式，但是可以让同学真的去创建一个班级公众号，并将所有的成果进行发表展示。

(四) 学生能够在项目中学到的可迁移的能力

1. 发现问题和解决问题的能力：学生能够在学习、工作和生活中，通过观察、分析、思考等方式，找出存在的问题或不足之处，并针对所发现的问题或不足之处采取相应的措施进行解决，以达到预期的目标。在现代社会中，发现问题并解决问题是在技术行业、医疗保健行业、金融行业、制造业、教育业等行业中必不可少的一部分。如果学生能够在学校时培养出发现问题并解决问题的能力，将会帮助他们更好地理解世界，更适应未来的工作环境。

2. 创造新事物的能力：学生能够在新环境中运用已知知识创造出新的事物。具备这样的能力能够帮助学生在未来就业政府机构、制造行业、科技领域、艺术领域等获得更多的机会和竞争优势。

3. 写作表达宣传能力：学生能够通过文字进行表达的能力。写作表达宣传能力在媒体、广告、公关、市场营销、教育、法律、医学等领域都有着重要的作用。

4. 审美鉴赏能力：学生能够调动想象、思维、情感等心理因素来感受、鉴赏、评价和创造美。该能力能够在艺术、设计、广告、建筑、摄影等领域起到重要的作用，能够更好地创造美的作品和产品。

5. 沟通协调组织能力：学生能够在日常学习、生活或未来的工作中妥善处理好与同学、伙伴、领导、同级、下属的各种关系，减少摩擦，实现工作目标。该能力在销售、市场营销、人力资源、公共关系、项目管理等领域会发挥重要的作用。

6. 分析文本的能力：学生能够在文本中提取有用的信息并进行理解和解释。在市场营销、公共关系、新闻媒体、法律、医疗保健等领域都需要人们具备良好的文本分析能力，以便更好地理解和解释文本信息，从而做出更好的决策。

7. 独立思考能力：学生在面对问题和挑战时，能够自主、深入地分析问题，形成自己的观点和判断，而不过分依赖他人的看法。该能力在人工智能领域、市场营销、公共关系、新闻媒体、法律、医疗保健、科技、艺术、文化等领域可以有助于发现新想法和解决问题的方法。

8. 质疑能力：学生能够对事物或现象提出疑问，进行思考和分析。该能力在人工智能领域、教育领域、新闻媒体、市场营销中都有重要作用，使人更好地理解和认识事物并做出更明智的决策。

9. 判断能力：学生能够对事物进行分析、比较、评价和决策的能力。该能力在市场营销、财务分析、法律、医学等行业中都有着重要的作用。

注：该学科项目荣获上海市项目化学习案例库征集(第四批案例)二等奖。

你好，南校的春天

设计者：高　琪　虞晶晶
实施者：高　琪　虞晶晶

一、项目简述

这个项目是面向八年级学生的学科类型的项目。之所以确定这个项目，是因为八年级学生将从认识植物的类群和被子植物的形态结构开始学习生物的类群。学生希望更直观地认识不同植物的形态特征。那就让学生走进自然吧！校园里就有各种上海常见的植物，这部分内容学习的时间又恰好是春天，那就让学生去亲身观察一下植物春天的样子吧！本次项目设计的驱动性问题是寻找校园植物春天的样子，学生在这个项目中需要经历的学习历程是：课堂上学习有关植物类群和被子植物形态结构的基础知识，仔细观察、搜集、识别、记录，认识植物在春天时形态结构上的特征。课堂相关植物知识学习→拍下放大镜中的校园春天→找到校园内七彩春天之色→看花、看叶、看树皮找植物→完成一份校园植物自然笔记，最后形成的项目成果是《你好，南校的春天探春手册》。学生的创造性体现在组织和协调组内任务安排，用自己喜爱的方式完成植物自然笔记。学生在项目过程中对于植物的形态结构、植物的生活、校园植物的多样性，有了更深的理解。

二、项目目标

（一）课程标准和教材章节

《义务教育生物学课程标准》

沪教版生命科学教材第二册第四章：生物的类群（第一节植物）

（二）学科核心素养

1. 生命观念

获得生物的多样性、植物的生活等方面的基础知识；初步形成生物学的结构与功能观、进化与适应观；能够认识植物的多样性，认识植物的发展变化。

2. 科学思维

尊重事实证据，能够运用比较和分类、分析与综合等思维方法认识事物；能够进行独立思考和判断。

3. 探究实践

能够从生物学现象中发现和提出问题、收集和分析证据、得出结论。通过设计、制作和改进，形成物化成果，逐步形成团队合作意识、实践创新意识、审美意识和创意实现能力。乐于探索自然界的奥秘。

(三) 学科大概念

结构与功能观、进化与适应观。

(四) 学习素养

1. 创造性实践

学生创意绘制校园植物自然笔记。

2. 探究性实践

学生以项目小组为单位，自行设计和完成"探春手册"。

3. 审美性实践

在制作"探春手册"过程中，在拍摄植物照片、剪贴植物材料、绘制自然笔记时，学生要选择适合表现主题的材料、构图和色彩，创造富有美感的视觉作品。

(五) 驱动性问题所蕴含的高阶认知

1. 创见：组长创造性地组织组员合作学习；学生设计和美化探春手册。

2. 决策：组员们须决定任务安排；确定观察收集的植物资料和记录的植物种类。

三、项目设计

1. 本质问题

校园植物在春天有哪些不同的形态特点？

2. 驱动性问题

如何通过科学探究方法，将校园内植物春天时的形态结构等特点制成一本"探春手册"展示给他人。

子问题1：植物春天时具有哪些不同于其他季节的形态特征？

子问题2：春天的植物具有哪些斑斓的色彩？

子问题3：根据植物局部特征是否能猜出它是什么植物？

子问题4：如何用自然笔记的方式记录下植物春天的形态特征？

四、项目实施

(一) 入项活动：交流植物进入春天有怎样的变化

知识与能力构建：

学习有关植物类群和被子植物形态结构的基础知识。

合作探究：

放大镜下的南校春天。

(二) 驱动性问题 1：拍下放大镜下的校园春天

活动过程：

1. 剪下第 5 页上的放大镜。
2. 拿起放大镜，在校园中找到自然的春天特点。如：枝条上的嫩芽，开放的野花等。
3. 用相机拍摄放大镜下的照片，打印后贴在第 4 页。

活动成果：

贴出南校春天之色。

(三) 驱动性问题 2：找到校园内七彩春天之色

活动过程：

1. 在校园内找寻与第 6 页色环颜色接近的自然植物的一部分。
2. 把这些自然植物贴在第 6 页的色环上。

活动成果：

用心发现春天的美。

（四）驱动性问题 3：看花、看叶、看树皮，寻找植物

活动过程：

1. 根据第 7 页上教师所拍摄的花、叶、树皮照片，找到这些植物。

2. 说一说它们分别叫什么名字。

活动成果：

记录南校的春天。

（五）驱动性问题 4：完成一份校园植物自然笔记

活动过程：

1. 在校园内找寻一种你最喜爱的自然植物。
2. 参考自然笔记，制作 PPT。
3. 完成一份校园植物自然笔记，装订在最后一页上。

活动成果：

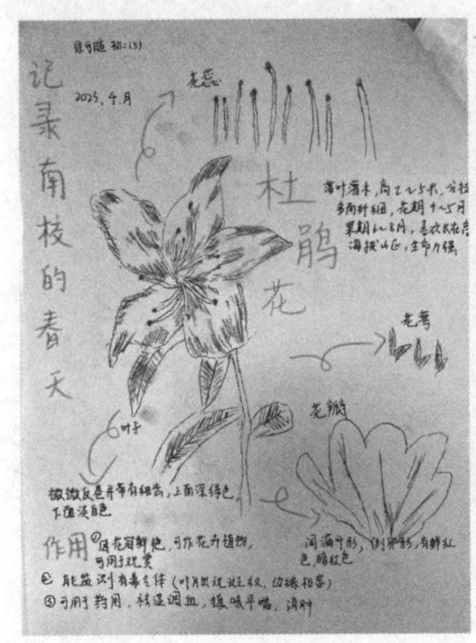

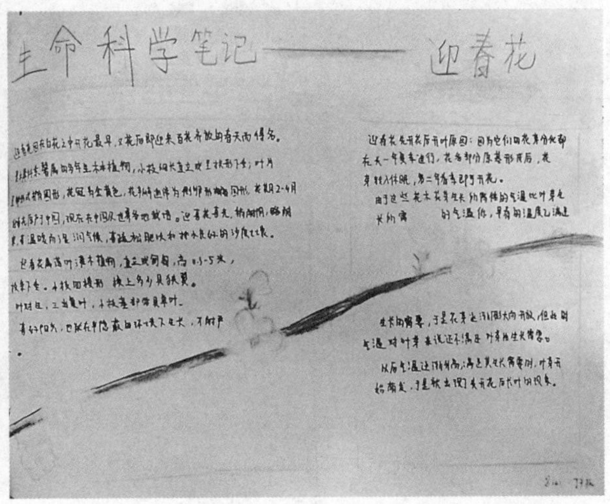

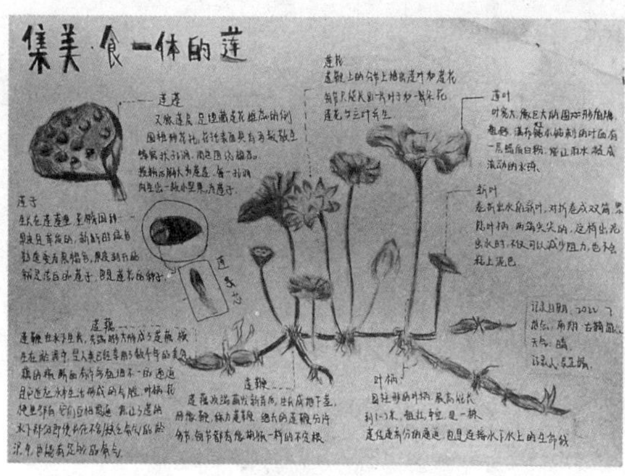
集美·食一体的莲

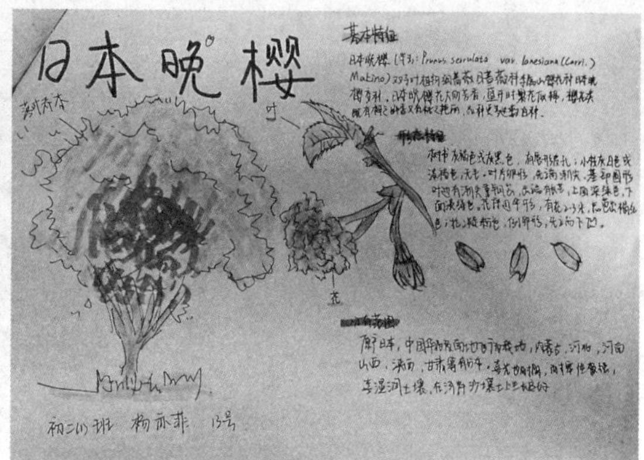
日本晚樱

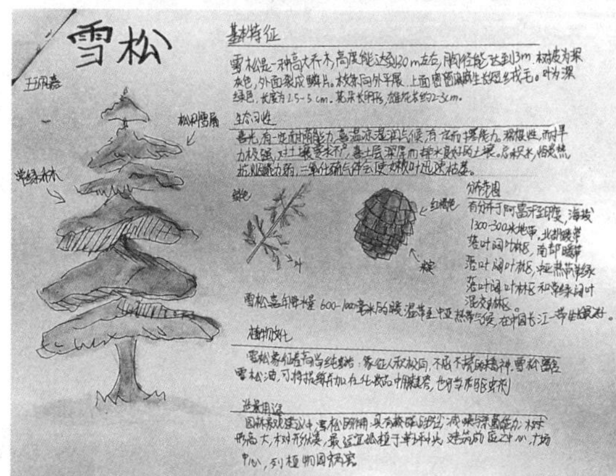
雪松
基本特征

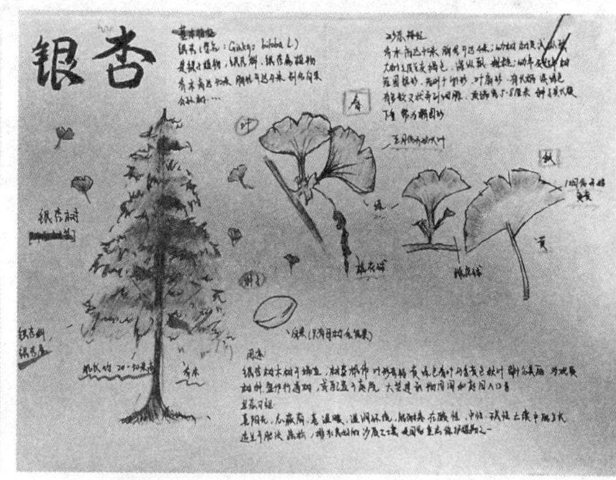
银杏

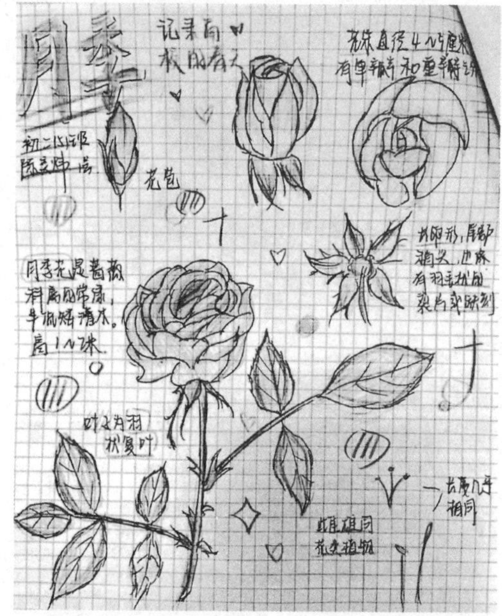
月季
花苞

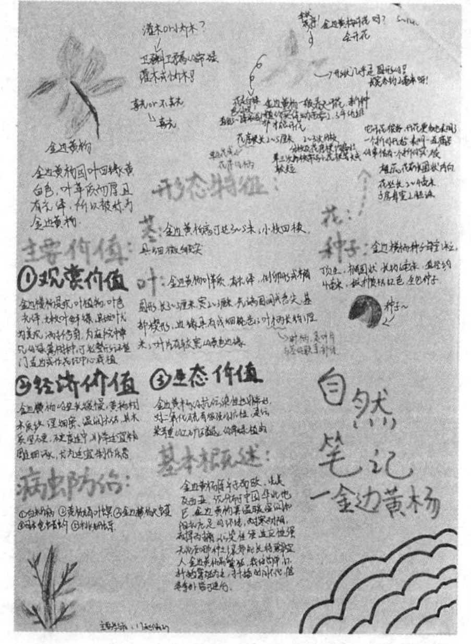
形态特征
主要价值
①观赏价值
②经济价值
③生态价值
基本概述
病虫防治
自然笔记
—金边黄杨

初步成果：各项目小组完成“探春手册”。

(六) 出项

在班级内小组进行口头与书面报告展示。

(七) 反思和迁移

教师组织学生进行项目回顾，启发学生进行总结反思，并鼓励学生进行感受分享。

五、项目评价

评价成果	评价节点	评价目标	评价内容	评价方法与工具	评价人员
团队成果： 探春手册	任务开始前 （前置评价）	计划探究内容 分配活动任务	任务分配 观察准确 拍摄美观 植物搜集 植物识别 笔记记录 笔记美观 合作探究	量规 班级内公开展示	学生自己
	任务过程中 （嵌套评价）	规范科学探究 推动合作学习			同伴（组间）、 学生自己
	任务完成后 （复盘评价）	反思优化手册			同伴（班级间）、教师

六、项目反思

“探春手册”的制作，引导学生利用系统思维回顾生命科学第二册课本第一节植物内容，构建知识体系，将所学知识内化并输出，这有助于生命观念的构建。制作过程还包含信息查找、识记、整理、巩固等低阶学习过程，也涉及系统整合的高阶认知策略，可以提升学生的比较分析能力、团队合作能力和思辨能力等科学思维。观察校园植物等实践活动促进了科学探究素养的发展。

项目设计可以有更开放的项目成果,"探春手册"的观察内容和记录形式可以更开放,让学生有更多自主设计和个性化探究的内容。

七、优秀学生

初二(1)班：贺诗祺、沈奕君、王珮嘉、杨亦菲、姚雯珺、张思林

初二(2)班：吴宥霏、曹铭洋

初二(3)班：吴芷婧、杨子萱、朱芯瑜、代逸伦、袁子夕

初二(4)班：戴小晰、凌梓馨、赵伊雯、侯知行、刘光岳、张东昱、张海阳

初二(5)班：韩思文、夏欣雨、陈奕炜、徐可暄、宋欣妍、程沁怡、赵慧盈、孔姝睿、吴晓彤

初二(6)班：夏嘉声、陈若茜、刘熙嘉、韩彦菲、郁欣雨、卢崔婕

初二(7)班：赵储琦、张祎祎、管家慧、吉睿轩、张岳阳、余航、胡墨、马若为、王智成

“梦回盛唐”博物馆之旅

设计者：任艳彬
实施者：任艳彬

一、项目简介

（一）项目由来

部编版初中历史课本中国历史第二册第一单元第3课《盛唐气象》，前面一课是《从“贞观之治”到“开元盛世”》，我对这两节课内容进行了整合，把“开元盛世”和“盛唐气象”一起讲解，讲这一节课时，有学生就提出疑问：“老师，什么叫作‘盛世’？就是这个国家很富裕吗？”我还没来得及回答，就听到其他学生说道：“肯定不是只有钱吧？我觉得唐朝人也很有文化啊，都会写诗，李白、杜甫不都是唐朝人呀！”“我认为唐朝人应该会打仗，军事力量强大。”“我觉得唐朝女子地位高，因为她们胖也不会被嫌弃。”甚至有一名学生引用《西游记》中常出现的一段剧情，唐僧师徒每路过一个国家，当说到自己来自东土大唐时，对方总是特别惊喜和羡慕，就感觉盛唐很有魅力……学生开始讨论起这个问题来，趁此，我提出让大家思考这个问题：为什么说盛唐很有魅力？哪些“厉害”的部分组成了唐朝的“盛世”？如果举办一场“盛唐博物馆”，我们可以拿什么出来展示呢？并以此为契机，开展关于《盛唐气象》的项目化学习，希望通过项目化学习的体验，学生能够更好地理解“盛世”的含义，体会到盛唐气象之魂。学生初次接受这样的课程，也非常感兴趣。

（二）要达到的素养目标

1. 史料实证素养。本课运用了大量古代的壁画、瓷器、雕塑、石碑、绘画、书法等实物史料，学生在项目化学习中，会了解并利用这些史料，这些实物对于历史研究起到了实证作用，学生在项目化学习过程中潜移默化地塑造了史料实证的学科精神。

2. 家国情怀素养。本课的项目化学习过程中，学生会分为不同类型的组别，分别是经济组、社会风气组、文化组、民族关系组，通过开展不同的学习探究，学生可以切身感受到盛唐的气象，增强了学生对中华文明的认同感，感受到各民族之间的友好团结，认识到是各族人民共同缔造了中华民族的历史。

3. 理解“盛世”的含义，迁移到以后的历史学习中，如何判断某一朝代或某一国家的某时期为“盛世”。

二、项目设计

(一) 核心知识

1. 知识：盛唐的表现及产生的原因。了解盛唐时期农业、手工业和商业发展的史实，与少数民族的民族关系，以及社会风气和在文学方面的成就，尤其是李白、杜甫、白居易等人的诗歌成就。

2. 技能：通过历史图片及文献资料的阅读、鉴赏，学会发掘、概括历史信息，并分析相关现象出现的原因；通过小论文、PPT展示、话剧等形式，学会用有历史感的专业用语表达史实和观点。

3. 学科核心素养：史料实证素养、家国情怀素养。

(二) 驱动性问题

1.本质问题：唐朝的"盛世"表现为哪几方面？盛世出现的原因是什么？

2. 驱动性问题：如果举办一场"'梦回盛唐'博物馆展览"，作为博物馆员，可以拿出什么来展示呢？试从经济、民族关系、社会风气、文化四个主要方面分析。("试从"后的这一句话是在入项活动中基于学生的入项活动后的思考补充的。)

(三) 高阶认知：主要涉及的高阶认知策略

创见(√)：创造性地重现当时的历史场景；调研(√)：调研盛唐诗歌的兴起及原因、调研敦煌壁画对于唐朝经济的价值等。

三、项目实践

(一) 入项活动

在项目的由来中已经介绍过，开展此项目化学习是因为在上课时学生的一次疑问："盛世的含义是什么？盛唐主要体现在哪些方面？出现的原因是什么？"这些问题引起了班级同学的讨论。

把学生分成四组，根据班级人数，一组6～7人，分别是：经济组、民族关系组、社会风气组、文化组，具体的组名由学生在实践过程中决定。布置任务：

第一组：学生使用电脑等电子产品，网络搜索"盛世"，找到定义并且记录下来。

第二组：每个学生使用一本词典，检索"盛世"，找到定义并且记录下来。

第三组和第四组：学生组队采访学校教师，记录下教师对"盛世"的定义。

通过布置以上探究性的实践任务，建立知识联系，建立"盛世"含义的初步言语和形象表征。最后得出一个初步的共识，即盛世的含义一般从经济、民族关系、社会风气、文化、军事等方面展开，再次补充驱动型问题：如果举办一场"'梦回盛唐'博物馆展览"，作为博物馆员，可以拿出什么来展示呢？试从经济、民族关系、社会风气、文化四个主要方面分析。

四组同学的搜索渠道不尽相同，搜索渠道的差异会导致学生收集信息的差异，这种差异引发学生比较和思考不同来源信息的不同史料价值，这对于中学生初步建立史料实证观念有着重要的作用，史料实证是中学历史核心素养之一。

（二）知识与能力建构

学生根据自己的实践调查，进行讨论与倾听，当不同小组的学生表达对“盛世”的不同定义时，其他小组的学生需要倾听并思考，学生在这里能够初步感知“盛世”的含义。

开展一次头脑风暴性质的讨论会，每组分别分享各自的结论。第一组认为，“盛世”指中国历史上社会发展中一些特定的阶段，在较长时间内保持国家繁荣昌盛、统治集团文治武功到达一定水平的社会现象，通常表现为内部经济繁荣、科技发达、思想活跃、文化昌盛，对外军事强大、贸易繁荣、影响力大。组员们为此还做出一张表格，把以上内容进行分类。第二组和第三组分别进行了展示，作为教师，在他们的讨论过程中并不是仅仅“观看”，而是把每个小组的观点分别列于黑板，在他们讨论的过程中，我发现很多孩子已经有了初步的对于“盛世”的核心理解。

讨论会结束后，我带着学生看黑板，点评他们的观点，根据黑板所列的数据显示，学生对于“盛世”含义的理解多是趋同的，这并不是一件坏事，说明他们对于这样一个核心概念有了一个理论的理解，为他们继续探究本课盛唐的历史奠定基础。

按照之前分的四组，每组同学开始进行本组主题的项目式学习。为帮助学生更高质量地完成任务，我提供给他们相关的学习支架，主要包括：白话版《新唐书》《旧唐书》；两个数据库，分别是中国古籍数据检索、中国诗词数据库；敦煌壁画图集；盛唐绘画作品集、唐朝地图集、关于盛唐的几个微课等，并告诉学生，如果在探究过程中遇到问题或者想寻求某方面资料可以向教师询问。

（三）探索与形成成果

根据已经分配好的组，学生开始尝试做起来。在分组的时候，我有意识地按照智力均等原则，把班级里的学生分层，每个组的平均水平不能相差太大，尽量趋于一致，私下提醒每个组的组长要尽可能给学困生一些探究和学习的机会。

1. 第一组：经济组。第一组的学生给自己定名为“财大气粗组”。那么问题来了，如果按照我们的驱动性问题，“财大气粗组”要拿出什么内容来进行“盛唐博物馆”展示呢？

活动 1：第一组的组员又分成了三个小组，每小组 2～3 人，分别负责收集盛唐时期的农业、手工业、商业的史料，农业小组先是研读白话版《旧唐书·食货志》的内容，发现唐朝时期的农业生产工具种类较多，如曲辕犁、筒车等，基于此，便整理出来，做成表格，再去网上搜索图片，并把生产工具等运用 Photoshop 和 PPT 动画做成动态图，配上讲解文字，讲解它们的构造、使用情况及对生产效率的影响。

活动 2：我和学生一起探究了敦煌壁画《雨中耕作图》，请学生用几句话完整地表达从这幅图中看到了什么，我在旁边用电脑做好记录，并再次修订学生的表达。完成这一任务后，组员运用高清动画图片，再现了唐人雨中耕作的场景，并选择了小组文本中较好的一个作为背景文字。手工业组的学生重点探究了唐朝时期的瓷器，这是唐朝手工业繁盛的代表，为了小组的表达一致，手工业组同样运用了PPT动态展示，把唐朝瓷器的图片做成瓷器展，讲解瓷器的类型与作用。

活动3：最后的商业小组，组员拿出了自己制作的"唐朝长安城平面图"，这幅图做成了海报的样子，还附有宣传长安的标语，海报悬挂于讲台，组员认真且详细地讲解了唐朝长安城的平面布局，重点标出城中的东、西两市，是主要的商业区，商铺林立；用另外一种颜色标出了"坊"，即居民区，并指出，长安的建筑布局和城市规划独具特色，可以反映出唐朝时期的商业十分繁荣。这部分的学习内容可以同历史课本学习结合起来，所以在第一组汇报完后，我带着他们总结了盛唐时期的经济发展特点。

2. 第二组：民族关系组。民族关系组的组员给自己组重命名为"四海之内皆兄弟组"，从名字看就有一种大唐盛世之风的豪迈。

活动1：民族关系这一主题是"民族交往与交融"，对学生来说较难理解，准备阶段，我与学生共同观察"唐朝疆域图"并设置问题：找一找唐朝前期在边疆地区生活着哪些民族？学生观察后回答：有靺鞨、回纥、东突厥、西突厥、吐蕃等。继续追问：想一想唐太宗与他之前的中原统治者相比在对待边疆民族的态度上有何不同？学生分析后得出：以往的中原统治者只重视汉族，看不起边疆的民族，甚至认为他们是一种威胁，而唐太宗对周边各民族一视同仁。学生能够想到这些就可以继续完成下一步的项目了。

活动2：该组学生从唐朝阎立本的《步辇图》入手，围绕这幅图设计了一个话剧剧本。学生分两个小组查阅了唐太宗李世民和松赞干布的相关史料，了解人物性格后，给图中的相关人物设计了对话，丰富了这幅图的历史场景。组员把话剧拍下来，做成一段视频，在成果展示的时候播放出来以供参观。通过对这段历史的探究，学生一方面通过了解史料知道了唐蕃和亲的历史意义，另一方面，在能力素养上也知道了图画等艺术作品的史料价值。

3. 第三组：社会风气组。社会风气组的组员给自己小组命名为"社会我唐朝，娱乐我最潮"。学生跟我讲这个名字的时候，我和学生一起又重新讨论了片刻，我提出用"娱乐"一词过于片面化，看起来像是唐朝社会仅有娱乐，于是我给学生的建议是，用一个特点类的形容词去表达唐代的社会风气，名字先不着急取，可以进入项目学习，最后再取名。

活动1：我出示了"唐朝女子骑马的雕塑"和《弈棋仕女图》，请同学观察唐代女子的社会生活是怎样的，提示学生可以从唐代女子特征的角度出发去思考唐代的社会风气。两名组员找到了很多唐代女子的雕塑或者壁画，还有三名学习基础较好的组员，下载了文献并研读，通过对资料、专业论文等文献研读，经过小组讨论，学生把唐代女子特征分为三种：丰腴雍容型、异域风情型、英气酷girl型。虽然学生的判断不能完全概括唐代女子的特征，但总体上，可以简单用这三种来继续探究。

活动2：组员把所找到的唐代女子图片集中做到PPT里，名为《唐代女子图鉴》，图片种类包括壁画、雕塑、绘画等，再继续分析唐代女子的体态、衣着及衣服的颜色，还有唐代女子的娱乐活动，组员讨论，一名组员负责记录。经过讨论，结论是唐代女性的衣服颜色多为艳丽色彩，且较为宽大，除此之外，唐代女性常常会"女扮男装"，且这种现象蔚然成风，被社会所允许，她们的娱乐活动也很精彩，据考察得知的有蹴鞠、下棋、骑马等。我继续提问学生：从以上结论中，能体现唐朝社会的什么特点呢？学生带着这些问题继续搜索文献和书籍，经过研读，第二天组员总结出，从唐代女子特征上可以反映出唐代积极的生活状态和昂扬进取的精神风貌，这也是盛唐气象的特色之一，组员根据自己的学习，最终给本组命名为"昂扬气魄组"。

从唐代女性的角度思考唐代社会的风貌，这是一个很好的切入点，学生在"发掘真相"的过程中，也分析了文献、相关论著，了解古代的壁画或者雕塑等史料可以间接反映出唐代的社会风貌。

4. 第四组：文化组。文化组组员对自己的组名很满意，所以他们打算就沿用"文化组"一名。

活动 1：本课中唐代文化这一目是"多彩的文学艺术"，以诗歌和书法绘画为主，根据此特征，我与学生群策群力搜集整理了唐朝诗人、书法家、画家的作品。组员把搜集到的作品分成两部分，一部分是诗歌，另一部分是书法和绘画，在书法和绘画作品中，大部分是来自有书法和绘画基础的学生的临摹。

活动 2：负责诗歌组的组员把诗歌按诗人整理，这部分的学习内容可以同语文学习结合起来，根据所学过的诗人，如李白、杜甫、白居易、王昌龄、孟浩然等分类，分析他们的经典作品，继而总结出盛唐诗的特征，类似举办一场"唐朝诗词大会"，诗人由组员来"扮演"，每位诗人的名字写在一块牌子上，牌子背后写上他们的别称及诗的风格特点。

活动 3：负责书法绘画组的组员则把他们收集到的作品进行了组内小型"书法展"，把作品按照作者分类整理，分成颜真卿、柳公权、欧阳询、阎立本、吴道子，把作品贴在一块硬纸板上。我提问学生：总结这些作品的特点，想一想这些灿烂的文化出现在唐朝的原因，想一想诗人在唐朝的地位，思考问题，小组合力完成一篇小论文。

（四）评价与修订

四个小组完成自己的探究项目后，要继续完成以下评价量规，此量规参考李克特(Likert)量表。

评价表 1

你在完成此项目的过程中是否进行了仔细的研究？是否对文献进行了分析和解释？请给自己在下列维度上打分，5 分表示最高分，1 分表示在这个问题上还有待努力。 1. 在规定的时间里，我充分地研究了这个主题。 2. 我的研究步骤是很清晰的。 3. 我和我的伙伴共同探讨制订了研究本组负责项目的方案。 4. 我能运用多种检索方式查找史料信息。 5. 我现在的研究成果是基于多种史料来源的。 6. 我对我所收集的信息的可靠性进行了筛选。 7. 我觉得我所收集的史料信息是可以作为证据支撑我的观点的。

评价表 2: 口 述 报 告

维度	初 级	良 好	优 秀
口述报告	无法用史学语言表达观点,没有史论结合 语言不连贯,有很多停顿	用较丰富的史学语言词汇表达观点,在老师提示下能够结合史实 以富有逻辑的方式组织观点,流畅地表达观点	用完整的语句清楚表达观点,史论结合,独立运用史学方法解决历史问题

评价表 3: 项目化学习成果的整合性评价量规

报告深度(50%)	与听众的互动(20%)	团队合作(15%)	报告的表现性(15%)
全面覆盖并精心选择核心内容;能够提供超出原有文本的内容;直接指向趋向性问题的解答	在真实情境中引发听众参与;能够让听众投入地参与其中	呈现出团队合作的证据;所有的团队成员都参与汇报过程	专业性;富有创意,表现独特;运用多种类型的媒体

(五) 公开成果

驱动性问题和成果:如果要举办一场"'梦回盛唐'博物馆展览",你们可以拿出什么来展示呢?试从经济、民族风气、社会风气、文化四个主要方面分析。

学生分成四组对唐朝盛世的相关史料进行辨析和探究,每个小组根据组员个人成果和本组成果进行归纳整理,在举办的"'梦回盛唐'博物馆展览"中展示成果。

1. 成果设计单:

时间节点	任 务 要 求	负责人	完成情况
11.3	确定本组项目的子任务,确定分工名单	组 长	
11.10	探究与学习关于唐朝盛世的史料:文献、论著、壁画等,进行分类和整理,设计初稿	按团队分工	
11.17	设计定稿,对成果(论文、PPT、解说词等)进行修改	按团队分工	
11.22	各自根据所持史料,完成自己对唐朝盛世理解的小作文	每个人	
11.27	进行一次"'梦回盛唐'博物馆展览",各小组对自己的成果进行公开展示	按团队分工	

2. 公开成果:公开成果的方式是在学校体育馆的多功能教室举办一场以"梦回盛唐"为主题的博物馆展览会,共分为四个展区,分别是盛唐经济分区、民族关系分区、盛唐文化分区、社

会风气分区，每个小组的学生都有分工，创建“真实”的历史场景，有讲解，有播放的表演视频，有物品展览等，并在活动现场提供电子书、合成音、视频、打印的材料和图片等。观众是八年级其他班级的学生，可以按照自己的兴趣参观，也可以按顺序依次参观。各小组成员在公开成果中记录他人的意见和观点。

（1）盛唐经济分区：展示动态PPT，展示盛唐时期的生产工具等农业发展水平；展示敦煌壁画《雨中耕作图》，学生做讲解员，讲解图中所示的瓷器，做成不同图片进行展示；展示“唐朝长安城平面图”海报，平铺在地面上，组员装扮成不同职业的唐朝居民进行演绎，讲解员一边用激光笔扫描海报，一边为其他学生展示唐朝长安城平面图，讲解“市”“坊”的概念和唐朝商业发展。

（2）民族关系分区：大屏幕播放学生演的话剧《重绎步辇图》，并分发给观众纸质材料；展示“唐朝疆域图”，组员讲解唐朝不同的地理方位有哪些少数民族，以及唐朝如何管理边疆地区。

（3）盛唐文化分区：举办“唐朝诗词大会”和“唐朝书法展”，组员装扮成盛唐时期的几位著名诗人，收集他们的诗歌，配上背景音乐进行朗诵展示；书法展是学生的临摹作品，做成展板，给参观者发放组员合力完成的小论文。

（4）社会风气分区：组员以《唐代女子图鉴》为主题，收集唐代女子不同风格和内容的壁画、图片等，做成动态PPT，组员做讲解员进行讲解。

以上四组学生的项目化学习成果的整合，即回答了该项目化提出的驱动性问题：如果举办一场“‘梦回盛唐’博物馆展览”，作为博物馆员应该拿出什么来展示，学生在此次活动的入项活动中，已经对“盛世”有了一个初步的理解，不仅重点分析了本组的活动，也在学习过程中学到了不同方面的内容。

四、对该项目化学习的反思

本次“‘梦回盛唐’博物馆展览”的项目化学习，时间约为四周，每周两到三个课时，学生在这一段学习中，全员参与，全程学习，并且撰写了个人和小组的反思笔记。这个项目是为了建立学生对唐朝“盛世”及“盛世”出现原因的理解。一般而言，古代距离现代已有很长时间，但是通过这样一个“梦回盛唐”类似穿越到古代的项目体验，让学生建立起历史与自己真实生活的联系。

此次项目化学习还有一些地方需要改进，一是技术方面，技术可以让历史项目化学习更具有真实可感性，应该更深刻挖掘不同的技术，如运用创建互动性的电子书，让参观博物馆的观众可以在线阅读并进行评论等，让学生也能够有置身历史情境中的体验；二是应该更加关注小组中的具体组员，也就是个人在项目化学习中的学习成果。

学生在本项目化学习中，在历史素养和写作能力上也得到了提升。历史项目化学习比较常用的高阶认知策略就是进行历史调研，尽管是唐朝时期发生的历史事件，尽管学生是"穿越"回过去的，但是学生的很多活动，如表演话剧《步辇图》、"行走在长安城"等，都增加了这个历史场景的真实性。学生也在思考：他们是历史事件中的什么人物？有什么心态？在做什么事？历史真实也就得以重新创造，学生有了投入感和情绪性的理解认同，就有利于阅读相关历史文献和写作，这种研读文献—体验—写作—打磨字句—重塑作品的过程，将会是学生很难忘的学习记忆。学生在这样的学习中，也直接能够理解如何辨别不同的史料，知道艺术史料、原始文献史料等的不同史料价值，这对于提升学生的史料实证核心素养有促进作用。除此之外，学生通过项目化学习的过程，也学会了团队合作，因为各小组之间也伴随竞争，所以组员会主动地去学习和完成自己的子任务，为本组争取更多成果，更重要的是，学生在项目化学习的过程中，能够主动探究，主动撰写，主动思考，提升了学生的综合能力，相信这段历史项目化学习的过程将会成为他们初中阶段难忘的学习体验。

注：该学科项目荣获第三届"学习素养・项目化学习"全国案例征集与评选三等奖。

“一瓶蚝油”品味“粤港澳”之旅

设计者：杨晓丽
实施者：杨晓丽　王　鑫

一、项目背景

(一) 项目缘起

作为一名从事地理教学十几年的中年教师，平时与同事同人的聊天过程中沟通比较多的话题一是学生对于地理学科学习的兴趣不浓，二是学生发现地理问题、提出地理问题、解决地理问题的能力非常薄弱，三是很多时候觉得教学内容不够连续(每周两个课时)，学生脑中存留的相关知识是零散的、片面的……如何通过一种方式将知识点进行有机地整合，让学生能够积极主动地参与到学习中来是我思考了很久的问题。在对教材进行研究的时候发现，沪教版初中地理教材七年级下册中国区域篇下中的第一个模块“把握特征，学习区域”中有两个课时的内容是相关的——1.2《香港和澳门》、1.5《珠江三角洲地区》，结合自己平时相关知识的积累情况，决定以“一瓶蚝油”来引导学生对粤港澳区域进行项目化学习。当问题提出后就有学生提出：“难道这小小的一瓶蚝油有三种味道?”“蚝油的名字由来是怎样的?”“蚝油的生产企业的发源地有没有可能在我国的内陆地区?”等一系列的疑问，我们应该从过去那种“带着知识走向学生”向“带着学生走向知识”的观念转变，好奇心、求知欲往往是激发学生主动参与学习的最佳催化剂。

(二) 学习目标

1. 学科素养目标

通过对李锦记蚝油1988年发源地“珠海南水乡”的研究，收集广东的地理资料，并进行筛选和分类，在此基础上归纳总结本区发展外向型经济的优势条件和不利条件。

1902年，李锦记蚝油迁往澳门，建立横跨广东和香港的分销网络。1932年，李锦记总部迁往香港。运用有关资料分析说明广东地区和港澳的经济优势互补、共同发展情况。

通过全面比较香港和澳门的地理特征，培养学生分析和概括地理问题的能力。

2. 学习素养目标

地理科学能力是学生智力、能力与地理学科的有机结合，是地理科学素养的核心。通过本次项目化学习让学生慢慢培养地理学科特色的相应能力：

(1) 空间定位能力；

(2) 区域差异的比较与概括能力；

(3) 空间相互作用的分析概括能力；

(4) 空间分布格局的觉察能力；

(5) 地理过程的简单预测与合理想象能力。

二、项目设计

(一) 核心知识技能

通过李锦记企业里程碑的发展与变化来对以下四个模块进行深入研究：1. 味源——得天独厚；2. 味延——乘时乘势；3. 味迁——一石三鸟；4. 味传——历久弥新，进而对粤、港、澳地区的地理概况与企业选址的联系进行探究，以及以可持续发展的眼光看待李锦记蚝油的发展，以动态发展的眼光看区域发展与区域联系。

(二) 驱动性问题

驱动性问题作为项目化学习的核心，是整个项目设计与实施的"灵魂"。本次项目化学习的项目中，拟打算以培育学生"地域特征与联系"核心素养为目标，以一瓶蚝油的发展史为驱动性问题，发散学生思维，解决地理问题。以此为目的设计以下驱动性问题：

1. 从地理位置角度思考，李锦记为何选择在澳门建立分销网络？

2. 为何李锦记选择在香港建立生产基地？香港有何地理优势？李锦记在香港的发展有何地理劣势？

3. 1996 年，李锦记向中国内地拓展业务，是看中中国大陆哪些地理优势？

(三) 实施过程

阶段一：分配小组，明确任务

最初阶段教师与同学一起研究李锦记企业发展的里程碑，将其中与我们所研究内容相关的时间节点截取出来，以表格的形式呈现给大家。

李锦记企业里程碑(部分)

时间	1888 年	1902 年	1932 年	1996 年	2012 年	2020 年
事件	李锦裳先生于广东省珠海南水镇发明蚝油，创立李锦记	李锦记迁往澳门	李锦记迁往香港	李锦记在广东省江门市新会设立生产基地	成为中国航空事业合作伙伴	广州南站李锦记大厦封顶

根据李锦记里程碑中重要的时间段，将学生进行分组，分为"味源"组、"味延"组、"味迁"组和"味传"组，几个大组将以李锦记的发展为入手点，同学可以通过网络、课本、图册及课外书籍

等多种途径进行合作学习，通过对该企业的发展历程的研究对与之相关的香港、澳门和广东地区的知识进行进一步的研究与探讨。具体任务如下：

组　别	主　要　任　务
“味源”	澳门的地理位置、自然地理环境、区旗、经济产业、著名景点及与祖国的联系
“味延”	香港的地理位置、自然地理环境、人口与土地面积、扩展建设用地方式、经济产业及著名景点
“味迁”	港澳地区与祖国内地的密切联系、各自优势及合作模式
“味传”	港、澳与祖国内地合作发展的新动向

阶段二：小组合作，完成任务

在前期已经完成的小组组合和分配任务的基础上，接下来的阶段就是以小组为单位对自己所领的任务进行深入的研究。为了能让参与度提高，分配小组的过程中尽量根据同学的学习基础、兴趣特长来进行互补组合，每个同学都要在自己本小组中成为不可或缺的一分子，这样一来每个小组的成员都积极地参与其中。有的味源组的同学为了更好地研究它为何从广东珠海起源，甚至特意去买一瓶李锦记蚝油研究其主要的配料组成，一场关于东南沿海粤港澳地区的系列学习如火如荼地展开了。

“味源”组——得天独厚

通过对李锦记蚝油的配料研究分析其1988年在广东珠海南水乡的起源，可以在澳门建立分销网络的原因是什么。

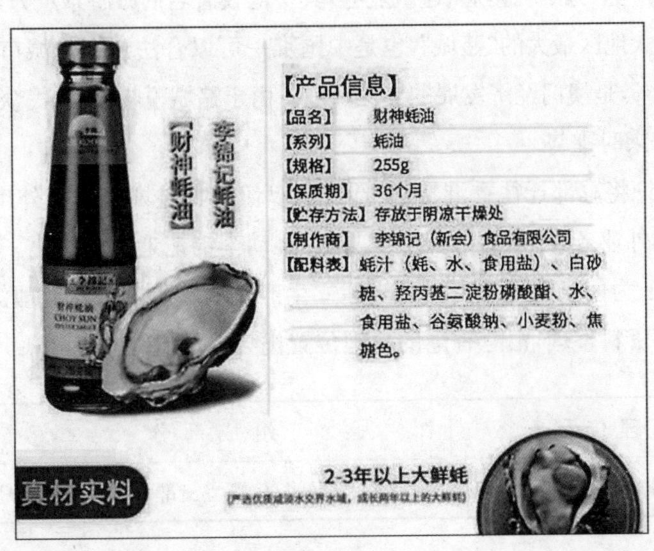

李锦记与港澳地区的渊源：蚝，肉质鲜美，营养丰富，遍布于我国南方沿海。珠海市南水是珠江口的一个小岛屿，盛产生蚝，李锦裳先生也在此机缘巧合下发明了蚝油。

1888年,李锦记创办人李锦裳先生在中国广东省珠海市南水乡成立李锦记,历经132年的传统产业由此开创。

1902年,李锦记迁往澳门,建立横跨广东及香港的分销网络。

驱动性问题1:思考:从地理位置角度思考,李锦记为何选择在澳门建立分销网络?

同学根据各种资料整理,汇总澳门的地理位置优势,以表格形式呈现:

地区	地理位置	组成部分	气候
澳门	珠江口西岸,邻广东省珠海市	澳门半岛+氹仔岛+路环岛	亚热带季风气候

结论:

1. 澳门位于我国南部沿海,有生产蚝油的天然优势;

2. 临近珠海市,具有地缘优势。

"味源"组彩蛋福利1:澳门的地理环境与区旗有何联系?

【区旗与寓意】

绿色——和平与安宁

海水——澳门周围为中国领海

五星——中国恢复行使主权(1999年12月20日)

莲花——区花

"味源"组彩蛋福利2:澳门特别行政区的经济产业。

澳门主要经济产业为旅游、博彩、建筑业等,其中比较著名的旅游景点为大三巴牌坊、新葡京酒店等。澳门是亚太地区最大的"赌城",也是中国唯一可以合法赌博的城市。其博彩业收入占澳门GDP的87.25%,是澳门经济发展的支柱产业。由于赌城税收较高,民众税费负担很小。

"味延"组——乘时乘势

1932年,李锦记将总部迁往香港特别行政区,以切合日益增长的海外市场。迁至香港后,李锦记不断开拓海外业务,并建立海外生产基地,推动李锦记走向全球化。

驱动性问题2:为何李锦记选择在香港建立生产基地?香港有何地理优势?

同学根据各种资料整理,汇总香港的地理位置优势,以表格形式呈现:

地区	地理位置	组成部分	气候
香港	珠江口东岸,邻广东省深圳市	香港岛、九龙半岛、新界三部分及其附近小岛	亚热带季风气候

结论:

优势1:地理位置优越,海陆交通便利,利于与世界各国开展贸易,也有祖国的依托。

香港由于地理位置优越，有祖国强有力的支持作为依托，经济发展极具优势，如香港与深圳的“强强联手”。

优势 2：天然良港多，港阔水深，利于发展航运，便于货物运输。

香港的维多利亚港是亚洲的第一大海港，也是世界著名的深水良港，吸引众多货轮在此中转、停靠。

“味延”组彩蛋福利 1：香港的区旗有着怎样的地理意义？

【区旗与寓意】

红色——中国的一部分，香港回归(1997 年 7 月 1 日)

红+白两色——“一国两制”

五星——与中国国旗对应

“味延”组彩蛋福利 2：香港有着怎样的国际地位？

香港有着世界金融中心、世界贸易中心、信息服务中心、世界航运中心等称号。

“味延”组彩蛋福利 3：李锦记在香港的发展有何地理劣势？

该组同学通过使用谷歌地球，引导其他同学观察香港的地形特点，通过水文资料查找与分析，发现香港天然缺淡水。虽降水充沛，但没有大江大河和充足的地下水，也没有大型水库，加之人口密度大，经济发达，淡水资源十分匮乏。现今香港生活用水主要靠广东的东江水输送。为了节约淡水资源，在香港冲厕所用的水是海水。

【地形类型】

以丘陵为主，平原主要在四周。

	面积(km^2)	人口(万人)	人口密度(人/km^2)	数据来源
香港	1 106	748	6 800	2019
上海	6 340	2 423	3 800	2018
北京	16 410	2 154	1 300	2018

此外通过一系列资料文献的查找，本组同学对我国几个大城市的人口总量和面积进行分析，通过北京、上海、香港人口密度的对比得出李锦记在香港发展的地理劣势结论为：

劣势 1：平原面积小，可发展的土地面积有限。

劣势 2：淡水资源匮乏。

香港人多地少，寸土寸金，房价高昂，贫富差距大，想拥有优质的居住空间并非易事。为此，香港可以用什么方法解决人多地少的问题？

【“上天”】：香港高楼林立，全球最高的 100 栋住宅大楼中至少一半位于香港。

【"下海"】：自1887年起，香港填海造陆面积占香港现有土地的6%。

"味迁"组——一石三鸟

1996年，李锦记为拓展中国业务发展，在广东省江门市新会设立生产基地。其后也陆续在广州市、山东省济宁市等设立生产基地，扩充中国大陆市场。

驱动性问题3：李锦记向中国内地拓展业务，是看中中国内地哪些地理优势？

辅助表格对比分析，更容易得出结论，该组同学以表格的形式进行深入分析与研究。

	祖国内地	香　港	澳　门
优　势			
分　工			
合作意义			

"前店后厂"合作模式

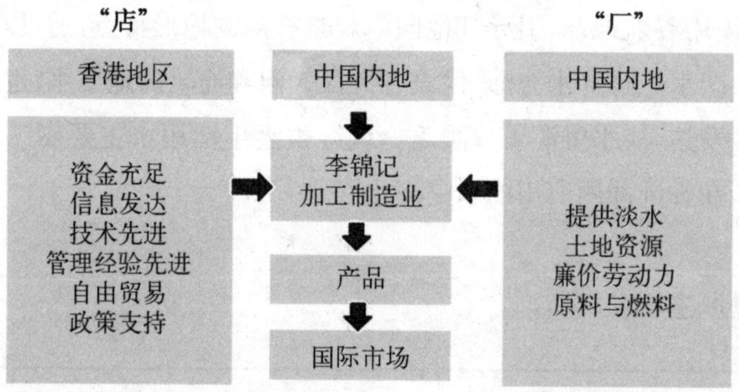

"味延"组彩蛋福利：在这种合作模式中，粤所在的珠江三角洲的优势会一直存在吗？为什么？

"味传"组——历久弥新

李锦记借力科技发展，联动粤港澳大湾区，不断升级。从"前店后厂"升级至粤港合作新模式。粤港合作新模式提升了两地的生产水平和服务水平，广东省重点建设世界先进制造业基地，香港重点发展服务业，优势互补，加强合作联系，兼顾环境效益与经济效益，力争实现可持续发展。

"味传"组同学通过各种渠道的资料收集能给出以下结论。

李锦记结合时代发展的创新之举：

新创1：改善物流。李锦记江门市新会生产基地的物流中心暨货运码头启用，成功提升原料及产品的运输弹性，节省成本，进一步改善销售供应链管理。

新创2：助力航空【李锦记酱料四度登上太空】。李锦记酱料第四度登上太空，六款酱料成为“神舟十一号”太空人的佐餐酱料。李锦记再一次以创新和优质的产品，助力航天事业。

新创3：拓展市场与产品【走出中国，面向世界】。李锦记有遍布全球的销售网络，在美国、马来西亚都有代工厂，以确保优质的商品能供应全球。李锦记商品的类型不再局限于蚝油，而是积极研发，为消费者提供多样式的优质酱料产品。

新创4：绿色产业【光伏发电，发展绿色产业】。李锦记光伏发电站设置于江门市新会生产基地的厂房顶部，利用太阳能发电，再次引领了行业绿色生产力的新潮流。

新创5：联动粤港澳大湾区发展。粤港澳大湾区是世界第四大湾区，巩固和提升了香港国际金融、航运、贸易三大中心地位；推进澳门建设世界旅游休闲中心；打造中国与周边国家贸易合作的重要平台，是深化粤港澳合作、促进港澳与内地联动发展的新探索。

阶段三：凝心聚力，成果汇报

学生在本次成果展示汇报中以两种形式进行呈现：一是前期四个大组成员中选出两名代表，以PPT的形式将他们所研究的李锦记里程碑中重要时间节点中所涉及的粤港澳相关知识点进行呈现；二是全班以小组为单位，自行收集资料，撰写一份500字左右的方案，为李锦记企业出谋划策，思考讨论如何迎合粤港澳大湾区发展大势，谋求李锦记长远发展。大家所完成的方案张贴于年级走廊展板上。

阶段四：中肯评价，正向发展

开展地理项目化学习的过程中产生过困惑，遇见过挫折，当然也体验了惊喜，看到了希望，此时对同学们的学习成果的客观评价与反馈显得很重要。各小组在仔细观看其他小组展示的时候都会对其他小组进行评价，评价表格如下，评价也是为了更好地引导同学从表格内容出发来进行项目化学习。

项目性学习活动表现性评价表

评价项目	评　价　等　级			评价结果
	A	B	C	
成果的总体印象	十分符合本次项目性学习的主题	基本符合	不符合	
成果的内容	内容新颖、充实、有吸引力，有较高的地理学科智能含量	内容略显不足，或地理智能含量不高	内容陈旧，总体不太像地理活动	
成果的形式	有很好的创意，制作精美，符合要求	制作形式要求或创新不够	形式体制粗糙，没有一点创新	
知识的运用情况	能很好地运用地理和其他学科知识，体现综合性、探究性	能较好地体现知识性、探究性，知识面较开阔	学科间知识不融合，运用不灵活	

续 表

评价项目	评价等级			评价结果
	A	B	C	
从展示现场看	仪态大方、汇报自然、口齿清楚、语言流畅	汇报总体不错，但还有些紧张，不够自然	汇报不流畅，表达明显欠缺	
学生的发展情况	在地理素养和综合实践能力方面进步明显	可以看出有一些进步	没有明显进步	

三、项目反思

本次项目化学习项目从“区域知识”中的“地域特征与联系”这一核心素养的培育出发，以“李锦记”的企业发展里程碑作为轴线对该企业相关的区域进行学习研究。“区域”研究是地理学的独特视角，地球表面自然现象和人文现象空间分布不均一的特点，决定了地理学的区域特征。在单元模块学习的背景下，学生需要学会归纳区域的主要地理特征，包括区域的位置、气候、地形、土壤、水文、植被等自然特征，以及交通、文化、人口、民族、经济等人文特征，能够分析主要的地理问题，探究区域自然现象与人文现象的相互关系，认识区域环境与人类的关系；学会根据收集到的区域信息，通过比较、分析、归纳等思维过程，形成地理概念，归纳地理特征，理解地理规律；最终实现对于“区域知识”这一核心素养的建立与培育。

当然在“‘一瓶蚝油’品味‘粤港澳’之旅”项目化学习过程中，最终学生的成果呈现有部分环节还需要后续的润色，教师在对整个项目进行设计的过程中还需要根据实际情况对项目进行修改，相信在设计与修改的过程中教师对项目化学习的理解也会进一步加深，并且能够更新教育观念，提高设计能力和教学能力。

地理有多美，带你去看看

设计者：王　鑫　杨晓丽
实施者：王　鑫　杨晓丽

一、项目背景

由上海科技教育出版社出版的《教学与评价的风向标——上海中小学各学科核心素养研究》一书中，指出了中学地理学科的一般素养和特殊素养，并根据课程内容提炼出了核心素养。它强调，中学地理学科的核心素养包括地图技能（地图的填绘、地图的解释、地图的应用）、空间思维能力（辨识空间要素、建立空间联系、形成空间决策）及区域知识（地域特征与联系、环境要素与结构）。

该项目是一个面向六、七年级学生的地理学科类型项目。之所以确定这个项目，是因为学地理可以揽天下奇观，做地理人可以练就博大胸怀。希望通过本次项目能培养学生地图技能、区域知识等核心素养，能提高同学学习地理的浓厚兴趣，使其学会用地理的眼光看待世界，用地理的双手描绘世界，用地理的视角发现世界的美！

二、项目目标

1. 学科知识：学习不同国家和区域的自然特征与人文环境。
2. 学科能力：锻炼总结归纳地理信息的能力；提高地理审美情趣。

三、项目设计

1. 本质问题：不同国家的自然特征与人文特色。
2. 驱动问题：地理有多美？带你去看看不同视角下的世界之美。
3. 项目规划。

地理有多美？带你去看看不同视角下的世界之美。学生在这个项目中需要经历的学习历程是：学生理论学习—自选地理范围—了解当地自然地理与文化特色—根据调查结果设计一张地理小报—向同学分享成果。在此过程中，学生会对地理信息进行自主学习与总结归纳，会对不同国家与地区的自然地理与人文特色有更深的理解。足不出户，也能一起探索国家、城市、江河等，发现地理之美。

四、项目实施

1. 入项活动

在初中地理教学过程中，地图是必不可少的教学工具，同时也是重要的教学内容。在教学中，同学除了要学会利用地图、从地图中获取有关的信息、不断提高读图分析能力之外，还可以在教师的引导下查阅有关资料，发挥自己的聪明才智，绘制精美的创意地图。然而，一个国家或地区在不同学生的眼中所看到的样子是存在差异的，因此，本次活动的主要目的是让学生发现地理之美，用自己的笔去描绘世界之美。

2. 知识建构

本次活动的参与年级为六、七两个年级。六年级所学知识体系主要为世界地理之分国篇，七年级为祖国篇之中国地理。因此在本次活动的操作过程中，六年级同学侧重世界国家篇的地理绘图，七年级同学侧重中国元素的绘制。无论哪个年级，国家的自然特点和人文环境均为核心切入点。

3. 小组合作

方向确立好后，同学按照自己的选题进行了小组的分工与协作，组内的同学有的负责版面的设计，有的负责文字资料的查阅，有的负责国旗或者地方特色标志的绘制。一场关于特色地图绘制的小组合作活动如火如荼地展开。

4. 形成成果

经过两周四节课的通力合作，同学一张张精美的作品慢慢成形。每一幅地图独一无二，充满了地理元素的风韵风情，标注出了自然盛景、动植物分布、基础建设、文化景观、交通线路等各种信息，同学呈现出了一幅幅反映中国乃至世界的人文生态景观的综合图谱。

5. 出项活动

首先在每个班级内部依据其作品设计进行评选，每班推选 15 幅作品，再由地理教师根据内容进行评选，最终选出一、二、三等奖作品，并为其颁发奖状，以资鼓励。

意大利
Italy
工业强国
德国
日本
YUMMY~
英国
Harry Potter
海南省
海南
黎母岭
五指山
大都市
北京
BEIJING~
火锅
糖葫芦
烤鸭
中国美食
跨纬度最多的省份
海南省

6.(学生)复盘反思

绝大部分小组都非常积极认真地完成了地图的绘制工作,但过程中也是困难重重。有的小组总结道,因为大家互相推托,寄希望于他人,最后未完成任务。有小组总结说,项目过程中计划和行动脱轨,导致大家最后仓促地结束了地图绘制。也有一个同学说:"凡事都要靠自己,组内的其他同学完全不出力帮忙。"还有小组在构建初期就遇到了困难,他们找不到合适的小伙伴,但其中一名同学勇挑重担,一个人独立完成了地图作品,并愿意将成果分享给其他组员,其他同学也反思道,以后遇到问题时要更勇敢一点,可以从自己力所能及的事情开始做起,通力合作。

五、(教师)项目反思

"学然后知不足,教然后知困。知不足,然后能自反也;知困,然后能自强也。"溯本正源落实新课标,启智润心深耕项目化。

在该项目中,不仅考察同学的地理基础知识,还考察同学的美学设计能力,并涉及团队合作意识。同学在整个参与过程中,收获知识,培养能力,快乐学习。

学科项目化学习的分层推进,我们要真正放手让学生去合作、探究。把项目化学习的开展落实到学科教学之中,培养学生在实际情境中迁移运用所学知识解决问题的能力,以培养学生核心素养为最终目标,无限接近课堂的理想,实现学校育人目标。

学习焦虑图册集

设计者：张芳芳　印佳雯
实施者：张芳芳　印佳雯

一、项目背景

学习是中学生的重要任务之一，也常常影响着青少年的心理健康状态。拥有处于青春期孩子的家庭常常因为孩子的学习而产生家庭式焦虑，即家庭成员均聚焦于孩子学习状况而产生焦虑情绪。这种家庭式焦虑更是给中学生的学业焦虑雪上加霜。在我校的学生心理情况调查中，不同年级均发现学习焦虑情绪普遍存在。在心理咨询室中，我们发现学习焦虑的情况往往是复杂的，它同时隐藏着中学生内心的需求与恐惧。探寻个体学习焦虑背后的需求与恐惧对于中学生的心理健康成长是非常必要的。

《中小学心理健康教育指导纲要(2012年修订)》中指出，针对中学生心理健康发展，须鼓励学生进行积极的情绪体验与表达，并对自己的情绪进行有效管理。因此，本次项目化课题聚焦于学习焦虑主题，培养的核心素养能力为情绪智力。

二、项目目标

学科核心素养：

1. 情绪觉察能力：自我觉察学习焦虑情绪的身心体验及对个体的影响；通过个人任务表达自我的焦虑情绪，同时通过小组互动，向他人倾诉情绪。

2. 情绪理解能力：探究自身学习焦虑情绪的来源，了解他人学习焦虑的来源。

3. 情绪管理能力：通过分享讨论及小组活动，探究如何管理学习焦虑情绪。

学习素养：合作能力、沟通表达能力及问题解决能力。

三、项目设计

(一) 本质问题

如何应对学习焦虑？

(二) 驱动问题

(1) 中学生学习焦虑的来源是什么?

(2) 学习焦虑对中学生的具体影响有哪些?

(3) 基于对学习焦虑的理解,有哪些具体应对学习焦虑的策略?

(三) 项目规划

1. 觉察学习焦虑:资料调查,小组分享,了解学习焦虑情绪的具体内涵、表现。觉察自己的焦虑时刻,完成活动单,小组分享总结。

2. 理解学习焦虑、小组讨论:学习焦虑的来源及影响。小组合作:整理中学生学习焦虑影响的知识框架,为后续情绪管理奠定应对框架。

3. 管理学习焦虑:头脑风暴应对学习焦虑的有效策略,并整合应对策略的知识框架。

4. 整合活动:我的学习焦虑君。根据对自我学习焦虑的觉察和理解,设计"学习焦虑君"动画形象,以及设计学习焦虑君的出生地(来源)、技能(影响)、相处策略(应对方式)。班级投票选出贴合学习焦虑特点的焦虑君设计图,汇编成年级"学习焦虑图册集"。

四、项目实施

1. 入项阶段

在入项阶段,教师从学习焦虑小调查入手,以两道题目了解当前学生的学习焦虑状态。题目内容分别为"你是否为当前的学业状况感觉焦虑?"和"请你为你的学习焦虑程度打一个分数,分值为0~10分。其中10分代表你非常焦虑,0分代表你完全不焦虑"。

在入项活动中,教师先邀请同学对当前本班同学学习焦虑状况进行评估,比如拥有学习焦虑的学生人数,学习焦虑值的平均分是多少,并谈谈如此猜测的理由。该活动紧扣当下个体及群体现状,既促进学生对自身学习焦虑的觉察,也意识到学习焦虑之普遍性,同时激发学生对学习焦虑的好奇。

接着,教师提出了驱动性问题。为帮助同学更加深入地思考,教师进一步抛出问题:"我们为什么会产生学习焦虑?如果学习焦虑影响了生活,我们该如何应对它?"基于此,学生开始了小组讨论活动。

小组讨论发现如何应对学习焦虑,需要基于学习焦虑的来源来讨论,针对不同学习焦虑状况,采取相应的应对措施。基于此,师生讨论确定问题链如下:

子问题1:中学生学习焦虑的来源是什么?

子问题2:学习焦虑对中学生的具体影响有哪些?

子问题3:基于对学习焦虑的理解,有哪些具体应对策略?

2. 知识建构

基于以上子问题,学生在知识建构阶段,通过个体觉察任务,体验并表达学习焦虑时刻,了解学习焦虑对个体的具体影响，找到自身的学习焦虑来源。通过小组合作任务，针对学习焦虑对个体的影响、学习焦虑的来源、学习焦虑的具体应对策略展开头脑风暴，并进行知识框架建立。

学生具体探究内容如下：

子问题 1：中学生学习焦虑的来源是什么？

在项目开始前，学生对学习焦虑的描述常常是对学习结果的担心，较为浅层且不涉及自身真实需求。因此教师进入小组，用循环式提问引导学生深入思考。教师提问如果考试结果不好，会具体发生什么让你担心的事情吗？小组同学开始深入谈及自己担心父母失望的眼神，有的担心同学背后的讨论，还有的则担心他失去自由的时间等。每个小组派学生代表分享本组的讨论结果，并记录在黑板上。每个小组呈现结束后，由师生共同讨论总结当前学生学习焦虑的常见来源，具体如下表所示。

表 1　学习焦虑的来源

家庭的期待	1. 父母对自己的期望很高，担心愧对父母对自己的付出 2. 父母告诉我如果考试不好未来会没有工作 3. 担心父母的责备、愤怒的情绪和行为，贬低自己 4. 担心父母会因此而吵架，影响家庭氛围 5. 担心父母限制自己的自由、影响自己的交友
老师的期待	1. 担心考试不好老师会对自己失望 2. 担心老师会批评自己 3. 担心老师因为自己成绩不好而不关注自己 4. 愧对老师的付出
同伴比较	1. 担心自己被朋友赶超 2. 担心同学会嘲笑自己 3. 班级都在“卷”学习，担心自己落后 4. 与周围人不同时，会有压力
自我追求	1. 学习成绩与自我价值一致，考试不好自己会非常自责，认为自己能力有问题 2. 自己付出努力，却一直得不到回报
未来规划	1. 这阶段学习表现不好，自己未来就没有好的发展，比如找不到工作等 2. 糟糕化想象，担心自己的中考失利等

子问题 2：学习焦虑对中学生的具体影响有哪些？

在了解自身学习焦虑来源之后，学生开始讨论当自己处于学习焦虑中时的具体表现。在这个环节，学生开始进入学习焦虑的体验中。根据问题“你的老朋友——学习焦虑君会在什么时刻出现？”学生首先回顾自身的焦虑时刻体验。接着，小组内展开分享与讨论，学习焦虑给自己带来的身心体验、对自己生活的影响等。

在这个环节，学生不仅要觉察自身的情绪，也是作为镜子"看见"其他组员的情绪。积极地表达情绪对于个体的情绪有重要的调节作用，同时情绪能够得到倾听，镜映对于个体的身心健康也是至关重要的。最后，小组在分享各自的焦虑时刻后，开始整合学习焦虑影响的模型。在该阶段，教师提供系统的心理健康理解视角，即生物—心理—社会模型（biopsychosocial model，BPS），帮助学生搭建更有逻辑且系统化的心理框架。

具体探究过程及成果如下图所示。

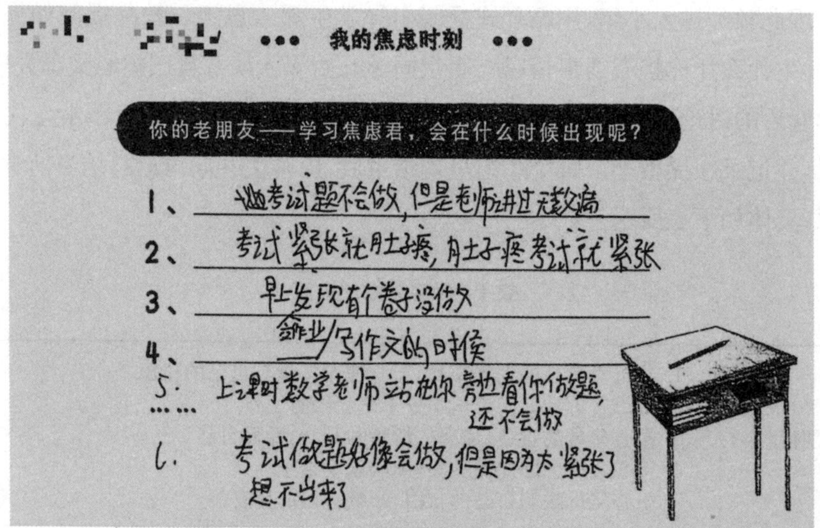

图 1　焦虑时刻觉察单

表 2　学习焦虑时刻汇总

一级	比例	二级	定　义	比例
考试（168）	0.86	考试前（74）	没有准备好；临时抱佛脚；大考前夕	0.44
		考试中（45）	发卷子时；题目不会做；速度比别人慢；时间快到了解不出题/没做完；平时会做的题考场上做不出来；老师站在旁边看自己做题；老师提醒自己要好好检查	0.27
		考试后（102）	对答案发现自己错了；出成绩前；成绩考得不好；成绩退步了；成绩未达到预期；距离及格差一点；被别人超过；被他人问起成绩	0.61
		其他（21）	考试太多；担心某个科目的考试	0.13
作业（116）	0.59		忘记作业；欠老师作业；作业没做完；作业太多；没完成作业再玩；没带作业；拖延写作业；老师站在旁边检查作业；遇到不会的题；题目计算量大；出现粗心错误；作业完成质量差	

续 表

一级	比例	二级	定　　义	比例
同伴比较（47）	0.24		成绩没有同伴好；被同学赶超；出成绩后被同学嘲讽；同学凡尔赛；互相问成绩；内卷；看到别人很努力	
老师（36）	0.18		被老师上课提问；被叫到办公室；老师站在旁边检查作业；考试没考好被老师批评；考试没考好让老师失望；看到某个老师	
父母（33）	0.17		父母把自己与其他同龄人比较；父母问成绩时；成绩差被批评和惩罚；父母监督学习；父母强调大考的重要性；父母强调竞争激烈；父母的过高期望	
上课（29）	0.15		不喜欢某门课；进度跟不上；上课听不懂；很累但是还要上课；上课注意力难以集中	
放松休息（26）	0.13		睡前；放松休息时看到励志视频；玩游戏时；假期快结束了	
学习认知（19）	0.10		对学习没有兴趣；展望未来时；对学习失望；感觉目标遥不可及；想到努力不一定有回报	

表 3　学习焦虑的影响

心理	认知	1. 贬低、否认自己：我就是不行 2. 对未来的担忧：考不上高中 3. 害怕没有达到期待 4. 怕学习量不够，怕同学超过自己 5. 厌学 6. 注意力下降
	情绪	迷茫、不知所措、烦躁、紧张、烦恼、崩溃、失望、坐立难安、慌乱、压力、害怕
	意志	1. 学习动力加满；增加学习行为；调整学习习惯 2. 丧失学习动力；减少学习行为
生　理		1. 失眠、做噩梦、睡眠质量下降 2. 精神状态疲惫 3. 头晕、心跳加快、出汗、呼吸加快、肠胃不适 4. 食欲明显降低或明显提升
社会环境		1. 人际关系变差，如亲子矛盾增加、同伴竞争严重、师生矛盾 2. 社会支持感降低，如感觉身边的人对自己贬低，有敌意 3. 感觉环境嘈杂，如课堂吵闹容易内心暴躁

子问题 3：基于对学习焦虑的理解，有哪些具体应对策略？

基于上述学习成果，学生对于学习焦虑有了生动且系统化的理解。在面对终极问题时，学生小组合作进行头脑风暴，结合学习焦虑的来源及影响，制定了具体的应对策略，最终成果整合如下。

表4 学习焦虑应对策略

心理	认知	1. 自我价值积极调整：多给自己加油鼓励，发掘自身优势；与同伴及父母沟通，调整自我认知 2. 学习结果客观评估：客观看待考试，理性评估学习能力 3. 转移注意力：遇到挫败时，可转移至其他感兴趣的事物上 4. 目标合理化：不制定过高目标，建立合理期待
	情绪	1. 深呼吸练习 2. 与人倾诉，将情绪表达出来 3. 艺术表达宣泄情绪：如日记、书法、绘画、拳击等
	意志	1. 制订合理学习计划，建立学习团队 2. 提升自控力，如借助番茄软件、同学或父母督促等措施 3. 抵制诱惑，如学习时设置无干扰环境，减少电子产品及繁杂事物干扰
生理		1. 提升睡眠质量：设置良好睡眠生物钟，降低噪声干扰、灯光干扰 2. 提升身体素质：加强运动、饭后散步等活动 3. 健康饮食：饮食规律，不暴饮暴食
社会环境		1. 主动寻求社会支持，建立良好的人际关系 2. 设置良好的学习环境，如整洁有序的书桌、安静的睡眠环境等

3. 形成与修订

在本项目中，每名学生作为个体也作为团队的重要成员，我们最终不仅设计出具有个性化的学习焦虑君，同时也集团队的力量形成学习焦虑图册集，为我校中学生提供学习焦虑应对策略。

最后一个项目化活动即个人整合任务。基于前期对学习焦虑的深入理解，结合个人特色，设计自己内心的"学习焦虑君"形象，并记录"我的学习焦虑君"的出生地(来源)、技能(影响)、相处策略(应对方式)。该环节是在以上合作成果之后，学生根据个体的喜好来自由选择与学习焦虑君友好共处的策略。

4. 出项活动

经过小组共同的探索与实践，学生在出项阶段展示了各自的成果。首先以小组为单位进行分享，该设置给予同学充分的时间来分享并整合自己的学习焦虑君。"学习焦虑君"形象设计是一种艺术性的表达，学生将自己的体验及理解融入这些艺术形象中，并以主人公的视角向组员分享。接着，教师邀请学生代表来分享，其余学生可以在该阶段进行互动，分享自己的感受及建议，以团队的力量支持彼此的成长。学生部分作品展示如下。

图 2　学生作品示例

五、项目评价

本次项目化评价方式分为两个部分:一是学生评价,二是教师评价。项目化活动以学生为主体,彼此合作共同展开探究与实践。因此过程性评价以学生为主导,以自评和他评展开过程性能力评价。教师则以学科核心素养评估为准,根据学生最后的成果进行评价。评价表如下所示(见表 5 和表 6)。

表5 学生评价表

评价内容			分值(1～5分)	
			自评	他评
学习素养	合作能力	积极参与活动,认真完成小组任务		
	沟通能力	认真倾听同伴发言,友好表达意见,能灵活交流取得小组统一成果		
	问题解决能力	当个人或小组任务遇到挑战时,能够积极找到解决方法		
学科核心素养	情绪觉察能力	能够觉察到自身的情绪及其变化,能够表达出自己的情绪		
	情绪理解能力	能够理解自身及他人情绪产生的来源		
	情绪管理能力	能够管理和改变自己或他人的情绪,通过一定策略使得个体在生理活动、主观认知及行为等方面发生一定变化		

表6 教师评价表

评价内容		分值(1～5分)
情绪觉察能力	能够觉察到自身的情绪及其变化,能够表达出自己的情绪	
情绪理解能力	能够理解自身及他人情绪产生的来源	
情绪管理能力	能够管理和改变自己或他人的情绪,通过一定策略使得个体在生理活动、主观认知及行为等方面发生一定变化	

学生通过互评的方式,觉察自身在合作、沟通及问题解决过程中的状态。有的同学意识到自己在小组中经常是默不作声的存在,人际关系较为疏远。有的同学意识到自己较难共情他人的情绪。看似评价,实则又是一次小组合作任务,以团队的力量照见彼此身上的优缺点,同时又从团队成员身上汲取优势力量。

六、项目反思

学生的内在力量在本次项目化活动中得到了极大的展示空间。通过个人任务及团队任务,学生对自身的学习焦虑有了更深入的认识和理解。小组合作的形式是一种团队式的包容与安抚,它不仅让个体内在的积极力量得到充分展示,也给个体成长建立了巨大的自由空间,提供了大量的社会支持。与此同时,学生通过合作与探究发现,学习焦虑的产生不仅是中学生个体的心理认知所导致，也存在家庭和社会的因素。本次项目化能够提供学习支架，让学生以更系统化的角度来看待心理健康，也是一个不错的学习成果。至于该项目化活动的深入开展，则在于系统观在现实生活中的具体落实。在未来的继续深化中，我们是否可以将家长资源纳入项目化活动中？学习焦虑的调整不仅是学生焦虑情绪的调整，也是家校社“焦虑”情绪的调整。这是一次可以让学生真正参与到社会环境中，不仅提升中学生的社会情感能力，更能让学生体验到社会归属感及成就感的实践机会。

第三部分

跨学科项目化学习案例

植物医生:“疫”起“沪”蔬,生命续航

设计者:李帅帅
实施者:李帅帅

一、项目背景

这个项目是面向六年级学生的跨学科项目。之所以确定这个项目,是因为疫情防控期间,家里的蔬菜、水果都变成了“奢侈品”,要么果蔬量稀有,细水须长流;要么囤菜一时爽,保鲜两茫茫。那么,怎样更好地保鲜果蔬便成了学生居家生活中的真实性议题,同时作为家庭成员的一分子,需要从小培养学生的责任和担当。

二、项目目标

(一) 核心概念

劳动学科核心概念:农业生产劳动(植物养护)。

信息科技学科核心概念:数据、网络、信息处理、信息安全。

科学学科核心概念:生命系统的构成层次、生物体的稳态与调节。

跨学科核心概念:团队合作(充分融合不同观点,产生集体效应;合理分解任务,提高效率和质量);思维(比较、分类、归纳、推理)。

(二) 跨学科核心知识与能力

1. 劳动教育

(1) 劳动能力:运用多学科知识和多方面经验解决劳动中出现的问题,发展创造性劳动的能力。

(2) 劳动习惯:体悟新鲜果蔬的来之不易,珍惜劳动成果。

(3) 劳动精神:做好果蔬保鲜,继承中华民族勤俭节约的积极愿望。

2. 信息科技

(1) 信息意识:感受应用信息科技获取与处理信息的优势;能根据解决问题的需要,评估数据来源,辨别数据的可靠性和时效性,具有较强的数据安全意识。

(2) 数字化学习与创新:养成利用信息科技开展数字化学习与交流的行为习惯;能根据

学习需求，利用信息科技获取、加工、管理、评价、交流学习资源，开展自主学习和合作探究。

(3) 信息社会责任：负责任地共享信息和资源，尊重他人的知识产权。

3. 科学

(1) 科学思维：通过分析、比较、抽象、概括等方法，抓住果蔬保鲜的本质，展示对果蔬保鲜的原理、过程的理解。

(2) 探究实践：设计控制变量的实验方案，并能运用实验获取信息，用科学语言记录整理信息，表述探究结果，并运用分析、比较、推理、概括等方法得出科学探究的结论。

(三) 学习素养

1. 创造性实践

(1) 在"小组协作·探保鲜原理"环节，组长充分利用互联网，创意组织线上合作学习。

(2) 在"手册美化·饰果蔬手册2.0"环节，学生发挥个人想象力，创意设计手册。

2. 探究性实践

(1) 在"网络检索·查保鲜方法"环节，通过网络检索信息资源，寻找多样的信息和数据获取渠道，遴选和评价果蔬的保存原理和方法。

(2) 在"落地实践·验保鲜效果"环节，自行设计和实施5天的果蔬保鲜实验，录制视频，收集实验现象证据，有说服力地表达见解。

3. 社会性实践

(1) 在"小组协作·探保鲜原理"环节，各果蔬小组通过线上讨论交流，共同得出本组所划分果蔬的保鲜原理。

(2) 在"全家协力·答调研问卷"环节，调研家里果蔬的存量现状、保鲜方法等，学生邀请爸爸妈妈共同参与作答。

4. 审美性实践

在制作果蔬保鲜手册2.0、剪辑实验视频及美化二维码的过程中，学生要选择适合表现主题的材料、构图和色彩，创造富有美感的视觉艺术。

5. 技术性实践

(1) 在"网络检索·查保鲜方法""手册美化·饰果蔬手册2.0""成果共享·制手册二维码"环节，以Word电子文档记录方法，装饰美化，并制作手册二维码，便于分享和传播。

(2) 在"落地实践·验保鲜效果"环节，用视频记录5天的果蔬实验过程和结果，并配有解说，剪辑生成片头、片尾、字幕、转场动画等。

(四) 驱动性问题所蕴含的高阶认知

1. 创见：组长创造性地组织线上合作学习；学生设计和美化果蔬手册、二维码。

2. 实验：设计和实施果蔬保鲜实验，并解释实验现象。

3. 调研：通过问卷调研，了解家中果蔬的存量和保鲜现状，并评估家人的果蔬保鲜意识和方法。

4. 问题解决：以“植物医生”的身份，查找保鲜方法，探究保鲜原理，验证保鲜实验，解决现实问题，续航果蔬生命。

三、项目设计

1. 本质问题

如何实现不同类别果蔬的科学保鲜？

2. 驱动问题

作为一名“植物医生”，如何科学地保鲜果蔬，延续果蔬的生命力呢？

子问题 1：果蔬有哪些类别？

子问题 2：果蔬有哪些科学的保鲜方法？

子问题 3：果蔬保鲜方法的原理是什么？

子问题 4：不同的存放方法对果蔬保鲜的影响大吗？

3. 项目规划

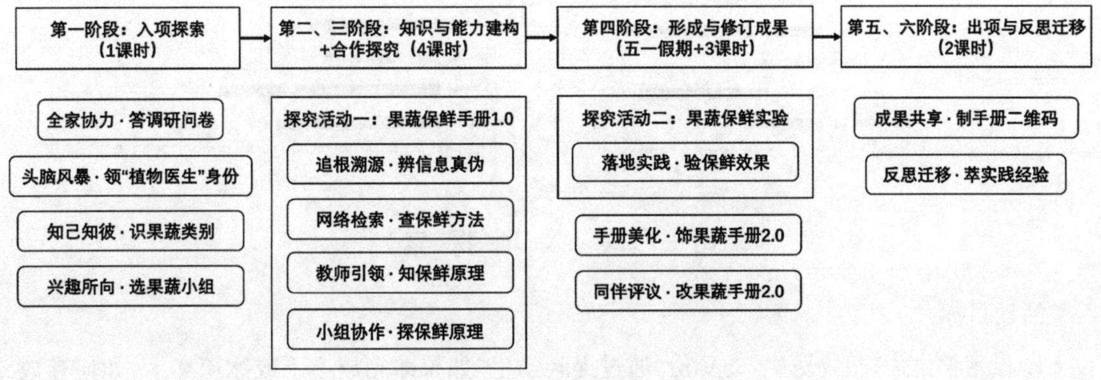

四、项目实施

前期调研：全家协力·答调研问卷

活动目标：调研学生家中的果蔬存量与保鲜情况，为项目是否能立项提供数据决策。

活动过程：教师发放调研学生家中“果蔬存量与保鲜情况”的问卷，学生邀请爸爸妈妈一起作答。

活动成果：

从问卷调研数据来看，在家中蔬菜存量上，78.57％的家庭可支撑 1 周以上，21.43％可支撑 1 周以内。在家中水果存量上，76.19％的家庭可支撑 1 周以上，23.81％可支撑 1 周以内。

由此可见，大多数家庭的果蔬存量较多，奠定了项目的研究基础。

并且，在家人对食物保鲜知识了解程度上，66.67%的家庭了解较多但不全面，33.33%的家庭了解较少，各家庭最常用的保鲜方法是冰箱，但因果蔬量太大，出现冰箱放不下的情况。在食物放入冰箱的保存方式中，21.43%的家庭是直接放入，不需要辅助工具，有92.86%的家庭已经认识到新鲜果蔬腐烂的原因是存放不当。鉴于此，以"如何更好地保鲜果蔬"为项目目标，开启立项，引导学生作为一名"植物医生"，延续果蔬生命力，为疫情期间的果蔬保鲜献计献策。

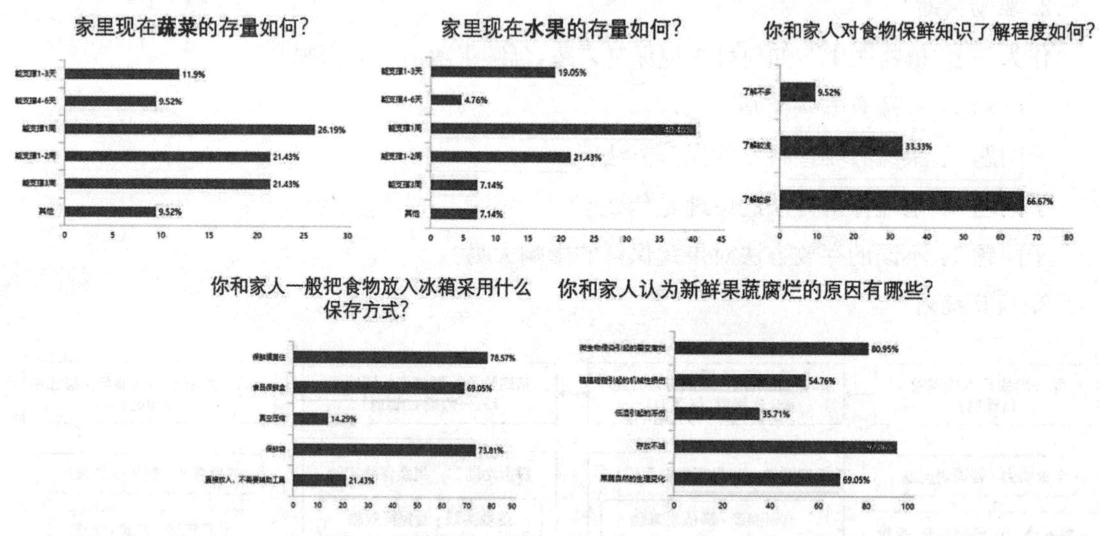

第一阶段：入 项 探 索

活动目标：

1. 设定学生为"植物医生"的身份，通过提问学生"如果冰箱放不下或冰箱坏了，如何存放食物?"引导学生跳出冰箱保鲜的思维定式，进入项目情境。

2. 欲存果蔬，先识果蔬。通过学习八类果蔬的果实形态、生理特性等，认识果蔬，并以果蔬为分组线索，由学生在钉钉协作文档自行选择小组。

活动过程：

1. 头脑风暴 · 领"植物医生"身份

【问题支架】作为一名植物医生，如果冰箱放不下或冰箱坏了，如何存放食物？写出自己的想法，如词云图所示。

【过程评价】头脑风暴问题回答的可行性和创新性。

2. 知己知彼 · 识果蔬类别

教师和学生通过识别生活中常见的果蔬图片，共同提取果实形态特征，基于生活经验，进

行果蔬分类。教师再公布果蔬分类的对错情况，通过正确作答增强生活自信，错误作答激发认知冲突，均能激发学生的项目参与积极性。

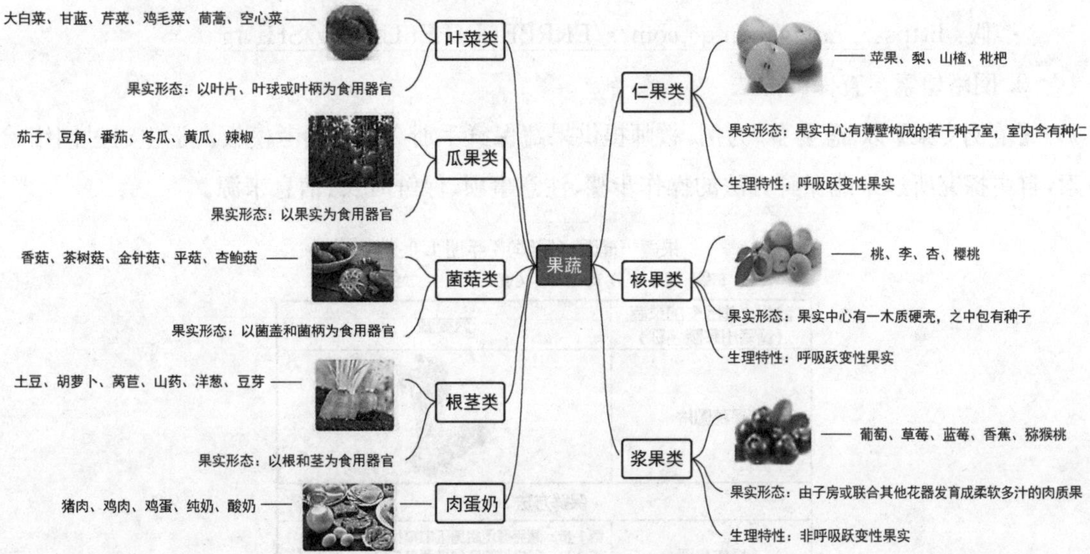

3. 兴趣所向 · 选果蔬小组

按 8 个果蔬类别划分为 8 个小组，学生基于对果蔬的认识，通过钉钉在线表格自行选择想加入的小组和想探究的果蔬，每组 4～6 人，组内果蔬不得重复。

第二阶段：知识与能力建构

活动目标：

1. 教师提供多个关于“果蔬保鲜方法”的网络资源链接，让学生辨别相关保鲜方法的真伪，培养学生的信息意识，提升信息素养。

2. 根据教师提供的“果蔬保鲜手册”参考模板，学生通过网络检索，自主探究所选果蔬的方法，在实践中增强信息素养，发挥自主性，习得保鲜方法。

3. 通过认识果蔬的生命过程，学习呼吸作用、蒸腾作用的保鲜原理，认识到果蔬是一个生命体，作为植物医生，要懂得其保鲜的原理，才能对症下药。

活动过程：

1. 追根溯源·辨信息真伪

【学生遇到的问题】如何科学筛选网络检索得到果蔬的保鲜信息？学生在检索果蔬保鲜信息过程中，一种果蔬会检索得到成百上千条，如何识别链接来源的专业性？如何辨别保鲜方法的真伪？

【建议 & 范例支架】教师演示"真(科学专业官方)"和"假(博眼球，标题党)"网址示例，从标题、是否为官方媒体、本篇阅读量、往期文章阅读量、粉丝量等方面辨别保鲜方法的真伪。并在手册中表明详细来源，尊重他人的知识产权。

- 真：http://wfwb.wfnews.com.cn/content/20140917/ArticelQ04002EL.htm
- 假：https://mp.weixin.qq.com/s/ERRBELDzLEuUnhUgzSHL4g

2. 网络检索·查保鲜方法

【范例支架】以"葱姜蒜"为例，教师提供果蔬保鲜手册 1.0 的参考模板。学生通过网络检索，自主探究所选果蔬保鲜方法的操作步骤、注意事项、保鲜时长、信息来源。

果蔬"催眠（保鲜）"手册 1.0

班级：预备（ ）班　　小组：　　姓名：

我想"催眠"的果蔬（请写出果蔬名称）	葱姜蒜
果蔬图片	
保鲜方法 1	
操作步骤	第 1 步：葱姜蒜用厨房纸巾擦拭，吸干水分 第 2 步：用锡纸贴紧包裹葱姜蒜 第 3 步：包裹好后放于阴凉通风处
注意事项	第 1 步：葱姜蒜表面不留一点水分
保鲜原理	（此处暂不填写）
保鲜时长	10 天左右
信息来源	公众号"文怡家常菜"（本篇阅读量 2.1 万）；潍坊新闻网（官方媒体）
保鲜方法 2	
操作步骤	第 1 步：葱姜蒜切成细条/丝状/片状等均可 第 2 步：按照分量用保鲜膜/保鲜盒分装 第 3 步：密封好后，放入冰箱冷冻
注意事项	第 3 步：葱姜蒜切开后味道会很大，注意密封
保鲜原理	（此处暂不填写）
保鲜时长	1～2 周
信息来源	公众号"CCTV 健康之路"（官方媒体）

3. 教师引领·知保鲜原理

(1) 新鲜果蔬的生命过程

(2) 呼吸作用影响因素

(3) 蒸腾作用影响因素

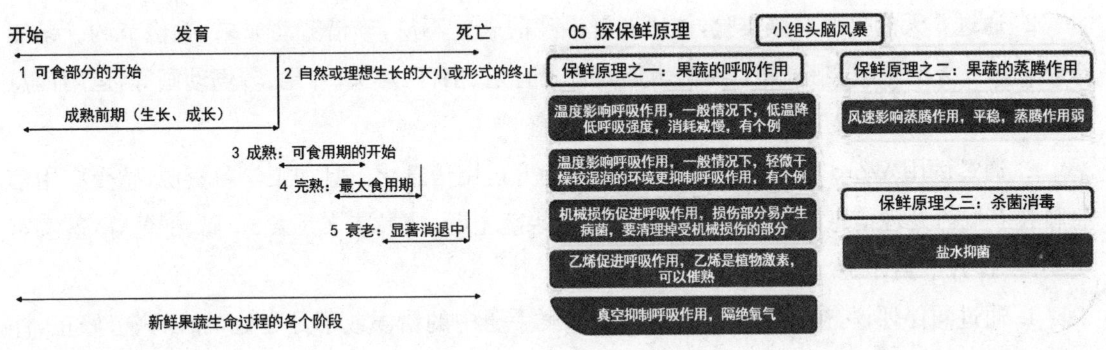

开始
发育
死亡
1 可食部分的开始
2 自然或理想生长的大小或形式的终止
成熟前期（生长、成长）
3 成熟：可食用期的开始
4 完熟：最大食用期
5 衰老：显著消退中
新鲜果蔬生命过程的各个阶段
05 探保鲜原理
小组头脑风暴
保鲜原理之一：果蔬的呼吸作用
温度影响呼吸作用，一般情况下，低温降低呼吸强度，消耗减慢，有个例
温度影响呼吸作用，一般情况下，轻微干燥较湿润的环境更抑制呼吸作用，有个例
机械损伤促进呼吸作用，损伤部分易产生病菌，要清理掉受机械损伤的部分
乙烯促进呼吸作用，乙烯是植物激素，可以催熟
真空抑制呼吸作用，隔绝氧气
保鲜原理之二：果蔬的蒸腾作用
风速影响蒸腾作用，平稳，蒸腾作用弱
保鲜原理之三：杀菌消毒
盐水抑菌

第三阶段：合 作 探 究

活动目标：通过小组线上讨论交流，共同探讨本组成员保鲜方法的原理，发挥团队力量，提升合作探究能力。

活动过程：小组协作·探保鲜原理

各小组在钉钉小组群中，基于果蔬呼吸作用、蒸腾作用等影响因素，共同探讨本组保鲜方法的原理。

【学生的表现】居家学习大大加大了小组合作的难度，基于钉钉学习平台，如何实现各小组充分的讨论和交流，需要充分激发组长的引领性，调动组员的参与性。在此环节放权给组长，每个小组创意组织线上合作学习，如钉钉群语音文字、接龙回复、在线文档编辑等方式。

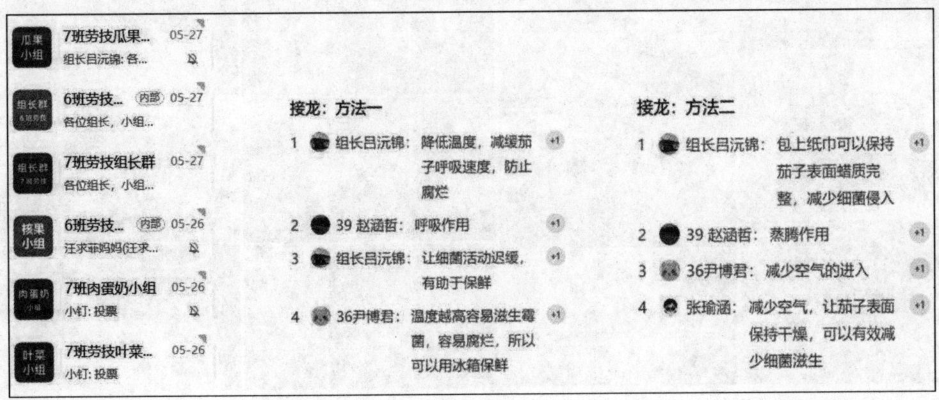

瓜果小组
7班劳技瓜果... 05-27
组长吕沅锦: 各...
6班劳技... 内部 05-27
各位组长，小组...
7班劳技组长群 05-27
各位组长，小组...
核果小组
6班劳技... 内部 05-26
汪求菲妈妈(汪求...
7班肉蛋奶小组 05-26
小钉: 投票
叶菜小组
7班劳技叶菜... 05-26
小钉: 投票
接龙：方法一
1 组长吕沅锦：降低温度，减缓茄子呼吸速度，防止腐烂
2 39 赵涵哲：呼吸作用
3 组长吕沅锦：让细菌活动迟缓，有助于保鲜
4 36尹博君：温度越高容易滋生霉菌，容易腐烂，所以可以用冰箱保鲜
接龙：方法二
1 组长吕沅锦：包上纸巾可以保持茄子表面蜡质完整，减少细菌侵入
2 39 赵涵哲：蒸腾作用
3 36尹博君：减少空气的进入
4 张瑜涵：减少空气，让茄子表面保持干燥，可以有效减少细菌滋生

第四阶段：形成与修订成果

活动目标：

1. 学会设计控制变量的果蔬保鲜实验，并能通过实验观察用科学语言解说实验现象，运用分析、比较、概括得出实验结论。

2. 通过5天的果蔬对照实验，体悟新鲜果蔬的来之不易，珍惜劳动成果，勤俭节约。录制视频记录5天的果蔬实验，并后期剪辑加入背景音乐、字幕、片头、片尾、转场动画等，运用信息工具开展数字化学习。

3. 通过运用Word中的装饰和美化页面，提升运用信息化工具加工学习资源，感受应用信息科技获取与处理信息的优势。通过根据所选果蔬主题，选择装饰元素、布局、配色等，落实审美实践，提升审美体验。

4. 通过同伴评议，被评议者认识到果蔬保鲜手册中的错误或不足之处，加以完善修正，评议者以评委身份客观、专业地加以评议，从不同的角度加强对果蔬保鲜手册的认识。

活动过程：

1. 落地实践 · 验保鲜效果

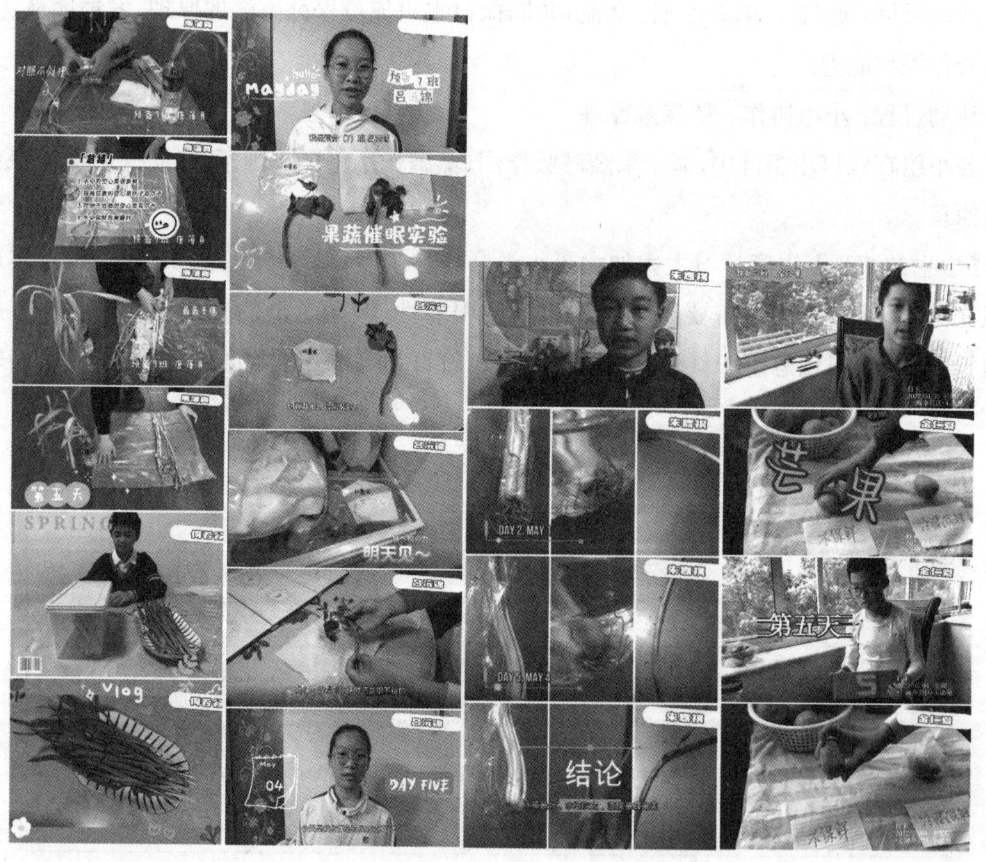

五一假期，学生自行设计和实施果蔬保鲜实验。(1) 控制变量：除保鲜方法不同，其他尽量保证一致。(2) 对比实验：保鲜/不保鲜，或多种保鲜方法的对比。(3) 实验现象：用视频记录每天的实验现象，并配有解说，视频中配有片头、片尾、字幕、转场动画等。

【指南支架】提供果蔬保鲜实验报告框架(实验对象、实验目的、实验方法、实验步骤、实验结果)。

2. 手册美化·饰果蔬手册 2.0

学生基于果蔬保鲜手册 1.0，自行设计适合表现主题的材料、构图和色彩，制作出精美的果蔬保鲜手册 2.0。

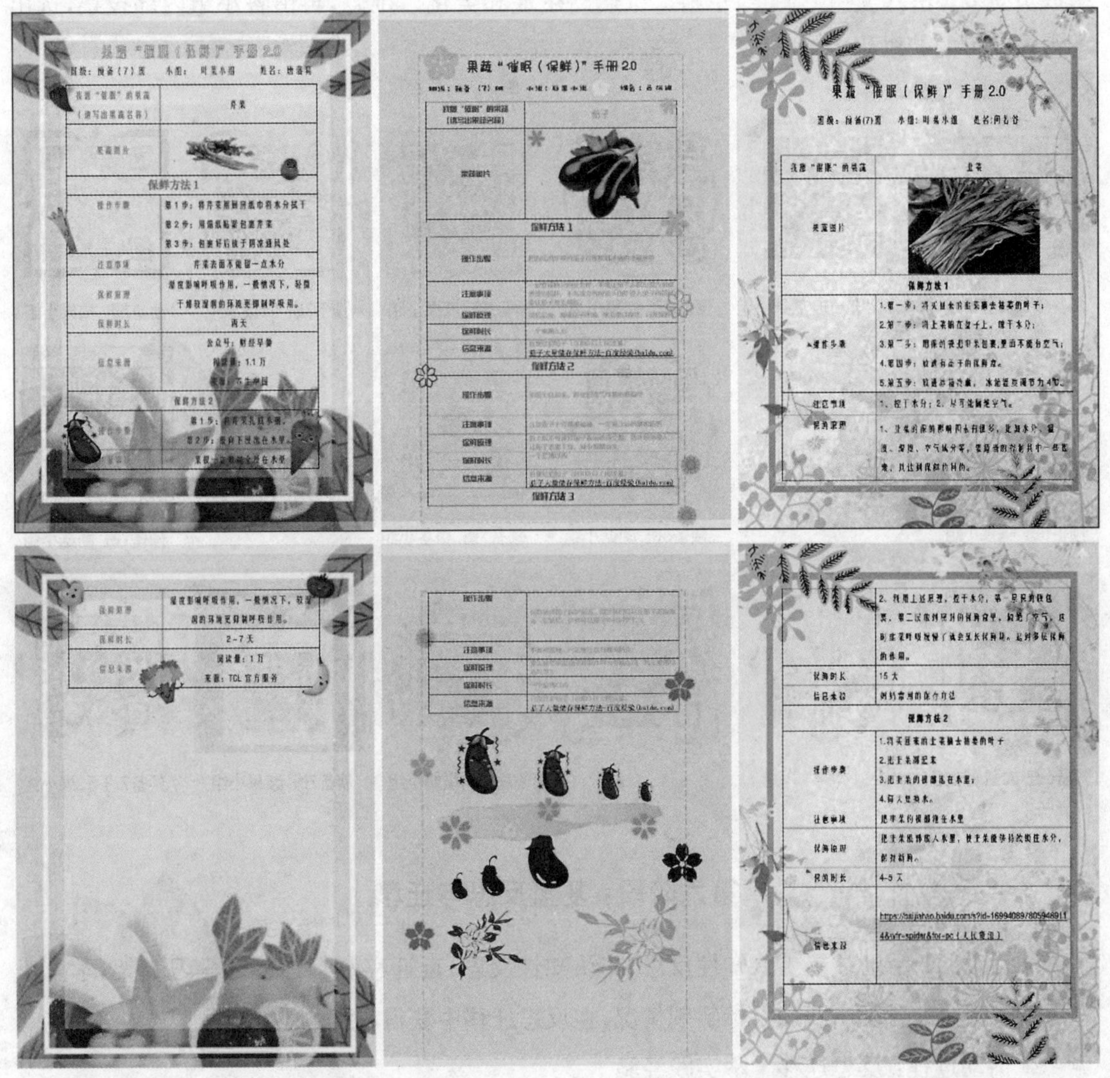

3. 同伴评议·改果蔬手册 2.0

根据果蔬手册质量、美观度、创新性三方面展开自我评价和组间评价，并请优秀学生分享手册设计思路，完善优化果蔬手册2.0。

第五阶段：出项与共享成果

活动目标：

通过制作二维码，利用信息化工具便利共享数字资源，培养利用信息科技开展数字化学习与交流的行为习惯。

活动过程：成果共享·制手册二维码

组长将本组的果蔬保鲜手册合并为一份文档，为了避免格式变动，导出成pdf格式。各小组成员将pdf格式文档上传至"草料二维码"，生成和美化二维码，再由各小组内部投票，选出本组最认可的二维码。

第六阶段：复盘反思与迁移

1. 活动目标：通过提供认知性反思、非认知性反思、近迁移和远迁移的学习支架，学生反思活动过程中的各类实践和目标实现情况，在反思迁移中获得心智的自由。

2. 活动过程：反思迁移·萃实践经验

教师重新复盘和梳理项目内容，从一开始的入项活动，到形成"果蔬保鲜手册"和"果蔬保鲜实验"两大项目成果，引导学生进行反思迁移。

（1）回忆整个项目，你学到了哪些知识技能？

（注：认知性反思是指知识技能的习得）

（2）作为组长/组员，对于在小组合作学习中的表现：

① 你给自己打几分？② 有无需要改进之处？③ 你认为组长/组员应该做到什么？

（注：非认知性反思是指合作经验、态度责任的习得）

（3）基于本项目的学习，我们还能设计什么项目解决现实问题？

（注：近迁移是指一种同情境同技术的方案迁移；远迁移是指跨情境、跨技术的方案迁移）

6606康雅楠的作业

6606康雅楠家长

提交于 周三 05.25 16:23

首先，在整个果蔬保鲜项目中，我学到了一些基础的技能啊，例如：在疫情期间，我们应该怎样合理的，科学的来保护保鲜，我们的蔬菜，在团队协作方面，我学到了如何和同学们和谐相处，头脑风暴，向他们做一些鼓励等，这是一个很好的经验。

其次，我作为组长，对于在小组合作学习中，我给我自己的打分是6分。第一，因为我有时候情绪管理不当，会导致对组员们受到一定的心理伤害（我个人认为）第二，我没有做到，让我的组员们一起团结和谐的有一个良好的讨论学习环境，第三，我没有努力维护好组员的秩序，导致他们会经常在群里发一些奇怪的语言。

我给我的组员们打分，打的是9分，有些时候他们有在认真努力的检索信息，积极配合我，但有些时候他们并没有做到积极配合我这一点。总体来说，我们组的学习讨论环境，还是比较好。

最后，基于一体的背景，在劳技课堂上，我们可以设计一些为父母做一些菜品，或者为家里做一些打扫卫生，可以利用我们所学到的这些良好的保鲜方法，告诉更多的社区居民们，让他们也能科学有效的保鲜蔬菜。

6639祝浩程的作业

6639祝浩程妈妈

提交于 周四 05.26 21:33

"果蔬保鲜"项目总结

这次"果蔬保鲜"项目的学习让我学到了很多，各种食材的保鲜技术，保鲜原理，相关知识的查找，如何美化我的保鲜手册，等等，都让我受益匪浅。

对于这次的"果蔬保鲜"项目，我觉得我可以给自己打9分，其中0.5分扣除的原因是之前对于保鲜原理填写的不正确，经过老师的讲解重新更正了。另外的0.5分是希望自己能够在下次的这种活动中能够做的更好。

作为组员，我尽力把自己的"果蔬保鲜"手册做到完善，并且及时提交给组长。积极参加组内讨论，帮助其他组员提供了"果蔬保鲜"手册的很多背景图。组长也及时帮助我们总结保鲜原理，并且按照老师要求整合所有的"果蔬保鲜"手册。所以我觉得我们组非常棒！

基于疫情背景，在劳技课上，我们是否可以做一个环境消杀的项目，帮助同学及我们的父母更好的了解各种物品如何进行消杀。（包括使用什么材料消杀什么物品，消杀的步骤，消杀后需要静止的时间，消杀的原理。）

劳技（果蔬保鲜项目）

一、最近，我们刚结束了一个十分有趣的学习项目——"果蔬保鲜"。在疫情的状况下，我们无法出门买菜，只能在家里抢菜。通过这个学习项目，我学到了：

1. 我在搜集资料和大家的讨论中，学到了许多果蔬的保鲜方法和保鲜原理，都是在生活中非常实用的方法。
2. 在和组员们的讨论、发布任务中，我学到了团队合作以及组长的带头管理能力是非常重要的，这是一个组长的"自我修养"。
3. 我学会了如何美化word，为word增加背景
4. 我学会了在草料二维码上制作二维码，如果有需要的话，以后我就能制作属于自己的二维码了。

二、打分

1. 我给自己打8分（满分10分）

我在参与这个项目活动的过程中，我作为一个组长，我应该更认真地完成老师布置的任务，督促大家认真地参与讨论，积极思考。我应该提高自己的自我管理能力，老师布置的作业，任务，立刻完成，不能一拖再拖。

2. 我认为，作为一个小组的成员（不论是组长、组员）应该做到：

(1) 积极、认真地参与小组讨论，即使说错了也没关系

(2) 互相帮助，有问题大家一起解决

(3) 快速完成项目的同时也要保证质量

三、对今后项目的思考

我们还可以设计一个关于"如何安全消毒"的项目，不正确的消杀不仅起不到作用，还有许多的安全隐患。

胡涵霏

回顾项目活动的反思

回忆整个果蔬保鲜项目，我学到了：

1. 通过五一假期的果蔬实验，我向妈妈学会了很多菜的保鲜方法，非常有意义，也很实用。我现在可以帮妈妈做很多蔬菜保鲜或者做饭的家务劳动啦！
2. 从第一次的碳中和视频剪辑到这一次果蔬催眠实验的剪辑，我也在剪映上学会了不少剪辑功能，让我在很多校外的地方（比如制作才艺视频，娱乐等等）都可以用到。
3. 从做保鲜手册，我学会了很多 word 的功能（原本做小报喜欢手绘，一般都用好几个小时；现在喜欢用 word，做起来比较方便，一半只要半小时）
4. 我选择的保鲜果蔬是猪肉有相对较多的猪肉，在这次活动中，我探讨了猪肉的保鲜方法以及其保鲜原理，这些方法已经在我们家里用到了，也让我知道了找信息要在可靠，阅读量较多的网站或者公众号上找。
5. 从用草料二维码中，我学会了做二维码和美化二维码，学会了做属于自己的二维码。
6. 我认识了很多果蔬类别。
7. 小组活动，一定要积极参与。

作为组员，对于在小组合作学习中的表现：

1. 给自己打分（满分 10 分）：8.5 分
2. 有没有要改进的地方？

   认真完成手册，认真制作视频，认真制作二维码，认真听课，尽量做到完美（只是自我感觉）。当然也有一些需要改进的地方，比如应该更加积极地讨论等。
3. 作为组员应该做到什么？

   我认为，作为组员，应该积极参与讨论，认真完成每节课的作业，不要让组长来催，配合组长和其他组员。

我们还能设计什么项目？

现在处于疫情期间，小区里都在开展团购买菜。那么，在菜送到的时候，我们怎样让菜在干净且没有病毒的情况下带进家门呢？（消毒？自己带环保袋？把包装拆掉？还是有别的方法？）

预备6班 张艾璐

我的"反思迁移"

张涵妮

在"果蔬保鲜"中我学会了：如何保鲜鸡肉,如何做一些关于信息的操作，这可以在疫情期间认识到更多的知识和的有用的生活感受。个人觉得这个项目可以扩大大家的视野和生活价值，很有助于中学生的"劳技生活"。

在小组中，我担任的任务是"组员"。个人觉得，作为一名组员，最基本的是应该按时完成李老师布置的作业和任务，其次应该与组长和个个组员讨论问题，探究问题，作为一名好组员，也务必帮助其他组员。已上几点，我觉得我自己应该会得"7"分，由于我自己是一个有时需要组长帮助的人，所以我给我自己一个比较低一点的分数。如果下次还有机会，我应该更积极讨论问题，探究问题，在劳技操作上继续努力，与组员，组长一起，在劳技的天空飞翔！

在线上的学习中，我虽然不能和组长和同学见面，但是我可以深刻的感觉到组长的责任心和宽容，例：在每次我有问题都会"@胡菡霏"但每次她都能第一时间回复或在第一时间解决我的问题。有时，我的作业交晚了，或忘记交，她也会提醒我和其他"组员"。有时她还会"独当一面"，做一些组员一时做会有困难的任务，如：当有组员要将截图发在群里时，她也第一时间帮忙有困难的组员，又或许是组员的作业没有完成（有困难）是她也会"鼎力相助"。也许作为她的组员，我们除了做好自己的任务，其他什么也不能做，不能帮组长负担任务和事情。我想每一位组员都会感到骄傲吧！所以我想给组长打"10"分！

2022 年下，一个充满魅力但又被遮挡的一个年份，我们可以做一些"劳技项目"来协助在疫情中奔波的"大白"，也可以安抚在线上的居民，也可以帮助焦头烂额的居委会，我们可以做：

1：可以利用废品做一个"废品"机器人来帮助"大白"运输食物或必需品。

2：可以让居民下楼活动或散步，可以在劳技课上设计警告牌，"居民不可以聚众"。

3：在居委会门口，可以放一个二维码，如果有什么事情，可以在线上找他。

人生有许多困难，让我们在 2022 年一起"共抗疫情"；让我们在疫情结束："展望未来"。

五、项目评价量表

果蔬保鲜实验评价标准			
评价维度	评价标准	我做到了（打√）	我没做到（请具体写明）
实验对象	选取至少两个大小、形状、颜色、光泽、缺陷、成熟程度差异小的实验对象		
实验目的/步骤	目的明确，步骤清晰		
实验方法	实施对比实验（保鲜/不保鲜的对比，或多种保鲜方法的对比）		
实验结果	实验结果做出清晰的说明和分析		
视频效果	配有解说、片头、片尾、字幕、转场动画等		

果蔬保鲜手册评价标准			
一级维度	二级维度	评价标准	评级（☆☆☆）
质量	果蔬配图	清晰，规范	
	操作步骤	分步骤，有序号，条理清晰	
	保鲜时长	具体可验证的时长	
	信息来源	可追溯（如：是否注明网站名称/公众号名称、阅读量 or 粉丝量 or 官方媒体等可证明网站权威性数据）	
	保鲜原理	准确解释保鲜方法的原理	
美观度	果蔬配图	颜色搭配、布局合理	
	配色布局	图片与果蔬主题相适应	
	字体字号	标题：二号；个人信息：小三； 正文：四号（若实际内容过多，可适当调小字号）	
创新性	创新设计	在保证手册质量和美观度的基础上，加入创新元素	

果蔬保鲜手册二维码评价标准		
评价维度	评价标准	评级（☆☆☆）
扫描文件	正确上传果蔬保鲜手册的 pdf 版文档	
界面命名	标明班级和组别	

续　表

果蔬保鲜手册二维码评价标准		
容错率	≥30%	
果蔬配图	颜色搭配、布局合理	
配色布局	图片与果蔬主题相适应	

六、(教师)项目反思

(一) 项目成功的点

1. 顺应社会热点,立足真实问题

项目化学习注重从学生身边去寻找和发现问题,学生有真实情境的实践机会。项目抓住疫情期间果蔬保鲜的即时需求,立足真实情境,以果蔬保鲜为背景,设定学生为“植物医生”的身份,担当起家庭果蔬保鲜的重任,大大激发了学生的积极性和好奇心。通过自主探究、小组协作等形式,借助线上线下资源,制作出便于共享的果蔬保鲜手册,并以果蔬保鲜实验加以验证,将理论应用于实践,从实践沉淀经验。

2. 精准身份驱动,激发学习热情

项目化学习的过程是小组协作的过程,是情境体验的过程,也是探究创新的过程。在项目学习过程中,为了保持学生学习热情和好奇心,设定学生为“植物医生”的驱动性问题,激发抗疫志愿的社会责任感,设计多样化的学习活动,阶段性地展示学生成果,切换“小评委”身份参与同伴评议,自主创新设计保鲜手册,创意组织合作探究,积极落实创造性、探究性、社会性、审美性、技术性实践的学习素养,融合问题解决、创见、实验、调研的高阶认知策略。

3. 覆盖全程评价,前置评价设计

项目化学习的评价设计具有“以终为始、逆向设计”的特点。评价不再只是“事中和事后”,也要放在“事前”,以充分发挥评价的指导作用。在项目化设计阶段,对成果的评价部分是与成果一并设计,对实践的评价部分是与流程一并设计。项目化学习要求同时运用过程性和总结性评价策略及多元主题参与的评价方法促进学生真正投入学习。在项目评价中,教师不仅要将评价与成果紧密关联,还要对学习实践实施评价,以引发更深层次的学习和理解。

4. 打破学科壁垒,深化跨学科层次

要实现跨学科教学由“水果拼盘”转变为“混合果汁”的深层次融合,需要一台“学科破壁机”,即以学科核心素养为抓手,项目成果为锚点,统整学科核心概念,打破壁垒深化融合。在此项目中,基于果蔬保鲜这一落脚点,延伸至劳动教育、信息科技、科学的学科核心素养中,由核心素养出发,以终为始,设计各阶段的项目主题和活动,力求实现跨学科知识、能力、思维的整合培养。

(二) 项目可以改进的点

1. 更智能的项目成果

将《果蔬保鲜手册》作为开发指南,进一步编制"扫一扫,支妙招"的AI保鲜工具,提高成果使用的便利性。

2. 更丰富的出项表现

限于疫情期间学生的活动范围,成果的出项方式仅限线上推广,为了给学生更丰富的社会性实践,增设面向社区和师生的"果蔬保鲜"线下推广活动。

(三) 学生能够在项目中学到的可迁移能力

基于本项目学习目标,结合学生提交的"反思迁移"文本,得出学生的可迁移能力。

1. 理解和应用理论知识的能力:通过参与项目,学生可以将课堂上学到的理论知识应用于实际情境中,如将"网络信息检索、辨识果蔬类别、学会果蔬保鲜、设计Word文档、制作二维码、剪辑视频Vlog、熟练实验操作"等可迁移知识应用于居委问题一码通、环境消杀科普手册/宣传视频、知识宣传海报等情境。

2. 团队协作和互动沟通的能力:在线学习环境下,对学生的团队协作和沟通技巧是更大的挑战和考验。如在团队协作上,倾听他人观点,学会将尽己所能、互帮互助、模范带头等认知应用到新的合作学习中;在沟通技巧上,灵活切换钉钉群语音文字、接龙回复、在线文档编辑等方式,既懂得求同存异,又能化解冲突协调一致。

3. 时间管理和自我调控的能力:合理分配时间,制订有效计划,自我激励调控,确保项目的顺利进行。如在生成个人成果《果蔬保鲜实验》过程中,正值五一假期,学生自主安排5天的果蔬保鲜实验,每天观察果蔬形态变化,并录制解说视频。学生提交的高质量实验视频,体现了学生的自我激励、自我调控、时间管理、制订计划等可迁移能力。

4. 问题解决和批判性思维:从不同的角度思考问题,提出新的解决方案或改进现有的方法,如在网络检索果蔬保鲜信息过程中,学生在多条检索中判断信息真伪,不断调整评判角度,学会从标题、是否为官方媒体、本篇阅读量、往期文章阅读量、粉丝量等方面辨别保鲜方法。

5. 审美意识和创新思维:创造富有美感的视觉艺术,在录制果蔬保鲜实验、设计果蔬保鲜手册等媒体艺术作品的过程中,选择适合表现果蔬保鲜的材料、构图与色彩,理解作品与主题、概念间的关系,体现创造性的设计思维。

注:该学科项目荣获第三届"学习素养项目化学习"全国案例征集与评选一等奖。

打造永不落幕的"新型毒品"云展厅

设计者：李帅帅　谭李华
实施者：李帅帅　陈晓婷　倪　迪　史嘉怡

一、项目背景

（一）《全面加强和改进新时代学生心理健康工作专项行动计划（2023—2025年）》指出，坚持健康第一的教育理念，开展珍视生命的生命健康教育。

（二）奶茶、曲奇饼干、巧克力、可乐等青少年喜爱的食物已成为新型毒品的"温床"，极具伪装性和诱惑性。近年来，吸毒人员低龄化、多元化趋势明显，吸食新型毒品的人员比例正迅速上升。

（三）《关于促进"互联网+社会服务"发展的意见》提出，推进社会服务资源数字化，鼓励发展数字展馆等。

禁毒工作实行预防为主，"防"的前提是筑牢"认知"之堤。基于这一现实性社会现状，青少年需要在提高自身"识毒防毒拒毒"能力的同时，搭建"云展厅"履行禁毒科普的社会责任。

二、项目目标

（一）核心概念

劳动学科核心概念：公益志愿服务、新技术体验与应用。

信息科技学科核心概念：信息意识、计算思维、数字化学习与创新、人工智能。

道德与法治学科核心概念：社会责任、生命健康、法治教育。

跨学科核心概念：团队合作（充分融合不同观点，产生集体效应；合理分解任务，提高效率和质量）；思维（抽象、比较、分类、归纳、推理）；问题解决（明确任务、激活思路、设计方案、制作模型、展示反馈）。

（二）跨学科知识与能力

1. 劳动教育

劳动观念：体会警察和社区志愿者开展禁毒宣传的辛苦与快乐。

劳动能力：在3D打印的新技术体验中，具备制作五脏受损器官的建模能力。

劳动习惯：在禁毒公益宣传中，自觉自愿、认真负责、吃苦耐劳、团结合作。

2. 道德与法治

法治观念：了解任何个人和组织都必须遵守宪法和法律，不超越法律特权；了解和识别可能危害自身安全的行为，具备自我保护意识，掌握识毒、防毒的基本方法。

健全人格：尊重和珍爱生命，能够自我调节和管理情绪，具备坚韧弘毅、自立自强的心理素质。

责任意识：形成"主人翁"意识，关心社会，具有为人民服务的奉献精神。

3. 信息科技

信息意识：善于利用信息科技交流和分享信息、开展协同创新；具有寻找有效数字平台与资源解决问题的意愿。

计算思维：对问题进行抽象、分解、建模，并通过设计算法形成解决方案；尝试模拟、仿真、验证解决问题的过程，反思、优化解决问题的方案。

数字化学习与创新：利用信息科技获取、加工、管理、评价、交流学习资源，开展自主学习和合作探究。

（三）学习实践素养

1. 创造性实践

（1）在"认识剪映 · 学剪辑技能"环节，学生担任编剧、摄影和后期，制作出"毒品变脸"的视频。

（2）在"PoseNet 追踪 · 现毒品危害"环节，学生基于脑、肺、肝、胃、心脏五个器官创意编写程序，实现"五脏说"毒品危害。

2. 探究性实践

在"网络检索 · 查毒品信息"环节，通过网络检索信息资源，查找新型毒品的成分、特点、危害、传播途径、新闻案例、图示等。

3. 社会性实践

（1）在"数据驱动 · 做问卷调研"环节，学生以小组为单位，通过问卷调研学校教师对新型毒品的了解情况。

（2）在"认识剪映 · 学剪辑技能"和"PoseNet 追踪 · 现毒品危害"环节，各小组通过讨论交流，共同设计本组新型毒品宣传片，创意 AI 程序设计。

4. 审美性实践

在"玩转 Word · 做电子小报"环节，设计和美化电子小报，学生要选择适合表现主题的材料、构图和色彩，创造富有美感的视觉艺术。

5. 技术性实践

（1）在"玩转 Word · 做电子小报"环节，学习并实操电子文档的页面设置、项目符号、段落排版、艺术字修饰、图片环绕、插入对象、背景设置等技术。

(2) 在“认识剪映·学剪辑技能”环节，学习并实操剪映的轨道编辑、视频剪辑、音频调整、文本添加、贴纸修饰、转场特效等技术。

(3) 在“PoseNet 追踪·现毒品危害”环节，学习并实操 Mind＋图形化编程的机器学习(ML5)，并结合运动模块、控制模块、外观模块编写。

(4) 在“3D 建模·展受损脏器”环节，学习并实操 innovector 软件，在 3D 建模的涂鸦模块手绘创作大脑、心脏、肺、肝、胃。

(四) 高阶认知策略

创见：“新且适用”是衡量创见水平的标准。在“认识剪映·学剪辑技能”环节，学生通过拍摄和剪辑新型毒品“变脸”的创意视频，创意设计视觉冲击力，烘托新型毒品的伪装性。在“PoseNet 追踪·现毒品危害”环节，学生创意设计“五脏说”，从吸毒引发器官受损的角度，展现毒品危害。

调研：通过问卷调研本校教师对新型毒品的了解情况，以小样本数据推测大样本数据，明确新型毒品的普及程度，激发宣传的社会责任感。

问题解决：通过“如何拯救‘郑好’”这一驱动性问题，学习设计宣传小报和制作宣传视频让“郑好”识毒、防毒，并通过编写“AI 现毒品危害”程序让“郑好”拒毒。

三、项目设计

1. 本质问题

如何更好地开展禁毒宣传教育，提升识毒防毒拒毒能力？

2. 驱动问题

社区向学校发起了禁毒宣传求助，希望同学辅助科普宣传“新型毒品”，我们能做些什么呢？

子问题 1：新型毒品有哪些？

子问题 2：新型毒品的传播途径有哪些？

子问题 3：新型毒品有哪些危害？

3. 项目规划

前期调研	第一阶段：入项活动	第二阶段：知识建构与形成成果（子问题1）	第二、三、四阶段：知识建构与形成成果&合作探究（子问题2）	第二、三、四阶段：知识建构与形成成果&合作探究（子问题3）	第五、六阶段：出项与共享成果&反思迁移
数据驱动·做问卷调研	遇见"郑好"·设虚拟人物	网络检索·查毒品信息	认识剪映·学剪辑技能	感受冲击·知毒品危害	成果共享·建VR禁毒展
	禁毒科普·逛虚拟场馆	玩转Word·做电子小报	剧本创编·写分镜脚本	PoseNet追踪·现毒品危害	邀请家校社·逛虚拟展厅
	类别分组·识新型毒品	辨识罂粟·编AI识毒程序	拍剪一体·制宣传视频	3D建模·展受损脏器	反思迁移·萃实践经验
	教师引领·知法律法规				

四、项目实施

前期调研

活动目标：调研师生对新型毒品的了解情况，以小样本推测大样本，为项目立项提供决策，激发项目实施积极性。

活动过程：数据驱动·做问卷调研

教师实施问卷调研：调研学生对新型毒品的了解情况。

学生实施问卷调研：以教师办公室为单位，各小组的学生组队到办公室实施点对点调研。

活动成果：

对新型毒品的了解程度用 0～10 表示，0 表示没听说过，10 表示非常了解。从教师问卷调研数据来看，教师对"食品类"10 种新型毒品的平均了解程度为 3.07，其中最高为神仙水 4.28，最低为阿拉伯茶 2.4；对"烟草类"5 种新型毒品的平均了解程度为 2.72，其中最高为笑气 5.58，最低为娜塔莎 1.43；对"药品类 & 观赏类"4 种新型毒品的平均了解程度为 2.39，其中最高为减肥药 2.98，最低为毒仙人掌 1.75；对"外部用品类"5 种新型毒品的平均了解程度为 1.76，其中最高为致幻邮票 2.3，最低为丧尸浴盐 1.53。

从学生问卷调研数据来看，学生对每类新型毒品的平均了解程度比教师略低 0.3～0.8。

综合来看，教师和学生对新型毒品的平均了解程度均低于 3.1，存在严重的认识不足问题，且基层禁毒工作者认为新型毒品已威胁到青少年群体，防不胜防。

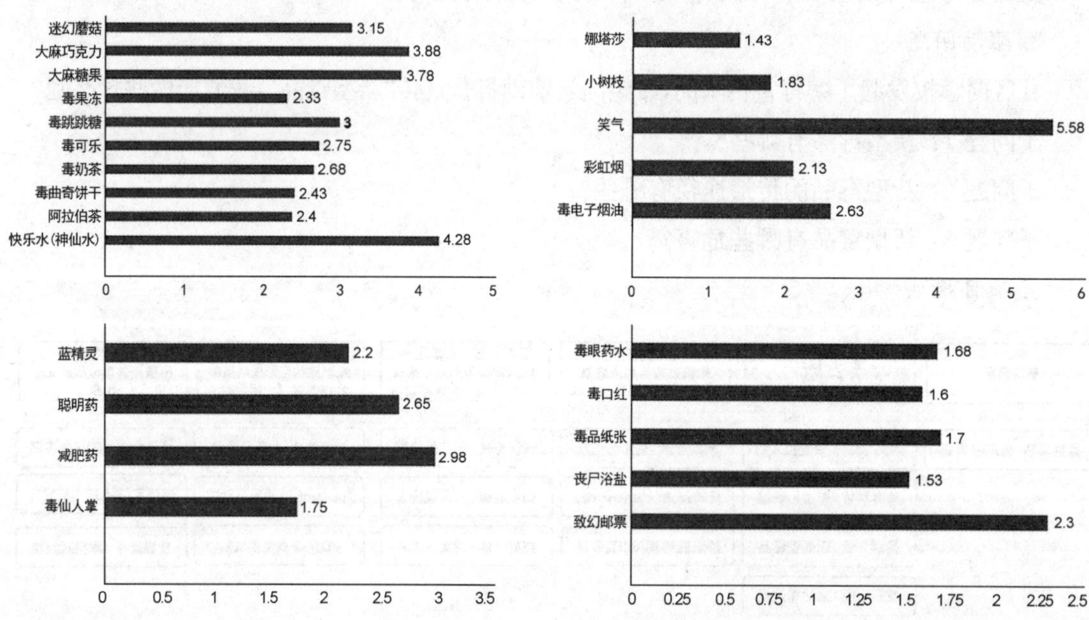

第一阶段：入项活动(1课时)

活动目标：

1. 遇见“郑好”，构建出“郑好”吸毒前后的样子，明确开展禁毒宣传教育拯救“郑好”的驱动点，将思绪穿越到“郑好”吸毒前，进入项目情境。

2. 云逛“禁毒科普”虚拟场馆，了解我国的禁毒历史、毒品知识和严重危害，尊重和热爱生命，并认识到数字化学习资源的价值。

3. 学习法律法规，增强法治观念，在青少年容易叛逆的初中阶段，明晰法律红线和道德红线。

活动过程：

1. 遇见“郑好”·设虚拟人物

学生成长过程中鲜有科普宣传的经历，如果教师直接引入“禁毒科普宣传”的主题，学生难以定位自身的社会角色。由此教师提供“情境学习支架”，引入“郑好”这一虚拟形象，如果可以穿越到“郑好”吸毒前，你想如何拯救“郑好”？从而让学生认识到所有的“正好”，都是一次拯救“郑好”的机会，或许这就是禁毒科普宣传的社会意义。

有可能“郑好”正好看到了，
朋友打卡“禁毒科普云展厅”的朋友圈……
有可能“郑好”正好听到了，
路人畅聊“禁毒科普云展厅”的对话内容……
有可能“郑好”正好打开了，
朋友圈转发的“禁毒科普云展厅”的链接……
有可能“郑好”正好认识了新型毒品，
撕开了毒品伪装的外衣……
有可能“郑好”正好了解了传播途径，
揭露了熟人诓骗的真相……
有可能“郑好”正好认清了毒品危害，
警醒了每况愈下的现状……

2. 禁毒科普·逛虚拟场馆

“上海市禁毒科普教育馆”是对青少年进行科普教育的基地，通过逛此场馆了解中国禁毒史、半合成/合成毒品知识、毒品对身心、家庭和社会的危害，参与知识答题过关斩将。并以此积累虚拟场馆的参观经验，为构建“新型毒品云展厅”奠定基础。

3. 类别分组·识新型毒品

关联“跨学科大概念”中的“分类”思维方式，根据其传播和使用方式，划分成食品类、烟草类、药品类、观赏类、外部用品类五大类，划分为6个小组，一组重点研究4～5种新型毒品。

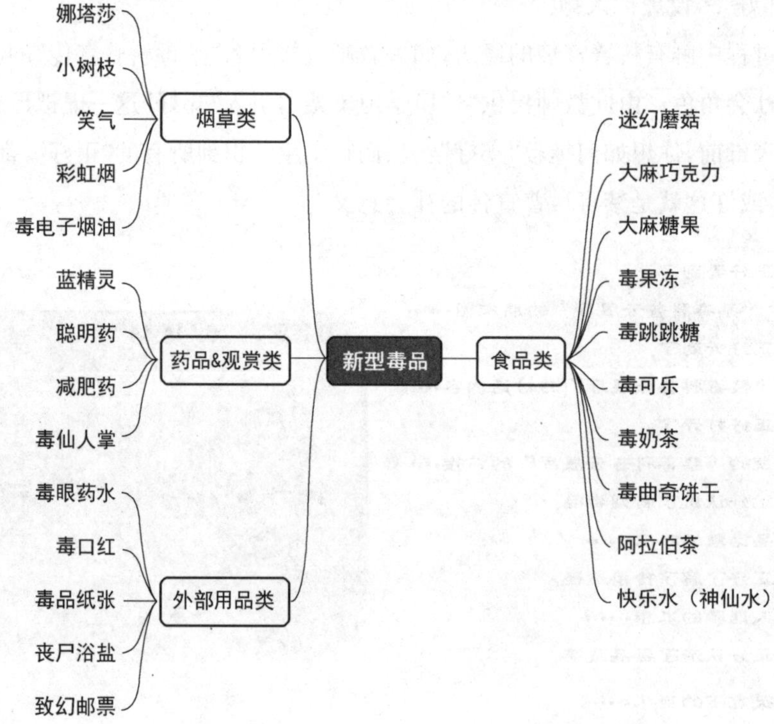

4. 教师引领·知法律法规

教师与学生共读《中华人民共和国刑法》《中华人民共和国治安管理处罚条例》《中华人民共和国禁毒法》《中华人民共和国预防未成年人犯罪法》中有关毒品的相关规定，引导学生规范知法、守法、用法。

第二阶段：知识建构与形成成果(16 课时)

子问题 1(5 课时)：新型毒品有哪些?

活动目标：

1. 通过自主检索所选新型毒品，学会灵活变更关键词，获取和提炼信息要点，加工和管理信息内容。

2. 通过学习 Word 小报的技能操作，根据检索所得的新型毒品，排版设计小报布局，填充美化小报内容，提升审美体验和信息加工技能。

3. 模仿“AI识花”程序，编写“AI识毒”程序，实现由“技术使用者”到“技术理解者”再到“产品开发者”的转变。

活动过程：

1. 网络检索・查毒品信息

学生基于本组的新型毒品类别，每人选择一项毒品进行检索探究。

学习支架(范例)：新型毒品“止咳水”的信息检索示例。学生自主探究所选毒品的名称、成分、特点、危害、使用原因、传播途径、新闻案例等。

知识建构：由于大多新型毒品的名称是学生比较陌生或容易混淆的词语，一定程度上增大了准确检索资料的难度，由此学会灵活变更关键词，实现精准检索是应对挑战的关键。如“神仙水”，一般情况下会检索到护肤品，如果变更关键词为“新型毒品神仙水”则会检索正确。

(1) 用好关键词

提炼出最具代表性和指示性的关键词。

(2) 细化搜索条件

条件越具体，检索到的结果越精确，花费的时间越少。

(3) 运用强制搜索符号

通过添加英语双引号搜索专有名词，效率较高。

“止咳水”新型毒品信息检索(示例)		
一、毒品身份证	名称	止咳水
	别名	联邦止咳露、新泰洛基
	成分	磷酸可待因、盐酸麻黄碱
	特点	含有复方可待因成分的止咳药水
	危险	成瘾危害：出现牙齿变黄、全身大汗淋漓、坐立不安等症状，对人体内脏造成损害，甚至导致患者出现被迫害等幻觉 吸食危害：形成心理依赖，戒断症状类似海洛因毒品。吸食者往往最终转吸海洛因，才能满足毒瘾。过量滥用可导致抽筋、神智失常、中毒性精神病、昏迷及呼吸停顿引起窒息死亡

续 表

"止咳水"新型毒品信息检索(示例)	
二、使用原因	* 一类是因为治病,滥用止咳水而上瘾 * 另一类是因为追求精神刺激而上瘾
三、传播途径	学校附近的小卖部、便利店、网吧、药店私下售卖止咳水
四、新闻案例	时间:2019.10 地点:广东 人物:任强 事件: * 起因:任强 18 岁时父母离异,叛逆心强,网络游戏占据了他大一生活的大部分时间。而为了支撑这种高强度的游戏生活,经朋友介绍开始服用可以"提神"而"不会上瘾"的止咳水 * 经过:从最初偶尔喝点到欲罢不能,一瓶 100 ml 的止咳水,正常可能服两天多,任强一天最多会喝六瓶。当止咳水的"提神"效果已经不够用的时候,开始同时服用曲马多片。任强的药瘾越来越严重,一盒十片的曲马多,一天就要服用三盒。身体上的反应也越来越明显,几个小时不服药就会打哈欠、流眼泪,甚至心慌、出冷汗、腹泻 * 结果:19 岁时,任强被父母架着进入了戒毒中心
五、图片	

2. 玩转 Word · 做电子小报

知识建构:学习 Word10 项基本操作:页面设置、文字、段落、页面布局、项目符号、艺术字、插入表格、形状、文本框、图片环绕。

学习支架:(范例)"止咳水"电子小报;(资源)小报制作步骤微视频。

按照"搭建小报框架→填充与排版文字内容→文字精简与页面美化"的制作步骤,完成个人电子小报制作。

3. 辨识罂粟 · 编 AI 识毒程序

通过辨识罂粟和虞美人,辨识毒品原植物,并生成铲除"罂粟"的社会责任感,关注罂粟和虞美人易混淆的现实问题。

流程图动态支架:Step1:初始化 KNN(共 4 步);Step2:为图片数据,设置分类标签(共 4 步);Step3:训练;Step4:识别(共 3 步)。

“止咳水”身份证

- 名称：止咳水
- 别名：联邦止咳露、新泰洛其
- 真身（主要成分）：磷酸可待因、盐酸麻黄碱
- 特点：含有复方可待因成分的止咳药水
- 传播途径或情景：小卖部、便利店、网吧私下售卖止咳水

“止咳水”危害

成瘾：牙齿变黄、全身大汗淋漓、坐立不安等症状，内脏损害，出现被迫害幻觉。

吸食：长期服用可形成心理依赖，戒断症状类似海洛因毒品。

过量滥用可导致抽筋、神智失常、中毒性精神病、昏迷、心跳停止及呼吸停顿。

食用原因

使用或食用“止咳水”的原因：
- 治病，滥用止咳水而上瘾。
- 追求精神刺激而上瘾。

预防毒品

不要随便购买止咳水，切忌将止咳水当饮料。

医生开具处方，到正规的药店或医院购买，不要盲目选购。

校医院规范药品使用，并及时做好禁毒科普。

新闻案例

2019.10 广东

任强

起因：父母离异，感觉被父母抛弃，网络游戏占据大部分时间。为了支撑高强度的游戏生活，开始服用可以“提神”而“不会上瘾”的止咳水。

经过：偶尔喝点→欲罢不能（50ml/天→600ml/天→+曲马多片）任强药瘾越来越严重，几个小时不服药就会打哈欠、流眼泪，甚至心慌、出冷汗、腹泻。

结果：19 岁时，任强被父母架着进入了戒毒中心。

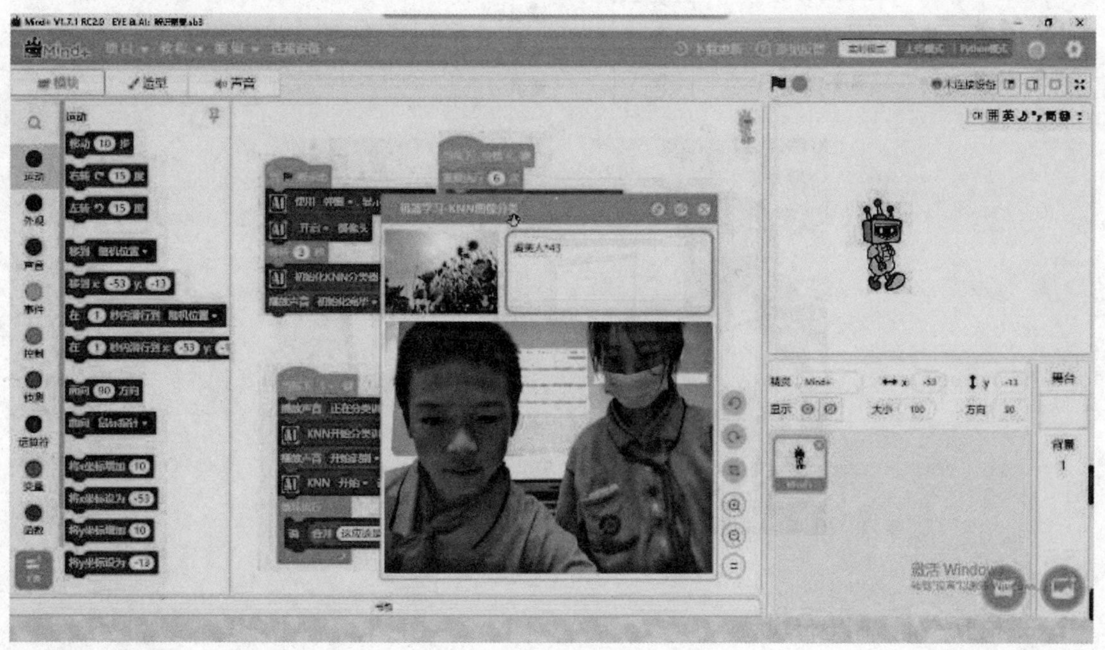

子问题 2& 合作探究(6 课时)：新型毒品的传播途径有哪些？

活动目标：

1. 通过体验探究剪辑基本技巧，学会准确地截取、组接视频，能够将素材进行加工处理形成一个新型毒品"丝滑变脸"的作品，提升对信息资源的敏感度和对信息价值的判断力。

2. 通过创编禁毒脚本，拍摄宣传视频，创造性地解决问题，表达问题，学会使用技术高效传递信息。

活动过程：

1. 认识剪映 · 学剪辑技能

通过制作"新型毒品丝滑变脸" 视频，掌握剪映软件的轨道调整、帧位选择、分割、删除、美化视频等技能操作。

2. 剧本创编 · 写分镜脚本

分镜头脚本是指通过连续的文字来描述视频场景的一连串镜头，相当于整个视频的"制作说明书"，是把视频情节翻译成镜头的过程。

【景别设计】

			画面
01	远景	➡	整个人+环境
02	全景	➡	整个人
03	中景	➡	半身以上，膝盖至头顶
04	近景	➡	胸部至头顶
05	特写	➡	某个特征

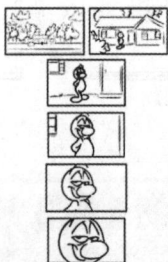

《新型毒品》宣传短视频"剧本创编"

毒品名称：__________

编剧：主编：__________ 参与编制：__________

导演：__________

摄像：__________

演员：__________

地点：__________

道具：__________

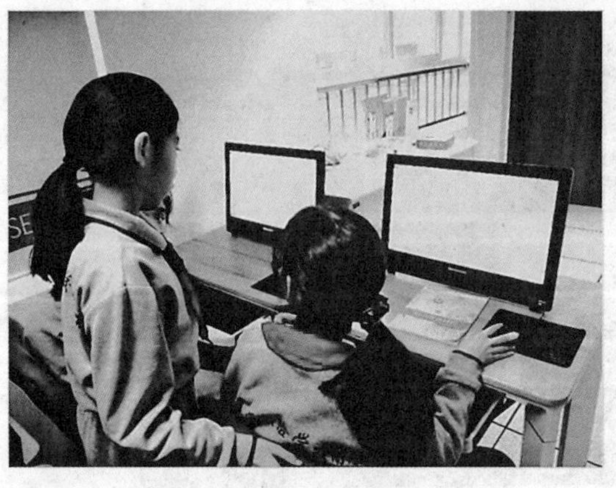

3. 拍剪一体 · 制宣传视频

根据分镜脚本，导演、摄像、演员、道具等准备到位，实施拍摄和剪辑。

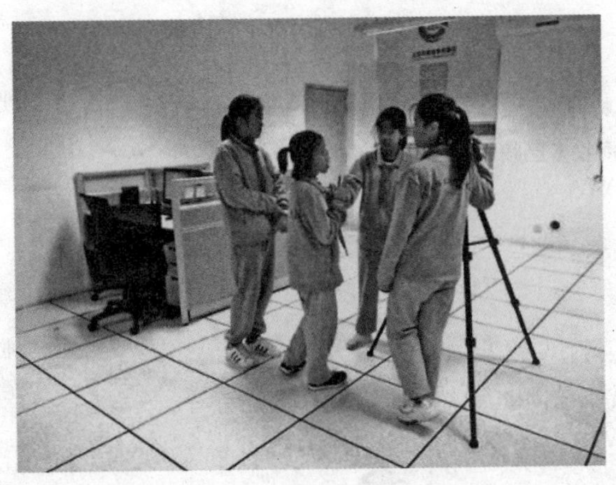

子问题 3& 合作探究(5 课时)：新型毒品有哪些危害?

活动目标：

1. 通过回答毒品危害问题、观看图像体验吸毒感觉、深思 9 组数据含义，深层次挖掘远离毒品、珍爱生命的禁毒意识。

2. 为了直观显示吸毒不同年份对人体器官造成的伤害，对该问题进行抽象、分解、建模，通过设计机器学习 PoseNet 姿态追踪程序，3D 构建受损器官模型，形成解决方案，提升计算思维和新技术应用能力。

活动过程：

1. 感受冲击 · 知毒品危害(由表及里)

灵魂拷问：

(1) 毒品对人体造成的伤害是否可逆?

A. 可逆　　　　B. 不可逆

(2) 如果只吸食过一次毒品，是否会改变人的大脑功能?

A. 会　　　　B. 不会

视觉冲击：美国 neave 网站制作的“体验吸毒感觉”动图，盯住图像中心 30 秒，再看看周围，即可体验吸毒后的眩晕感。

数据佐证：通过 9 组数据引导学生认识到毒品对社会、家庭及个人的危害，接受“毒品在前，深渊在后”“染指，即亡”“吸入一口，掉入虎口”“一朝涉毒，一生皆输”的精神洗礼。

原理剖析：多巴胺浓度急剧上升，会让人产生强烈的快感，而且快感一直持续下去，直到冰毒被代谢掉。然而一旦快感消失，吸毒者就陷入了极度的沮丧之中，比吸毒之前更觉得郁闷，想要马上再来一剂冰毒重新找到快感。

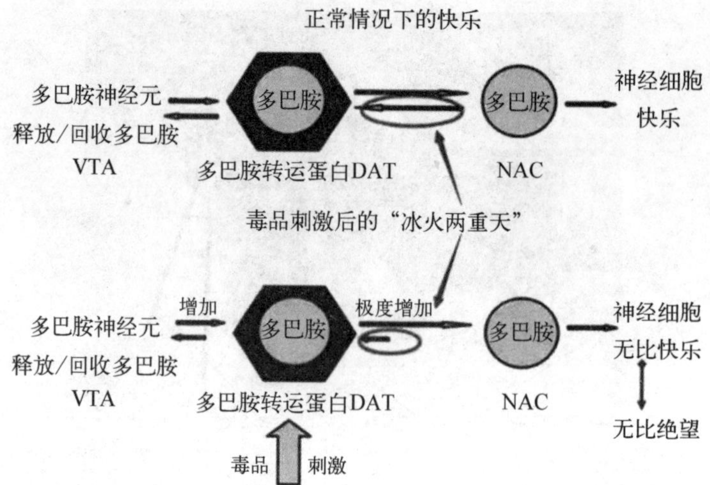

2. PoseNet 追踪·现毒品危害

使用 Mind+软件,通过机器学习 ML5 扩展功能中的 PoseNet 姿态追踪功能实现人体姿态识别及位置追踪。选择大脑、心脏、肺、肝、胃五个器官,通过 PoseNet 姿态追踪算法,直观显示"吸毒 1～3 年""吸毒 3～5 年""吸毒 5～10 年""吸毒 10+年"的危害变化。

3. 3D 建模·展受损脏器

学习并实操 innovector 软件,在 3D 建模的涂鸦模块手绘创作大脑、心脏、肺、肝、胃,实体化展示受损脏器。

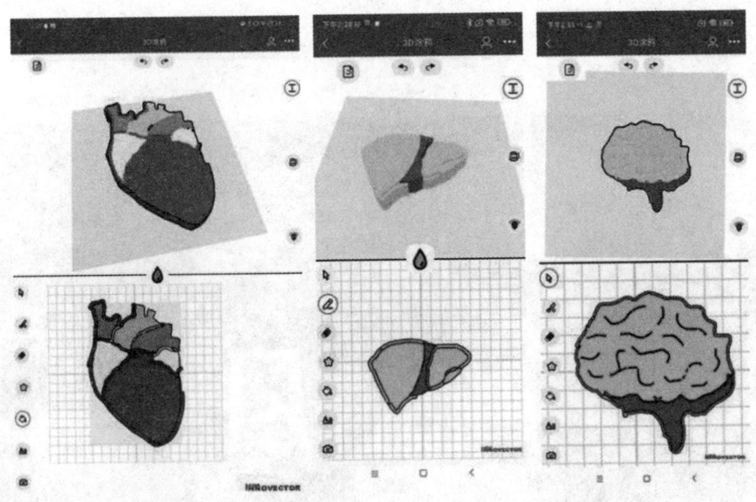

第三阶段：出项与共享成果(1课时)

活动目标：

1. 学会使用“百度VR”工具，统整过程性成果，根据云展厅设计布展，创设景深漫游云展厅，形成寻找有效数字平台与资源解决问题的意愿，认识到“互联网+科技”发展带来的时代红利。

2. 设计邀请函，邀请全校师生、社区居民观展，体会警察和社区志愿者开展禁毒公益宣传的辛苦与快乐，履行社会责任。

活动过程：

1. 成果共享·建VR禁毒展

通过“百度VR”平台，统整宣传小报、宣传视频、AI视觉程序、3D模型等过程性成果，创建了两个“新型毒品科普云展厅(景深漫游)”，共享项目成果。

云展厅一：展示五类新型毒品、禁毒宣传小报、禁毒宣传视频，并整合各小组新型毒品的解说旁白。

云展厅二：展示禁毒宣传小报、禁毒宣传视频、AI视觉程序、3D器官建模，整合“大脑、心脏、肝、肺、胃”的拟人化自述旁白。

2. 发布邀请·逛VR禁毒展

第四阶段：复盘反思与迁移(1课时)

活动目标：

通过提供认知性反思、非认知性反思、近迁移和远迁移的学习支架，学生反思活动过程中的各类实践和目标实现情况，在反思迁移中获得心智的自由。

活动过程：

反思迁移·萃实践经验

学习支架(反思)：基于"三层六级"的认知性反思、非认知性反思、近迁移和远迁移支架，复盘和梳理项目内容，引导学生进行反思迁移。

<table>
<tr><td>反　思　迁　移</td></tr>
<tr><td>回忆整个项目，你学到了哪些知识技能？
（1）小报（Word）；（2）视频（剪映）；（3）编程（Mind＋机器学习）；（4）3D 建模</td></tr>
<tr><td>作为组长/组员，对于在小组合作学习中的表现：
（1）你给自己打几分？（2）有无需要改进之处？（3）你认为组长/组员应该做到什么？</td></tr>
<tr><td>基于本项目的学习，我们还能设计什么项目，解决现实问题？
（1）同情景同技术；（2）跨情景跨技术</td></tr>
</table>

峻羽　黄竣羽的练习
12-19 16:14

1.我学会了辨识新型毒品，虞美人和罂粟，通过我们的眼睛和AI人工智能的对比，我觉得AI人工智能是很具有科技性的东西，是我们人类的好帮手，但不能取代人类，我们来升级机器人，机器人帮我们完成任务，互帮互助，共同创建更美好的未来。我也学到了如何用剪映进行剪辑，十分受用，最令我记忆深刻的是mind+的软件里的KNN编程，虽然耗费了不少时间，但从中我获得了与同学默契程度的增加，对编程的了解程度的增加，很有意义。~~2.（1）我会给自己打8.5分。2.（2）有。我觉得我需要多增加与队内组员的讨论，我们的配合还是算比较默契的。2.（3）组长：应该做到团结组员，决定方案，按照组员的擅长领域进行任务及工作的分配和起到带头作用。组员：团结一心，认真完成组长分配的各项工作，任务。3.同情景同技术：防诈宣传展览馆。不同情景不同技术：vlog生活视

6431王栗鸣的作业 优
6431王栗鸣
提交于 周一 12.19 16:38 用时10分钟

1.我学到了怎样剪映，怎样制作小报，怎样编程，3D打印。
2.（1）8.5分（2）做小报的时候每个栏目的间隙太小，编程的时候有一些小细节没处理好
（3）我认为组长应该以身作则，每次拍摄任务或小组任务提前提交，提出有用建议，对于小组成员也要适当管理。我认为组员应该听从组长建议，认真遵守每个岗位分工，积极完成作业，对待作业态度良好。
3.（1）通过编程来分辨新型冠状病毒和其他病毒的区别，通过AI来实现分辨新型冠状病毒。还可以通过小报来了解新型冠状病毒，可以从它的样子，对人体的危害，传播途径，症状等等的方面，从而让人们更全面的了解新型冠状病毒。
（2）用python编写打飞机小游戏
1.初始化Pygame主框架
2.初始化plane类
3.对按键进行检查并响应
4.更新画面

▲上一个　▼

6415张景雯的作业 优
6415张景雯
提交于 周一 12.19 23:19

1.你学到了哪些知识技能？
小报的各个部分的作用与如何制作小报；剪映的使用；剧本的创编和拍摄；mind+的使用和AI的区别与运转。
2.作为组长/组员，对于在小组合作学习中的表现（满分10分）：
（1）你给自己打几分？
8分
（2）有无需要改进之处？
有，可以大胆一点，因为我通常做剧本等后台工作，不太敢出镜
（3）你认为组长/组员应该做到什么？
组长应该做到对团队的组织性，和人物的分配。每一个人都要做到配合和理解。

3.基于本项目的学习，我们还能设计什么项目，解决现实问题？
同情景同技术：对禁止捕捉野生动物的宣传
不同情景不同技术：介绍某个

▲上一个　▼

6415张景雯的作业 优
6415张景雯
提交于 周一 12.19 23:19

1.你学到了哪些知识技能？
小报的各个部分的作用与如何制作小报；剪映的使用；剧本的创编和拍摄；mind+的使用和AI的区别与运转。
2.作为组长/组员，对于在小组合作学习中的表现（满分10分）：
（1）你给自己打几分？
8分
（2）有无需要改进之处？
有，可以大胆一点，因为我通常做剧本等后台工作，不太敢出镜
（3）你认为组长/组员应该做到什么？
组长应该做到对团队的组织性，和人物的分配。每一个人都要做到配合和理解。

3.基于本项目的学习，我们还能设计什么项目，解决现实问题？
同情景同技术：对禁止捕捉野生动物的宣传
不同情景不同技术：介绍某个

▲上一个　▼

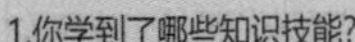

6404贺婧雯的作业 优
6404贺婧雯
提交于 周一 12.19 17:04

1.我学会了一些编程的基本操作，如识别，姿态追踪等。并可以自主制作小报和表格检索，学会布局合理，视觉效果精致美观。学会如何编辑与剪辑视频，将多个片段衔接起来，紧扣主题。
2.作为组员，（1）我给自己打6分；（2）有。要尝试用数学公式或编程语言来表达观点，并且在遇到问题时展现出来；（3）我认为作为组长，应该是这个组的主心骨，要合理安排组员进行活动，并且有序组织组员，安排每个人的任务。作为组员，要听取其他人的意见，根据组长的指示完成特定的工作，同时也要有创新意见，与其他组员讨论。
3.同情景同技术：可以制作更多识别毒品的编程，使日常生活更加安全，让更多的人认识毒品及其危害性。
不同情景不同技术：运用课上学过的知识，举一反三。

▲上一个　▼

锦童　屠锦童的练习
12-19 16:11

我学习如何灵活运用PPT,Word，Mind+等，让我学会了使用计算机的基础功能，让我了解了许多硬件，软件，懂得了很多专业术语。让我具有获取信息、传输信息、处理信息和应用信息的能力，让我有了很好的信息素养，对未来学习更加困难的信息技能打下坚实的基础。
作为组长/组员，对于在小组合作学习中的表现（满分10分）：7分
你给自己打几分？：6分
有无需要改进之处？：我应该将作品进行一些美化。
你认为组长/组员应该做到什么？：认真完成组长的每一份任务。
同情景同技术：用学习过的Word制作一份自我介绍，让别人更加认识我，了解我。
不同情景不同技术：用学习过的Mind+制作一份作品，参加比赛。

五、项目评价量表

新型毒品宣传小报			
评价维度	评　价　标　准	自评 ☆☆☆☆☆	师评 ☆☆☆☆☆
文字段落	标题和正文字体、字号使用恰当，页面字体不超过3种；行距调整为1～1.5倍		
色彩搭配	整体美观，色彩和谐，风格协调		
页面布局	布局合理，留白均衡，图文并茂		
创新设计	构思巧妙，创意独特，具有想象力和个性表现力		

新型毒品宣传视频			
评价维度	评　价　标　准	自评 ☆☆☆☆☆	师评 ☆☆☆☆☆
剧本	契合禁毒主题，涵盖新型毒品的使用情境		
	原创剧本，情节跌宕起伏，起到警醒作用		
	语言明了简洁，清晰流畅		
拍摄	画面清晰，曝光准确		
	构图合理，美观大方		
	运用推拉摇移等摄像技巧，没有无意识的抖晃现象		
	表演自然，演员之间配合默契		
剪辑	字幕文字准确，清晰明显		
	关键情节点加入贴纸或文字提示		
	视觉效果切换流畅自然		
创新设计	构思巧妙，创意独特，具有想象力和个性表现力		

"五脏说"程序设计			
评价维度	评　价　标　准	自评（达成0～100%）	师评（达成0～100%）
角色造型	角色造型上传正确		
	大小和位置合理		

续　表

评价维度	评　价　标　准	自评(达成0～100%)	师评(达成0～100%)
识别效果	点击绿旗，正常在舞台区打开摄像头，启动PoseNet姿态追踪标记		
	大脑、心脏、肺、胃、肝五个器官均能准确对应人体位置		
	大脑、心脏、肺、胃、肝五个器官的初始化状态为健康		
	点击“吸毒1～3年”，五个器官变换为一级受损器官状态		
	点击“吸毒3～5年”，五个器官变换为二级受损器官状态		
	点击“吸毒5～10年”，五个器官变换为三级受损器官状态		
	点击“吸毒10+年”，五个器官变换为骷髅		

3D建模受损脏器			
评价维度	评　价　标　准	自评 ☆☆☆☆☆	师评 ☆☆☆☆☆
整体协调与外观	模型大小在要求范围内，不超过120 mm×120 mm		
	模型细节设计精细，仿真效果真实度高		

“新型毒品”科普云展厅		
评价维度	评　价　标　准	共评 (☆☆☆☆☆)
丰富度	声音、图像、文本、视频、动画交互融为一体	
兼容性	兼容性高，可直接从PC、移动、iPad等多个终端访问	
沉浸感	访客可根据自己的游览要求自由切换和缩放视角，有沉浸感	
人性化	融合视、听、触多种感官体验，沙盘界面快速定位	
创新性	构思巧妙，创意独特，具有想象力和个性表现力	

六、(教师)项目反思

(一) 项目成功的点

1. 打破学科壁垒，打通单元通道

本项目整合了信息科技《电子文档制作》《我的数码天地》《新技术体验与应用》3个单元、

劳动教育新课标《公益劳动与志愿服务》《新技术体验与应用》两个任务群、道德与法治"尊法重道，染毒即毁，珍爱生命"的育人导向，实现有机融合的多螺旋跨学科项目。

2. 掌握毒品知识，清晰毒品危害

新型毒品具有极强的伪装性和诱惑性，类型和包装新颖多变，涵盖食品类、烟草类、药品类、观赏类、外部用品类等，多达几十种，多为青少年喜欢吃或玩的类型。通过制作新型毒品身份证，拍摄毒品"变脸"视频，编写毒品危害程序，全方位认识毒品。

3. 提升信息素养，塑造计算思维

新型毒品是学生比较陌生的领域，项目中一系列信息获取与处理、信息感知与判断、信息共享与交流、意义建构、算法设计、基于 Learnsite 平台的数字化协作学习、信息安全感知等，有效锻炼了学生信息意识、计算思维、数字化学习能力和信息责任意识。

4. 培植社会责任，认识宣传价值

禁毒工作实行预防为主，综合治理，禁种、禁制、禁贩、禁吸并举的方针。预防为主，重在"防"，做好宣传是关键。为辅助其更好代入禁毒角色，引入了虚拟人物"郑好"，并创设了"郑好"邂逅"云展厅"，止步吸毒深渊的一系列情境，在生成驱动学生使命感、新奇感、参与感和成就感的同时，认识到宣传"防患于未然"的意义。

（二）项目可以改进的点

受 VR 平台所插入文件格式的限制，在云展厅中无法进行图形化编程的程序互动，所以只能观看 PoseNet 姿态追踪的程序，无法实时感受毒品危害的互动体验。

（三）学生能够在项目中学到的可迁移能力

基于本项目学习目标，结合学生提交的"反思迁移"文本，得出学生的可迁移能力。

1. 理解和应用理论知识的能力

理论知识和核心概念迁移应用于现实情境中才能体现项目化学习真正的价值。"辨识毒品、识别毒品原植物、制作 Word 小报、编写剧本、拍摄和剪辑视频、Mind＋编程、KNN 算法、PoseNet 算法、3D 建模"等知识和概念应用于制作更多识别"毒品"的编程、建造毒品科普网站、KNN 识别不同药物、PoseNet 警惕服用不良食物等真实情境，建立"计算机软硬件、获取/传输/处理和应用信息、3D 视角二维设计三维"的新旧联系。

2. 团队协作和互动沟通的能力

项目的合作成果比较多，对学生的协作能力和沟通技巧都是挑战和考验。在合作完成"新型毒品宣传视频"的过程中，同学分设编剧、导演、摄像、演员、道具、剪辑等角色，多个角色间沟通协调选题、情境、创意等，顺利完成了 6 组宣传短视频的创编、拍摄和剪辑等工作。在合作完成"3D 受损器官建模"的过程中，不仅有小组内的合作，还有小组间的互动，每个小组选择 1～2 项心、肝、脑、肺、胃受损器官，共同创作建模，组间分享建模小技巧，互相信任，拥抱同理心。

3. 问题解决能力和批判性思维

面对现实社会中存在的问题，学生如何发现问题和解决问题，是引领学生“履行社会责任，争做新时代好少年”的关键。本项目以极具诱惑力和伪装性的“新型毒品”为出发点，引导学生关注身边的生命健康安全问题，从“社会宣传科普”的视角，助力解决问题。如学生举一反三关注到的身边保护野生动物、生态环境、人身安全、防诈宣传等现实话题。

4. 审美意识和创新思维

创造富有美感的视觉艺术，在生成“新型毒品宣传小报”“新型毒品情景视频”等媒体艺术作品的过程中，选择适合表现新型毒品的材料、构图与色彩，体现信息的清晰度、视觉吸引力、互动性、创新思维和社会责任感，理解作品与主题、概念间的关系，体现创造性的设计。

5. 信息素养和计算思维

为了解学生的信息素养水平，在项目前后发布“中学生信息素养评价”问卷，收集了学生在信息意识、计算思维、数字化学习与创新、信息社会责任核心素养四方面的前后测数据，对比分析数据发现，学生在信息的获取与处理、信息的感知与判断、信息的共享、算法解决能力、方法迁移能力、数字化协作与创新、信息安全意识与智能感知、信息伦理道德意识与能力等方面都有了比较大的进步。

“漫”游三峡

——游戏设计师

设计者：黄岩辉
实施者：黄岩辉　王　浩　杨晓丽　陈晓婷

【项目背景】

在八年级山水散文单元教学中，我发现很多学生在阅读古代山水散文时，由于时代久远和生活经验的欠缺，很难走进作者笔下的山川美景，感悟其意境。为此，在了解同学地理知识储备、美术绘画、信息技术水平的基础上，我们开展了“漫”游三峡——游戏设计师的跨学科项目化学习设计，通过小组合作、自主探究的方式，跨学科学习郦道元《三峡》这篇课文，以帮助学生充分发挥想象和联想，感受郦道元笔下三峡的景色和意境之美。

一、跨学科核心素养

【语文】通过游戏场景描述，提高学生语言表达、想象和联想的能力。通过分析三峡四季景色的特点，感悟意境之美，提高学生的审美品位。

【美术】了解中国画分类结构，学习传统山水画中对水墨、色彩的运用和渲染方式，提高山水绘画的能力。

【地理】运用综合思维方法，从多个维度对三峡的气候、水文、地形等要素进行分析，从而较全面地认识不同地方或区域的地理环境特点。

【信息】通过多样的数字化手段整合信息，展现三峡的魅力；运用C++程序设计语言，编写程序代码生成动画。通过制作人机交互的编程作品，感受人机交互作品带来的乐趣。

二、项目设计

【本质问题】

如何跨学科还原郦道元笔下的三峡？

【驱动问题】

如何设计出“漫”游三峡游戏小程序？

【项目规划】

时间	进　程	评 价 点	学 习 支 架
11.7—11.13	提出和分解驱动问题；头脑风暴；小组划分	小组人员名单，完成任务分配	教师介绍各组任务及小组合作的注意事项
11.14—11.20	研读《三峡》课文	把握三峡不同季节的特点和意境美，完成游戏设计文字方案	《古代汉语常用字字典》、三峡图片及视频、讲解分析景物特点的方法
11.21—11.27	美术山水画教学	完成一幅山水画作品	中国画分类结构、山水绘画的技法训练、美术画面的笔法
11.28—12.4	《三峡》你不知道的地理知识有哪些？	完成《三峡地理小知识》小报	地理图册、教材；上网查阅资料
12.5—12.11	C++助力实现"漫"游三峡	完成"漫"游三峡的动画	小组合作；教师指导
12.12—12.18	完成"漫"游三峡游戏设计方案	文字方案，山水画，"漫"游三峡动画	小组合作，范例展示

【活动过程】

第一阶段：入 项 活 动

头脑风暴：分解问题，划分小组

(1) 引入驱动性问题：有一家游戏馆，准备开发一款"漫"游三峡游戏小程序，现邀请你帮忙设计一套方案，要求突出郦道元笔下三峡的特点，逼真且具有美感，快来挑战一下吧！

(2) 小组合作分解问题，根据需求分为四个小组，分配任务。

文字方案组：从语文学科的角度解读文本，借助注释把握郦道元《三峡》文章大意，通过品析关键句，以文字的形式描述三峡的不同风景及特点。

美术绘画组：根据文字方案，从美术学科的角度，运用多种形式的绘画手法，还原郦道元笔下三峡的景色。

地理知识组：从地理学科的角度探究三峡风貌形成的原因，制作出地理知识小卡片。

信息技术组：汇总资料，运用C++程序设计语言，编写程序代码生成动画，完成"漫"游三峡游戏小程序设计。

第二阶段：知识建构与形成成果

1. 研读课本，借助注释和工具，感知郦道元《三峡》文章大意。给文章划分层次，将游戏分为四个场景：三峡概貌、夏天三峡、春冬三峡、秋天三峡。通过小组合作，同学用生动的语言描述每个场景，说明该场景力求带给观众的美感体验。在教师的带领下探究四个场景的排列顺序，完成《三峡》练习单。

讨论记录：

三峡概貌：连绵起伏的山，高峻且狭窄

夏天三峡：湍急的江水、船、两岸的高山

春冬三峡：宁静清澈的水、高处悬挂的瀑布、奇奇怪怪的柏树

秋天三峡：猿猴发出凄凉的鸣叫、渔夫、下霜的早晨，雾气缭绕

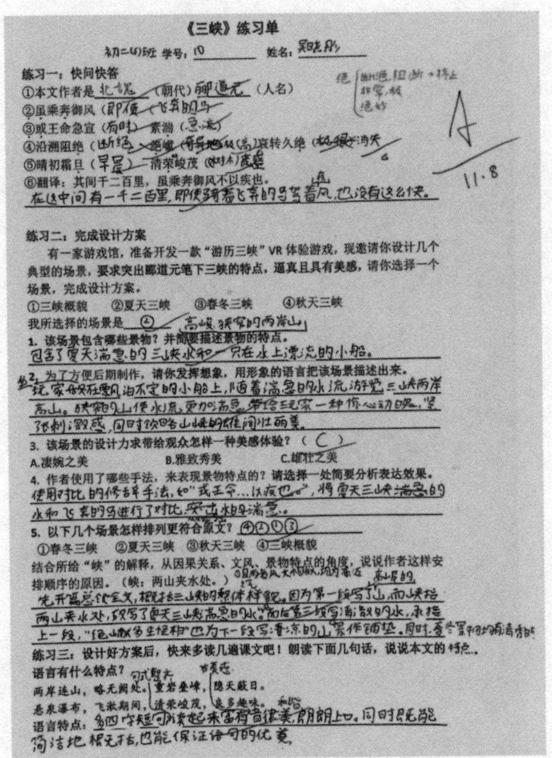

《三峡》练习单

初二(6)班　学号：10　姓名：

练习一：快问快答

①本文作者是 北魏 （朝代） 郦道元 （人名）

②虽乘奔御风（　）

③或王命急宣（有时）　素湍（　）

④沿溯阻绝（断绝）　哀转久绝（　）

⑤晴初霜旦（早晨）　清荣峻茂（　）

⑥翻译：其间千二百里，虽乘奔御风不以疾也。

在这中间有一千二百里，即使骑着飞奔的马驾着风，也没有这么快。

练习二：完成设计方案

有一家游戏馆，准备开发一款“游历三峡”VR 体验游戏，现邀请你设计几个典型的场景，要求突出郦道元笔下三峡的特点，逼真且具有美感，请你选择一个场景，完成设计方案。

①三峡概貌　②夏天三峡　③春冬三峡　④秋天三峡

我所选择的场景是 ②

1. 该场景包含哪些景物？并简要描述景物的特点。

2. 为了方便后期制作，请你发挥想象，用形象的语言把该场景描述出来。

3. 该场景的设计力求带给观众怎样一种美感体验？（ C ）

A.凄婉之美　B.雅致秀美　C.雄壮之美

4. 作者使用了哪些手法，来表现景物特点的？请选择一处简要分析表达效果。

5. 以下几个场景怎样排列更符合原文？ ④②①③

①春冬三峡　②夏天三峡　③秋天三峡　④三峡概貌

结合所给“峡”的解释，从因果关系、文风、景物特点的角度，说说作者这样安排顺序的原因。（峡：两山夹水处。）

练习三：设计好方案后，快来多读几遍课文吧！朗读下面几句话，说说本文的特点。

语言有什么特点？

两岸连山，略无阙处。重岩叠嶂，隐天蔽日。

悬泉瀑布，飞漱其间，清荣峻茂，良多趣味。

语言特点：

2. 教师提供支架，讲解中国画分类结构，课堂进行山水绘画的技法训练，根据郦道元笔下的《三峡》完成一幅山水画作品。

(1) 三峡概貌：三峡的两岸全是山，一层一层的，挡住了外面的景象，只有分别在正午、半夜的时候才能看见日、月——壮阔之美。

（2）夏天三峡：玩家坐在漂泊不定的小船上，随着湍急的水流游览三峡两岸高山。狭窄的山使水流更加湍急，带给玩家一种惊心动魄的紧张刺激感——雄壮之美。

（3）春冬三峡：春冬之时，能够看到缓缓流动的江水，有时还能看到平静的湖水，这些水都十分清澈，水底的鱼和细小的石头都能看得一清二楚，山崖间悬挂着瀑布，水流哗哗地从山间流下，崖边还点缀着奇怪的松柏——雅致秀美。

（4）秋天三峡：山林寒冷，水涧萧瑟，山谷间声声猿鸣回响，久久不能平息，令人感到凄惨悲凉。渔者撑舟独行三峡，阵阵猿鸣声中冒出两声渔歌："巴东三峡巫峡长，猿鸣三声泪沾裳"——凄婉之美。

3. 从地理学科的角度对三峡的气候、水文、地形等要素进行分析，探究三峡风貌形成的原因，从而较全面地认识不同地方或区域的地理环境特点，制作出地理知识小卡片。

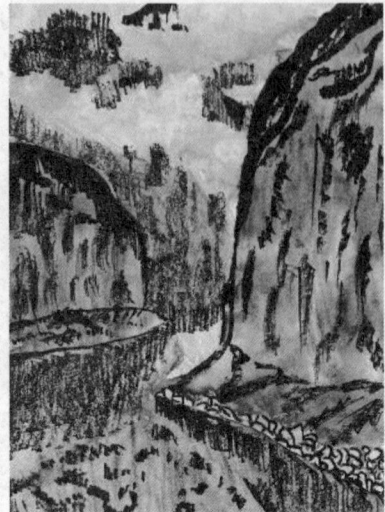

4. 汇总资料，运用C++程序设计语言，编写程序代码生成动画，完成"漫"游三峡游戏小程序设计。

名称	修改日期	类型	大小
asdfs.tlog	2023/2/9 15:08	文件夹	
data	2023/2/9 15:08	文件夹	
images	2023/2/9 15:08	文件夹	
music	2023/2/9 15:08	文件夹	
_IsIncrementalBuild	2022/12/8 22:02	文件	1 KB
asdfs	2022/12/8 22:02	应用程序	367 KB
asdfs.exe.recipe	2022/12/8 22:02	RECIPE 文件	1 KB
asdfs.iobj	2022/12/8 22:02	IOBJ 文件	960 KB
asdfs.ipdb	2022/12/8 22:02	IPDB 文件	330 KB
asdfs	2022/12/8 22:02	文本文档	2 KB
asdfs.pdb	2022/12/8 22:02	VisualStudio.pdb.0...	6,156 KB
asdfs.vcxproj.FileListAbsolute	2022/12/8 22:02	文本文档	1 KB
main.obj	2022/12/8 22:02	VisualStudio.obj.09...	985 KB
vc143.pdb	2022/12/8 22:02	VisualStudio.pdb.0...	404 KB

第三阶段：出 项 活 动

欢迎大家扫码，一起分享我们的项目化成果，体验“漫”游三峡——游戏小程序。

优秀学生名单

初二(7)班	胡　墨	初二(4)班	汪　然
初二(5)班	孔姝睿	初二(5)班	陆　晏
初二(5)班	吴晓彤	初二(6)班	陈若茜
初二(5)班	韩思文	初二(2)班	何嘉皓
初二(5)班	尚林悦	初二(2)班	蔡一诺
初二(4)班	杨珞珈	初二(5)班	纪若余
初二(4)班	李思葭	初二(5)班	陈奕炜

【项目反思】在本次项目化课程学习中，孩子们踊跃发言，参与互动，充满了浓厚的兴趣和探索欲望，在活动中快乐地学习。特别感谢各科教师的协力配合，让该项目圆满结束。同时不忘反思和总结，为以后积累经验和智慧，希望我们的项目化设计与实践不断走深走实，为同学带来更好的学习体验和成长。

“穿越时空，云赏四时”

——诗词情境化微电影教学

设计者：任　荣
实施者：任　荣

一、项目背景

这个项目是面向七年级学生的跨学科类型的项目。之所以确定这个项目，是因为：

（一）课程基础

本人在对七年级上册第一单元的写景抒情类散文和古诗词的阅读教学过程中发现，由于时代的久远和文化的鸿沟，学生对散文和诗词中所描写的具体的四季美景中的“情境美”无法深刻体悟，对“情”与“景”的关系无法建立深刻连接。他们对古代文人因“景”而动情，采用借景抒情手法进行创作无法做到深入理解。

（二）课标指向

《义务教育语文课程标准（2022年版）》明确指出：倡导课程整合，设置综合课程，强调大课程观。语文既是一门工具性学科，又是一门基础性学科。语文课程目标之一即通过语文学习“感受语言文字的美，感悟作品的思想内涵和艺术价值，能结合自己的经验，理解、欣赏和初步评价语言文字作品，丰富自己的情感体验和精神世界”。如何感知古诗词中的语言文字之美，品悟古诗词中的情景关系，这既是义务教学阶段语文课标要求，也是语文古诗词教学所要探讨的重点。

（三）跨学科学习价值

《义务教育语文课程标准（2022年版）》对于跨学科任务群的价值定位是：语文跨学科学习旨在引导学生在语文实践活动中，联结课堂内外、学校内外，拓宽语文学习和运用领域；围绕学科学习、社会生活中有意义的话题，开展阅读、梳理、探究、交流等活动，在综合运用多学科知识发现问题、分析问题、解决问题的过程中，提高语言文字运用能力。为了使学生深刻理解诗词中所描写的情景，同时缩短与古人的时空差距，零距离感受古诗词中创作的情境，激发学生的阅读感悟，体会古诗词“情动于中而形于言”的本质，本项目意在借助现代的科技手段，通过情景导向，让学生以现代化的手段借助电影的微镜头近距离快速进入情境中，去探寻古诗词中的四季美景，感悟情景交融的诗词意境，从而激发学生阅读古诗词的兴趣，激发学生的共情力和对大自然的热爱之情。

二、项目目标

(一) 语文学科核心素养

新版课标在课程理念中明确提出："增强课程实施的情境性和实践性，促进学习方式变革。义务教育语文课程实施从学生语文生活实际出发，创设丰富多样的学习情境，设计富有挑战性的学习任务，激发学生的好奇心、想象力、求知欲，促进学生自主、合作、探究学习；引导学生注重积累，勤于思考，乐于实践，勇于探索，养成良好的学习习惯；关注个体差异和不同的学习需求，鼓励自主阅读、自由表达；充分发挥现代信息技术的支持作用，拓展语文学习空间，提高语文学习能力。"这样的理念决定了要变革教与学的方式，即由简单记忆型教学向深度思考型教学转变，由单向接受型学习向多元探究型学习转变。

美术学科核心概念：审美感知、艺术表现、创意实践、文化理解。

信息科技学科核心概念：数据、网络、视频剪辑制作、信息处理、信息安全。

跨学科核心概念：团队合作(充分融合不同观点，产生集体效应；合理分解任务，提高效率和质量)；思维(比较、分类、归纳推理)。

(二) 跨学科核心知识与能力

1. 美术学科

(1) 审美感知。对自然世界、社会生活和艺术作品中美的特征及其意义与作用有发现、感受、认识和反应能力及感知能力，感知诗词这一审美对象有意味的表现特征，以及诗词艺术活动与作品中的艺术语言、艺术形象、风格意蕴、情感表达等。

(2) 艺术表现。运用参与艺术活动的必备能力，告诉读者诗歌艺术表现核心素养是什么；实现诗歌艺术表现核心素养，我们需要怎么做；为什么要实现古诗艺术表现核心素养。

(3) 根据诗歌艺术创意实践核心素养"是什么"，如何实现也就是"怎么做"，最后告诉我们"为什么"要实现古诗艺术创意实践核心素养。

(4) 文化理解。感受和理解我国深厚的文化底蕴和党的百年奋斗重大成就，传承和弘扬中华优秀传统文化、革命文化、社会主义先进文化，坚定文化自信，铸牢中华民族共同体意识。

2. 信息科技

(1) 信息意识。感受应用信息科技获取与处理信息的优势；能根据解决问题的需要，利用信息技术的便利性制作视频，完成视频剪辑加工。

(2) 数字化学习与创新。养成利用信息科技开展数字化学习与交流的行为习惯；能根据学习需求，利用信息科技获取、加工、管理、评价、交流学习资源，开展自主学习和合作探究。

(3) 信息社会责任。负责任地共享信息和资源，尊重他人的知识产权。

（三）学习素养

1. 创造性实践

在“视频微电影制作”环节，组长充分利用互联网，和组员交流讨论，积极组织线上合作学习。

在“诗词小报绘制”环节，学生结合诗歌内容，发挥个人想象力，创意设计手册。

2. 探究性实践

（1）在“视频画面选取”环节，通过网络检索信息资源，寻找多样的信息和数据获取渠道，遴选出符合情景化的视频微电影创作。

（2）在“诗歌解析”环节，自行设计诗歌解析视频和课件，通过课件和视频讲解，有说服力地表达见解。

3. 社会性实践

（1）在“互评诗歌微电影”环节，各组通过讨论交流，共同选出本组最佳视频微电影制作人。

（2）在“视频微电影展示”环节，学生邀请全校师生和父母共同观赏并完成展示打分。

4. 审美性实践

在制作诗词小报、剪辑诗歌微电影视频及后期美化的过程中，学生要选择适合表现主题的材料、构图和色彩，创造富有美感的视觉艺术。

5. 技术性实践

（1）在“查阅相关诗歌意象画面”“手绘诗词意象小报”“诗词微电影视频制作”环节，装饰美化诗歌小报，并制作视频微电影合集，便于分享和传播。

（2）在“诗歌成果展示”环节，做成全员小组诗词微电影视频合集，并在片头配有主持人解说，以及相关文字介绍剪辑生成片头、片尾、字幕、转场动画等。

（四）驱动性问题所蕴含的高阶认知

1. 创见：组长创造性地组织线下合作学习；学生设计和美化诗词小报，诗词微电影视频制作。

2. 调研：通过搜集资料，查找相关信息，分类诗歌，完成相关诗词视频制作。

3. 问题解决：通过采用跨学科创作的方式，在教学的基础上让学生自己完成“四时美景”诗词微电影创作，让学生通过微电影带入体验古诗词中的意境美。

三、项目设计

1. 本质问题

古诗词是一门艺术，是古人“美”的体现，古诗词鉴赏是“古代美”在“新时代”的重现，如何重现古诗词中的“四时美景”？如何体悟作者诗歌景物和情感的关系？

2. 驱动问题

随着环境的恶化、气候的异常，我们已经很难感受到“春有百花秋有月，夏有凉风冬有雪”那个景物分明的四季了，但是古人所处的时代确实四季分明，假如你可穿越到古代去进行“四季云游",你最想到哪个诗人笔下的季节?

3. 项目规划

时　间	进　　程	评 价 点	学习支架
2022-09-24, 2022-09-25	首先对1～7年级学过的诗人或者词人的作品进行赏析回顾,随后对其中有关四季美景的古诗词进行选取分类	团队整体规划	诗词作品 回顾收集
2022-10-08, 2022-10-09	根据学生收集到的诗词按照季节进行分组,对于四组成员布置不同的对应任务,通过书籍和网络查阅资料,对诗歌中的意象进行分析,了解诗词里的意象内涵并指导其进行手抄报制作	收集的资料和手抄报制作	书籍和网络资源推荐及指导制作
2022-10-15, 2022-10-16	基于往期项目实践中学生阅读笔记、书籍和网络资源推荐及指导后获得的视频剪辑处理技能指导阅读。联动学校数字图书馆资源,指导小组成员选择阅读诗词中有关季节描写的书籍。指导学生选定自己要制作的诗词中的"四季美景"手抄报或者微电影	学生诗词常识及多媒体运用	四季"意象"在诗词中的运用,古代诗词中的"时节"与"情绪"的关系
2022-10-22, 2022-10-23	每个小组的成员根据自己选择的诗词进行手抄报视频微电影制作,小组制作的手抄报要经历自评、生评和师评三个环节反复修改,落实诗歌"景"与"情"结合的完整性传达	诗词微电影创作的画面美、语言美、韵律美、达意性和手抄报制作的诗词"四时意境"表达效果	教师评价及指导修改
2022-10-29, 2022-10-30, 2022-11-05, 2022-11-06	诗词视频微电影制作定稿,学生根据自己制作的诗词微电影进行分组汇报,并且由自己分享制作的原因,分析每首诗词所描述之景,所表达的情感。班级同学根据每个同学的制作和讲述进行打分	制作规划	视频剪辑和阐释理解
2022-11-19, 2022-11-20, 2022-11-26, 2022-11-27	四个小组成果汇报,在汇报中对不同季节的景色和由于时节变化所触发的不同情绪进行分析,点评每组的制作,将"四季美景"诗词联动在一起,串联成一个超长电影播放	诗词,汇报,点评	最终指导修改
2022-12-02	小组回顾学习历程,反思评价,并提交最终修改版本,教师做项目总结	总结性评价	评价、总结

四、项目实施

1. 入项活动(2课时)

教师由诗歌单元教学回顾诗词地位,中国是一个诗歌孕育的国度,古典诗词源远流长,每一首古诗词以它独特而动人的情感绽放在五千年的历史画卷中,古今中外的诗人用生花妙笔写下了无数优美的诗篇，叩击着一代又一代人的心灵，给人们以艺术的享受和熏陶。这些诗词的创作都离不开意象的选用，而结合七年级第一单元四季教学主题和古诗词教学的核心意象的使用，将学生引入诗词中的意象分析。并且引导学生结合信息技术学科和美术学科的知识，将诗人笔下的四季美景意象，结合具体情境转化为入情入境的画面，同时打破古诗词阅读障碍，最终形成手抄报和诗词微电影合集。在制作中加深学生文化传承意识，培养审美鉴赏与创造能力。

2. 教师引领，知识能力的建构(2课时)

实施支架：诗词意象分类及表达情感介绍。

根据古典诗词意象的分类和具体表达的情感解析古诗词中有关四季景物的描写和情感的表达关联。

意象类型	表达情感	具体意象	例　句
送别类	表达依依不舍之情，或叙写别后的思念	杨柳	柳永《雨霖铃》："今宵酒醒何处？杨柳岸，晓风残月。"
		长亭	柳永《雨霖铃》："寒蝉凄切，对长亭晚。"
		南浦	唐代白居易《南浦别》："南浦凄凄别，西风袅袅秋。"
		酒	王维《渭城曲》："劝君更尽一杯酒，西出阳关无故人。"
思乡类	或表达对家乡的思念，或表达对亲人的牵挂	月亮	苏轼《水调歌头・明月几何有》："但愿人长久，千里共婵娟。"
		鸿雁	李清照《一剪梅》："雁字回时，月满西楼。"
		双鲤	宋人晏几道《蝶恋花》："蝶去莺飞无处问，隔水高楼，望断双鱼信。"
		捣衣	唐代李白《子夜吴歌》之三："长安一片月，万户捣衣声。秋风吹不尽，总是玉关情。何日平胡虏，良人罢远征。"
战争类	或表达对战争的厌恶，或表达对和平的向往	投笔	辛弃疾《水调歌头》："莫学班超投笔，纵得封侯万里，憔悴老边州。"
		长城	陆游《书愤》："塞上长城空自许，镜中衰鬓已先斑。"
		楼兰	王昌龄《从军行》："青海长云暗雪山，孤城遥望玉门关。黄沙百战穿金甲，不破楼兰终不还。"
		军营	王维《观猎》："忽过新丰市，还归细柳营。回看射雕处，千里暮云平。"
		请缨	岳飞《满江红・遥望中原》："叹江山如故，千村寥落。何日请缨提锐旅，一鞭直渡清河洛。"
		羌笛	王之涣《凉州曲》："羌笛何须怨杨柳，春风不度玉门关。"

续 表

意象类型	表达情感	具体意象	例 句
闲适类	或表达清闲恬淡的心情，或表达对隐居生活的向往	五柳	王维《辋川闲居赠裴秀才迪》："渡头余落日，墟里上孤烟。复值接舆醉，狂歌五柳前。"
		东篱	陶渊明《饮酒》："采菊东篱下，悠然见南山。"
		三径	陶渊明《归去来兮辞》："三径就荒，松菊犹存。"
愁苦类	表达忧愁、悲伤心情，或渲染凄冷、悲凉气氛	梧桐	宋代李清照《声声慢》："梧桐更兼细雨，到黄昏、点点滴滴。"
		芭蕉	李清照《添字丑奴儿》："窗前谁种芭蕉树，阴满中庭。阴满中庭，叶叶心心，舒卷有余情。"
		流水	唐代李白《宣州谢朓楼饯别校书叔云》："抽刀断水水更流，举杯消愁愁更愁。人生在世不称意，明朝散发弄扁舟。"
		猿猴	唐代杜甫《登高》："风急天高猿啸哀，渚清沙白鸟飞回。"
		杜鹃鸟	唐代李白《蜀道难》："又闻子归啼夜月，愁空山。"白居易《琵琶行》："其间旦暮闻何物？杜鹃啼血猿哀鸣。"
		斜阳、夕阳、落日	唐代李商隐《登乐游原》："夕阳无限好，只是近黄昏。"王维《使至塞上》："大漠孤烟直，长河落日圆。"

3. 合作探究，小组活动(8课时)

(1) 通过对小组成员所选"四时美景"诗词进行分类，初步形成四季诗词小报和微电影视频制作分组，根据所分小组领取相关任务单并完成制作任务。

季 节	姓 名			
春	张梓涵	萧 洁	程 桦	……
夏	李薏婷	艾 莲	吴俊豪	
秋	肖亚莹	董哲清	宋奕君	
冬	陈奕霖	倪沛绮	王翊听	

(2) 根据相关分组，组员完成诗词小报、视频微电影、课件讲解的制作与修订，并且根据相关量规在组内完成自评和互评。

诗词绘画小报自评：

诗词绘画小报项目成果创作特色评价表

项目名称："穿越时空，云赏四时"——诗词情境化微电影教学　　姓名：＿＿＿＿　日期：＿＿＿＿				
	能力有限	有待提高	合格	非常好
诗词抄写字体工整规范，书面干净整洁				
古诗词中四季意象的捕捉与解读				
绘画形象的筛选与绘制形象生动				
诗画创作的意境表达画面制作色彩鲜明，线条流畅，大方美观				
诗歌和绘画创作意境表达完美契合				

视频微电影自评：

诗词微电影项目成果创作特色评价表

项目名称："穿越时空，云赏四时"——诗词情境化微电影教学　　姓名：＿＿＿＿　日期：＿＿＿＿				
	能力有限	有待提高	合格	非常好
古诗词中四季诗词微电影镜头意象捕捉和画面选取				
古诗词中四季诗词微电影画面组合和配乐背景选取				
古诗词中四季微电影情感表达				
学生讲解表达能力，课件制作情况				

结合自我评价完成组内互评任务：

第(　　)小组组长：		组员：	
活动任务	评　价　指　标	自评 (1～5星)	小组评 (1～5星)
诗词绘画小报制作	1. 诗词抄写字体工整规范，书面干净整洁 2. 能够用比较准确的意象表达整首诗歌的诗意和情感 3. 画面制作色彩鲜明，线条流畅，大方美观 4. 图画的制作十分契合诗意，可以做到诗中有画，画中有诗		
诗歌微电影视频制作	1. 插图选取贴合诗意，人情入境 2. 画面选取能够很好地表达诗人情感 3. 能够用心品读诗歌，朗诵声音洪亮，感情饱满 4. 配乐选取契合诗歌主题氛围 5. 视频画面流畅自然		
个人讲解诗词	1. 语言流畅，表达自然，讲解娓娓道来、生动形象 2. 诗词讲解可以结合诗意，有自己创造性的想法，制作有新意		

4. 形成与修订成果(2 课时)

(1) 形成诗中有画、画中有诗的诗词绘画小报,根据自评和小组评价完成修订版本。

(2) 根据自评和互评及修改建议,选取符合情景化的画面,完成景中有情、情中有景、入情入境的四季诗词情景化微电影视频。

5. 出项与共享成果(3 课时)

(1) 形成诗中有画、画中有诗的诗词小报。

通过对诗词意象的把握及诗词的赏析,采用绘画与诗歌相结合的方式让学生用画笔勾勒出美妙的诗歌意境。

春《村居》

春《水仙子·咏江南》

春《画》

春《丹阳孟珠歌》

(2) 形成景中有情、情中有景、入情入境的四季诗词情景化微电影视频。

结合音乐、美术、信息技术等学科知识,通过剪辑整合,制作出入情入境的诗词微电影视频。

6. 学生项目复盘与反思(2 课时)

教师重新复盘和梳理项目内容,从一开始的入项活动,到形成“诗词绘画报”和“四季诗词情景化微电影视频”两大项目成果,引导学生进行反思迁移。

项目完成后自我特色评价表

项目名称:“穿越时空,云赏四时”——诗词情境化微电影教学　　姓名:________　　日期:________
1. 这个项目中,我所完成的任务是:

续 表

2. 通过这个项目，我的学习收获是：
3. 通过这个项目，我知道自己的优势是：
4. 我知道自己还需要在以下方面继续努力：
5. 如果再做一次这个项目，我会做以下调整：
6. 作为组长/组员，对于在小组合作学习中的表现： (1) 你给自己打几分？(2) 有无需要改进之处？(3) 你认为组长/组员应该做到什么？ (注：非认知性反思是指合作经验、态度责任的习得)
7. 基于本项目的学习，我们还能设计什么项目解决现实问题？ (注：近迁移是指一种同情境、同技术的方案迁移，远迁移是指跨情境、跨技术的方案迁移)

6502陈奕霖的作业

6502陈奕霖 提交于 周二 12.27 18:53

我在这节课上学到了许多，有事物的意象、祝福，还有诗人想借此表达的寓意，感受到了诗歌里隐含的期望与美好祝愿，体会到了诗歌别具风采的美。

通过视频和手抄报的制作，我知道了诗歌里事物都有着不同的寓意，有的象征思念，有的象征爱情……它们使那些平平无奇的字，联结起来，组成美好的祝愿和憧憬，让诗人想表达的心声更加透彻，使整首诗的意境更加优美。

我觉得可以用情景的渲染让一首诗词的意境表达的更透彻，使读者体会出别样的美。要想表达意境，保持适当的朦胧也是个不错的方法。

在制作的过程中，我自然也遇到了许多困难，比如：素材的缺少，图文不匹配，表达不出诗歌中的意境，等等……我也通过与老师讨论，上网查询等方法积极应对，做出了一份令我相对满意的作品。

通过制作情绪化微电影，使我能够更好的理解诗中诗人想表达的事物，诗歌的意境，对诗词的意向理解的更加透彻。

通过这节课，我对诗歌产生了许多兴趣，我会继续了解诗歌，使自己变得更加充实

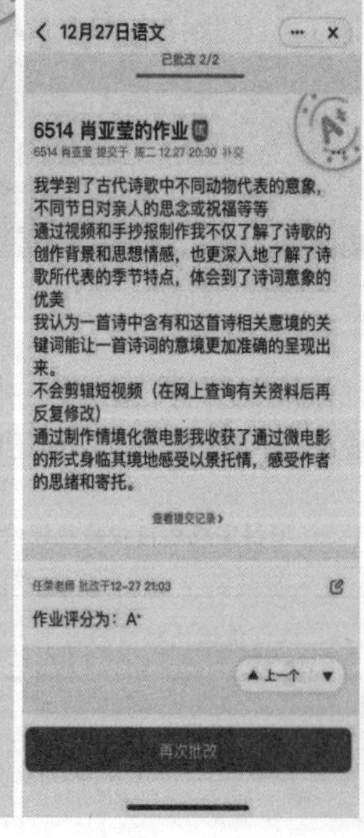
9:03
12月27日语文
已批改 2/2

6514 肖亚莹的作业

6514 肖亚莹 提交于 周二 12.27 20:30 补交

我学到了古代诗歌中不同动物代表的意象，不同节日对亲人的思念或祝福等等
通过视频和手抄报制作我不仅了解了诗歌的创作背景和思想情感，也更深入地了解了诗歌所代表的季节特点，体会到了诗词意象的优美
我认为一首诗中含有和这首诗相关意境的关键词能让一首诗词的意境更加准确的呈现出来。
不会剪辑短视频（在网上查询有关资料后再反复修改）
通过制作情境化微电影我收获了通过微电影的形式身临其境地感受以景托情，感受作者的思绪和寄托。

查看提交记录 ›

任荣老师 批改于12-27 21:03

作业评分为：A+

上一个

再次批改

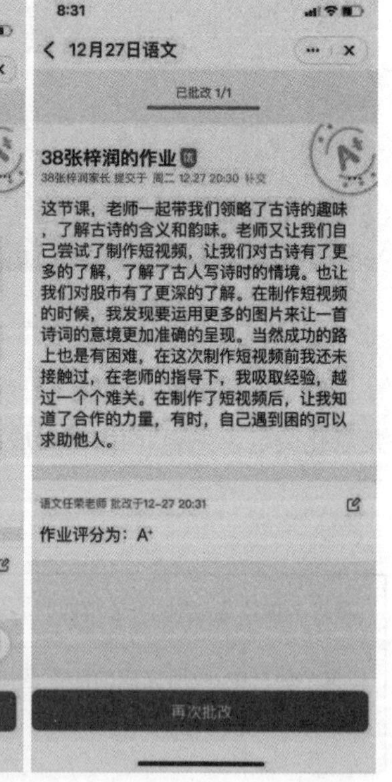
8:31
12月27日语文
已批改 1/1

38张梓润的作业

38张梓润家长 提交于 周二 12.27 20:30 补交

这节课，老师一起带我们领略了古诗的趣味，了解古诗的含义和韵味。老师又让我们自己尝试了制作短视频，让我们对古诗有了更多的了解，了解了古人写诗时的情境。也让我们对股市有了更深的了解。在制作短视频的时候，我发现要运用更多的图片来让一首诗词的意境更加准确的呈现。当然成功的路上也是有困难，在这次制作短视频前我还未接触过，在老师的指导下，我吸取经验，越过一个个难关。在制作了短视频后，让我知道了合作的力量，有时，自己遇到困的可以求助他人。

语文任荣老师 批改于12-27 20:31

作业评分为：A+

再次批改

五、(教师)项目反思

(一) 项目成功的点

1. 创建真实情境,还原历史时空背景

古诗词是脱离学生生活情境的一种诗意存在。学生对于古诗词的学习往往是一种“离身”的、符号性的学习,目前存在止于背出、默出的误区。这种缺乏情境性的、浸润性的古诗词学习势必造成学生对古诗词背景不了解、诗意情感无体验的学习状态。项目抓住当前的环境变化及疫情影响下人们想出行观赏美景的即时需求,立足真实情景,以“穿越时空,云赏四时”为背景,设定学生拥有可以穿越的技能,大大激发了学生参与的积极性和好奇心。通过自主探究、小组协作等形式,借助线上线下资源,制作出符合诗词情景化的诗词微电影视频,利用各个学科知识,将文字可视化。通过诗词微电影项目化学习联结学生的现实生活,让诗词的世界成为学生的现实课本。

2. 建立古今联系,弥补文化鸿沟

建立了沟通传统与现代的文化桥梁,在一定程度上弥补了跨越千百年的文化鸿沟。古代诗词是中国传统文化中的瑰宝,但是会因为难以理解其中的词句,学生不愿意继续去学。这时,在教学过程中创设情境就显得尤为重要。诗词情景化微电影教学项目通过将传统抽象的诗词转化为具体形象的电影片段出现在诗词教学的课堂上,可以瞬间抓住学生的眼球,让他们将注意力集中在教学上。在如此教学方法之下,学生更容易理解诗词的内容和感情,教学事半功倍。此外,学生在此项目中通过自己亲手挑选诗词并且亲自制作的方式,既锻炼了学生的诗歌鉴赏能力,同时也将学生的绘画和信息技术能力的培养熔铸一炉,全面地提高学生的综合素质。

3. 设计问题精准驱动,目标导航准确

项目化学习的过程是小组协作的过程,是情境体验的过程,也是探究创新的过程。在项目学习过程中,为了保持学生的学习热情和好奇心,设定学生为“穿越者”,可以穿越到古代云游四季的驱动性问题,激发学生主动参与、积极探究的热情,设计多样化的学习活动,阶段性地展示学生成果,切换“小评委”身份参与同伴评议,自主创新设计诗词小报创意组织合作探究,积极落实创造性、探究性、社会性、审美性、技术性实践的学习素养,融合问题解决、创见、实验、调研的高阶认知策略。

4. 促进学生思维发展,培育文化自信

项目化学习是以聚焦问题情境开展学习的方式。通过“聚焦问题→明确任务→制订计划→分解任务→尝试解决→项目评估”等流程,强调在真实情境中学习。借助情境化的学习过程,实现学习内容从碎片化向连贯性过渡,学习方法从机械性认知到情境式理解,学习成效从散点性接受到复合型理解过渡。诗词微电影视频教学项目化学习,充分调动学生在读的过程中的多感观参与，变革学习方式，促进学生思维发展，培育文化自信。

5. 跨界融合，打破学科壁垒

以不同学科之间学习勾连产生的一种以解决生活情境问题为目的的项目化学习。整个学习过程需要整合学生相关学科的关键知识和能力，更好地解决真实问题，实现知识和能力的重组与迁移。

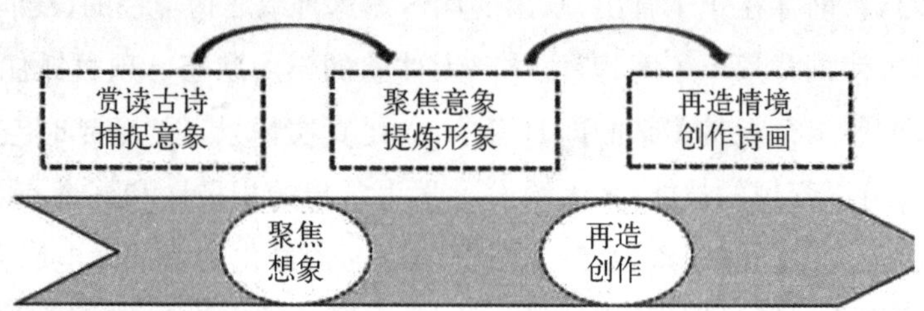

（二）项目可以改进的点

1. 由于教学时间有限，诗词情境化微电影的制作题材有些过于狭隘，可以在随后的教学实践中不断地尝试拓宽古诗词领域的教学。

2. 学生在制作手抄报和微电影时，出现了画面选取、构图设计、视频剪辑等问题，这方面需要多与其他学科的老师加强合作和沟通，从而让学生的综合能力得到进一步的全面发展。

（三）学生学到的可迁移能力

1. 语言运用和思维发展能力

语言文字运用能力是语文核心素养之一，语言文字的运用体现在写和说上，除了要提升学生的书面表达能力之外，教师还应该关注学生的口语表达能力，在课堂上给予学生更多表达的机会，以此来训练学生的语言文字运用能力。以往教师主要在口语交际课堂上让学生"开口说"，发展学生的表达能力，这还远远不够。项目化学习鼓励学生表达自己的想法和观点，通过让学生自主学习，自己表达制作作品时的想法和观点，组织学生参与各种课堂活动，让学生在深度参与课堂活动的过程中组织语言文字，同时也提高了学生的思维水平。

2. 诗词鉴赏能力

要让学生了解作者笔下诗词情景关系，就要了解作者的背景，由于每个作者生活经历不同，对生活的体验、感受就不同，他的主观思想必然反映到作品中来，任何作品都打着作者个人思想的印记。"诗言志"就是这个意思。教师通过拓宽诗人生活的背景，分析诗词意象，让学生走入古诗词发生的历史背景，通过自己搜集资料，制作古诗词视频微电影合辑，古诗词的内涵被进一步激活，学生更容易理解和赏析。

3. 审美鉴赏与创新能力

"审美鉴赏与创造"并非简单的"鉴赏美""创造美"，而是需要教师寻觅符合文本的审美要素，优化审美体验活动，让"客观形象"（文本原貌）、"情意印象"（审美体悟）、"思想抽象"（表达创造）在课堂中得以契合，培养学生良好的审美意识和审美情趣，形成个性化的、积极向上的审美评价，提高审美鉴赏与表达能力，掌握审美创造的规律。而学生在语文学习中，通过四季诗词微视频制作和诗词小报审美体验、评价等活动形成正确的审美意识、健康向上的审美情趣与鉴赏品位，并在此过程中逐步掌握表现诗歌美、创造诗歌美的方法。

4. 团队协作和互动沟通的能力

在线学习环境对学生的团队协作和沟通技巧是更大的挑战和考验。如在团队协作上，倾听他人观点，学会将尽己所能、互帮互助、模范带头等认知应用到新的合作学习中；在沟通技巧上，灵活切换钉钉群语音文字、接龙回复、在线文档编辑等方式，既懂得求同存异，又能化解冲突协调一致。

拾“意象”明珠，书现代新诗

设计者：任　荣
实施者：任　荣

一、项目背景

这个项目是面向六、七年级学生的跨学科类型的项目。之所以确定这个项目，是因为：

（一）课标要求与项目化学习。在2022年版的《义务教育语文课程标准》中强调了语文课程是一门学习国家通用文字运用的综合性、实践性课程。工具性和人文性的统一，是语文课程的基本特点。在学习语文的过程中，应重视学生核心素养的形成和发展。基于这样的要求，本项目的设计初衷便是希望语文不仅是一门学科，更是一种重要的交际工具和思维工具，借此让学生能够感受语文的魅力，从诗歌中体会语言文字的美。

（二）学生素养与课程特点。诗歌的理解一向是低年级学生的痛点和难点，如何让诗歌更浅显、易懂，如何让诗歌在表达上更具有创新的形式，也是培养学生创新思维的一种抓手。本人在语文日常教学实践中发现在初中阶段学生对于诗歌的学习存在一定的困难，尽管学生从小学就已经开始接触诗歌这类文学作品，但是由于时代的限制及学生的学习能力限制，大部分同学对古今诗体和类型及古今诗歌的创作差异都存在一定的认知障碍和认知偏差，更不用说自己创作诗歌。故本课程在实施的前期需要教师进行适当的引导，让学生能了解诗歌的大致发展和形式，以作为后续探究与创作的基础铺垫。同时，学生通过小组合作的方式，在诗歌创作的基础上，尝试进行表达形式的变化，通过对排版、文字拆解、页面机关设计等方式的探索，研究如何让语言文字的表达更形象、更生动。本课程以这样的方式，在培养学生抒情能力的同时，训练学生的创新思维。

（三）跨学科学习价值。《义务教育语文课程标准（2022年版）》对于跨学科任务群的价值定位是：“语文跨学科学习旨在引导学生在语文实践活动中，联结课堂内外、学校内外，拓宽语文学习和运用领域；围绕学科学习、社会生活中有意义的话题，开展阅读、梳理、探究、交流等活动，在综合运用多学科知识发现问题、分析问题、解决问题的过程中，提高语言文字运用能力。”由此，基于以上背景，本项目主要以语文学科为根基，结合其美术、音乐、信息技术、劳动技术等其他学科知识，在项目实践中运用多种途径，结合多种手段，让学生能够在学习诗歌、把握意象的同时掌握诗歌的创作技巧，自己创作出诗歌的同时也能结合当前语言应用的时代特征，将诗歌中抽象的内容具体化、可视化，从而增强诗歌艺术表现力和审美鉴赏力。

二、项目目标

（一）学科核心素养

1. 语文学科核心素养：文化自信、语言运用、思维能力、审美创造。

2. 艺术学科核心概念：审美感知、艺术表现、创意实践、文化理解。

3. 信息科技学科核心概念：数据、网络、视频剪辑制作、信息处理、信息安全。

4. 跨学科核心概念：团队合作（充分融合不同观点，产生集体效应；合理分解任务，提高效率和质量）；思维（比较、分类、归纳推理）。

5. 大单元、大概念教学理念：以"学—问—思—辨—行"引导学生探究一个知识原理、一个方法模型、一个科学规律、一个文化脉络，形成一种可持续发展的素养。

（二）跨学科核心知识与能力

1. 艺术学科

（1）审美感知：对自然世界、社会生活和艺术作品中美的特征及其意义与作用有发现、感受、认识和反应能力及感知能力，感知诗词这一审美对象有意味的表现特征，以及诗词艺术活动与作品中的艺术语言、艺术形象、风格意蕴、情感表达等。

（2）艺术表现：运用参与艺术活动的必备能力，通过诗歌的艺术创作，在诗歌艺术活动中创造诗歌中的艺术形象，表达诗歌思想感情，展现诗歌艺术美感的实践能力。

（3）创意实践：根据诗歌艺术创意实践核心素养，综合运用多学科知识，紧密联系现实生活，进行诗歌艺术创新和实际应用。

（4）文化理解：感受和理解我国深厚的文化底蕴和党的百年奋斗重大成就，传承和弘扬中华优秀传统文化、革命文化、社会主义先进文化，坚定文化自信，铸牢中华民族共同体意识。提高对特定文化情境中艺术作品人文内涵的感悟、领会、阐释能力。

2. 信息科技学科

（1）信息意识：感受应用信息科技获取与处理信息的优势；能根据解决问题的需要，利用信息技术的便利性制作视频，完成视频剪辑加工。

（2）数字化学习与创新：养成利用信息科技开展数字化学习与交流的行为习惯；能根据学习需求，利用信息科技获取、加工、管理、评价、交流学习资源，开展自主学习和合作探究。

（3）信息社会责任：负责任地共享信息和资源，尊重他人的知识产权。

3. 劳动教育学科

（1）劳动能力：运用多学科知识和多方面经验解决课程中出现的劳动问题，发展创造性的实践动手能力。

(2) 劳动品质：根据课程内容，因课制宜，选择诗集制作任务作为课程内容，体悟诗歌总集制作的来之不易，珍惜诗歌制作的劳动成果。

(三) 学习实践素养

1. 创造性实践

(1) 在"原创诗歌创意视频"制作环节，学生担任编剧和导演，通过摄影、剪辑和后期画面组合和配乐，制作出"原创诗歌微电影"的视频。

(2) 在"原创诗集画报制作"环节，学生基于诗歌内容，充分发挥个人想象力，结合美术、劳技等学科课程知识，创造出充满创意的原创诗歌小报。

2. 探究性实践

在"查找诗歌意象，整理诗歌类型"环节，通过网络检索信息资源，查找诗歌的意象含义、诗歌的类型题材，古今诗歌的内容、体例差异等。

3. 社会性实践

(1) 在"诗歌意象分类"环节，学生以小组为单位，通过对诗歌的意象演变收集，探索其源流发展并了解情况。

(2) 在"互评作品"环节，各组通过讨论交流，共同选出本组最佳诗歌创作者。

(3) 在"巧用剪映·原创诗歌创意视频"和"诗歌解说"环节，各小组通过讨论交流，共同设计有创意的诗歌视频和诗歌总集。

4. 审美性实践

在"原创诗歌画报制作"环节，设计和美化诗歌手绘小报，并编辑成诗集汇总，学生要选择适合表现主题的材料、构图和色彩，创造富有美感的视觉艺术。

5. 技术性实践

(1) 在"制作诗歌电子画报"环节，学生学习并实操电子文档的页面设置、项目符号、段落排版、艺术字修饰、图片环绕、插入对象、背景设置等技术。

(2) 在"巧用剪映·原创诗歌创意视频""视频画面选取"环节，通过网络检索信息资源，寻找多样的信息和数据获取渠道，遴选出符合情景化的视频微电影创作。学习并实操剪映的轨道编辑、视频剪辑、音频调整、文本添加、贴纸修饰、转场特效等技术。

(3) 在"诗歌解析"环节，自行设计诗歌解析视频和课件，通过课件和视频讲解，有说服力地表达见解。

(四) 高阶认知策略

1. 创见："新且适用"是衡量创见水平的标准。在"巧用剪映·原创诗歌创意视频"环节，学生将自己的原创诗歌文字通过拍摄和视频剪辑，转化为自己的原创诗歌创意视频，创意设计视觉充满绘画美、音乐美，极大提高诗歌作品的审美鉴赏力和艺术感染力。在"原创诗歌"设计环节，学生创意设计"诗歌创作意图和意象解说"，从自己的创作目的和创作意图入手，创意编制剧本，通过视频编辑和后期剪辑，制作出有创造性的、有极高审美能力和艺术价值的诗歌微视频作品集。

2. 调研：通过搜集资料，查找诗歌意象的相关信息，分类诗歌，在意象的基础上完成相关原创诗歌的制作。

3. 问题解决：通过采用跨学科创作的方式，在原创诗歌的基础上让学生自己完成"原创诗歌视频制作"和"原创诗歌画报制作"，让学生通过现代化信息和可视化的小报进一步学会解读诗歌内涵，传递诗歌的语言艺术、思维艺术、文化艺术、审美艺术，提高诗歌的综合艺术价值。

三、项目设计

1. 本质问题

如何用古典诗词中的"意象"，书写出自己的新诗？

2. 驱动问题

夏天的夜晚，室内空气闷热，虫鸣不绝于耳，此刻你心生烦闷，走出房间推开门便看见一轮明月高悬。清辉的月光下，稀疏的光影浮动，你突然就想到了"举头望明月，低头思故乡"和"中庭地白树栖鸦，冷露无声湿桂花"。突然，你也想写一首关于明月的诗歌，但是你发现，这两句诗中明月给人的感觉不太相同，于是，你在翻看古诗词时发现"明月"原来有很多不同的含义，这时你陷入了沉思……究竟如何用不同意象抒情，于是你不停上网查询如何用古代诗词意象创造一首诗歌，准确表达自己的情感。子问题：

2.1 古典诗词中的意象在现代诗中是否发生了嬗变，有怎样的创新和发展？

2.2 如何让古诗词意象在现代诗词中焕发新的生机，表情达意，创作现代诗歌？

2.3 如何用古代诗词意象创作现代诗词？怎样品鉴创作的这些诗词？

2.4 如何将创作的诗词转化为形象生动的画报，并且展现出诗词中表达的含义？

2.5 怎样将自己创作的诗歌用电影镜头呈现出来？镜头和画面如何选取？

3. 项目规划(见下页图)

四、项目实施

(一) 前期准备(2课时)

活动背景介绍：诗歌是世界上最古老、最基本的文学形式，是一种阐述心灵的文学体裁，而诗人则需要掌握成熟的艺术技巧，并按照一定的音节、声调和韵律的要求，用凝练的语言、充沛的情感及丰富的意象来高度集中地表现社会生活和人类精神世界。可以说意象是诗歌中最灿烂的明珠，因此，以意象作为创作诗歌的抓手和核心最易于创作出表情达意的诗歌。

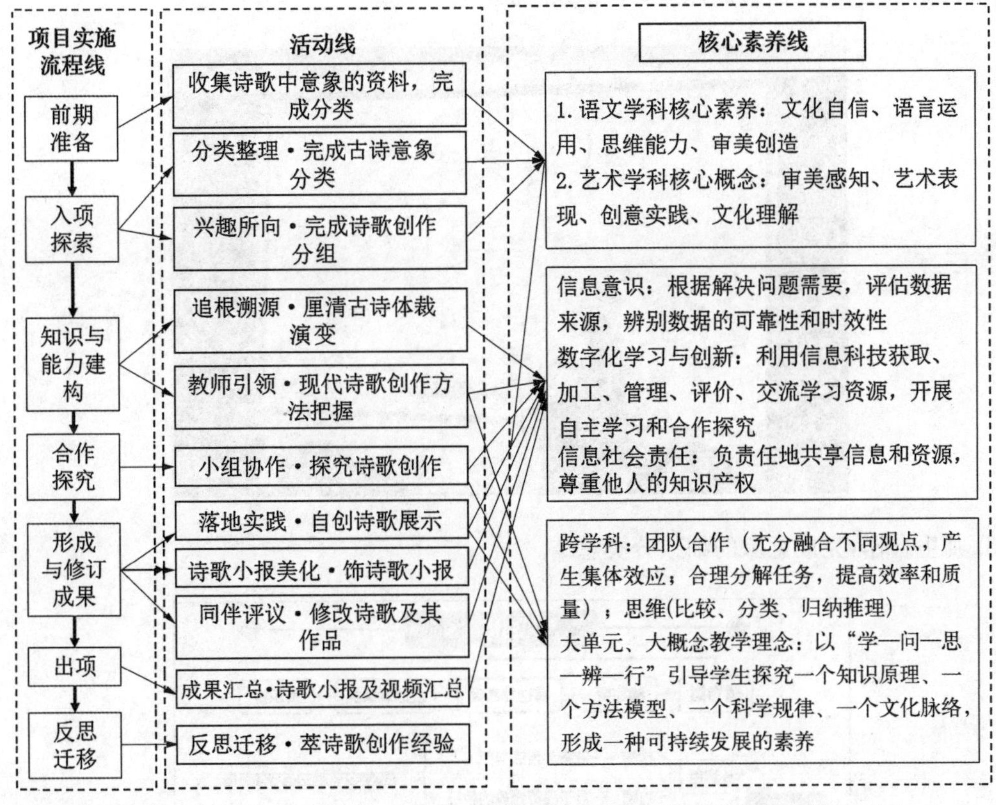

【活动目标】

学生收集诗歌中意象的资料，在之前的学习基础上完成意象的分类整理，构建诗歌意象认知体系（1课时）。

【活动成果】

1. 陈奕霖同学整理，做成思维导图。

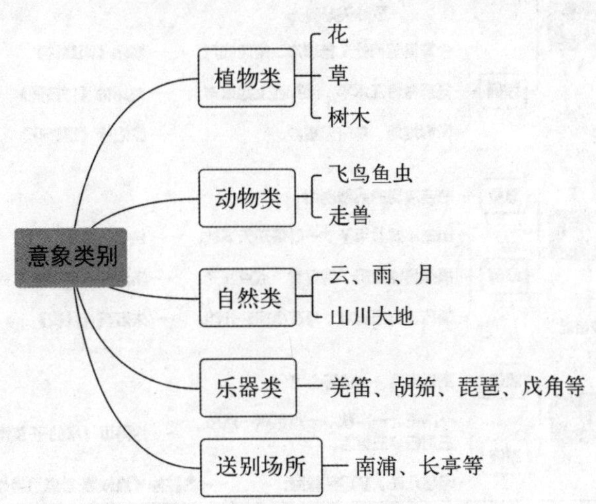

2. 肖亚莹同学整理，做成课件，并完成汇报。

3. 师生合作，完成意象的细致分类总结。

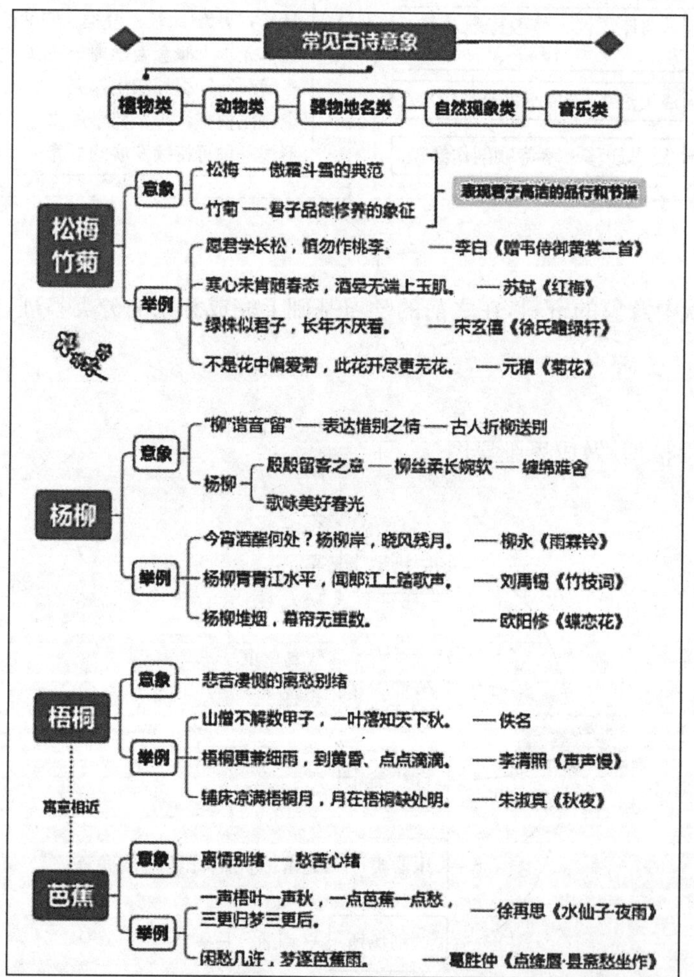

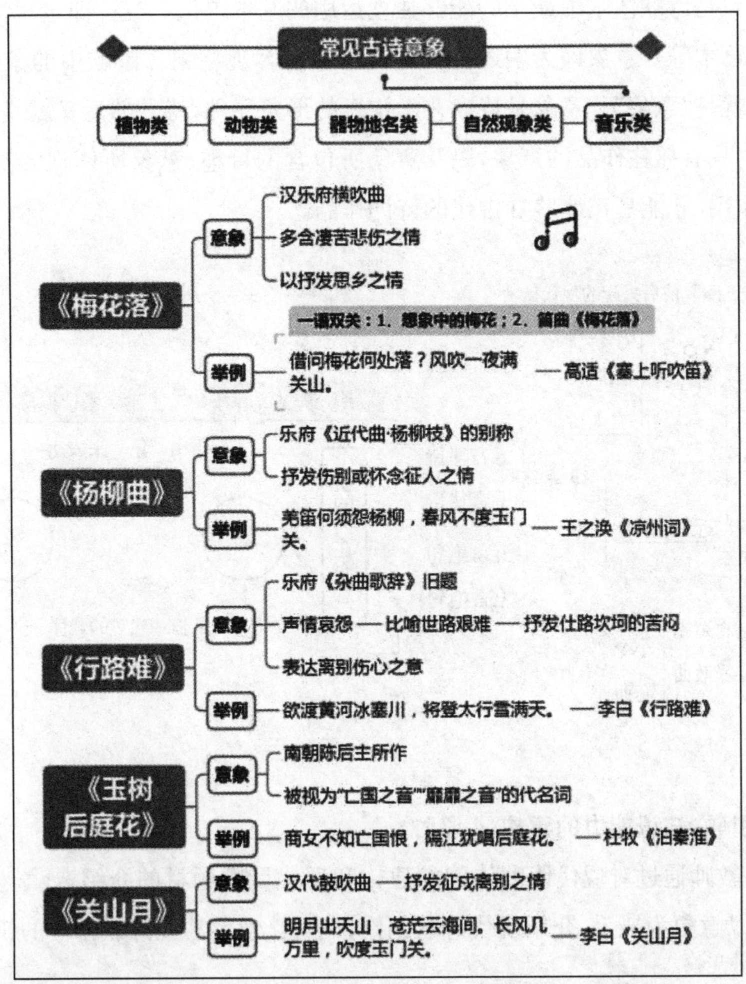

4. 兴趣引领，完成分组

学生根据所选意象及诗歌创作，自由完成分组，共学共研，合作探究。

第一组	组长：萧洁	组员：肖亚莹、陈奕霖、李薏婷、张梓润
第二组	组长：路妙晨	组员：蔡泽翰、程桦、宋奕君
第三组	组长：顾书侨	组员：马雁南、包雅芯、戚梦娜、王翊昕

（二）入项探索（2 课时）

【活动目标】完成古诗体裁演变资料查询，厘清古诗源流变化。

【活动过程】教师通过简单介绍诗歌的源流演变，梳理中国诗歌体裁分类，让学生更加全面地认知诗歌发展经历，即《诗经》→《楚辞》→汉赋→汉乐府诗→建安诗歌→魏晋南北朝民歌→唐诗→宋词→元曲→明清诗歌→现代诗的发展历程。在此基础上，建构出古代诗歌和意象的关联，即意象是诗歌艺术中最小的能够独立运用的基本单位。"意"即主观情感，"象"即客观物象（如山川草木等），意象即为融入诗人主观情感的客观物象。诗歌中的景物形象就是含有"意"的"象"，就是"意象"。意象是诗歌艺术构思的形象元件，诗歌的意义就是由若干意象的内蕴所组成的。只有抓住作品的意象，以及意象所包含的旨趣、意象所体现的情调、意象的社会意义和感染作用，才能真正地鉴赏古代的诗词作品。

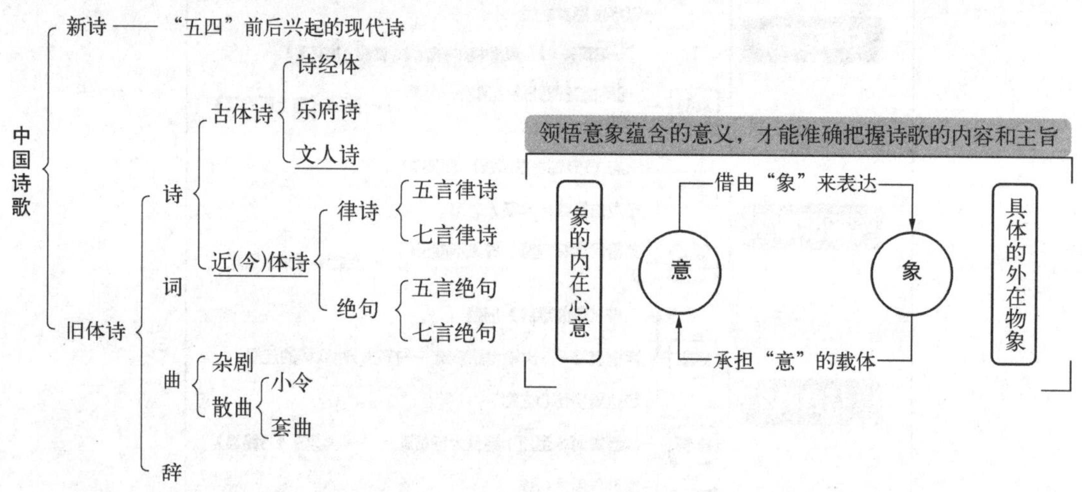

（三）教师引领，知识能力的建构（4 课时）

活动目标：教师通过对现代诗歌体例的建构和现代诗歌题材的介绍，让学生了解古今诗歌的差异；教师以意象为抓手，介绍现代诗歌创作方法，让学生掌握诗歌创作的钥匙，创作出原创诗歌。

【活动过程】

实施支架：

如何写诗：现代诗歌创作方法把握。

方法分解（下图为课堂教学课件截图）：

二、怎样写诗

1.从捕捉意象开始

意，即人的意识、情感；象，即客观事物，两者结合为意象。

意象是诗歌艺术的精灵，捕捉意象是诗歌写作的焦点。有意象就有诗味，无意象就无诗味。诗歌写作忌有意无象，也忌有象无意。

2.以创造意境为佳

意境：是指作品通过意象组合所描绘出的生活图景。特点是景中有情，情中有景，情景交融。

修饰词语：恬淡闲适，华美壮丽，清新自然，安谧闲静，雄伟壮阔，沉郁悲凉，萧瑟凄凉，雄浑开阔，明快高旷，慷慨激昂，寂静肃穆。

意境和意象的区别在于：
1. 它们所达到的层次和深度不同：意象指的是审美的广度，而意境指的是审美的深度；
2. 意境是意象的升华；
3. 在中国文化中，意象属于艺术范畴，而意境指的是心灵时空的存在与运动，其范围广阔无涯，与中国人的整个哲学意识相联系

3.学会给诗分行

所谓“断行”就是将一个句子结构打断，用“行”的形式排列起来，以达到一种诗行美的效果。

注意：

诗歌分行将视觉间隔化为听觉间隔。诗歌分行引起审美注意，让人用诗的心理来欣赏。

诗歌分行要遵从诗歌由内到外，将内心情绪视觉化展示出来的结构形式。

有些诗跨行，一句话占两行以上，其作用是停顿，让人集中注意力去欣赏下一行，强调最有价值、最光彩的语言。

4.注意诗歌的节奏和韵律

现代诗不刻意强求押韵，但有韵律的诗歌更有诗味。

好的韵律，可以使诗歌产生一种回环往复的音乐美，令人一唱三叹。

豪壮激昂——明快紧凑

深沉婉转——平和舒缓

5.适当运用写作技巧

现代诗歌写作中要适当运用比喻、拟人、象征、反讽、黑色幽默等手法。

象征将深刻的思想，蕴含于平凡的事物中，好像是写“此”、实际上让人感受到是在写“彼”的方法，就叫作“象征”。象征，是变平凡为深刻的催化剂．象征，是一种深入浅出、寄意深远的构思方式。如中国诗词中秋天、秋风、秋叶、黄昏大多象征的离别、伤感的情绪；高尔基的《海燕》中雷电象征反动势力；茅盾的《白杨礼赞》是用白杨在象征着一种人，象征着一种精神。

6.写现代诗也要注意语言的雕琢

上乘的诗歌语言都是富有张力的。所谓张力就是能够用有限的词汇句子，勾起读者无限的遐想，留给读者进行再创造的空白空间。一些优秀诗作中富有张力的词语都是反复锤炼的结果。写诗时，为追求简练，要舍弃不必要的虚词。

但愿她温温的眼波，
荡醒我心头的春草。
——望舒《断章》

谁不愿意，
有一个柔软的晚上，
柔软得像一片湖，
萤火虫和星星在睡莲丛中游动。
——江河《星星变奏曲》

【方法总结】

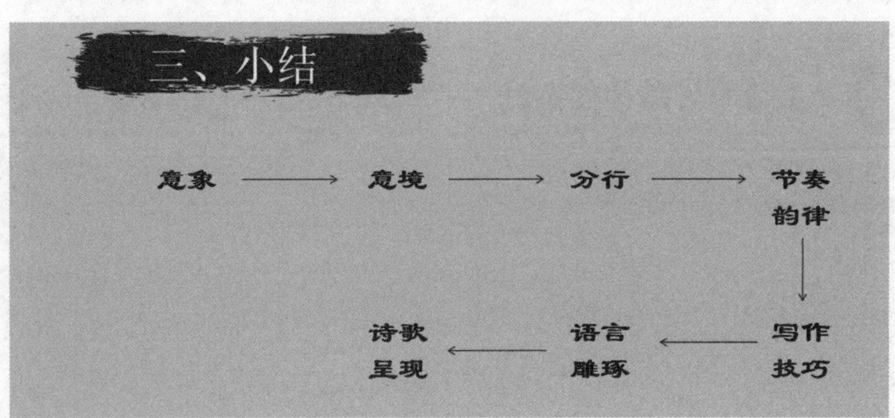

（四）合作探究，创作诗歌(2 课时)

【活动目标】

通过分组合作，初步完成诗歌创作。

【活动过程】

首次尝试创作诗歌，并书写诗歌。

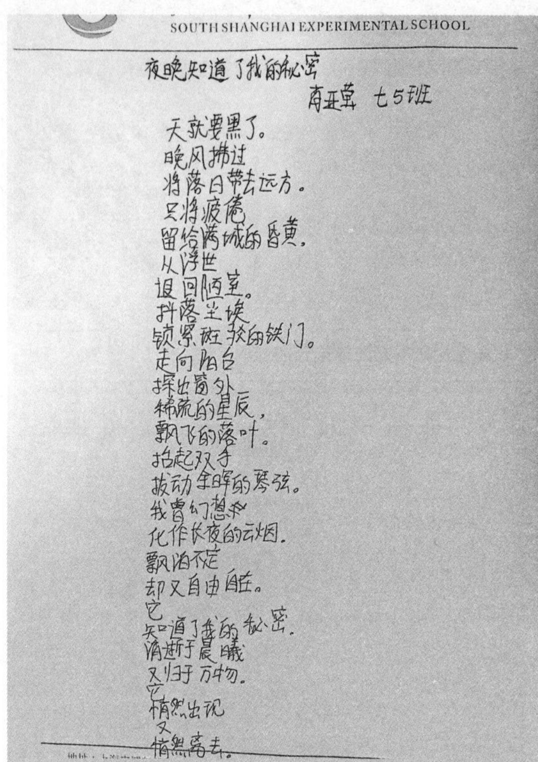

SOUTH SHANGHAI EXPERIMENTAL SCHOOL

夜晚知道了我的秘密

南亚茵　七5班

天就要黑了。
晚风拂过
将落日带去远方。
只将疲倦
留给满城的昏黄。
从浮世
退回陋室。
抖落尘埃
锁紧斑驳的铁门。
走向阳台
探出窗外
稀疏的星辰，
飘飞的落叶。
抬起双手
拨动余晖的琴弦。
我曾幻想我
化作长夜的云烟。
飘泊不定
却又自由自在。
它
知道了我的秘密。
消逝于晨曦
又归于万物。
它
悄然出现
又
悄然离去。

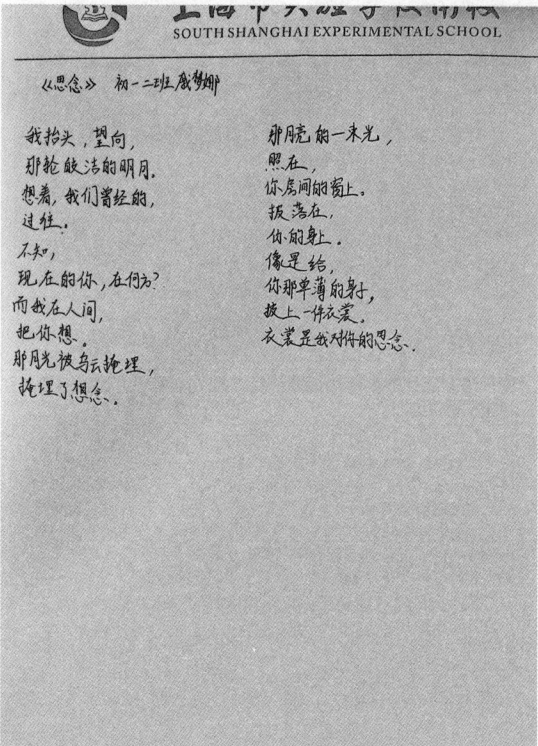

SOUTH SHANGHAI EXPERIMENTAL SCHOOL

《思念》　初一二班戚梦娜

我抬头，望向，
那轮皎洁的明月。
想着，我们曾经的，
过往。
不知，
现在的你，在何方？
而我在人间，
把你想。
那月光被乌云掩埋，
掩埋了想念。

那月亮的一束光，
照在，
你房间的窗上。
投落在，
你的身上。
像是给，
你那单薄的身子，
披上一件衣裳。
衣裳是我对你的思念。

预备(2)班　14号　马雁甫

上海市实验学校南校
SOUTH SHANGHAI EXPERIMENTAL SCHOOL

梦想

有一颗种子
不知不觉
潜入孩子心田

孩子
如牵牛花
在角落
一点点
扎根

种子
终于发芽
顺着山脚
从不惹人注目
可从不停歇
终于开满山坡

种子明白
使命已完成
它凋零
静待下一颗种子

包雅芯
1号
六(8)班

上海市实验学校南校
SOUTH SHANGHAI EXPERIMENTAL SCHOOL

残阳

那年，
余晖染红了两人的衣裳。
她的脸庞，
泛着红润的光。

突然，
一阵风。
吹散了他与她。
睁眼，
仍是那抹残阳，
人却不知何方。

时隔几年，
人山人海，
却只看见他。
又是抹阳，
一切好像重来。
此次，
却只见那一片，
惆怅的金黄。

——于2023年6月11日作。

(五) 形成与修订成果(3 课时)

【活动目标】

通过小组线上线下讨论交流，根据评价量表，自评和互评共同探讨本组成员诗歌创作是否符合要求，发挥团队力量，提升合作探究能力。

【活动过程】

1. 完成诗歌创作展示。

2. 根据创作的诗歌，完成诗歌评价量表，对应诗歌量化表格完成修改，形成最终作品。

第(　　)小组组长：		组员：	
活动任务	评　价　指　标	自评 (1～5 星)	小组评 (1～5 星)
现代诗词绘画小报制作	1. 诗词抄写字体工整规范，书面干净整洁 2. 能够用比较准确的意象表达整首诗歌的诗意和情感 3. 画面制作色彩鲜明，线条流畅，大方美观 4. 图画的制作十分契合诗意，可以做到诗中有画，画中有诗		

续 表

活动任务	评　价　指　标	自评（1～5星）	小组评（1～5星）
现代诗歌微电影视频制作	1. 插图选取贴合诗意，入情入境 2. 画面选取能够很好地表达诗人情感 3. 能够用心品读诗歌，朗诵声音洪亮，感情饱满 4. 配乐选取契合诗歌主题氛围 5. 视频画面流畅自然		
个人讲解诗词	1. 语言流畅，表达自然，讲解娓娓道来、生动形象 2. 诗词讲解可以结合诗意，有自己创造性的想法，制作有新意		

（六）出项成果展示（3 课时）

【活动目标】

1. 在校内形成最终成果汇报，展示各小组的综合能力，进一步培养学生的合作探究能力。

2. 锻炼同学的语言表达能力、思维创造能力和审美鉴赏能力，培养同学的社会实践能力。

【活动过程】

1. 选用不同意象，自创诗歌，并且结合美术、劳技等学科完成原创诗歌画报的绘制和装订。

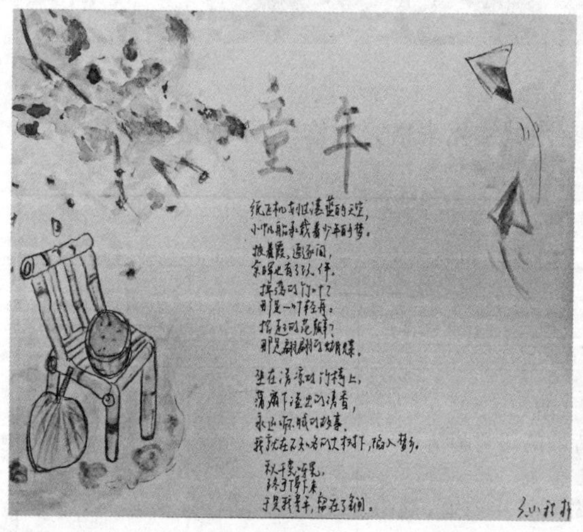

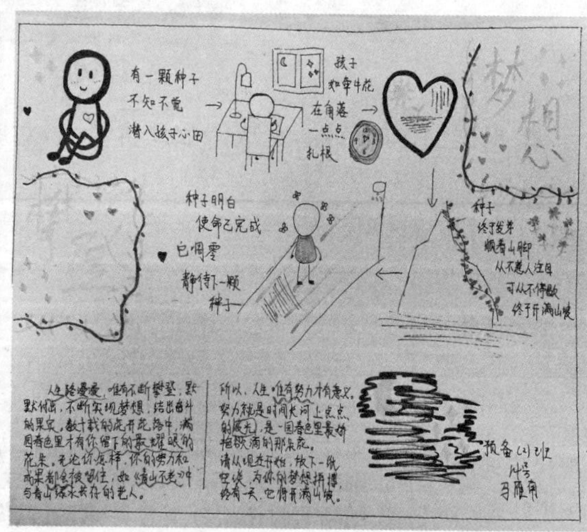

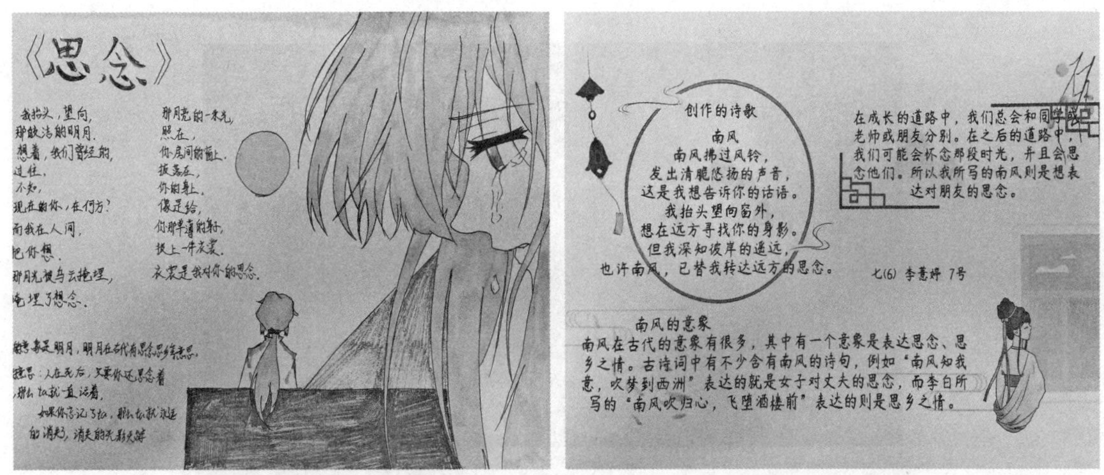

2. 原创诗歌视频展示，并且结合创作背景，自己解读诗歌。

(七) 反思与迁移(2课时)

【活动目标】

通过提供认知性反思、非认知性反思、近迁移和远迁移的学习支架，学生反思活动过程中的各类实践和目标实现情况，在反思迁移中获得心智的自由。

【活动过程】

反思迁移·萃诗歌创作经验

教师重新复盘和梳理项目内容，从一开始的入项活动，到形成"原创诗歌画报制作"和"原创诗歌视频制作"两大项目成果，引导学生进行反思迁移。

项目完成后自我特色评价表

项目名称：	姓名：	日期：
1. 这个项目中，我所完成的任务是：		
2. 通过这个项目，我的学习收获是：		

续 表

3. 通过这个项目，我知道自己的优势是：
4. 我知道自己还需要在以下方面继续努力：
5. 如果再做一次这个项目，我会做以下调整：
6. 作为组长/组员，对于在小组合作学习中的表现： (1) 你给自己打几分？(2) 有无需要改进之处？(3) 你认为组长/组员应该做到什么？ (注：非认知性反思是指合作经验、态度责任的习得)
7. 基于本项目的学习，我们还能设计什么项目，解决现实问题？ (注：近迁移是指一种同情境、同技术的方案迁移，远迁移是指跨情境、跨技术的方案迁移)

【学生反思】

项目完成后自我特色评价表

项目名称：拾“意象”明珠，书现代新诗　　　　姓名：包雅芯 日期：2023 年 6 月 30 日
这个项目中，我所完成的任务是：自创诗歌、剪辑视频、自行配音
通过这个项目，我的学习收获是：了解了诗歌中的意象，通过意象创作诗歌
通过这个项目，我知道自己的优势是：剪辑视频。我认为剪辑视频也是一个很重要的技能，所以简单学习了一下，发现自己在这方面还是很有天赋的。后来又在老师的指导下完成了比较满意的视频质量
我知道自己还需要在以下方面继续努力：创作诗歌。在这方面我不是特别擅长，因为我创作的次数不多，语言表达不是特别优美，导致创作出的诗歌语言不够生动
如果再做一次这个项目，我会做以下调整：学习诗歌写作方面，使语言流畅优美

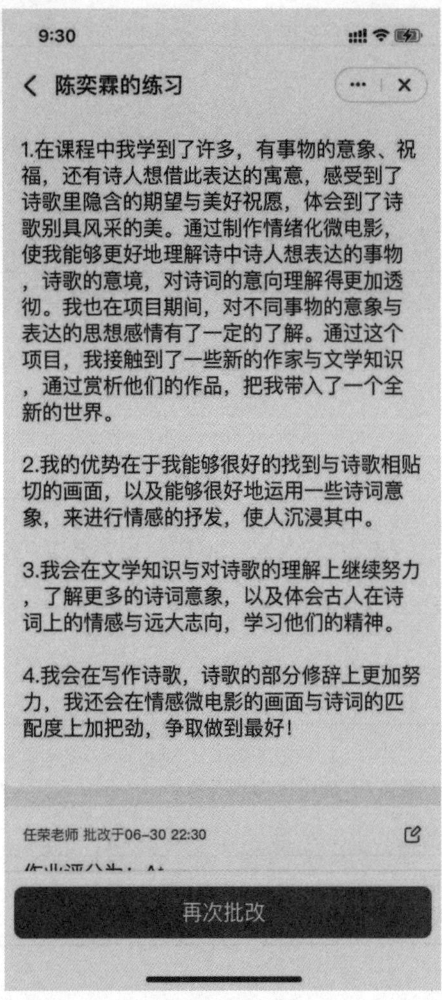

9:30

陈奕霖的练习

1.在课程中我学到了许多，有事物的意象、祝福，还有诗人想借此表达的寓意，感受到了诗歌里隐含的期望与美好祝愿，体会到了诗歌别具风采的美。通过制作情绪化微电影，使我能够更好地理解诗中诗人想表达的事物，诗歌的意境，对诗词的意向理解得更加透彻。我也在项目期间，对不同事物的意象与表达的思想感情有了一定的了解。通过这个项目，我接触到了一些新的作家与文学知识，通过赏析他们的作品，把我带入了一个全新的世界。

2.我的优势在于我能够很好的找到与诗歌相贴切的画面，以及能够很好地运用一些诗词意象，来进行情感的抒发，使人沉浸其中。

3.我会在文学知识与对诗歌的理解上继续努力，了解更多的诗词意象，以及体会古人在诗词上的情感与远大志向，学习他们的精神。

4.我会在写作诗歌，诗歌的部分修辞上更加努力，我还会在情感微电影的画面与诗词的匹配度上加把劲，争取做到最好！

任荣老师 批改于06-30 22:30

再次批改

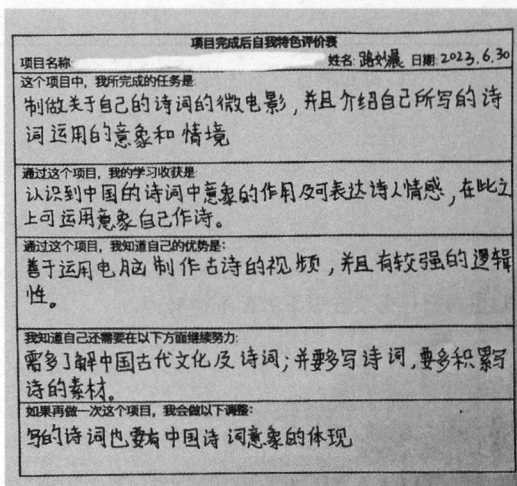

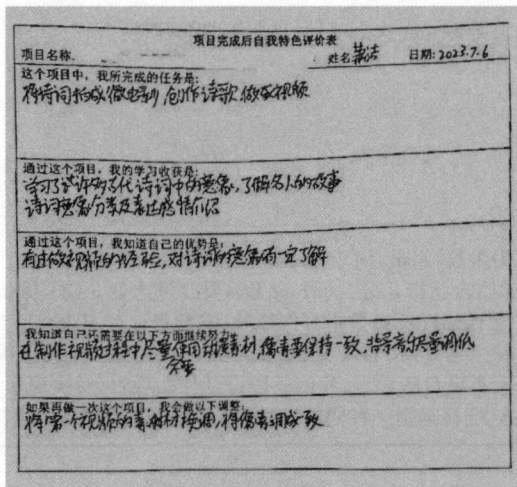

项目完成后自我特色评价表

项目名称　　姓名：路妙晨　日期：2023.6.30

这个项目中，我所完成的任务是：
制做关于自己的诗词的微电影，并且介绍自己所写的诗词运用的意象和情境

通过这个项目，我的学习收获是：
认识到中国的诗词中意象的作用及可表达诗人情感，在此之上可运用意象自己作诗。

通过这个项目，我知道自己的优势是：
善于运用电脑制作古诗的视频，并且有较强的逻辑性。

我知道自己还需要在以下方面继续努力：
需多了解中国古代文化及诗词；并要多写诗词，要多积累写诗的素材。

如果再做一次这个项目，我会做以下调整：
写的诗词也要有中国诗词意象的体现

项目完成后自我特色评价表

项目名称：　　姓名：[illegible]　日期：2023.7.6

这个项目中，我所完成的任务是：
将诗词拍成微电影，创作诗歌，做成视频

通过这个项目，我的学习收获是：
学习了许多古代诗词中的意象，了解名人的故事
诗词意象分类及表达感情[illegible]

通过这个项目，我知道自己的优势是：
有做视频的经验，对诗词的意象有一定了解

我知道自己还需要在以下方面继续努力：
在制作视频过程中尽量使用动漫素材，像素要保持一致，背景音乐尽量调低[illegible]

如果再做一次这个项目，我会做以下调整：
将第一个视频的素材换掉，将像素调成一致

五、项目评价量表

自创现代诗歌绘画小报项目成果创作特色评价表

项目名称：	姓名：		日期：	
请根据自己作品完成情况在以下对应选框中完成对应评价，符合的部分打钩√				
	能力有限	有待提高	合格	非常好
诗词创作意图清晰，表达准确生动				
古代诗词体裁和题材了解掌握情况				
现代诗词体裁和诗体了解创作情况				
诗词意象的捕捉与解读				

续 表

	能力有限	有待提高	合格	非常好
绘画形象的筛选与提炼				
诗画创作的意境表达				
诗词情感内涵的把握表达				
古典意象在现代诗歌作品中的创新运用				

六、(教师)项目反思

(一) 项目成功的点

1. 落实语文核心素养,全面提高学生的综合素养

诗歌创作的教学具有突出的文学性、艺术性和审美性,因而能够为初中生的知识学习、信息积累、合作探究和快乐交流提供一个前所未有的信息平台,自然能够有效促进初中生语文核心素养的兼收并蓄和厚积薄发。因此,本项目以诗歌为研究对象,积极借助诵读活动培养自主认知能力、借助电化教学培养主体想象能力及借助课堂讨论培养学生辨析能力。通过本次项目化学习,使学生较为深刻地感受诗歌的魅力,感受诗歌饱含情感、想象丰富、语言表达独特等特点。通过组织学生收集诗歌、积累诗歌、诵读诗歌、练写小诗、合编诗集等活动,培养学生对诗歌的兴趣,提高学生语言表达、合作探究、动手实践等方面的能力。通过项目化学习聚焦学生核心素养的培养及学生文化传承和理解、语言运用、审美鉴赏与创造等综合素养的培养。

2. 驱动问题情景化,目标导航准确

项目化学习的过程是小组协作的过程,是情境体验的过程,也是探究创新的过程。在项目学习过程中,为了保持学生的学习热情和好奇心,设定学生为情景"当事人",设计驱动问题情景化即夏天的夜晚,室内空气闷热,虫鸣不绝于耳,此刻你心生烦闷,走出房间推开门便看见一轮明月高悬。清辉的月光下,稀疏的光影浮动,你突然就想到了"举头望明月,低头思故乡"和"中庭地白树栖鸦,冷露无声湿桂花"。突然,你也想写一首关于明月的诗歌,但是你发现,这两句诗中明月给人的感觉不太相同,于是,你在翻看古诗词时发现"明月"原来有很多不同的含义,这时你陷入了沉思……究竟如何用不同意象抒情,于是你不停上网查询如何用古代诗词意象创造一首诗歌,准确表达自己的情感。问题设置情景化、诗意化,激发学生主动参与、积极探究的热情。设计多样化的学习活动,阶段性地展示学生成果,切换"小评委"身份参与同伴评议,自主创新设计诗词小报,创意组织合作探究,积极落实创造性、探究性、社会性、审美性、技术性实践的学习素养,融合问题解决、创见、实验、调研的高阶认知策略。

3. 原创诗歌制作，培养自主认知能力

诗歌鉴赏具有一定的抽象性、复杂性和深奥性，因而诗歌鉴赏教学离不开初中生的认知兴趣、求知动机、参与意识和表现欲望。因此，本项目开展原创诗歌活动，让初中生借助自身的生命活力和能动作用去初步了解诗歌内容，培养初中生的阅读能力、理解能力和整合能力。

4. 跨界融合，打破学科壁垒

以不同学科之间学习勾连产生的一种以解决生活情境问题为目的的项目化学习，诗歌创作不仅需要初中生的支持，还需要教师创设的电化教学来弱化诗歌的深奥性与复杂性。结合信息技术等其他学科，以电子白板为最新代表的电化教学具有强大的表现力。本项目借助一定的视频信息去直观展示诗歌内容中的抽象意境和唯美想象，有效激发和培养初中生的想象能力和审美能力，以此促进初中生核心素养的发展，整个学习过程整合学生相关学科的关键知识和能力，更好地解决真实问题，实现知识和能力的重组与迁移。

(二) 项目可以改进的点

1. 由于时间限制，教师创作示范作用略欠缺。在尝试诗歌创作上，基于学生诗歌创作较为陌生的学情，教师可以发挥引领作用，当堂创作诗歌，让学生有学习的范本。

2. 学生在制作手抄报和微电影时，出现了画面选取、构图设计、视频剪辑等问题，这方面需要多与其他学科的教师加强合作和沟通，从而让学生的综合能力得到进一步的全面发展。

(三) 学生学到的可迁移能力

1. 语言运用和思维发展能力

语言文字运用能力是语文核心素养之一，语言文字的运用体现在写和说上，除了要提升学生的书面表达能力之外，教师还应该关注学生的口语表达能力，在课堂上给予学生更多表达的机会，以此来训练学生的语言文字运用能力。以往教师主要在口语交际课堂上让学生"开口说"，发展学生的表达能力，这还远远不够。本项目通过让学生自主学习，自己表达自己制作作品的想法和观点，将"以教为中心"的课堂转化为"以学为中心"的课堂，组织学生参与各种课堂活动，让学生在深度参与课堂活动的过程中组织语言文字，同时也提高了学生的思维水平。

2. 文学创作能力

教师通过拓宽诗人生活的背景，分析诗词意象；学生通过自己搜集资料，制作现代诗歌，使得诗歌创作在当下课堂被激活，生发出新的诗意，激发了学生的创作热情，锻炼了学生的创作能力。

3. 审美鉴赏与创新能力

学生通过原创诗歌视频制作和诗词小报创作、评价等活动形成正确的审美意识、健康向上的审美情趣与鉴赏品位，并在此过程中逐步掌握表现诗歌美、创造诗歌美的方法。

4. 团队协作和互动沟通的能力

在团队协作上，倾听他人观点，学会将尽己所能、互帮互助、模范带头等认知应用到新的合作学习中；在沟通技巧上，线上线下双结合，灵活切换钉钉群语音文字、接龙回复、在线文档编辑等方式，既懂得求同存异，又能化解冲突，协调一致。

图形的运动：我的动态校园

设计者：柳爱静
实施者：柳爱静　谭李华　叶莉慧

一、项目背景

本项目的基础背景为教育部颁发的《义务教育课程方案和课程标准(2022年版)》，文件要求大力推进教学改革，转变育人方式，切实提高育人质量，本项目为该文件内容落地实施的一次尝试。其中《义务教育劳动课程标准(2022年版)》强调学生直接体验和亲身参与，注重动手实践、手脑并用、知行合一、学创融通，倡导“做中学”“学中做”，激发学生参与劳动的主动性、积极性和创造性。注重引导学生从现实生活的真实需求出发，亲历情境、亲手操作、亲身体验，经历完整的劳动实践过程，在过程中感悟和体会劳动的价值，培养劳动精神。此外，在具体项目实施过程中灵活运用其他课程所学的知识进行劳动实践，提高学生的综合素质，发挥劳动育人功能。《义务教育数学课程标准(2022年版)》要求以问题解决为导向，整合数学与劳动学科的知识和思想方法，让学生从数学的角度观察与分析、思考与表达、解决与阐释社会生活中遇到的现实问题，感受数学与劳动学科领域的融合，积累数学活动经验，体会数学的科学价值，提高发现与提出问题、分析与解决问题的能力，发展应用意识、创新意识和实践能力。

本项目的理论知识背景为：沪教版七年级上册第11章图形的运动数学知识。鉴于学生的认知水平、年龄特征，本章节内容属于直观几何阶段，教学环节以观察、操作为主，提倡学生亲自动手、亲身感受，用自己的体验来认识图形运动及相关性质，与本次跨学科内容的劳动实践相契合。

本项目的直接背景为：上海市实验学校南校五周年校庆。同学们为母校制作生日礼物是真实的现实需求，也是本次项目的驱动性问题。同学在将校园场景转化成动态书籍的过程中，要自主发现画面(创意思维)，尝试不同方法和策略让画面在卡纸上动起来(创意设计)，最终制作一本形式新颖的动态书籍礼物(创意制作)。

二、项目目标

1. 跨学科核心知识与能力目标

➢ 数学：

理解经过平移运动后，图形的形状和大小保持不变的性质；

知道图形旋转的概念，理解旋转中心、旋转角的意义，体会图形在旋转运动过程中的不变性；

体会图形翻折运动的过程，理解翻折运动的图形保持形状、大小不变的性质；

运用图形运动的性质，准确地制作动态卡片。

➢ 劳动：

知道美工刀的使用方法，学会利用美工刀实现对纸质材料进行多维度切割；

知道白胶、双面胶等的作用和使用方法，学会科学、恰当地对其进行使用；

知道构图、绘图的设计与制作的基本步骤，并能根据自己的设计完成动态卡片制作；

能够运用多学科知识，通过动手操作及多次尝试，最终合理、完整、简洁地表达动态画面。

2. 所指向的核心素养目标

➢ 数学：

抽象能力：会用数学的眼光观察现实场景，将实际生活场景抽象为动态画面，在制作动态卡片过程中发现问题，在探究尝试过程中解决问题。

几何直观：会用数学的思维思考现实世界，能够利用图形对动态画面进行直接感知和整体把握，培养用图形描述和分析问题的意识和习惯，并能通过尺规作图、折纸及剪拼等活动直观理解图形形状与大小是刚体运动的不变量。

空间观念：会用数学的语言表达现实世界，能够将校园场景中的立体实物，想象成几何图形，实现二维、三维的转化，并正确地进行空间描述，将图形运动的空间感知表达在动态卡片中。

➢ 劳动教育：

劳动观念：体会动手制作动态书籍的快乐。

劳动能力：在制作动态卡片过程中发现问题，在探究尝试过程中解决问题。

劳动习惯和品质：养成多思考的习惯，注意将所学知识应用到现实场景中。

劳动精神：在动手实践过程中，培养和发展劳动精神。

➢ 跨学科：

应用意识：能够结合实际将所学的数学图形运动知识应用到动态卡片的制作过程中，并体会劳动的价值。

创新意识：能够利用卡纸、剪刀等工具，通过手工劳动将所想表达的想法、设计、思路等以独特新颖的形式呈现在动态卡片中。

3. 学习素养目标

➢ 创造性实践：在“构思校园场景中的动态画面”环节，学生发挥个人想象力，创意绘制所选场景，将现实世界转化为二维形式；创意设计动态画面，将场景局部呈现二维动态效果或三维立体效果。

➢ 探究性实践：(1) 在“制作思维导图”环节，通过多媒体等资源的使用，探究知识梳理和表达的多种形式。(2) 在“动态卡片绘制”环节，自行构图、设计动态画面，通过多次探究修订形成最终成果。

➢ 社会性实践：(1) 在“分组及小组讨论”环节，各小组需要多次讨论交流，形成一致意见，共同得出本组场景的动态表达。(2) 在“成果展示”环节，需要对本组成果进行口头报告及演示，并对别人提出的问题给予回答，或者对其他组展示的成果提出建议。

➢ 审美性实践：在校园场景初绘、动态卡片制作的过程中，学生要选择适合表现主题的材料、构图和色彩，创造富有美感的视觉艺术。

4. 驱动性问题所蕴含的高阶认知

➢ 创见：组长创造性地组织同学合作学习；学生设计和美化动态卡片、汇报的 PPT。

➢ 实验：初次绘制场景、制作动态卡片实现动态效果的过程都是通过动手实验进行尝试并成功表达，形成最终成果的。

➢ 决策：组长进行人员分工、领导组员根据任务需要和时间安排制订实施计划。

➢ 问题解决：以“工匠”身份，多次尝试不同方法实现图形运动的平移、旋转、翻折等动态效果。

三、项目设计

1. 本质问题：如何通过动手实践将形态中的数学可视化？

2. 驱动问题：在上海市实验学校南校五周年校庆来临之际，为学校制作一本动态书作为生日礼物。

子问题 1：数学中的图形运动知识有哪些？

子问题 2：校园中的图形运动场景有哪些？

子问题 3：图形运动场景中的动态画面有哪些？

子问题 4：如何将校园运动场景中的画面具象成体现图形运动的卡片？

子问题 5：如何将动态卡片制作成别具特色的动态校园书籍？

3. 项目规划。

前期准备(知识构建)：沪教版七年级上册第 11 章图形的运动章节知识梳理→入项活动：

了解本次跨学科项目的学习目的、意义、学习任务→知识与能力构建：汇总并选取图形运动相关的校园场景，初步了解动态效果的表达方法→探索与形成成果1：构思校园场景中的动态画面，初绘画面→探索与形成成果2：用卡纸制作动态画面第一版→评论与修订：完成动态卡片修订版→公开成果：小剧场阐述自己作品→反思与迁移。

四、项目实施

（一）前期准备阶段（1课时）

【活动目标】

1. 通过对沪教版第11章图形运动知识的梳理，再次理解经过平移运动后，图形的形状和大小保持不变的性质；知道图形旋转的概念，理解旋转中心、旋转角的意义，体会图形在旋转运动过程中的不变性；体会图形翻折运动的过程，理解翻折运动的图形保持形状、大小不变的性质。

2. 通过构建图形运动知识体系，抓住图形运动中的变与不变。

【活动过程】

1. 学习优秀思维导图、空中课堂复习课开篇等内容，熟悉Xmind、几何画板等画图软件。

2. 抓住章节知识梳理逻辑，结合原有经验及活动学习内容，选择思维导图、PPT或视频等方式梳理知识，构建知识体系。

【活动成果】

以下为学生图形的运动章节知识梳理范例。

1. 吕沅锦同学知识梳理——思维导图：

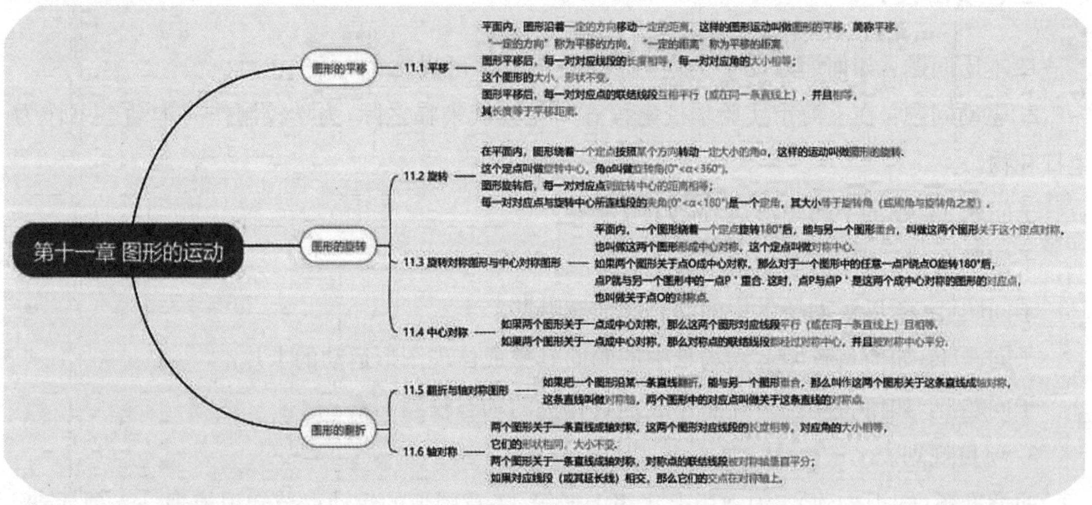

2. 赵涵哲同学知识梳理——视频：

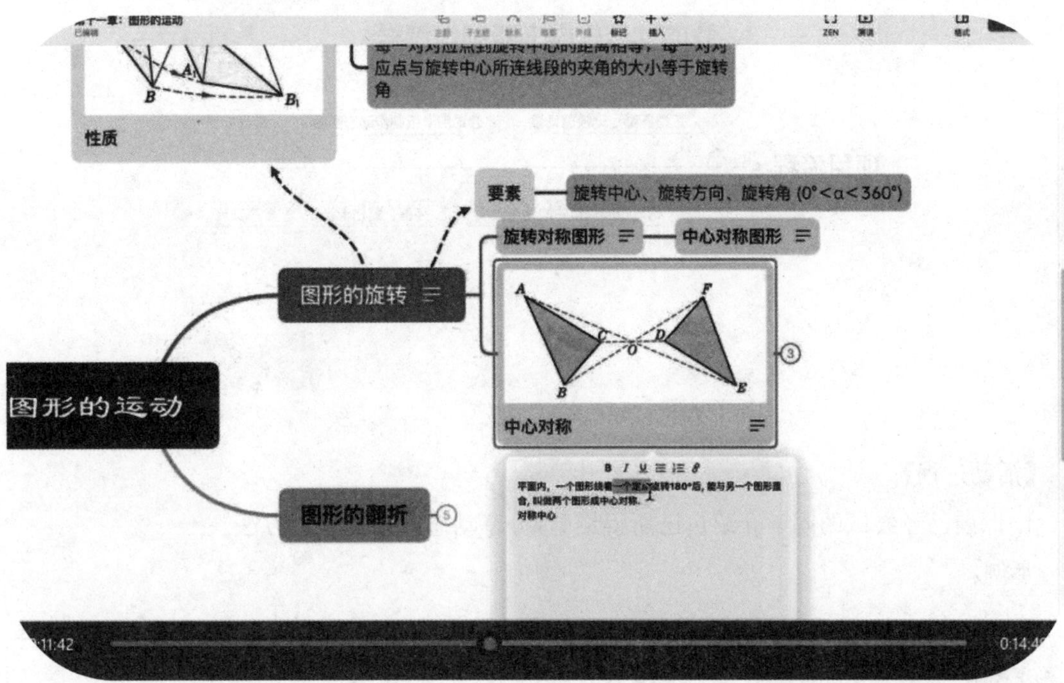

(二) 入项活动(1 课时)

【活动目标】

1. 了解本次跨学科项目的学习目的、意义、学习任务。

2. 明确小组合作规则并自由组队,知道"图形的运动：我的动态校园"书籍制作流程。

【活动过程】

1. 介绍项目背景,提出驱动性问题：上海市实验学校南校五周年校庆,一起为学校制作"图形的运动：我的动态校园"书籍作为礼物。

2. 观看《我们的科学》动态书籍视频简介,了解视频中是通过何种方式介绍科学知识的。

3. 要求学生找出视频中的动态画面所涉及的运动类型,并交流与数学图形运动章节知识的关联。

4. 组织学生对驱动性问题进行讨论并分解问题,形成思考路径。(见下页图)

(三) 知识与能力构建(1 课时)

【活动目标】

1. 学生汇总并选取图形运动相关校园场景,找出场景中可能的动态画面。

2. 通过动手实践,初步尝试将现实三维立体实物转化为二维静态、动态画面的过程。

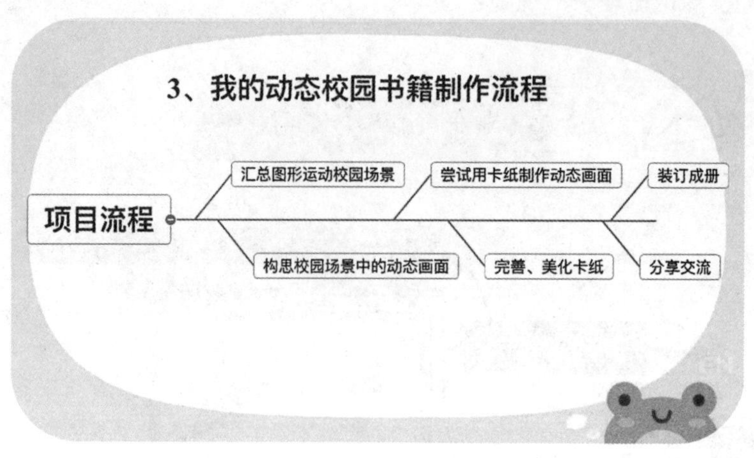

【活动过程】

1. 课前已经尝试的同学介绍自己所得经验，分享动态效果的表达方法。

举例：

确定场景中的对象	确定研究对象的运动方式	匹配数学中的图形运动概念	实　现　方　法
黑板	推拉	图形的平移	制作黑板运动轨道→制作与之匹配的黑板→两者结合→美化黑板

2. 教师提出问题：我们可以选取的体现校园生活的场景有哪些？是不是任何场景都存在多种动态效果？各种动态效果该如何呈现出来？

3. 学生头脑风暴：汇总图形运动的校园场景，并合理确定各组选取的场景。

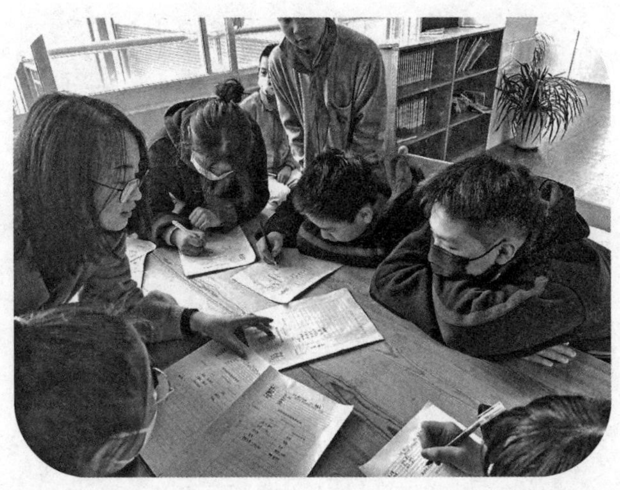

（四）探索与形成成果(4 课时)

【活动目标】

1. 明确“图形的运动：我的动态校园”书籍的尺寸及装订方式。

2. 各小组充分研究所选定的校园场景，共同敲定整个画面包含的内容，找出场景中可能的动态画面。

3. 各小组共同设计整个画面，初步将现实物体转化为二维静态画面，并用文字语言对所绘制场景进行描述。

4. 通过动手实践，用卡纸制作动态画面第一版本，呈现场景中所涉及的动态效果。

【活动过程】

1. 共同确定书籍尺寸及装订方式，小组成员共同探讨所选取的场景，对场景转化方式进行初步设计(1 课时)。

2. 我的动态校园场景初绘及简单描述(1课时)。

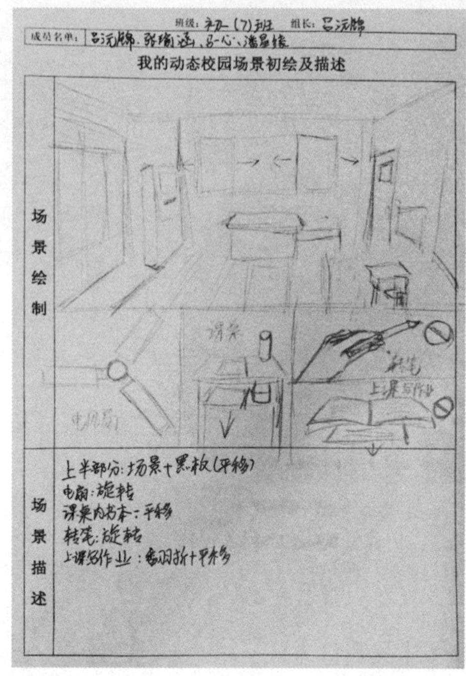

班级：初一(7)班	组长：[illegible]
成员名单：	[illegible]

我的动态校园场景初绘及描述

场景绘制	
场景描述	上半部分：场景+黑板(平移) 电扇：旋转 课桌内书本：平移 转笔：旋转 上课写作业：翻折+平移

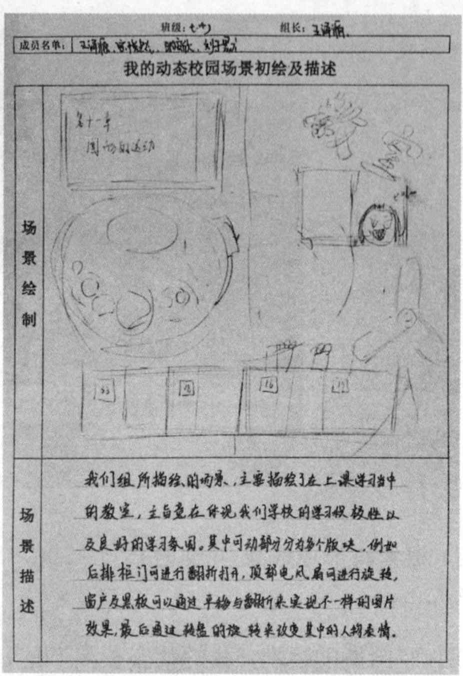

班级：七(7)	组长：[illegible]
成员名单：	[illegible]

我的动态校园场景初绘及描述

场景绘制	
场景描述	我们组所描绘的场景，主要描绘了在上课学习当中的教室，主旨意在体现我们学校的学习积极性以及良好的学习氛围。其中可动部分分为多个版块，例如后排柜门可进行翻折打开，顶部电风扇可进行旋转，窗户及黑板可以通过平移与翻折来实现不一样的图片效果，最后通过转盘的旋转来改变其中的人物表情。

3. 动态卡片第一版本设计、制作、上色(2课时)。

(五) 评论与修订(2课时)

【活动目标】

1. 在班级中进行初步成果汇报，展示第一版本动态卡片，演示动态效果。

2. 通过同伴评议及同学提出的问题、建议，为第一版本的修改指明方向。

3. 在展示动态卡片、演示过程中发现自己的不足，及时对PPT及演讲内容、语言进行修改。

【活动过程】

各小组轮流上台展示自己组的成果，演示动态效果，并回答其他同学所提问题，记录同学所提建议。

(六) 公开成果(3 课时)

【活动目标】

1. 在上海市实验学校南校小剧场，面对更多同学，进行最终成果汇报，展示各小组的综合能力。

2. 锻炼同学的多媒体使用能力、语言表达能力，培养同学的社会实践能力。

【活动过程】

1. 各小组轮流上台，以 PPT 为依托，阐述自己小组的最终成果及成果形成、项目收获等。最终成果展示完整视频链接：https://pan.baidu.com/s/1hHGuGFcWIigYAPrQ-wPx4A?pwd=tjE8。

2. 成果汇报结束后各小组合影留念。

3. 书籍装订成册。

【成果汇总】

1. 小组成果：所有成果见“我的动态校园项目化小组成果”附件。

2. 项目总成果：“我的动态校园”书籍视频效果见附件。

封面[初一(4)班黄翎珏绘制]

封底[初一(4)班黄翎珏绘制]

目录[初一(7)班陈烁瑾、郑俊天、毕烨制作]

内页(举例)

3. 项目结束后，依据终结性评价结果，对各小组及学生个人进行颁奖。

(七) 反思与迁移(1课时)

【活动目标】

1. 回顾整个项目过程中的各类实践活动，反思自己在团队合作、问题解决、实验、决策等过程中的能力表现。

2. 完成探究性实践、社会性实践、审美性实践的反思。

3. 在复盘反思的过程中收获项目经验,实现心智的成长。

【活动过程】

教师引导同学进行复盘反思,完成复盘反思迁移表及各类实践评价量规。

我的动态校园复盘反思与迁移

填表人：管欣玥

一、回忆整个项目，写出你们小组项目开展的关键步骤（思维导图、时间流线图或其他形式）

①画出整体框架
②画出物体细节
③勾出轮廓
④上色
⑤裁剪所需材料
⑥做出图形的运动（平移、翻折、旋转）

二、在整个项目过程中，你遇到了哪些问题，是怎样解决这些问题的？对学习有何启示？

①因为小推车是斜着平移的所以用手直接用手去移动会经常卡住，所以我在小车的背部粘上了一根加长纸，只要左右移动纸条，推车就可以斜着移动。

②同样也是平移的小女孩在平移时，非常容易从纸张后部滑落，所以我在小女孩的后部开了两条线，让它只能左右平移，不会上下移动

三、本次项目你学到了什么？你认为它的价值有哪些？

本次项目增加了我们对数学的兴趣，也提高了我们的动手能力。
这是我们第一次参加跨学科活动，让我们对枯燥的数学有了新的认知

四、作为组长/组员，对于在小组合作学习过程中的表现

（1）满分 10 分，给自己（或组员）打几分？

组员姓名		分工	打分
小组长	黄诗媛	组员完成任务	~~80~~ 8
组员	王苑欣	检查PPT和成品	~~80~~ 8
	管欣玥	裁剪，做出图形运动（一部分演讲）	~~9~~ 10
	赵雨菲	做PPT，演讲（部分裁剪和上色）	~~9~~ 10
	顾紫琪	画出框架，细节并上色	~~9~~ 10

（2）个人或小组需要改进的地方有哪些？

组长和部分组员可以更加深入项目的制作和演讲中。

五、推选两位本组内你认为本次项目化过程中表现较好的成员：管欣玥、赵雨菲

五、项目评价量表

表1

评价对象	评价维度		评价标准	评价等第（A+、A、B）
图形的运动知识梳理成果	内容	图形运动知识平移、旋转、翻折三种类型概念及性质；用正确的图文、符号表示	全面、准确	
	效果	抓住知识点中的关键词；知识体系呈现层次分明、思路清晰、逻辑合理；颜色搭配符合审美	简洁、美观、高效	
	创新	利用原创的图标、符号体现知识逻辑；利用特色表达形式呈现知识链接	个性鲜明、亮点突出	
	态度	制作过程积极、专注、认真；能够资源共享，帮助同学	主动、积极	

表2

评价对象	评价维度	评价标准	评价等第（A+、A、B）
我的动态校园场景初绘及描述	场景绘制	绘制画面整体布局合理；整体设计、构图符合常识；排版整洁、美观；场景表达内容通俗易懂	
	场景描述	描述语言充分体现设计思路且逻辑清晰；动态画面描述语言科学合理，没有知识性错误	
	态度	制作过程积极、专注、认真；能够资源共享，帮助同学	

表3

评价对象	评价人	评价维度	评价标准	评分
我的动态校园第一版作品成果汇报	自我、同伴、教师	场景中的动态画面（65分）	1. 动态画面与多种图形运动方式结合（15分）	
			2. 动态画面运动流畅（15分）	
			3. 画面完整，内容丰富（10分）	
			4. 画面设计自然、精美（15分）	
			5. 场景设计有创意（10分）	

续　表

评价对象	评价人	评价维度	评　价　标　准	评分
我的动态校园第一版作品成果汇报	自我、同伴、教师	小组演讲（35分）	1. 描述画面的故事情境完整(5分)	
			2. 演讲逻辑清晰(10分)	
			3. 语言表达流畅(5分)	
			4. 动态画面演示流畅(10分)	
			5. 演讲时间3～5分钟(5分)	

建议：__________　总分：__________

表4　“图形的运动：我的动态校园”终结性评价表

评价维度	评　价　标　准	评　分
作品（70分）	1. 整体设计富有创意、动态画面有亮点、有创新性(15分)	
	2. 动态画面与数学中平移、旋转、翻折图形运动方式结合得当(15分)	
	3. 场景布局科学合理、内容丰富、充分体现现实情况(15分)	
	4. 能恰当运用生活材料，实现运动方式；动态画面演示流畅(10分)	
	5. 画面精美具有吸引力(5分)	
	6. 作品展示有传递文化知识和正确的价值观(10分)	
作品总分		
演讲（30分）	1. 用合理的学科语言描述场景、解释问题(10分)	
	2. 演讲逻辑清晰(5分)	
	3. 语言表达流畅(5分)	
	4. 充分展示了参加活动的意义和收获(5分)	
	5. 演讲时间5～10分钟(5分)	
演讲总分		
成果展示总分		

表5　我的动态校园复盘反思与迁移

一、回忆整个项目，写出你们小组项目开展的关键步骤(思维导图、时间流线图或其他形式)

二、在整个项目过程中，你遇到了哪些问题，是怎样解决这些问题的？对学习有何启示？

三、本次项目你学到了什么？你认为它的价值有哪些？

四、作为组长/组员，对于在小组合作学习过程中的表现
(1) 满分10分，给自己(或组员)打几分？

组员姓名		分　　工	打　分
小组长			
组员			

(2) 个人或小组需要改进的地方有哪些？

五、推选两名本组内你认为本次项目化过程中表现较好的成员：

表6　探究性实践——“动态卡片制作部分”评价量规

你在完成这个项目的过程中是否进行了仔细研究？请给你自己在下列维度上打分，5分表示最高分，1分表示在这个问题上还有待努力。

序　号	问　　题	评　分
1	在规定的时间里，我充分研究了“我的动态校园”这个主题，并确定了具体场景	
2	我的动态卡片制作部分步骤很清晰	
3	我和我的伙伴共同探讨了所选取的场景、共同敲定了整个画面包含的内容	
4	在动态卡片制作过程中，我和我的伙伴对动态画面的设计进行了充分的讨论	
5	我能运用多种工具实现我想表达的动态效果	
6	在制作过程中，我们成功地解决了遇到的困难	
7	初版制作完成后，我充分考虑了其他小伙伴的建议，并对卡片内容进行了修订	
8	制作过程中，我体会到了数学中的图形运动与现实中的图形运动的区别和联系	
9	通过动态卡片的制作，我更加理解了“数学源于生活又应用于生活”这句话	
10	我充分体会到了本次项目的价值，并期待后续的项目化学习	
通过我对自己公正而客观、诚实而准确的评价，我给自己打分，总分为		

表7　审美性实践——“动态卡片视觉艺术”评价量规

你在完成这个项目的过程中是否考虑到了艺术审美？是否对你在项目完成过程中产生的各种文体、报告、最终成果进行了美化以吸引别人的注意？请给自己在下列维度上打分，5分表示最高分，1分表示在这个问题上还有待努力。

序　号	问　　题	评　分
1	我仔细考虑了我的动态卡片作品的美观性	
2	我对动态卡片的构图、组织是有仔细思考和调整的	
3	我的动态卡片图案中的空间布局、所选材料等设计是与众不同、特别突出主题的	
4	我的动态卡片图案中的颜色符合色彩搭配原则，丰富且合适	
5	我的动态卡片包括静态和动态或二维平面和三维立体等多种艺术形式	
6	我的作品最终呈现的效果是很引人注目的	
7	我的报告有充分体现汇报的逻辑性、排版的整洁性、美观性	
8	我的报告有对演示的节奏感和动态效果或切换效果进行认真设计	
通过我对自己公正而客观、诚实而准确的评价，我给自己的成果打分，总分为		

表 8　社会性实践——"项目过程中的互动与沟通成效"评价量规

评价指标		0～5 分	6～10 分	11～15 分	自评各项得分	总评得分
口头报告	观点阐述	没有组织自己的观点或者组织得很乱	以富有逻辑的方式组织观点	观点组织得非常流畅，以至于让人看不到经过组织的痕迹		
	语言表达	不连贯，有很多停顿	流畅地表达观点，使用正式的语调	以非常优雅和得体的方式进行报告		
	表达效果	所用的表达对听众来说不合适	对听众来说是合适的	运用让人印象深刻的、富有创造性的方式进行报告		
倾听与回应	倾听层次	在别人还没有讲完的时候插嘴或打断别人	听别人全部讲完	耐心地、认真地、鼓励式地听别人全部讲完		
	倾听效果	在别人发表意见的时候做自己的事情，表现出冷漠或心不在焉的样子	在别人发表意见的时候安静倾听，关注点在自己身上	在别人发表意见的时候表现出积极倾听的姿态，用点头、眼神接触等表明自己对倾听内容的理解		
	及时回应	在没有听清别人讲话内容的情况下就匆忙回答	对别人所说的内容予以动作或口头上的回应	仔细倾听别人的想法并给出回应性的思考，回应表现为与他人的互动或对自己所做内容的修改，回应适合当下的情境		
通过我对自己公正而客观、诚实而准确的评价，我给自己的成果打分，总分为						

六、项目反思

(一) 项目成功的点

1. 跨学科融合教学，凸显跨学科思维

本项目属于数学与劳技跨学科项目，通过空间的可视化、抽象等大概念将实际生活中的图形运动与数学中的图形运动结合起来；通过劳动教育进行实践活动，凸显了跨学科素养中的应用意识与创新意识。

2. 立足真实问题，调动学生学习热情

在上海市实验学校南校五周年校庆来临之际，亲手为自己的学校准备一份生日礼物成为项目的核心内驱力，通过对真实而又有挑战性的问题进行持续探究，实现对图形运动知识的再构建和思维迁移。

3. 高质量完成我校五周年庆礼物"我的动态校园"书籍

整个项目化过程符合结构化思维：目标先行、流程清晰、全面系统。

（二）项目可以改进的地方

1. 项目的实施过程中，要更多地引导学生养成专注与坚持的学习品质，应持续跟踪项目进程。

2. 应将所有评价前置，让同学更清楚怎样的实施过程或者作品是更优秀的。

（三）学生在项目学习中可迁移能力的提升

1. 知识的应用能力

整个项目需要学生用数学的眼光观察现实世界，并表达现实世界，培养了学生的数学学科的核心素养、数学知识的应用能力，劳动实践过程也锻炼了学生的动手能力。

2. 社会实践能力

动态卡片的制作需要同学进行团队协作、互动与沟通，共同敲定动态画面及相关细节，培养了同学的团队意识。

3. 实验能力和问题解决能力

动态效果的成功表达需要经历多次实验探索，缩短理想与现实的差距，整个过程需要同学边实践边去发现问题、提出问题、分析问题、解决问题，同学的学习品质也因此得到历练与提升。

4. 审美意识

动态卡片的构图、布局、色彩搭配、成果展示的 PPT 制作的逻辑性、排版的整洁性、美观性等都是项目过程中必须思考的问题，实践过程提升了同学的审美能力，培养了同学的审美意识。

5. 创新思维

动态画面的设计、动态效果的呈现等过程都需要同学独特的思考过程，最终个性化呈现出想要表达的效果，创新设计、创新制作等过程锻炼了同学的创新思维。

魅力景观

——小小城市考察团

设计者：王　浩　黄岩辉　黄文君　凌淑雯
实施者：王　浩　黄岩辉　黄文君　凌淑雯

一、项目背景

在八年级《艺术展现的社会风貌》单元教学中，发现很多同学由于缺乏对周围城市形态的细心观察，且艺术设计概念学习较少，很难用画笔描绘出相应的艺术作品。为此，在了解同学的美术技法掌握和相关的语文、英语学科知识储备情况的基础上，通过跨学科合作，我们一起开展了"魅力景观——小小城市考察团"的项目化设计和实践活动。通过分组合作、自主学习的形式，结合设计构图、建筑形态描绘、语言表述方面来体现书本中《城市景观》的内容，引导同学用艺术的表现手法来展示周围景观的形态之美。

二、项目目标

美术：通过绘制景观美术作品，利用游览打卡的形式，结合其他艺术内容将设计观念融入绘画语言表现中。直观呈现城市景观之美，提升学生对城市景观的审美品位和艺术感悟力。

语文：通过撰写和修改景观的新闻介绍，提高对语言文字的运用能力。在学习城市景观的历史发展和文化底蕴过程中，增进学生对城市文化的了解和热爱。

英语：认识英语与汉语的异同，逐步在生活中形成语言意识，积累语言经验，能够在感知、体验、积累和运用语言的活动中完成对新闻稿的翻译，加深对中华文化的理解和认同，树立文化视野，坚定文化自信。

三、项目设计

本质问题：

如何利用景观艺术为城市旅游进行有效宣传?

驱动问题：

面对全球各行业的复苏，为了宣传中国城市为旅游业带来更好的发展，同学该如何运用日常学习内容更好地宣传中国城市特色文化呢？

1. 城市景观作品的内容设计有哪些？

2. 每个景观的特点是什么？

3. 如何进行有效的实践打卡宣传活动？

项目规划：

通过对实践内容的分析，分配活动角色—领取小组任务—组队完成打卡内容—分享实践成果。

进程	评价点	学习支架
提出问题和分解驱动问题；小组划分	小组人员名单分配，完成各自负责任务	教师介绍活动注意事项，介绍小组成员负责内容
学习八年级《城市景观》内容	明确考察的景观特征，初步完成小组探究表	《上海出版社八年级艺术》、城市建筑、雕塑等图片或音、视频
用所学语言知识如何描述《城市景观》的主要内容？	完成一篇景观的介绍稿	新闻文字语言运用，了解城市景观中的历史发展，提升学生对城市文化的热爱
《城市景观》的英文翻译工作	英汉互译；逐步形成语言意识、积累语言经验，进行有意义的信息沟通和交流	教材，上网查阅资料，教师指导
完成魅力景观的考查内容	作品绘制，拍照打卡，文字稿，小组海报	小组合作，展示
反思与迁移	本学期收获随笔	教师指导

四、项目设计

◎ 入项活动：认识思考，分解问题，划分小组

引入驱动性问题，让同学进行头脑风暴，对提出的问题进行讨论：如何为城市进行景观宣传？介绍本次活动的主要内容，方便学生领取相关任务。在布置活动计划的同时，也对学生提出的相关疑问做出解答，例如小组成员的分配、活动时间等问题。下发小组任务表格。学生围绕"城市景观打卡，完成城市景观明信片和宣传小报"这一真实情境下的小组活动，走出课本，主动参与到艺术实践中去。培养学生在学习中自主探究、乐于沟通、合作互助的能力；学生能够在"做中学"，不断评价学习进展，开展自我反思，调整学习方式，养成良好的学习习惯和态度。

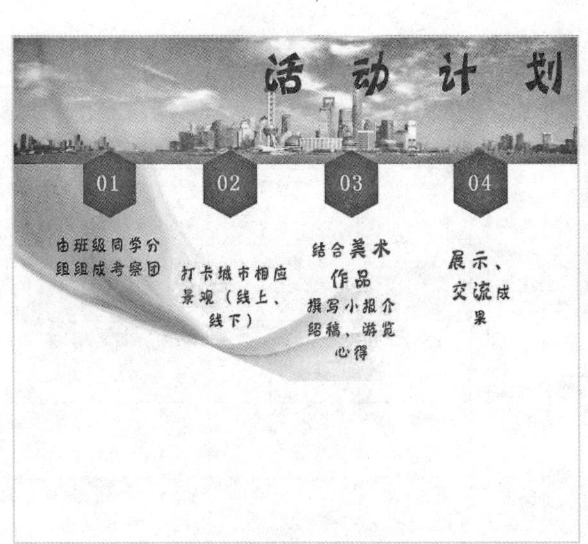

◎ **小组合作：自行组队，规划预打卡活动地**

了解相关任务，自行组队，在理解各自选取的角色任务后，初步完成小组考察表，按照策划方案将小组成员分为策划者、摄像师、小作家、设计师，负责活动中需要完成的部分。

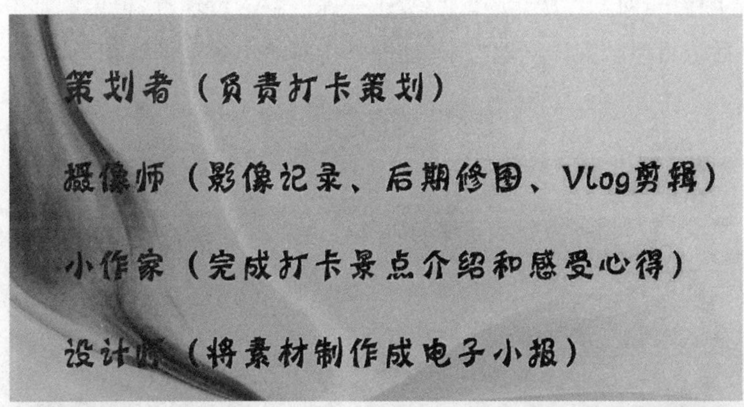

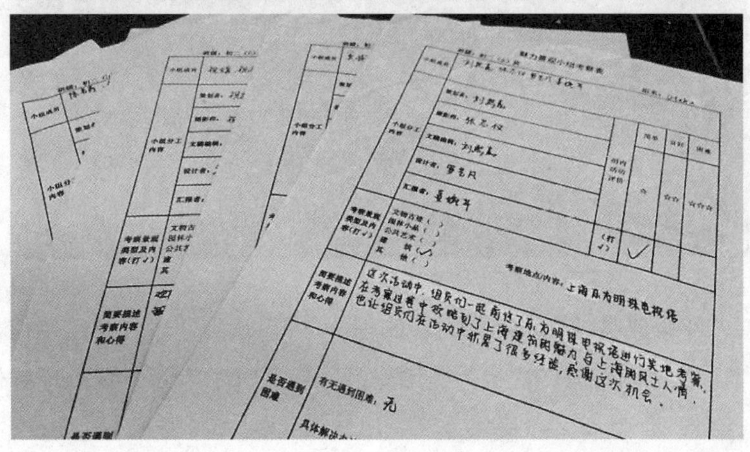

小组名称	策划者（组长）	成员
绿洲你太美	陆安	陈子凡、吴炅轩、周宇皓、王清扬、王煜凡、陆煜非
幽灵船长	赵慧盈	李钰彤、张钰绮、程沁怡、郁忱文
希悦芸薇轩	尚林悦	施承希、龚芸、张宇薇、汤梓轩、邓子周
加油 go go go ~	孔姝睿	陈奕炜、韩思文、徐可暄、夏欣雨、吴晓彤、宋欣妍
鹰小队	蔡浩天	鲍其然、费志杰、纪若余、薛子豪、章朕悦、郑思源、朱俊桦、万宝哲

小组名称	策划者（组长）	成员
双"祝"一"铄"小队	祝媛	祝媛 祝天成 陈潇铄
批（0+农）+三普通人小队	章铭萱	章铭萱 韩彦菲 郁欣雨 周骏杰 徐逸杰 王毅成 金成赫 卢崔婕
otaku 小队	刘熙嘉	刘熙嘉 张芯仪 姜婉芊 罗艺凡
"王炸"小队	奚子轩	奚子轩 施瑞霆 叶子涵 黄秋淇 姜茗泽 邱阳
九十四小队	夏天	夏天 胡时维 陈志杰 俞金扬 徐意涵
奇德小队	姜路加	姜路加 陈若茜 高佳馨 李知雨 斯昕冉
ordinary people 小队	费茗悦	费茗悦 夏嘉声

◎ 合理安排考察时间，选择实践打卡地，进行考察内容(线上 or 线下打卡)

在前期准备工作中，对八年级《城市景观》这一课内容进行理解，根据课堂中教师的要求完成相关景观作品后进行组队完成实地打卡，加深学生对城市景观的认识与了解，培养学生的动手实践能力。

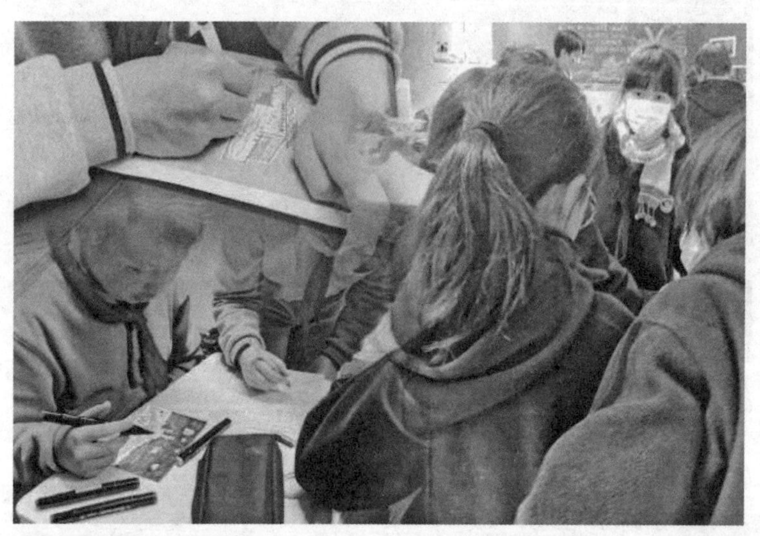

(1) 通过对八年级课本《城市景观》内容的理解，用铝箔画艺术和手绘明信片的形式表现景观形态，将课本中的知识理解转换成为美术作品。但这时学生对景观的理解仅仅停留在书本和网络中的形象。

(2) 结合课堂中的美术作品，跟随小组前期做好的计划表格内容，对描绘景观进行实地打卡：在保证安全的前提下，由小组成员规划相应的行程安排，通过摄影、摄像、绘画等艺术表现形式记录实践活动中产生的相关素材。

◎ **小小宣传员——了解城市景观的历史、发展和文化底蕴，以文字描绘景观之美**

完成打卡活动，下一步由教师对各个小组实践活动后调查的记录、活动文字进行辅导，整合学生在素材书写过程中的问题并解决。

◎ Appreciate the beauty of the human landscape in China

学生通过参与城市景观打卡完成英文介绍，学习真实情境下词汇的学习和运用；同时在教师指导下，认识英语与汉语的异同，逐步形成语言意识，积累语言经验，进行有意义的信息沟通

和交流。了解城市的景观特色和文化背景有助于培养学生健康向上的审美情趣和正确的价值观，加深对中华文化的理解和认同，树立文化视野，坚定文化自信。

◎ **形成成果展示**

各小组前期的艺术创作结合实践打卡内容，进行作品展示。

◎（学生）复盘反思

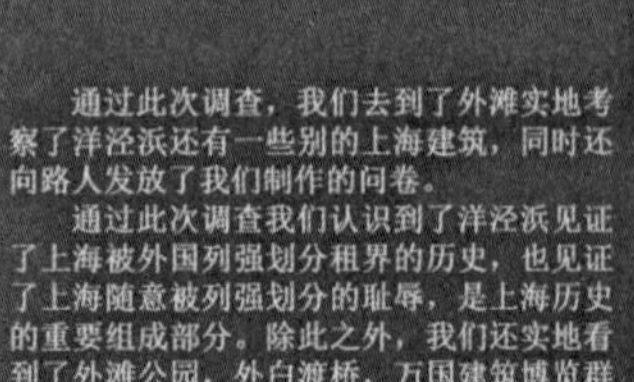

通过此次调查，我们去到了外滩实地考察了洋泾浜还有一些别的上海建筑，同时还向路人发放了我们制作的问卷。
通过此次调查我们认识到了洋泾浜见证了上海被外国列强划分租界的历史，也见证了上海随意被列强划分的耻辱，是上海历史的重要组成部分。除此之外，我们还实地看到了外滩公园，外白渡桥，万国建筑博览群等等。经过这次考察，我们看到了许多在家中"死读书"看不到的东西，所以说除了"读万卷书"还要"行万里路。"

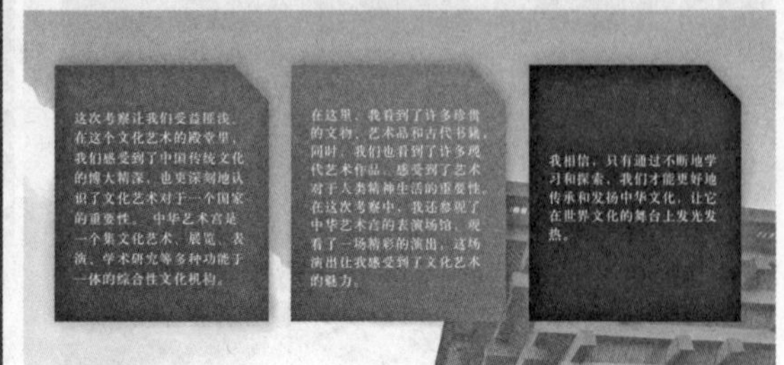

本次活动中，小组的其中两位成员前往了实地进行考察，另外两位成员则负责后期的小报和ppt制作等工作。通过这次活动，组员们对上海建筑的风格特点和上海的人文风貌有了更丰富、更全面的了解，同时也学习到了更多有关上海历史的知识，这对我们即将迎来的历史中考的复习也有很大帮助。在进行小组活动的过程中，组员们各司其职、配合默契、团结一心，积累了很多小组协作活动的经验，让大家都受益匪浅。最后，感谢学校和老师提供给了我们这次机会，让我们在活动的乐趣中各自取得了进步。
3. 活动感想

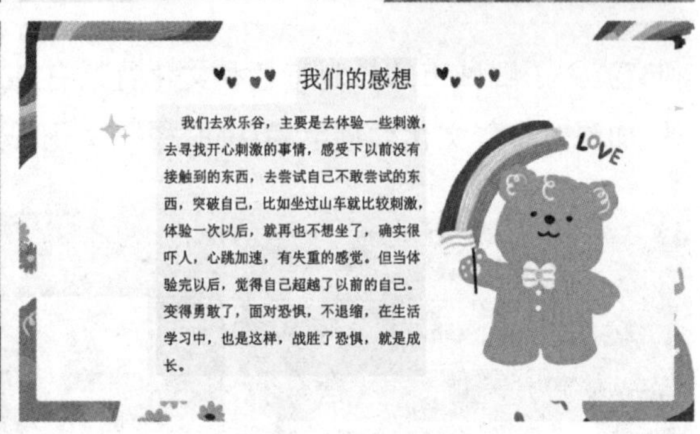

我们的感想
我们去欢乐谷，主要是去体验一些刺激，去寻找开心刺激的事情，感受下以前没有接触到的东西，去尝试自己不敢尝试的东西，突破自己，比如坐过山车就比较刺激，体验一次以后，就再也不想坐了，确实很吓人，心跳加速，有失重的感觉。但当体验完以后，觉得自己超越了以前的自己。变得勇敢了，面对恐惧，不退缩，在生活学习中，也是这样，战胜了恐惧，就是成长。
LOVE

五、项目评价量表

魅力景观评价量表

班级：__________ 小组：__________

设计过程（分值）	0（0分）	1（5分）	2（10分）	3（15分）	4（25分）	得分
明确实践方案	无方案	提出的实践方案与景观内容关联不大	提出的实践方案关联了景观内容，但无线下实践	提出的实践方案关联了景观内容，具有一定线下实践性，但实践人员不足	提出的实践方案关联了景观内容，且具有可行性，实践人员全部到位	
调查景观特征并绘制	无调查、无绘制	调查景观特征，但无绘制	调查了景观特征，并有一定绘制，但表现形式较弱	调查景观特征，有绘制，有表现形式但画面呈现特征不足	调查景观特征，有绘制，有表现形式且画面呈现特征较好	

续表

设计过程（分值）	0（0分）	1（5分）	2（10分）	3（15分）	4（25分）	得分
跨学科实践并设计宣传小报	无实践、无小报设计	有实践，无小报设计	有实践，有小报设计，但内容不足	有实践，有小报设计，但内容设计有部分缺失	有实践，有小报设计，且设计内容较好	
成果展示说明	无成果	有成果但不具备艺术性（审美需求、审美价值、形式美法则）	有形象，具备一定艺术性（审美需求、审美价值、形式美法则）	有形象，具备艺术性（审美需求、审美价值、形式美法则）且内容充分	有形象，具备艺术性（审美需求、审美价值、形式美法则），内容充分，展示效果较好	
总分						

六、项目反思

1. 多样化活动，激发学习热情

在一个多月的项目活动中，从如何有效宣传城市景观这一问题入手，成立“小小城市考察团”，通过一系列组织安排，让学生自由选择相应任务，结合多样的活动内容，引导学生感悟不同学科之间的共通性，积极思考，努力探索。

2. 走出书本，实践才有发现

大力推动项目化学习是为了让学生重视学习合作，发挥自身特长，从义务教育阶段培养学生的团体合作性。在掌握书本知识的同时，结合对日常生活的观察与了解，感悟艺术教育的鲜活性。以“考察团”的身份，引导学生自主探究，结合网络资源和实地调查，综合比较，最后才能将书本知识转化成为相应的能力。

3. 理解跨学科,发现研究问题

了解跨学科的含义,整合不同学科之间的共性才是教师的主要任务。在布置统筹项目化活动过程中,不断发现教学所产生的问题是项目化学习的关键,例如分组过程中出现的分歧及团队研究偏好脱离项目化学习的方向该如何引导,又或是布置任务时面对学习力较弱的学生该如何指导完成都是需要考虑的。总而言之,项目化教学是未来教师教育工作中不可或缺的重要手段。

七、优秀小队

初二(6)班　奇德小队
(姜路加　陈若茜　高佳馨　李知雨　斯昕冉)
初二(6)班　ordinary people 小队
(费茗悦　夏嘉声)
初二(6)班　otaku 小队
(刘熙嘉　张芯仪　姜婉芊　罗艺凡)
初二(2)班　努力学习小队
(秦海伦　蔡一诺　杨舒雯　陈礼灏)
初二(6)班　双"祝"一"铄"小队
(祝媛　祝天成　陈潇铄)
初二(5)班　幽灵船长
(赵慧盈　李钰彤　张钰绮　程沁怡　郁忱文)
初二(2)班　阿尔法小队
(曹铭洋　蔡一言　尤凯文　李治霆　胡家宇)

第四部分

实践智慧

博物馆教育视野下初中整本书阅读跨学科学习模型建设[1]

——以《昆虫记》为例

王　萍

【摘要】本课例将《义务教育语文课程标准(2022 年版)》两大任务群概念相融合,采用逆向教学设计,用真实的策展情境和全程评价驱动整本书阅读跨学科学习任务,通过入项激趣、知识建构、成果修订、反思复盘等活动设计,不仅切实发挥了整本书阅读提升语文核心素养的学科价值,还真正落实了生命观念、科学思维、探究实践、审美表达等大概念的育人价值,赋予了整本书阅读全新的跨学科学习范式。同时本课例积极引入博物馆课程资源,将博物馆教育的跨学科优势与校内教育相融通,构建馆校合作的课程资源开发模式。

【关键词】博物馆教育;整本书阅读;跨学科学习;《昆虫记》

一、确定主题与课例

(一) 教学主题

《义务教育语文课程标准(2022 年版)》在"拓展型学习任务群"中同时提出了"整本书阅读"和"跨学科学习"两个任务群概念,旨在引导学生在语文实践活动中,根据阅读目的和兴趣,综合运用多种方法阅读整本书,积累阅读经验,丰富精神世界;跨学科主题学习活动,则倡导积极利用和开发各类课程资源,加强学科联系,联结课堂内外,创设丰富多样的生活情境,设计富有挑战性的学习任务,从而引导学生在广阔的学习和生活情境中学语文、用语文,激发好奇心、想象力、求知欲,实现自主、合作、探究式学习。但对这两种任务群的实施,现实当中依然存在多重困境:学生受应试和功利化阅读的影响,对经典论著望而却步;教师受到主观或客观因素的影响,缺乏实施拓展任务群的体系建设或策略指导;研究者的成果转化多滞留在理论研究层面,对现实的辐射影响尚需要时间完善。本研究尝试将整本书阅读和跨学科学习二者结合起来,旨在在语文教学实践中分别为二者找到突破现实瓶颈的出口,真正将新课标倡导的"目标导向、问题导向、创新导向"落到实处。而博物馆教育恰好为整本书阅读跨学科学习提供了综合性和开放性的学习资源空间，为学生开展跨学科学习提供了必要的支持，为教师开展跨学科教学拓展了资源领域，所以我们尝试将博物馆教育融入整本书阅读跨学科学习的设计与实践之中。

（二）课例选取

我们选取部编版语文教材八年级上册《昆虫记》为课例研究对象，旨在说明如何在博物馆教育视野下设计与实施整本书的跨学科学习。之所以选择这本书是基于三方面考虑：一是《昆虫记》的跨学科特质。它被誉为昆虫的史诗，是法国科学家法布尔历时三十年完成的科学巨著。它不仅是一部展现昆虫特征习性的科普著作，更是一部人文色彩浓厚的文学著作，他将虫性与人性互为隐喻系统，穷毕生心血观察研究这些天地间的小精灵，让读者感受到其严谨求实的科学精神和崇高伟大的献身精神。正是《昆虫记》先天的跨界优势为整本书阅读跨学科学习的开展提供了一片沃土，从而突破了语文学科长期存在的教材中心、作品中心浅表化阅读、碎片化阅读的局限。二是部分学生在既往的阅读积累中，对科普类的实用性文本阅读经验有限，甚至是缺乏阅读兴趣。而上海作为全国博物馆资源最丰富的地区之一，学生借助上海自然博物馆和上海昆虫博物馆的场馆资源，在真实立体的场馆情境中，以"策展人"的视角来完成"如何策划2022年荒石园昆虫展"这一驱动性问题，就有了地利优势，从而以全新的阅读体验激发阅读兴趣。三是积极响应新课标倡导的跨学科学习方式，这是时代对传统讲授法提出的有益补充，强调个体在与环境相互作用的具身学习过程中获取经验，学生在此学习过程中会经历激趣入项、了解展馆、策划展览、撰写方案、招标出项等项目历程。该学习方式不仅融合多元知识素养拓宽学生阅读视野，更在于使学生对于生命观念、科学思维、探究实践、审美表达等大概念有了更深入的理解。

二、教学规划与设计

威金斯和麦克泰格在《追求理解的教学设计》一书中提出了逆向教学设计的三个阶段：确定预期结果、确定合适的评估证据、设计学习体验和教学。[2]由此出发，我们首先确定博物馆视野下整本书阅读跨学科学习的整体目标和阶段目标，继而制定相关评价量规，确立展览主题、内容、形式、附加产品的评价标准及项目进展和合作探究等过程性评价，用真实任务和评价驱动学习，最后形成可以公开的项目成果。

对于在博物馆视野下的整本书跨学科学习，我们给予学生真实的情境体验，赋予其策展人身份。博物馆学将展览定义为"在一种特定主题下以展品为媒介的物人关系的全面系统的建构"。[3]策展是展览不可缺少的环节，甚至是一个展览成功与否的关键。策展人是近年来出现的新兴职业，为国内现有展览机制提供了一种新的模式。策展人是艺术家与观众之间的桥梁，是影响到展览是否能够将信息成功传递给观众的灵魂人物。而策展人所具备的综合能力恰好与跨学科学习中学生需要学习的可迁移的终身学习素养相吻合。

基于以上逆向教学设计和策展人视角，我们最终形成整本书跨学科学习的展览设计路径[4]如下：

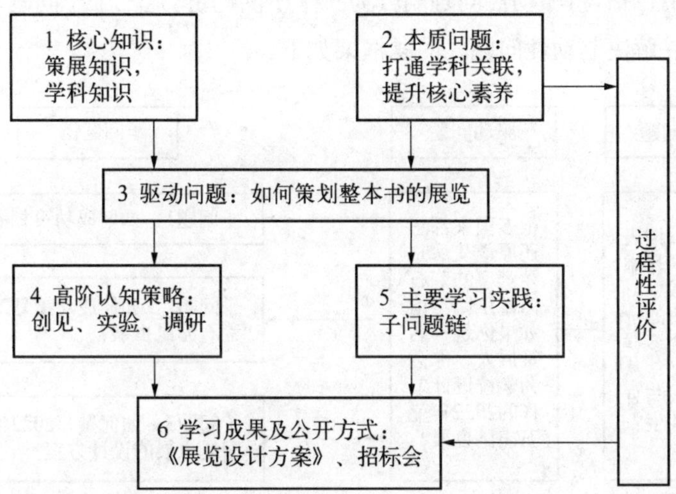

三、教学实施与问题

（一）项目目标

本项目通过语文、生物、美术等学科的融合，具体学科目标的落实，提升“审美创见”“科学实践”“调查研究”等高阶认知，旨在构建审美表达、生命观念、科学精神和社会责任等大概念，最终形成可迁移的终身学习素养。

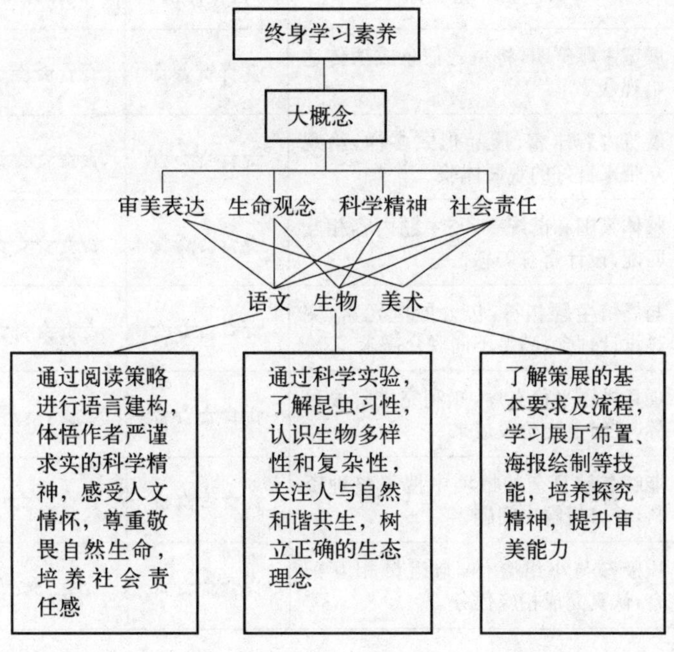

（二）问题框架

在创设任务情境的基础上提出驱动性问题，并且提炼该驱动性问题背后的本质问题，学生通过头脑风暴、归纳概括，将驱动性问题划分为三个子问题链，这三个子问题环环相扣、层层递进，帮助学生拆解并解决驱动性问题。问题框架如下：

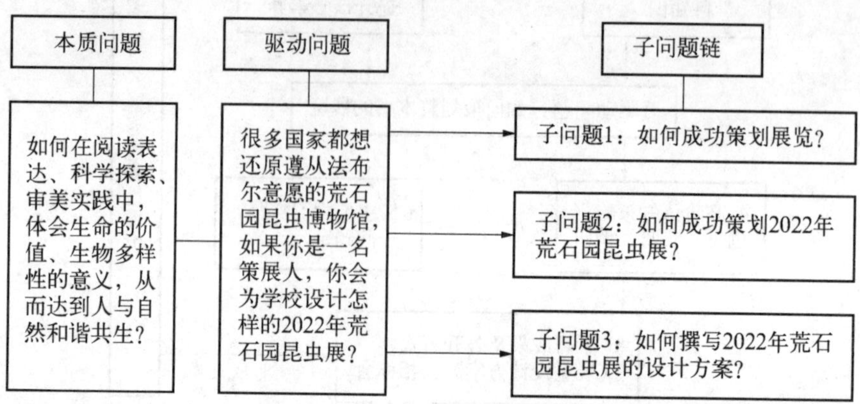
本质问题
如何在阅读表达、科学探索、审美实践中，体会生命的价值、生物多样性的意义，从而达到人与自然和谐共生？
驱动问题
很多国家都想还原遵从法布尔意愿的荒石园昆虫博物馆，如果你是一名策展人，你会为学校设计怎样的2022年荒石园昆虫展？
子问题链
子问题1：如何成功策划展览？
子问题2：如何成功策划2022年荒石园昆虫展？
子问题3：如何撰写2022年荒石园昆虫展的设计方案？

（三）预期评价

本项目用评价驱动任务，始终关注目标的实现情况。先由小组提交评价量规提案，再由全班逐项讨论对作品的终结性评价量规和过程性评价量规，最后不断修订完善。教师、同伴和学生作为多元评价主体，可以据此量规进行师评、互评和自评，提高了评价的客观性和全面性。

项目评价量规

评价项目		评 价 指 标	自我评价	同伴评价	教师评价
总结性评价	展览主题	展览主题鲜明，将主题信息成功传达给观众	☆☆☆☆☆	☆☆☆☆☆	☆☆☆☆☆
	展览内容	展览内容丰富，展品形式多样，给观众带来良好的观展体验	☆☆☆☆☆	☆☆☆☆☆	☆☆☆☆☆
	表现形式	整体氛围和谐统一，与主题内容相互匹配，设计富有美感	☆☆☆☆☆	☆☆☆☆☆	☆☆☆☆☆
	附加产品	与展馆主题相符，包含展览元素，突显设计理念，满足不同观众需求	☆☆☆☆☆	☆☆☆☆☆	☆☆☆☆☆
过程性评价	项目进展	项目进展平稳有序，顺利完成阶段目标，按时上交阶段成果	☆☆☆☆☆	☆☆☆☆☆	☆☆☆☆☆
		能够在较复杂的情境中搜集整理资料，并分析解决问题	☆☆☆☆☆	☆☆☆☆☆	☆☆☆☆☆
		积极参与小组合作，与组员相互配合，认真完成相应任务	☆☆☆☆☆	☆☆☆☆☆	☆☆☆☆☆

续　表

评价项目		评　价　指　标	自我评价	同伴评价	教师评价
过程性评价	合作探究	正确表达个人观点，态度友好，富有创见	☆☆☆☆☆	☆☆☆☆☆	☆☆☆☆☆
		乐于倾听并批判性地接受他人观点，不随意打断，尊重他人	☆☆☆☆☆	☆☆☆☆☆	☆☆☆☆☆
		关注尊重生命，具有人文情怀	☆☆☆☆☆	☆☆☆☆☆	☆☆☆☆☆
		初具科学精神，探究问题逻辑清晰、思路严谨	☆☆☆☆☆	☆☆☆☆☆	☆☆☆☆☆
		能够充分利用学校空间，用审美的眼光设计展览	☆☆☆☆☆	☆☆☆☆☆	☆☆☆☆☆

(四) 项目实施

该项目实施主要分为四个阶段，分别是：1. 入项活动与激趣；2. 知识建构与探究；3. 成果修订与完善；4. 反思复盘与迁移。

1. 入项活动与激趣

活动目标：创设情境，激趣入项。

	学　生　活　动	教　师　活　动	实　施　建　议
活动一	抢答昆虫科普知识	出示抢答问题	回顾旧知，激发兴趣
活动二	观看昆虫视频，了解昆虫知识	播放视频	概括总结，提炼知识
活动三	分享法布尔故事，了解创作背景	创设任务情境，提出驱动性问题	在情境创设中激发深度思考
活动四	完成表格，进行前测	提供 KWL 表格	根据表格，了解学情
活动五	头脑风暴，形成子问题链	协助指导	善于提问，细化问题

2. 知识建构与探究

基于驱动性问题划分的三个子问题链，学生开展知识建构与合作探究活动。

子问题 1：如何成功策划展览？

活动目标：了解策展流程，提炼策展元素。

活动 1：走进展馆，完成任务单。

学习型支架：《艺术》(沪教版)九年级第一学期第五单元“艺术场馆”。

资源型支架：云参观昆虫展——“小昆虫大世界”“拯救地球的昆虫”“体验自然展”“会飞的花——世界珍稀蝴蝶展”等。

观展任务单

1. 你参观过哪些令你印象深刻的展览？
2. 这些展览中最打动你的内容是什么？
3. 你认为策展人在幕后做了哪些工作？
4. 你对策划2022年荒石园昆虫展有何建议？

活动2：讨论任务单，学习策展流程。

学习型支架：《美术》(人教版)八年级(上)《自己办展览》。

活动3：合作探究，提炼策展元素。

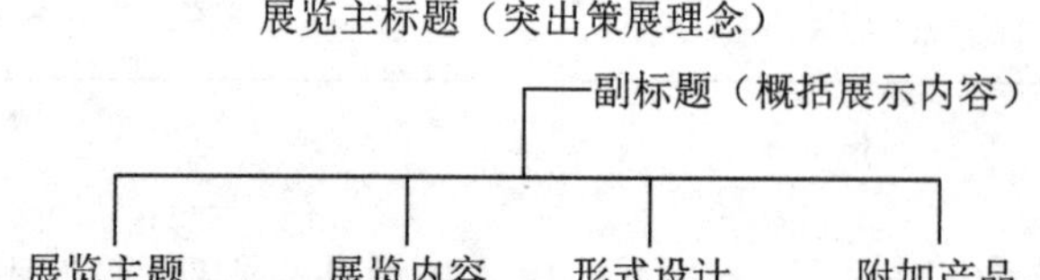

子问题2：如何成功策划2022年荒石园昆虫展？

活动目标：基于策展流程和要素，策划2022年荒石园昆虫展。

活动1：2022年荒石园昆虫展的展览主题是什么？

环节1：灵活运用阅读策略，完成阅读评价任务单。

阅读时间	昆虫名称	形态特征	生活习性	作者的评价	我的思考

环节2：小组交流阅读体验，讨论展览主题。

引导问题：你认为法布尔想通过《昆虫记》向我们传达一种什么理念？在2022年的今天，你认为这种理念有何意义？

展览主题评价量规

评价项目	评 价 指 标	自 评	互 评	师 评
展览背景	背景介绍简明清晰	☆☆☆☆☆	☆☆☆☆☆	☆☆☆☆☆
展览目的	展览目的明确	☆☆☆☆☆	☆☆☆☆☆	☆☆☆☆☆
展览主题	展览主题来自阅读体验	☆☆☆☆☆	☆☆☆☆☆	☆☆☆☆☆

续　表

评价项目	评　价　指　标	自　评	互　评	师　评
创新之处	展览有独特创见	☆☆☆☆☆	☆☆☆☆☆	☆☆☆☆☆
未来期许	展览对当下生活的影响	☆☆☆☆☆	☆☆☆☆☆	☆☆☆☆☆

活动 2：策划 2022 年荒石园昆虫展的展区内容。

环节 1：头脑风暴，讨论展区内容。

环节 2：学习型支架。

根据学生遇到的困难进行教学支持，如自然笔记教学（《生物》）、视频录制（《信息技术》）、探究报告填写（《科学》）等。

展区内容评价量规

评价项目	评　价　标　准	自我评价	同伴评价	教师评价
展区划分	展区结构划分完整合理，呼应主题，符合逻辑，富有新意	☆☆☆☆☆	☆☆☆☆☆	☆☆☆☆☆
展示内容	展示内容来自文本细读，符合科学性和人文性	☆☆☆☆☆	☆☆☆☆☆	☆☆☆☆☆
展品形式	展品形式多样，自然笔记、探究报告、工作证等的绘制科学精美	☆☆☆☆☆	☆☆☆☆☆	☆☆☆☆☆

活动 3：策划 2022 年荒石园昆虫展的陈列方式。

学习型支架：《艺术》（人教版）八年级（上）第一单元“感受艺术设计”—“校园展览会”—展台设计和展板设计。

在本阶段的活动中，学生需要考虑如何通过空间、光线、色彩、展具、材料等设计要素，充分利用学校现有的空间，将展品相互关联，陈列展出，以讲故事的方式与观众互动。教师在此过程中给予相应教学支架。

陈列方式评价量规

评价项目	评　价　标　准	自我评价	同伴评价	教师评价
展览空间	充分合理利用空间，空间创意符合展区主题，给观众带来良好审美体验	☆☆☆☆☆	☆☆☆☆☆	☆☆☆☆☆
展板设计	展板按主题、序列及形式进行艺术设计，与整体风格、展览内容和谐统一	☆☆☆☆☆	☆☆☆☆☆	☆☆☆☆☆

续 表

评价项目	评　价　标　准	自我评价	同伴评价	教师评价
陈列方式	展览陈列摆放相互关联，主次分明，体现展览内容的故事性	☆☆☆☆☆	☆☆☆☆☆	☆☆☆☆☆

活动 4：设计展览的附加品。

环节 1：制作导览手册。

学习支架：沪教版《艺术》九年级第一学期第五单元。

导览手册评价量规

评价项目	评　价　标　准	自我评价	同伴评价	教师评价
封面设计	图形设计精美，色彩搭配合理，能够引起观众参观兴趣	☆☆☆☆☆	☆☆☆☆☆	☆☆☆☆☆
内容选取	文字撰写准确自然，通俗醒目，能够起到良好的宣传作用	☆☆☆☆☆	☆☆☆☆☆	☆☆☆☆☆
导览路线	路线设计合理，线条勾勒精细，能够为观众提供明确易懂的参观路线	☆☆☆☆☆	☆☆☆☆☆	☆☆☆☆☆
风格设计	整体风格协调一致，并与展览主题和谐统一	☆☆☆☆☆	☆☆☆☆☆	☆☆☆☆☆
电子导览	PPT、视频制作精美，内容充实，形式多样，能够循环播放，起到导览作用	☆☆☆☆☆	☆☆☆☆☆	☆☆☆☆☆

环节 2：撰写导览词。

导览词评价量规

评价项目	评　价　标　准	自我评价	同伴评价	教师评价
撰写导览词	围绕导览主题展开，传达策展理念	☆☆☆☆☆	☆☆☆☆☆	☆☆☆☆☆
	材料鲜明具体，用词准确，丰富生动			
	结构合理，语句通顺，富有感染力	☆☆☆☆☆	☆☆☆☆☆	☆☆☆☆☆
讲解导览词	发音清晰，语速合理，音量适中，富有情感	☆☆☆☆☆	☆☆☆☆☆	☆☆☆☆☆
	准备充分，熟练掌握导览内容，能回答观众提问	☆☆☆☆☆	☆☆☆☆☆	☆☆☆☆☆
	合理运用肢体语言，与观众有眼神交流	☆☆☆☆☆	☆☆☆☆☆	☆☆☆☆☆

子问题3：如何撰写2022年荒石园昆虫展的设计方案？

活动目标：基于展览设计方案模板，撰写《2022年荒石园昆虫展设计方案》。

基于子问题2的四个探究活动，根据展览设计方案模板，撰写展览设计方案，可根据具体方案进行调整。

展览设计方案模板

一、展览时间

二、主办单位

三、展览主题(前言)

四、展览内容设计

1. 内容设计思想

2. 展区名称

3. 展品制作

4. 展板艺术设计

五、展览形式设计

1. 形式设计思想

2. 空间设计形式

六、展览附加产品

七、展览后记

3. 成果修订与完善

本项目根据评价量规，以招标会的形式，师生共同选出最佳方案进行布展出项。以下为得票最高的《昆虫·人·众生》的展览设计方案。

昆虫·人·众生

——2022年荒石园昆虫展览设计方案

一、展览时间

2022.10—2022.12

二、主办单位

上海市实验学校南校八年级

三、展览地点

图书馆

四、展览主题(前言)

法布尔带领我们畅游奇妙的昆虫世界,一起去探寻、去思考。在法布尔眼中,昆虫不是当时科学家用来解剖的冷冰冰的研究对象,也不是普通民众认为的微不足道的生物群体,而是像人类一样有着鲜活的生命意识、复杂的社会组织体系、丰富多样的性情爱好的大自然生灵。在残酷复杂的大自然法则下,昆虫为个体和族类的生存顽强地斗争着。法布尔尊重这些渺小而伟大的生命,无论遭遇多大的生活困厄,他都锲而不舍地去观察研究这些天地间的小精灵,他甚至将整个生命献给了这片满是荒石杂草的园子。我们感动于法布尔对自然的热爱、对昆虫研究的执着,他让我们深切体悟到科学研究的乐趣与严谨,也让我们领悟到敬畏生命的庄严与神圣。我们在感动的同时,也希望将法布尔的精神发扬光大,将昆虫特有的"虫性"展现出来,从而反观思考"人的本性",因此策划了这场展示"昆虫众生"的展览。希望大家也能停下匆忙的脚步,低头看一看脚下同样忙忙碌碌的小蚂蚁,看看地球上丰富多彩的生物,思考人类作为地球上更具智慧的物种,怎样与大自然和谐共生,维护其他物种的繁衍,为这个地球的可持续发展贡献自己的一份力量。

五、展览设计内容

既然昆虫像人类一样,我们按照人类的组织架构,将展览分为四大展区,分别是衣食住行篇、家庭生活篇、社会贡献篇及昆虫诗人篇。

展区 1　衣食住行篇

环节 1:展区内容

本展区选取大家感兴趣的昆虫,圈画或概括介绍昆虫角度的词语,并对其进行归类,以第一人称完成昆虫"衣食住行"的思维导图(其中"衣"指的是外貌,"行"指的是行为特征)。

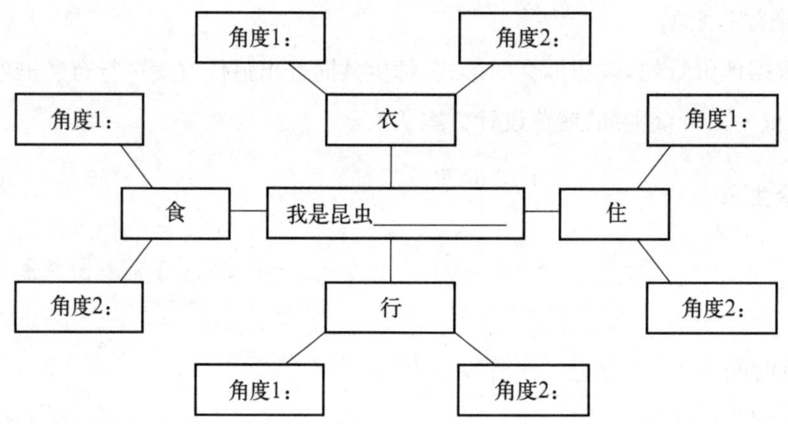

环节 2:展示形式

根据思维导图,完成昆虫自然笔记。

展区 2　家庭生活篇

环节 1:展区内容

本展区通过研读法布尔的实验探究，了解法布尔所揭示的昆虫的夫妻关系和母子关系，总结其科学探究的经验，完成探究实验报告。

__________探究实验报告

实验名称	
实验目的	
实验准备	
实验步骤	
实验现象	
实验结论	

环节 2：展示形式

用同样的实验方法观察蜗牛，并将实验过程通过视频记录下来。

展区 3　社会贡献篇

环节 1：展区内容

益虫、害虫是我们从人类视角对昆虫的划分，每一个昆虫对自然都有着独特的贡献，比如蝉既是天生的歌唱家，也是建筑师，西班牙蜣螂是女面包师，粪金龟是公共卫生小勇士……请结合昆虫的工作，帮它们制作工作证，并说说昆虫和人类的关系。

环节 2：展示形式

制作并美化昆虫"工作证"。

展区 4　昆虫诗人篇

环节 1：展区内容

法布尔在生活中无论遭遇多大的困厄，都没有放弃所钟爱的昆虫研究事业，他忘记了时间的流逝与生活的不易，放下了世人的误解与名利的争斗，他乐在其中，他甚至化作了一只昆虫，自由自在地徜徉在大地母亲的怀抱中。请你阅读《法布尔小传》，完成法布尔生平思维导图。

环节 2：展示形式

设计完成法布尔生平虫形思维导图。

六、展区空间设计

整个展区模拟荒石园杂草丛生、碎石遍地的景象，吊顶悬挂树枝、坚果等营造展区氛围，根据内容进行相应的展板设计，摆放成"虫形"，参观路线也据此设计成"S"形，并且在细节处搭配昆虫装饰，增强整体的参观效果。

4. 反思复盘与迁移

在策划2022年荒石园昆虫展的项目中，我们第一次了解到"策展人"这种职业，并且策划了属于我们自己的展览，这跟以前只是阅读答题的方式不同，让我们对阅读更有兴趣，更能激发我们的思考。一想到我们的阅读成果可以通过展览的方式呈现给大家，我们就特别有动力。首先，我们运用多种阅读策略研读了2018年人民文学出版社的《昆虫记》，并且完成了阅读任务单；其次，我们在了解了策展的流程和要素之后，小组合作探讨展览的主题、展区的划分、展品的制作、展览的形式设计及能让同学将展览带回家的文创产品；最后，我们通过招标会的形式，投票选出了最佳设计方案，实施和布展。通过这种方式，我们可以将更多的整本书阅读策划成展览，传扬作品思想，将更多精彩的展览呈现给大家。

四、教学反思与成效

1. 更新了整本书阅读的跨学科学习范式

对本校八年级学生进行阅读前测的调查显示，67.8%的学生有兴趣阅读《昆虫记》，其他学生的兴趣不是很浓厚，甚至没有阅读兴趣；55.3%的学生表示对科普著作的阅读策略缺乏了解；有99.3%的学生表示参观过博物馆，但不了解策展。基于以上学情调查，我们采用策展的活动方式创设真实的体验情境，让学生在具身学习体验中用跨学科的高阶思维包裹低阶思维的学习模式，将科普类文本中传统的写作目的、说明结构、信息提取、语言特色等阅读方法，转化成任务驱动下的策划展览主题、划分展区结构、策划展览内容等活动形式，从而打通《昆虫记》阅读过程中遇到的种种阻碍。在初始阅读阶段，学生回顾既往单篇说明文学习中掌握的阅读方法，86.6%的学生能顺利完成阅读任务，梳理各章节主要内容、行文脉络，提炼概括关于昆虫的基本信息，并且能够区分昆虫知识与作者评价，能在阅读过程中进行批判性思考。在知识建构与探究阶段，对博物馆缺乏更多了解的学生，往往对策展显得无从下手，因此我们带领学生回归文本，在文本细读中获取思维的灵感。在策划展览主题的活动中，学生还不能领会《昆虫记》这部科学巨著所蕴含的科学精神和人文思想，我们引导学生关注封面、扉页、附录及封底等信息获取作家及作品信息，并引导学生利用网络书籍等，补充关于法布尔和《昆虫记》的相关信息及对专业术语的理解，帮助学生感受法布尔及《昆虫记》的魅力，从字里行间体会法布尔通过"虫性"所折射出的对人类宏大主题的思考，如敬畏生命、感叹人性、关怀人民、批判战争等，让学生站到一个全新的高度看待《昆虫记》的现实价值。学生之前已经学习过单篇科普作品，掌握了基本的阅读方法，但对《昆虫记》整本书阅读中涉及篇目关联、差异的对比性阅读缺少相应策略，我们通过划分展区和筹划展区内容等活动，引导学生积极寻找文本之间的联系，将具有逻辑性的文本结构划分转化成展区结构的划分，将文章重点内容的探讨转化成展区内容的筹划，比如对昆虫外形特征、生活习性等的理解概括、对法布尔科学探究实验的掌握应用、对法布尔通过拟人赋予昆虫人类特性的深入解读等。在内容策划的过程中，我们融入生物、信息科技、科学等跨学科知识及概念，以审美表达的方式将语言思维、生命意识、科学精神、社会责任等大概念串联起来，从而将整本书阅读跨学科学习引向价值取向、审美体验和生命觉悟的层次，在深层上促进学生与生活、与世界建立更为直接的情感关联。这不单是学科之间的跨越整合，更是构建了以核心素养为导向的人本主义的教育范式，符合青少年的认知发展规律，使其在具象认知中突破符号认知的局限，从而建立起一个更为完整均衡的知识体系。形成如下整本书阅读的跨学科学习范式：

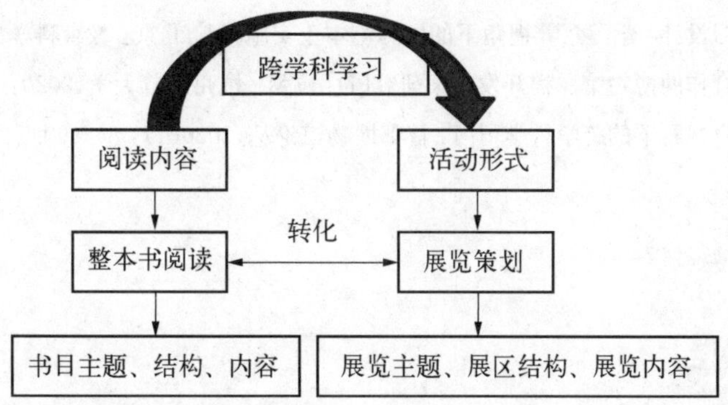

2. 构建了馆校合作的课程资源开发模式

博物馆教育既指在博物馆内开展的教育项目或活动，也指利用博物馆资源开展的探究式学习活动[5]。博物馆教育作为校外非正式教育，当其与学校教育建立密切的馆校合作关系，为了共同的教育目标而开发出适合学校特色的博物馆课程时，才能将博物馆的教育职能发挥到最大。而博物馆作为一个综合性的教育空间，它所具有的“跨文化性、跨时代性、跨地域性”[6]等特点与跨学科学习的特征不谋而合，因此博物馆教育是跨学科学习的天然宝库。本课例以《昆虫记》为范本，意在通过引入博物馆课程资源，构建馆校合作的课程开发模式。本课例开发的起点在于主题选择，找出博物馆资源与学校课程内容的关联性，基于学生视角，将博物馆要素与教学主题相融合，进一步制定目标、选择内容和设计活动，在横向和纵向两个平面深度联结。在具体的实施过程中，既要遵循学校教育原则，也要符合博物馆教育的规律，多方协同，最终开发出适合青少年身心发展规律的学校博物馆课程。整个过程由学校教师、博物馆员及研究人员共同参与设计评价，形成如下馆校合作的课程开发模型：

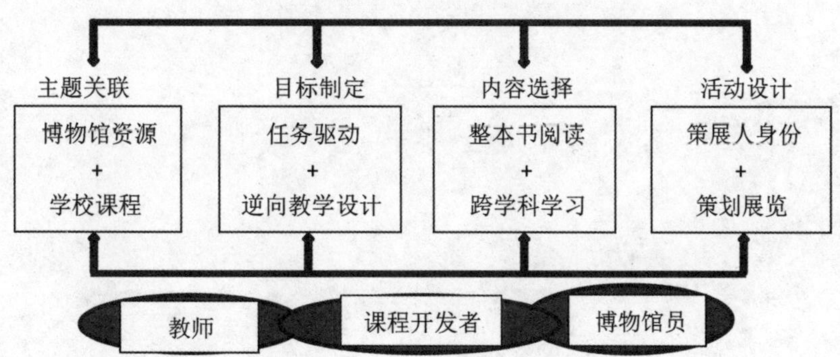

【参考文献】

[1] 本文属于上海市浦东新区教育科学研究课题《基于学科的博物馆课程开发和实施研究》(2019B026)的阶段性成果。

[2] 威金斯和麦克泰格.追求理解的教学设计[M].2 版.闫寒冰，等，译.上海：华东师范大学出版社，2017：18 - 19.

[3] 曹兵武.展览与策展——一个博物馆业务与博物馆学的焦点问题[J].文博学刊，2022(2)：49.

[4] 夏雪梅.项目化学习设计：学习素养视角下的国际与本土实施[M].北京：教育科学出版社，2021：33.

[5] 王洪宇.基于馆校合作的博物馆课程开发个案研究[D].杭州：杭州师范大学，2020：10.

[6] 杨丹丹.博物馆教育视野下的跨学科学习[J].首都博物馆论丛，2020(1)：84 - 90.

项目化学习下初中语文古诗情境化教学策略探究

——以统编版七年级语文上册第一单元诗歌跨学科教学为例

任　荣

【摘要】古诗是我国文化史上最为璀璨的一颗明珠，同时也是语文教学的重要组成部分。但是，从教学实践看，当前的初中语文古诗教学依然困囿于传统的听、说、读、写模式，致使很多学生对古诗学习的兴趣不高，出现了教学者无趣、学习者无味的现象。本文旨在探究在项目化学习背景下，如何采用情境化教学策略，深入发掘古诗的内涵，将学生从传统应试教育的背诵、默写、翻译的机械模式中解放出来，从而全面提高学生的诗歌鉴赏能力和语文综合素养。

【关键词】项目化学习；初中古诗；情境化教学

Abstract: As the most brilliant pearl in Chinese cultural history, ancient poetry is also an important part of Chinese teaching. However, from the perspective of teaching practice, the current teaching of ancient Chinese poetry in junior high school is still confined to the traditional mode of listening, speaking, reading and writing, which causes many students' little interest in learning ancient poetry, and the phenomenon of teaching is boring and learners are tasteless. This paper aims to explore how to adopt the situational teaching strategy under the background of project learning, deeply explore the connotation of ancient poetry, and liberate students from the mechanical mode of recitation, writing and translation of traditional exam-oriented education, so as to comprehensively improve students' poetry appreciation ability and comprehensive Chinese literacy.

Key words: project learning; poetry in junior high school; situational teaching

一、初中语文古诗教学现状

初中语文古诗教学的现状虽因地区、学校等因素而异，但总体来说，仍是教师教学、教材、学生这三方面综合因素作用的结果。基于此，笔者将从教师教学现状、学生学情和教材特点三方面深入分析目前初中语文古诗教学所面临的现状。

（一）教师教学现状

教师作为教学的组织者和引导者，在课堂的教学中起着主导作用，教师的教对学生的学起着决定性的作用。教师作为学生学习的引导者和指导者，其教学水平、教学方法、教学态度等都会直接影响到学生的学习效果。一个教师的教学素质水平决定着一堂课教学质量的高低。从当前的初中语文古诗课堂教学来看，大部分教师在教授古诗时仍然依循着朗诵—翻译—背诵—默写这样的传统教学模式，教学手段缺乏创新。教师本人在讲解古诗时也只是照本宣科，并未真正发掘出古诗中蕴含的优秀传统内涵，难以激发学生的学习兴趣。造成此课堂教学困境主要有以下两点原因。

一是教师对古诗的教学不够深入，缺乏专业知识和研究。教师是教学的主导者、知识的传播者，更是学习的主体。古诗这种文学形式，具有独特的韵律、格律、意境等特点。如果教师没有充分掌握古诗的背景、作者生平、创作意图等方面的知识，或者没有足够的教学经验和技巧，就很难有效地教授古诗。

二是教学方法不当。古诗作为特殊的文学形式，其教法与其他文体有着本质区别，如果教师的教学方法不够生动、有趣，或者没有充分考虑到学生的实际情况和需求，就很难激发学生对古诗学习的兴趣和热情，致使学生不愿意听课、不愿意参与讨论，甚至可能产生抵触情绪，也有可能使学生依赖教师的讲解和指导，而忽略了自主学习和思考的重要性。这会导致学生在以后的学习中遇到问题时无法独立解决，从而影响他们的综合素质和未来发展。

（二）学生学情

学生是学习的主体，作为中华文化的继承者和传播者，古诗的学习可以帮助学生全面提高自己的语文素养、审美能力和人文素质，同时也有助于培养学生的文化自信和民族自豪感，对于学生的人格塑造具有重要的作用。然而，当前学生在学习古诗时面临多重困境和难题，主要有以下几点。

一是语言难度。古诗的语言和词汇往往比较古老，对使用现代汉语的学生来说，理解和掌握起来可能会有一定的困难。

二是意境理解。古诗的意境往往比较深远、抽象，需要学生通过反复阅读和思考来理解其中的意义和内涵。

三是古诗结构。古诗的结构和韵律往往比较复杂，需要学生掌握一定的古诗知识才能更好地理解和欣赏古诗。

四是文化背景。古诗反映了古代社会的风貌和文化传统,对没有接触过这些文化背景的学生来说,可能会感到陌生和难以理解。

基于以上原因,也就不难理解为什么学生在学习古诗时容易出现兴趣和动力不足,缺乏对古诗的审美能力,难以欣赏古诗的艺术价值的情况了。

(三) 教材特点

教材是教学活动中的重要工具,在教学活动中扮演着重要的角色,对于提高学生的学习效果和素质具有不可替代的作用。基于应试背景和教学的篇幅,义务教育语文统编教材采取"语文素养"与"人文精神"双线组合的方式编排,以人文主题为线索,将语文素养作为另一条线索,精选典范文本,安排必要知识。这样编排利于安排必要的语文知识,优化学习的策略,促进学生语言文字运用能力的发展,重视语文知识的积累和读写能力的培养,着重解决不读书、少读书的问题。在整体课文数量有所减少的情况下,大量增加衍生阅读数量,引导语文教学向课外阅读延伸。统编版教材中古诗词的占比有所增加,特别是课内古诗词的数量增加到36篇。由此可见,在初中阶段的语文教学中,古诗词教学的重要程度进一步加强。

二、基于项目化学习古诗情境教学

(一) 情境教学法在项目化背景下实施的必要性

项目化学习即PBL,全称是Problem-based Learning,是"基于问题的学习"或"以问题为导向的学习"。其本质为一种以学生为中心的学习方式,由教师提供一些关键素材构建一个真实环境,学生组建团队,通过以真实问题驱动及相关任务为导向,发挥问题对学生在学习过程中的指导作用。它是一种教学模式,将探究和综合结合起来,以问题作为驱动,设计和实施的过程中兼顾问题性、情境性、主动性、探究性和合作性。可见,情境性是项目化学习中不可或缺的一环。有学者认为,"所有项目化学习都强调真实情境""尽可能创建真实任务情境应是项目化学习努力的方向"。

同时,我国《关于深化教育教学改革全面提高义务教育质量的意见》和《关于新时代推进普通高中育人方式改革的指导意见》中均明确提出要深化课堂教学改革,优化教学方式——"探索基于学科的课程综合化教学,开展研究型、项目化、合作式学习""培养学生学习能力,促进学生系统掌握各学科基础知识、基本技能、基本方法,培养适应终身发展和社会发展需要的正确价值观念、必备品格和关键能力"。

基于以上观点和要求,在项目化学习中,为了获得知识,学生必须在真实的情境中主动地亲身体验知识产生的过程,而情境化创设的过程是影响良好学习质量的重要因素之一。可见,在古诗这种特殊文体的教学中,富有情境性的项目化学习更是必要的。

(二) 情境教学法在古诗教学中的作用

"情感是教育教学中无法回避也不能回避的重要课题。心理学研究表明,情感是最具情境性的心理活动。"情感是诗歌表达的核心,因此,诗歌的情感是我们在诗词鉴赏教学中的关键内容。而在古诗的教学中,对于诗歌感情的把握既是教学重点,也是教学难点。因此,根据课程内容创设情境,采用适切的情境教学法不仅有利于学生的情感教学,也对诗歌教学课堂效率的提高大有裨益。

情境教学法是一种以学生为中心的教学方法,它强调学生在具体的、生动的、真实的情境中学习。为了达到既定的教学目的,根据教学内容和学生特点,引入或创设与内容相适应的教学情境。在这种教学模式下,教师不再是知识的传授者,而是学生的引导者和促进者。情境教学法通过创设情境来实现教材情境的真实再现,让学生置身于特定的教学情境之中,引起学生的情感体验,激活思维,激发学生的学习兴趣,提高学生的参与度和积极性,帮助学生更好地理解和掌握学科知识,从而达到更好的教学效果。

因此,基于情境教学法的特点,在初中古诗教学中采用情境教学法,其优点不言而喻,它可以将古诗词中的抽象化情景变为立体真实的形象,引起学生的学习兴趣,有效地帮助学生理解诗词内容,让学生和作者的情感产生共鸣。情境化教学还可以引导学生更为准确地把握古诗词的思想主旨,更好地理解古代文化。

三、项目化下古诗情境教学法应用

(一) 创设情境,真实问题驱动导入

驱动性问题是围绕项目主题和课程标准设计的关键性问题,是项目化学习的核心要素之一,它驱动着整个项目的进行,能够引发学生的自主探究、思考思维,层层推进学习进程,最终目的是能够使学生回应问题和思考出解决问题的办法。

情境化的驱动性问题在整个项目中不简简单单是一个趣味性的开场白,更重要的是引发学生对项目的聚焦探究和学习,同时为学生创造兴趣和挑战。一个好的情境化驱动性问题能够营造出学生自主驱动思考的学习氛围,不但能有效地激发学生的参与热情,还能借助一环套一环的子驱动性问题引导学生积极地寻找问题的解决方案,培养了学生的创造能力和真正的深度学习的能力。

情境化驱动性问题的设计是项目化学习非常重要的环节,如何设计出高质量的驱动性问题?怎样的驱动性问题能够证明这个项目化学习有成效?对教师的专业技能来说是具有难度的。笔者以《穿越时空,云赏四时——诗词情境化微电影教学》古诗跨学科项目化学习案例为例,试图在此基础上探讨情境化的驱动性问题在古诗教学中的作用。

在此项目中,笔者既是项目的策划者,又是项目的参与者,之所以设计这样一个跨学科项目是基于以下几点原因。

1. 课程基础。本人在对七年级上册第一单元的写景抒情类散文和古诗文的阅读教学过程中发现,由于时代的久远和文化的鸿沟,学生对于散文和诗词中所描写的具体的四季美景中

的“情境美”无法深刻体悟，对“情”与“景”的关系无法建立深刻连接。他们对古代文人因“景”而动情，采用借景抒情手法进行创作无法做到深入理解。

2. 课标指向。《义务教育语文课程标准(2022 年版)》明确指出：倡导课程整合，设置综合课程，强调大课程观。语文既是一门工具性学科，又是一门基础性学科。语文课程目标之一即通过语文学习“感受语言文字的美，感悟作品的思想内涵和艺术价值，能结合自己的经验，理解、欣赏和初步评价语言文字作品，丰富自己的情感体验和精神世界”。如何感知古诗词中的语言文字之美，品悟古诗词中的情景关系，既是义务教学阶段语文课标的要求，也是语文古诗教学所要探讨的重点。

3. 跨学科学习价值。《义务教育语文课程标准(2022 年版)》对于跨学科任务群的价值定位是：“语文跨学科学习旨在引导学生在语文实践活动中，联结课堂内外、学校内外，拓宽语文学习和运用领域；围绕学科学习、社会生活中有意义的话题，开展阅读、梳理、探究、交流等活动，在综合运用多学科知识发现问题、分析问题、解决问题的过程中，提高语言文字运用能力。”

因此，为了使学生深刻理解诗词中所描写的情景，同时缩短与古人的时空差距，近距离感受古诗词中创作的情境，激发学生的阅读感悟，体会诗歌“情动于中而形于言”的本质，本项目意在通过情景导向，让学生借助电影的微镜头近距离快速进入情境中，去探寻古诗词中的四季美景，感悟情景交融的诗词意境，从而激发学生阅读古诗的兴趣，激发学生的共情力和对大自然的热爱之情。

在以上背景下笔者很快就将项目本质问题设定为：

古诗词是一门艺术，是古人“美”的体现，古诗词鉴赏是“古代美”在“新时代”的重现，如何重现古诗词中的“四时美景”？如何体悟作者诗中景物和情感的关系？

但是在如何设计具有思维性价值、情境化的驱动问题让项目更好地展开时，笔者却犯了难。以下是此项目的驱动性问题的几个版本。

版本一：古诗词是一门艺术，是古人“美”的体现，古诗词鉴赏是“古代美”在“新时代”的重现，如何重现古诗词中的“四时美景”？如何体悟作者的情感？

版本二：假如你可穿越到古代去“四季云游”，你最想和哪个诗人一起去云游四海？

版本三：随着环境的恶化，气候的异常，我们已经很难感受到“春有百花秋有月，夏有凉风冬有雪”那个景物分明的四季了，但是古人所处的时代确实四季分明，假如你可穿越到古代去“四季云游”，你最想到哪个诗人笔下的季节？

从以上三个驱动问题的变化可以看出设计出好的驱动性问题并非“妙手偶得”，它是在不断探究实践的基础上，经过深思熟虑而又不断检测得出的。在第一次驱动问题的设计上笔者根本分不清楚本质问题和驱动问题的区别，将两者混为一谈；经过学习实践，设计出了第二版驱动问题，此驱动性问题虽然有一定的情境，“假如你可穿越到古代去‘四季云游’，你最想和哪个诗人一起去云游四海？”但是缺乏针对性，只是泛泛而谈。学生在此驱动性问题下会自然而然生出这样的疑问:"为什么要穿越到古代云游?现代不行吗?古代交通那样不便,还怎么出行?"可见,此项目的驱动性问题并未达到想要的效果,对项目的展开无太大帮助。究其原因是情境化问题的设置不是真实的、有效的。于是,在此基础上,笔者又开始试图探讨如何结合学生所处的具体真实的情境设置合理的驱动问题,经过思考再三,笔者将驱动问题设成了版本三的内容。通过古今气候变化及古诗词中对于季节的描写,以真实有效的情境化问题驱动学生去探究古诗词中对于四季景物的描写,最终,此项目得以有效展开实施。

可以说,驱动性问题是一个项目课程展开的核心和灵魂。一个好的情境化的驱动性问题不一定真实发生的,但是一定要符合真实的"情境",这样才有可能引起学生的好奇心,激发学生的探索欲。

(二)诗画结合,创造优美诗境

诗歌讲求诗情与画意的交融。古人很早就认识到诗画艺术的共性。古罗马诗人贺拉斯说:"画如此,诗亦然。"(《诗艺》)宋代诗人苏轼说:"诗画本一律。"(《书鄢陵王主簿所画折枝二首》)孔武仲也说:"文者无形之画,画者有形之文,二者异迹而同趣。"(《宗伯集》卷一《东坡居士画怪石赋》)元代杨维桢说:"盖诗者心声,画者心画,二者同体也。""故能诗者必知画,而能画者多知诗,由其道无二致也。"(《东维子集》卷十一《无声诗意序》)明代文徵明《次韵题子畏所画黄茆小景》:"知君作画不是画,分明诗境但无声。古称诗画无彼此,以口传心还应指。"古今中外有识之士在诗画的共性问题上,很早就达成共识。在诗歌情境化教学中,绘画是不可或缺的一环,以上述古诗项目化教学为例,笔者在让学生将其所选的四季古诗整理分类,通过分组合作文字讲解后更让学生结合不同的绘画技法,将古诗画成完整的绘画作品,做到"诗中有画,画中有诗"。诗情画意交融,让学生能够更加真切地感受到诗歌的人物美、景物美、情境美,从而进一步提高学生的诗歌审美鉴赏能力。

(三)自创微视频,真实情境具体还原

学生在古诗课堂的学习中难以透过诗歌的语言理解诗人情感是古诗课堂教学的一大难题,造成此种困境的原因最常见的有以下几点:学生对古诗的兴趣不高,难以激发学生的学习热情;古诗的语言形式和文化背景较为复杂,学生难以理解;古诗的教学方法单一,缺乏趣味性和互动性。如何提高学生的学习热情,激发学生学习古诗的趣味性,根本在于解决学生在古诗学习中所遇到的难题。当前的课堂教学中教师最常采用的古诗情境化教学法即朗诵法和视频导入法背景介绍。诚然,以上的方法通过文字和视频进行背景介绍,无疑在古诗的教学中起着十分重要的作用,然而,对于每首古诗词中一字一句具体的内涵和诗意,大部分情况下只能靠教师的口授讲解。因此,学生对于古诗词的理解程度很多情况下是取决于教师的讲解能力。而每一个教师的讲解水平参差不一,就决定了学生的理解不尽相同。如何解决教师讲授诗意的难题,笔者在《"穿越时空,云赏四时"——诗词情境化微电影教学》跨学科项目化学习中所做的最大尝试就是让学生自己将古诗词拍成视频,学生在自己制作古诗词视频的过程中要通过查找古诗词、翻译古诗词、理解古诗词、古诗词拆解、符合古诗词意境画面的选取、画面组合、朗诵录音、配乐、视频整合、汇报展示等一系列的流程，最终呈现出完整的古诗词微电影视频辑录。

相比于由简单的朗诵和背景视频的播放带入情境，微视频电影的制作是一项以语文学科素养为基础结合其他学科知识，跨学科、综合性的情境化古诗词创作的学习。学生在此基础上不仅需要掌握古诗词的基础意思，也需要思索如何通过古诗词微电影视频作品传递古诗词所内蕴的深层情感、文化内涵。学生通过所熟悉的多媒体视频和现代化网络技术手段进行的微视频制作，充满了一定的趣味性和实验性，也激发了学生的创作热，降低了学习古诗词的畏难情绪。同时，通过具体的画面镜头更是拉近了古诗词和现代人的心理距离，让古典诗词的魅力在现代大放异彩，使得古诗词情境化教学形式更加丰富化、多元立体化。在此情境化教学的基础上，也进一步解决了古诗词教学中所面临的一些困境。

四、项目化学习下古诗词情境化教学的意义

通过对学生的问卷调查结果进行分析，笔者发现，项目化学习下古诗词情境化教学能够激发学生的学习兴趣和积极性，提高学生的语文素养和文学鉴赏能力。在参与到具体的诗歌创作、朗诵、汇报展示等活动中后，学生对诗歌的理解和欣赏能力有了明显的提高，同时能更加自信地表达自己的观点和想法。总结起来有以下几点：

（一）建立古今诗词联系，弥补文化鸿沟

项目化下诗词情境化教学通过将传统抽象的诗词转化为具体形象的电影片段出现在诗词教学的课堂上，可以瞬间抓住学生的眼球，让他们将注意力集中在教学上，在如此教学方法之下，学生更容易理解诗词的内容和感情，教学事半功倍。此外，学生在此项目中通过自己亲手挑选诗词并且亲自制作的方式，既锻炼了诗词鉴赏能力，同时也将绘画和信息技术能力的培养熔铸一炉，全面地提高了综合素质。

（二）促进学生思维发展，培育文化自信

项目化下诗词情境化教学是通过聚焦问题情景来开展学习的方式。通过“聚焦问题→明确任务→制订计划→分解任务→尝试解决→项目评估”等流程，强调在真实的情景中学习。借助情境化的学习过程，达成学习内容从碎片化向连贯性过渡，学习方法从机械性认知到情境式理解，学习成效从散点性接受到复合型理解过渡。诗词情境化项目化学习，充分调动学生在读的过程中的多感观参与，变革学习方式，促进学生思维发展，培育文化自信。

（三）跨界融合，打破学科壁垒

诗词情境化项目化学习以通过不同学科之间的学习勾连来解决真实生活情境问题为目的。整个学习过程需要整合学生相关学科的关键知识和能力，诗词视频的创作不仅需要学生的支持，还需要教师创设的电化教学来弱化诗词的深奥性与复杂性。结合信息技术等其他学

科，以电子白板为最新代表的电化教学具有强大的表现力。本项目借助一定的视频信息去直观展示诗词内容中的抽象意境和唯美想象，有效激发和培养初中生的想象能力和审美能力，以此促进初中生核心素养的发展，整个学习过程整合学生相关学科的关键知识和能力，更好地解决了真实问题，实现了知识和能力的重组与迁移。

五、反思与结论

总之，基于项目化学习的初中古诗词情境化教学实践在有效激发学生学习古诗词兴趣、增强古诗词的审美鉴赏能力和文化素养、提高学生的民族自信心和文化认同感、促进学生情感交流、提高学生学习效果、培养综合能力等多方面都产生了重要作用。但是，基于项目化学习背景下的诗词情境化教学是否有更加利于学生学习的路径，如何设计更加合理人情的情境化学习思路，寻找更加有效的情境化途径学习古诗词等问题依然是我们需要探究的。

【参考文献】

[1] 鲍道宏，鲍清源.当前项目化学习实施的意义与问题[J].福建教育，2021(6)：6-8.
[2] 刘晓伟.情感教育塑造更完整的人生[M].上海：华东大学出版社，2007：33.
[3] 廖哲勋，田慧生.课程新论[M].北京：教育科学出版社，2003：198.
[4] 郑桂华.统编本初中语文教材学习活动设计研究[J].语文建设，2018(5)：4-8.
[5] 黄厚江.语文活动课要突破"非学科性"的课程观[J].中学语文教学，2016(7)：8-11.
[6] 赵宪宇，朱茂林.关于语文活动课存在问题的思考[J].中学语文教学，2016(8)：4-8.
[7] 王本华.从八大关键词看"部编本"语文教材的编写理念[J].课程教学研究，2017(5)：31-35.
[8] 夏雪梅.项目化学习的实施：学习素养视角下的中国建构[M].北京：教育科学出版社，2020：94.
[9] 钟启泉.深度学习[M].上海：华东师范大学出版社，2021：16.
[10] 夏雪梅.项目化学习设计：学习素养视角下的国际与本土实践[M].北京：教育科学出版社，2021：11.
[11] 巴克教育研究所.项目学习教师指南[M].2版.任伟，译.左晓梅，校.北京：教育科学出版社，2008：20,45.

语文课本剧项目化学习的实施策略

黄岩辉

摘要： 课程改革提倡学生自主合作学习和主动意义建构。课本剧作为深受学生喜欢的学习方式，在实践过程中却常常以教师为主导，忽略学生的主体地位。从项目化学习的角度，构建课本剧项目化学习的教学模式，是培养学生核心素养的有效途径。本文结合本校开展的课本剧项目化学习实践，具体阐释基于培养学生核心素养的课本剧项目化学习的实施策略。

关键词： 实施策略；核心素养；课本剧；项目化学习

一、问题导向，主动建构

1. 借助KWL表，触发思考

KWL表贯穿课本剧项目化学习的整个过程。KWL表有利于培养学生成为积极的思考者，也能协助教师了解学情，检测学习的效果，与学生有更多的互动。如在入项活动时使用KWL，可以知道学生对项目化学习和课本剧已有的认识，对本课程有哪些期待。通过这节课的学习，学生掌握了哪些项目化学习和课本剧相关的理论知识。

K.我知道什么？ (What do I know?)	W.我想学什么？ (What I want to learn?)	L.我已经学会了什么？ (What have I learned?)

2. 问题驱动，提升思维

在课本剧项目化学习中，教师从现实生活中，提出驱动性问题，如："我校即将迎来2022学年第二学期结业典礼暨读书节闭幕式，学校邀请话剧社在典礼上表演课本剧。作为学校的'金牌社团'，我们如何通力合作，呈现一场精彩的课本剧演出呢？"在问题驱动下，学生的积极性便被调动起来了。通过小组讨论，学生将驱动性问题分解为四个子问题。

子问题1：作为观众，你觉得什么样的课本剧是精彩的？

子问题2：作为编剧，如何改编或创作出精彩的剧本？

子问题3：作为导演，如何选择演员和排练课本剧？

子问题4：作为演员，如何在舞台上展现出人物的形象和品质？

分解问题的过程不仅有利于培养学生的问题意识，锻炼学生分析解决问题的能力，还可以提升学生的思维品质。

3. 赋予角色，主动学习

与传统课本剧教学不同的是，在课本剧项目学习中赋予了学生不同的身份。换言之，要呈现一场精彩的课本剧演出，学生需要化身为"观众""编剧""导演""演员"完成各个阶段的任务。在角色的带动下，学生成了学习的自主建构者。

如"作为导演，如何选择演员和排练课本剧"让学生分组讨论选择演员的标准，并确定选择演员的流程进行小组汇报，互评修改。确定好流程后，由学生组织选择演员。因为初定的流程，未经过实践的考验，可能会遇到问题，这时候再小组讨论，教师指导，继续完善流程。这个过程中，教师的身份发生了转变，不再是公布标准的"权威者"和"执行者"，而是一个提供指导和帮助的"引导者"和"旁观者"。

同样，在课本剧排练中，采用小组竞演的方式，把学习的主动权交给学生。学生以幕为单位划分小组，推选组长，通过合作讨论，完成竞演。因为排练的难度较大，学生合作完成的表演可能会乱糟糟，不成体系。为了避免浪费时间，教师需要提前提供学习支架，讲解排练的注意事项，进行分组指导。分组竞演一方面能触发学生的积极思考，因为"怎么演"的背后，学生实际思考的问题是"演员怎么上场和下场""演员怎么组织语言和配合动作""场景布置需要哪些道具"等；另一方面能培养学生的组织能力和合作能力，这个过程教师通过观察，给予点评，让学生意识到与他人合作，在团体中发挥自己的作用的重要性。

二、教师引导，搭建支架

学生自主建构学习不等于自学，课堂上学生讨论交流的结果往往是浅层次、片面的。如何引导学生进入深层次和系统化的学习？这时候教师就起到关键作用了，教师需要在各个阶段准备好学习支架，想清楚在这个阶段需要提供什么样的支架，用什么方式提供支架。教师搭建的学习支架，是学生建构知识"质"的保证。

1. 提供学习资源，理论指导

在课本剧项目化学习中，教师需要在解读文本、把握人物形象、课本剧欣赏与评价方面为学生提供学习资源。如为了更加了解鲁迅，可以让学生观看鲁迅的纪录片、阅读名人笔下的鲁迅等。在撰写剧本和舞台表演中，教师须进行理论指导，介绍课本剧已有的理论成果，如课本剧的定义和特点、选文的标准、剧本的写作格式、舞台表演的方法和技巧等，还可以根据自身的经验，通过点评的方式，为学生提供指导。如当学生讨论选择角色的流程时，教师可以从可行性和公平性的角度，给出可行性建议，协助学生完成流程图。

除了传授已有的理论知识，教师还要注意将学生在课堂上的抽象思维外化，帮助学生梳理已有的知识，建构新知识。如在排练课本剧《我的伯父鲁迅先生》时，学生在选择演员时有分歧，一名同学认为A的外在形象更符合鲁迅，另一名同学觉得B同学的内在气质更符合鲁迅。于是我问道：大家选择演员的标准是什么？经过讨论，同学达成共识：选择演员的标准是外在形象和内在气质要与角色相符。我进一步追问：当两者遇到冲突时，该怎么选择呢？此时讨论很激烈，有人认为外在形象更重要，因为内在气质可以通过揣摩人物内心，模仿学习。有人认为内在气质更重要，因为外在形象可以通过化妆、服装来弥补。我说既然两者都是有方法改变的，那该怎么办？同学说可以给两名演员一定时间做准备，进行公平竞演，哪个与角色更像就选谁，大家都表示赞同。

学生做出选择的背后一定是遵循了某种原则和标准，课堂上教师及时把这些抽象的思维外显出来，通过讨论，进行补充修正，实际上就是帮助学生建构新知识的过程。

2. 组织活动形式，方法指导

教师在搭建学习支架的过程中，还要关注学生的学习方式和思维方式，进行过程性的方法指导。如小组讨论，如果让学生自行讨论，很可能会偏题，甚至一言不合发生争执。小组讨论是激发学生思维、锻炼口语表达、与人沟通能力的重要途径。此时教师需要进行方法指导，讨论前明确要求，如：按照顺序发言，后一名发言的同学需要对前一名同学的发言进行回应，在不重复前一名同学的基础上进行自己的发言。能够围绕问题的焦点进行讨论，不谈与主题无关的事情。遇到争执的问题，要学会理解他人的观点和意图，表达出自己的看法，必要时可以寻求教师的帮助。活动中的方法指导，不仅可以提高课堂效率，还可以改进学生的学习方式。

三、合作学习，反思提高

课本剧项目化学习中，合作学习贯穿始终，但不是所有任务都适合合作。合作的条件是这项学习任务较为复杂、有难度，需要调动集体智慧。如确定课本剧的评价标准和选择演员的流程，大家对于“什么样的课本剧是精彩的”“如何选择演员”众说纷纭，个人的意见肯定不够全面，这时就需要小组合作、教师指导共同完成。

1. 合作的方式

常用的合作学习方式有划分任务、小组互评、师生合作。如在撰写剧本环节，先小组划分任务，每组负责一幕，完成剧本撰写。然后课堂讨论，组员共同修改，发挥集体智慧完成本组的剧本创作。接下来小组汇报，组长用投影仪展示本组的成果，其他小组点评，完善修改。这个过程非常漫长，且最后完成的剧本仍有很多问题。因此教师需要研读各组的剧本，找出问题和提出改进的措施，师生合作共同完成剧本修改。

舞台表演时，需要调动演员的生活经验，部分同学因为生活经验较少，不能还原人物的动作、神态。因此，排练时可以充分发挥互评的作用。让学生既是演员，也是观众。其他组进行排练时，不排练的同学都可以作为观众，发表感受和提出建议，这样就调动了所有人的生活经验，为之出谋划策。在合作学习中，每个人的优势与特长都得到很好的发挥，各尽所能，从而使课本剧活动能吸收每个人的智慧，进而取得最佳的演绎效果。

2. 合作的意义

合作学习可以培养学生的合作意识，提高学生的语言表达能力、沟通能力和解决问题的能力。学生在合作学习中收获快乐、喜悦与成就感，从而促进综合素养的发展。需要强调的是合作学习指向的是学习成果的完善，大家聚在一起讨论，是为了让问题得到解决。如果小组合作展示的成果不合格，可能是态度不端正，也可能是合作出了问题，教师需要及时介入进行指导。

四、注重过程，多元评价

指向核心素养的课本剧项目化学习，评价标准和方式非常重要。教师要明确各个阶段的学习目标，根据目标选择恰当的评价方式，注重过程性评价。课本剧项目化学习评价标准应以核心素养为导向，进行多元评价。

1. 评价的标准

结合《义务教育语文课程标准(2022年版)》[1]，笔者从语言建构与运用、思维发展与提升、审美鉴赏与创造、文化理解与传承四方面对课本剧项目化学习各个阶段的评价标准进行了梳理。以《舞台表演评价表》为例，评价不仅要关注学生在舞台上的表演效果，也要注重排练过程中学生的合作意识、创新思维和解决问题的能力。另外，要与过程性评价相结合。如教师口头点评，对学生进行及时反馈。在每个阶段的学习建立相对应的评价表，如《剧本写作评价表》《选择演员评价表》《舞台表演评价表》等，以了解学生各个阶段的学习情况。

舞台表演评价表

评　价　标　准	评级(☆☆☆☆☆)
1. 能对作品中感人的情境和形象说出自己的体验，提出自己的看法	
2. 表演自然真实，情感充沛	
3. 台词吐字清晰，能根据语境使用恰当的语气	
4. 舞台排练中能够对剧本内容、舞台表演提出自己的看法，能够发现并分析解决问题	
5. 排练态度认真，能够聆听他人的意见，具有合作意识	
6. 能够根据剧本，有自己个性化的表达，具有创新意识	

2. 评价的方式

课本剧项目化学习可以综合运用多种评价方式，如自评、他评和教师评价。自我评价可以培养学生自我反思能力，对当下学习状态做出调整。如学生完成表演后，就舞台表现完成自评，评价内容包括：① 关于这次舞台表演，你有哪些收获和遗憾？② 关于评委给出的建议你能想到哪些改进措施？③ 主题不够突出，情节较平，剧本如何进行详略安排来突出鲁迅的品质？④ 内容连贯性不够，如何加强幕与幕之间的关联性？这些问题可以帮助学生积累表演经验，进行反思提高。项目化学习结束后，可以对本次课本剧项目化学习做自我评价，评价内容有：① 经过课本剧项目化学习，我在以下哪方面有提高？② 课本剧项目化学习中，你觉得哪个环节自己收获较小？③ 通过课本剧项目化学习，你有哪些收获？④ 为了能有更好的学习体验，你有哪些建议？通过学生的自评，教师也可以了解教学中的问题，从而有针对性地加以改进。

他评是课本剧项目化学习常用的评价方式，常以小组讨论、成果汇报、互评修改的方式完成。如在学习结束后，让大家轮流说一说自己最欣赏的演员及原因，得到他人的肯定，可以让学生更加自信，也有利于增进同伴之间的感情。值得一提的是，教师作为整个教学过程中的引导者与合作者，其评价对学生十分重要。既要客观真实地评价，指出不足之处，又要在学习遇到阻碍时，通过评价为学生搭建学习支架。正向鼓励学生，发挥评价的激励作用。总而言之，课本剧项目化学习要以核心素养为导向进行多元评价，注重过程性评价，使学习内容与评价内容统一，这样才可以为促进学生核心素养发展的课本剧教学保驾护航。

【参考文献】

[1] 义务教育语文课程标准(2022 年版)[S].北京：北京师范大学出版社，2022.

指向数学建模素养的项目化学习设计与实施

——以"测量旗杆的高度"为例

徐丽玉

【摘要】"测量旗杆的高度"这一课例展示了一个完整的、以数学建模为主题的学习活动,通过项目化学习方式,引导学生从平面与空间、几何与代数等角度,综合运用相似三角形、锐角三角比、测量、数学建模等学科知识和思想方法,解决"测量旗杆的高度"的现实问题,学生在实践活动中,体会数学与外部世界的联系,感悟数学的应用价值,提升解决问题的水平和创新能力,发展数学模型观念、初步建模能力和团队协作精神,切实感悟数学应用的普遍性。

【关键词】数学建模;项目化学习;实践活动

一、项目背景

"测量旗杆的高度"是以平面几何、解直角三角形、测量等相关知识应用为核心的数学学科实践活动,项目提供了开放性的活动任务,倡导以团队合作的形式开展项目化学习,解决实际问题。如图1,活动设计包含有项目线和学习线,明线项目线包含"确定测量对象—实施测量任务—项目成果展示—评价反思总结"的操作步骤;暗线学习线主要是"激活、识别旧知—整合、加工信息—凸显本质、素养"的思维路径。教师主导实施,学生经历"聚焦驱动性问题、合作探究解决问题、汇报研究历程和成果",体验数学抽象、数学建模、数学运算的全过程,培养团队协作意识和核心素养。

二、项目目标

1. 探索锐角三角比、相似三角形中相关性质在实际生活中的应用,解决测量高度的问题,体验数学来源于生活,又服务于生活,并在积极参与探索的过程中,体验成功的喜悦。

2. 引导学生通过分组、合作等形式,进行方案设计和试验操作,进一步增强创新意识,初步建立化归和建模(如图2)的数学思想。

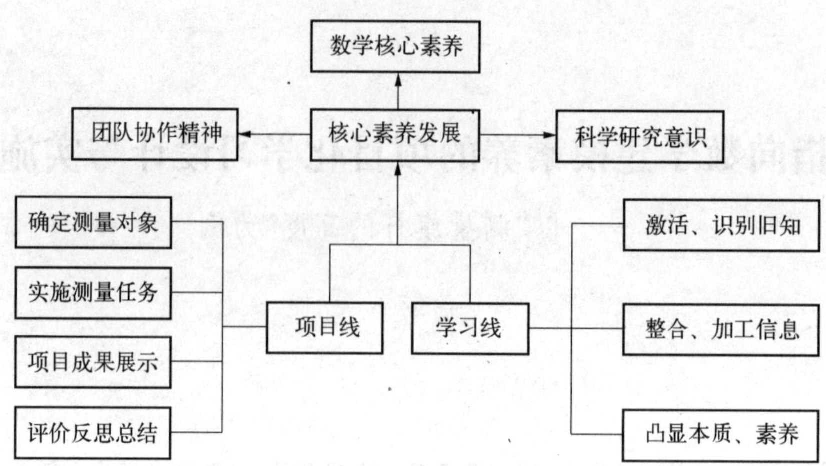

图1 "测量旗杆的高度"项目设计定位结构框架图

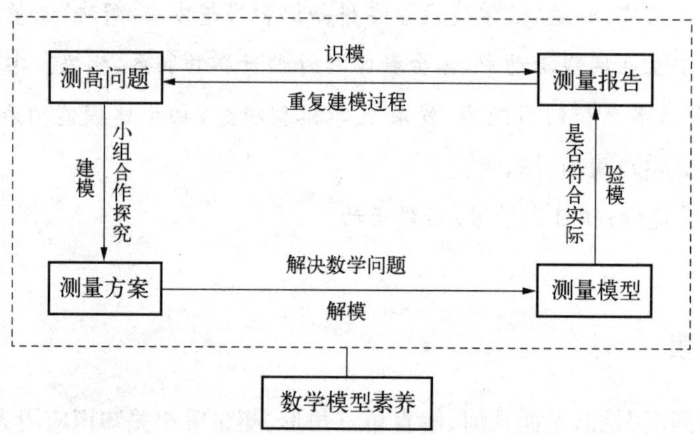

图2 "测量旗杆的高度"数学建模思维导图

三、项目设计

表1 "测量旗杆的高度"项目设计思路

实施过程	内容线索	问题线索	学生活动	
选定项目 激活旧知	项目问题——测量知识知多少	你知道泰勒斯测量金字塔高度的故事吗	查阅相关资料，了解测量建筑物高度的方法，回顾旧知，产生动机	搭建支架开展活动
分析问题 确定方案 实施操作	项目任务——测量旗杆高度	学校系国旗的绳子磨损严重，亟须更换，因相关数据遗失，需要同学测量旗杆高度，请你设计测量方案，如遇阴天或旗杆底部不可及的情况如何处理	设计测量方案，进行实地测量，抽象出数学几何图形，运用锐角三角比、相似三角形相关性质、比例线段等进行计算、求值，得出旗杆高度	

续 表

实施过程	内 容 线 索	问 题 线 索	学 生 活 动	
成果交流 质疑答辩	项目展示——测量本校的旗杆的高度	不同方案之间有没有共性?孰优孰劣	学生完成测量报告后,进行交流评价活动	搭建支架开展活动
以评促学 反思迭代	项目评价——再探测量旗杆的方法	你所设计的方案还能优化吗?请继续探索	反思小结,探索测量旗杆高度的有效方法	
	知识与技能:锐角三角比、相似三角形相关性质	思维路线:理解、应用、分析、评价、总结	主导:教师 中心:学生活动	

四、项目实施

1. 确定项目,激活旧知:测量知识知多少

教师创设情境:公元6世纪,古希腊的哲学家泰勒斯南下埃及,声称自己能测出金字塔的高度,据说当时泰勒斯就是选择了当他的影子的长恰好等于身高的时刻,测量出金字塔影子长度,就能知道金字塔的实际高度。

表2 "测量知识知多少"问题设计

问题1	为什么当泰勒斯的影子长等于身高的时刻,就能知道金字塔的高度?
问题2	如果影子长不等于身高呢?
问题3	测量建筑物高度可能用哪些仪器和需要测量哪些几何量?

由泰勒斯测量金字塔高度的故事引入项目,通过问题链(表2)引导学生查阅相关资料,了解测量建筑物高度的方法,激发学生探索测量建筑物高度的兴趣和动机。

2. 分析问题,设计方案:探索测量旗杆高度的方案

(1) 根据教师发布的任务,成立项目小组。

(2) 根据前期查阅的资料,考虑需要用到哪些数学知识,集体讨论、探究并设计测量方案,组内成员互相启发,探索出更多的方案。

(3) 画测量草图,确定须测量的几何量。对比各种方案,研讨方案可行性和其他方案可能性,根据小组方案准备测量工具,如皮尺、木杆、镜面、量角器、测角仪等,这里有的小组发挥聪明才智,用标杆、量角器自制简易的测角仪。教师巡视并给予指导。

3. 分工合作,明确责任:实地测量

明确小组成员每个人的项目任务,测量、记录数据、计算求值、撰写实践活动报告。

4. 汇报交流，质疑答疑：对比不同测量旗杆高度的方案

各小组进行成果展示，可以通过照片、PPT、模型等方式进行呈现，以下是学生群策群力想出的多种方案。

方案一 同学已经查阅相关资料，了解了泰勒斯测量金字塔高度实则是利用平行投影的原理，受此启发，较容易得到此方案。在阳光下，"被测量者"直立于地面，分别测量出"被测量者"身高 DE 和他的影长 EF、旗杆的影长 CB，"被测量者"与其影子构成Rt△DEF，同样旗杆与其影子构成Rt△ABC，利用影子构造相似三角形模型（如图 3），结合之前所学相似三角形相关知识，计算出旗杆高度，即 $AB=\frac{DE \cdot BC}{EF}$。

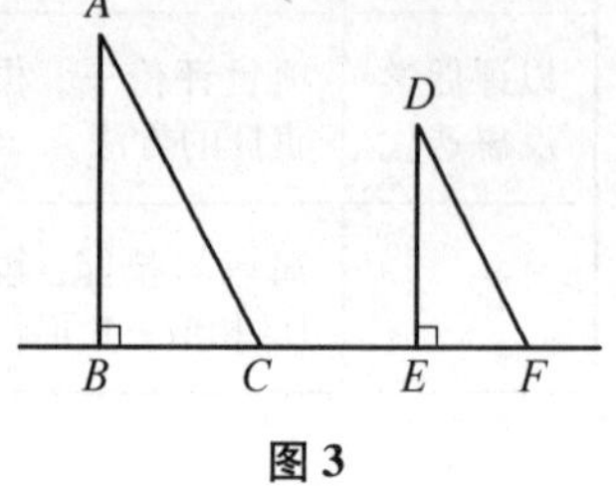

图 3

方案二 "被测量者"站在阳光下，小组其余成员对"被测量者"身高和影子长度进行测量，并及时做好数据记录（如表 3，多次实验，取平均值）。

表 3 "被测量者"身高与影子长度数据

被测量者	实际身高	影　长
a		
b		
c		
d		
e		
f		

小组成员总结出"被测量者"的身高与其影子长存在比例关系，即实际物体的高度与其影子长度成正比例关系。由此也可以测量出旗杆影子长度，通过比例关系计算得出旗杆高度。

方案三 如果是阴天没有影子的情况怎么办？手持木杆，保证木杆与地面垂直，使得手持者看出去时，木杆 EF 恰好把旗杆挡住（如图 4），测量出木杆 EF 的长、此时手臂长度和人到旗杆的距离，利用相似三角形对应高的比等于相似比来解决问题，即 $AB=\frac{h_2 \cdot EF}{h_1}$。

方案四 直接在旗杆前找任意一个位置，用皮尺测量出此处距离旗杆的距离 BC，再用测角仪测出仰角∠AHG，在 Rt△AGH 中，利用锐角三角比求出 AG（如图 5），从而得出旗杆高度。

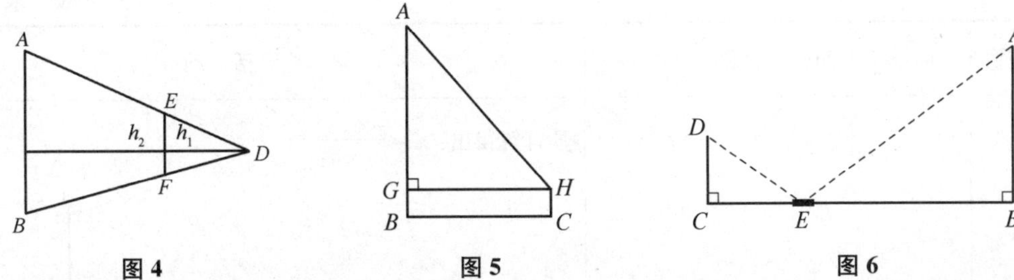

图4　　图5　　图6

方案五　学生利用平面镜反射原理测量旗杆高度。将平面镜放置在平地上，人站在从镜中刚好能够看到旗杆顶部的位置(如图6)，测量人和镜子之间的距离 CE、镜子与旗杆底部的距离 EB 及人眼的高度 CD，利用相似三角形解出 AB。

方案六　当底部不可及时，可以在方案四的基础上更进一步。在旗杆前方找两个位置，B、C、D 保持三点共线，测量出$\angle AGE$ 和$\angle AHE$ 的度数及 C、D 两点间的距离，利用锐角三角比相关知识就能解出旗杆 AB 高度。这个方法类似我国古代数学家刘徽在《海岛算经》中所提到的用“重差术”测量不可达的高山的高度。学生虽然没有阅读过古代参考文献，但分享时能呈现出此类测量方案是让人非常惊喜的，说明给予足够的探索和创造空间，学生能充分发挥智慧潜能，有机会让历史重现。

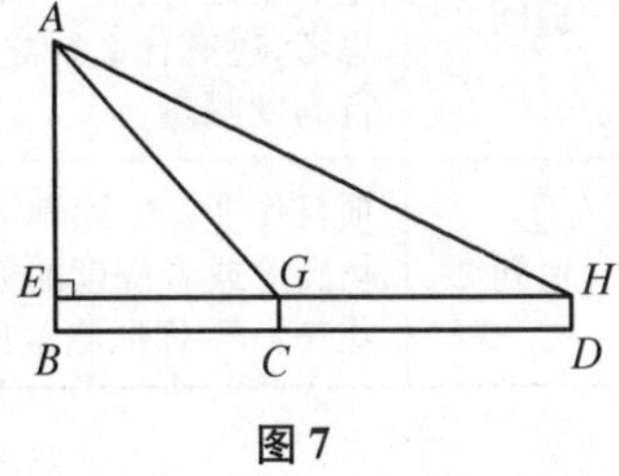

图7

在学生交流展示的过程中，教师以问题链的方式引导学生比较各方案之间的共性、不同、操作的可行性、优劣后对方案进行点评。测量高度是数学中非常传统的项目，可以用平面几何的方法(如相似形、比例线段等)，也可以用锐角三角比的方法，甚至还可以用物理中平面镜反射原理再结合数学知识去解决问题。在项目的实施过程中，学生非常容易上手，有些同学一上来就能想到多种方案，有些经过教师、同伴的启发也能得到新的突破，有助于培养学生团结合作、分析问题、解决问题、实践操作、测量误差分析等各方面的能力，启发学生如何把课本知识真正运用到生活实践中去，体会数学的应用价值。

5. 以评促学，反思迭代：再探测量旗杆高度的有效方法

以有“梯次”的问题引导学生继续发现问题，并提出新的问题，从而迭代生成新的项目任务，积累新的模型，即再探测量旗杆高度的有效方法，具体过程见表4。

表4　“再探测量旗杆高度”项目任务生成过程

问题链	问　　题	学　生　活　动
追问1	当底部不可及时，是否可以在方案五平面镜反射法的基础上再进行改进，测量出旗杆高度?	学生继续探究得方案七：将平面镜两次放置如图8所示的位置，人站在从镜中都能够看到旗杆顶部的位置，测量 a_1、a_2、a 及人的高度 h，楼高 AB 可以通过相似三角形的性

续 表

问题链	问　　题	学 生 活 动
追问 1		质计算得出：$x=\dfrac{ah}{a_2-a_1}$ 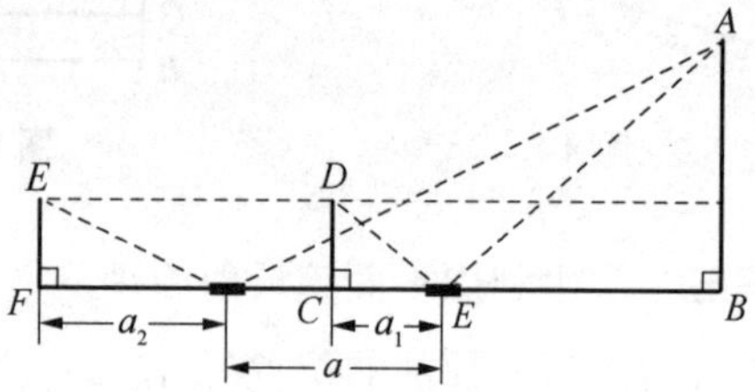 图 8
追问 2	方案五和方案七与物理学科有一定关联性，同学可从跨学科的角度思考，还有什么行之有效的方法进行高度测量	学生探究得：可以尝试自由落体运动的实验等
追问 3	项目作业：1. 同学可以在课后查阅相关文献资料，去看看古代人的智慧，他们有什么测量建筑物高度或者深度的方法，测量工具有哪些？了解古代测量文化，并对比现代测量技术，你有什么收获？2. 你能测量出东方明珠的高度吗？请你继续探索	

五、项目评价量表

在项目化教学实践中，最后的学习成果不是评价的唯一标准，更应聚焦过程性评价，关注整个项目化学习中的各个环节，评价学生的态度、思维、行为等。通过个体自评、小组评议、集体互评等多种途径引导全员参与评价。在学生困惑时，教师及时评价，促进学生不断优化设计方案、数学模型和学习成果，成为深层次的思考者，实现学生核心素养的提升。本项目的表现型评价量表主要从方案设计、过程实施、成果展示、多角度探索这四个指标上对学科素养、学科思维、合作素养、表达能力、探索能力等给出具体评价，具体见表 5。

表 5　"测量旗杆的高度"项目化学习表现性评价量表

评价内容	评 价 指 标	分值	表现水平		
			自评（30%）	互评（30%）	师评（40%）
方案设计	能够理解情境，设计合适的数学模型				
	操作步骤清晰，可求解出旗杆高度				
	方案优化，可操作性强				

续表

评价内容	评价指标	分值	表现水平		
			自评（30%）	互评（30%）	师评（40%）
过程实施	能运用学科知识完成设计				
	小组成员分工合理，人人参与				
	有讨论、改进实施步骤，合作氛围良好				
成果展示	成果汇报时，条理清晰、流畅，思路严谨				
	成果展示的形式多样性				
	成果内容的真实性、完整性				
多角度探索	能提前查阅相关资料，形成自己想法				
	善于反思，从不同的视角改进提出问题				
	能客观、科学地评价他人成果				

六、项目反思

1. 基于真实情境问题搭建学习框架，有效引领研究过程

项目化学习的重要特征之一就是通过有意义的驱动性问题激发学生的兴趣，增加学生的学习热情，使其主动投入学习。基于测量旗杆高度这一实际问题，采用项目化学习方式，通过小组合作、设计方案、实验操作、计算求值、成果分享、反思迭代等环节有效引导学生研究过程。秉承以学生为本的理念，让学生在现实的、有挑战性的实际问题情境中，聚焦测量主题，进行自主合作探究，经历设模、建模、解模、验模、模型优化、误差分析等过程，综合运用数学知识和思想方法去解决高度测量问题，体会数学的应用价值。

2. 以层次化驱动性任务为学习路径，有效激发探究兴趣

在沪教版教材第二十五章测量实践活动的基础上进行精心设计，使测量问题更聚焦。本项目化的启动环节，以泰勒斯测量金字塔高度引入，通过任务型支架设计调查研究、查阅资料等，引导学生初步了解测量建筑物高度的问题，激发探究兴趣。再给出三个有梯度的任务：测量旗杆高度→阴天测量旗杆高度→底部不可及时测量旗杆高度，实现问题聚焦，激起学生求知欲，开阔学生思路，培养自主探究能力。在成果展示环节，分小组进行汇报交流，引导学生总结出七种不同的测量方案。以期通过创设“做数学”“玩数学”的浸润式环境，发展学生数学建模素养，体会数学探究的快乐。

3. 以知识与经验螺旋上升为学习感悟，有效渗透核心素养

从知识角度来看，本项目化活动围绕"测量旗杆的高度"展开，将相似三角形、比例线段、锐角三角比、解直角三角形等知识，在测量方案的优化过程中不断综合运用。从活动经验角度来看，在观察、实验、抽象、分享、汇总、反思等活动中，找出学习中的漏洞，对项目方案和数学建模进行优化、完善，积累经验，提升学习精确性。从核心素养的角度，通过逐步探索和创新方案、课后测量方法的拓展衍生环节，培养学生数学抽象、数学建模、逻辑推理和直观想象的学科素养。

"测量旗杆的高度"这一项目化学习活动，既建模又探究，既综合又实践，项目设计和实施还可以进一步完善。如：突出数学建模各环节的整体化，尽管测量任务是指定的，但是要把确定测量对象、拟定测量任务和测量方法等融入后续实施操作环节，形成整体效果，互相支撑和印证，凸显项目化学习特点；学生在学习过程中遇到问题时，教师可放手让学生去尝试、去试错，不能教师大包大揽去解决或者不闻不问，可以参与者、引导者的身份与学生共同探究、解决问题。

【参考文献】

[1] 彭燕伟.过程：发展学生数学核心素养的关键[J].教学月刊·中学版(教学参考)，2022(4)：9－14.

[2] 路江江，王亚妮.高中数学教育中如何培养学生的数学核心素养——王尚志教授访谈录[J].数学教育学报，2021(2)：67－70.

[3] 夏雪梅.项目化学习设计：学习素养视角下的国际与本土实践[M].北京：教育科学出版社，2018：159.

从“旁听者”到“参与者”

——项目化学习在初中历史教学中的实践

任艳彬

【摘要】项目化学习作为核心素养培育的一种重要学习手段，渐渐成为中小学教育领域研究和实践的热点。学生在项目化学习过程中，从被动听课的旁听者转变成积极参与的探索者，激发了学生学习历史的内生动力，学习过程和成果伴随着多元化的评价量规，充分关注到学生的个体差异性，学生在探索过程中，感知历史，潜移默化形成素养。

【关键词】项目化学习；初中历史教学；历史核心素养；史料实证

一、缘起：“旁听者”的困境

初中历史教学，是学生第一次接触校园历史课程，在日常教学中，为了吸引学生注意力，教师经常使出浑身解数，眉飞色舞地讲述历史故事，确实有一部分学生因为自身兴趣或者其他原因能够有效接收教师的授课内容，但学习历史更重要的是，历史课不仅是为了让学生了解过去的事情，学生也不仅是课程的旁听者，而是要主动参与到历史学习中来，探究历史的史料，了解某一段历史，运用开放辩证的思维去对待事物，能够在了解古代史的灿烂文化之后，感受中华民族的历史魅力。然而，目前中学历史课堂教学中，常常是教师出示并分析史料→学生被动接收，受制于一节课的时间，学生往往还没看完史料，就“被动”获得一则历史信息，这怎么能实现“史料实证”的素养呢？又如，关于“时空观念”核心素养，并不简单只是教师出示一张地图课件，带着学生认识这是哪个地方，那是哪个地方，学生自己都没有亲手参与制作或者临摹一张形势图，怎么可能理解得了“时空观念”呢？之后不论是做题目还是自读历史，都无法保证正确率，无法长时间持续阅读历史，久而久之，渐渐对这门学科失去兴趣。素养绝非一朝一夕形成，素养视角下的项目化学习是学生在一段时间内通过对真实的有挑战性的问题进行参与并持续探究，达到对核心知识的再建构和思维迁移，最后再把这种习得的思维迁移到之后的学习中，学生应当是学习的主体，是参与者。

针对此思考，笔者以中学历史学科核心素养为视角，在七年级进行了《“梦回盛唐”博物馆之旅》历史项目化学习，时间为两个月。本文以此案例为基础，来阐述项目化学习在初中历史教学中的实践过程和感悟。

二、参与：绝知此事要躬行

（一）探究问题可持续

项目化学习的驱动性问题是非常重要的，该问题是否真的能"驱动"学生持续不断地探究，这是需要教师和学生共同思考的问题。在学习盛唐这一单元开始，学生就提出问题："老师，什么叫作'盛世'？"之后学生开始热议起来，笔者趁着这个时机抛出问题："同学们，你们认为'盛世'包括哪些方面？"有学生回答经济要强，有学生回答文化要繁荣等。笔者提出："看来大家对于'盛世'的概念都有自己的理解，如果我们要创办一场主题为'梦回盛唐'博物馆的展览会，同学们作为各项展览会的解说员，应该利用哪些类型的资料或者文物向游客解说'盛唐气象'，使得这场博物馆的展览更有吸引力和信服力？大家可以根据你们的理解自由结组。"这个问题一抛出，学生非常兴奋，纷纷开始自由结组，仿佛马上要变身讲解员去解说一样。

注重问题与探究过程的结合，是项目化教学法的精髓。项目化教学以问题驱动为核心，以持续的探究和过程的评价为核心，提供学生根据自己的兴趣选择内容的决策机会，学生能够自主、自由地进行学习，从而有效地促进创造能力的发展。[1]由此，可以帮助学生将探究历史知识的过程方法内化成素养，由学生和教师一起思考出来的驱动性问题，也能够激发学生探究的欲望和动力。最后，设计本项目化学习的本质问题和驱动性问题。本质问题：盛唐的具体表现及原因，判断史料性质及文学艺术等不同史料的证史路径。驱动性问题：我们要创办一场主题为"梦回盛唐"博物馆的展览会，作为各项展览会的解说员，应该利用哪些类型的资料或者文物向游客解说"盛唐气象"，使得这场博物馆的展览更有吸引力和信服力？学生渐渐把握住课堂主角的身份，带着问题，参与到历史项目化学习中来，分析史料，感受唐史。

（二）项目过程促深思

本次项目化学习以小组合作的方式开展学习，学生将通过古籍库检索、知网文献、书籍等方式搜索史料。首先在班级分组，按照盛唐经济、文化、民族关系、社会风气为组别，学生优先自愿结组，但由于学生在知识储备、探究能力等方面存在差异，笔者秉持着均衡原则，尽可能处理好智力因素和非智力因素的差异，考虑学生的兴趣爱好及绘画、演讲特长、收集素材能力、电脑技术操作能力、人际交往能力，适当调整学生的组别，力求缩小组与组之间的差距，以更好地开展项目化学习活动。

为了解学生史料实证等核心素养概念的理解程度，笔者会提前发放 KWL 表，请学生填写关于"史料实证"这一核心素养、自己已知的知识(K)、想要知道的部分(W)，再结合所学史料，提供分析框架(子问题)：如各展览馆展示的史料出处是什么？你找的史料都是什么类型的？

你能向游客解读出史料哪些方面的信息？你汲取出来的史料信息是否可以证明盛唐在某方面能被称为“盛世”？并且，教师还要提供一定的学习支架，指导学生如何搜集史料，展示“汉籍检索库”、中华古籍库检索、知网检索（笔者负责下载），除教材外，还提供书籍，如《图文中国史》《唐朝人的日常生活》等。每个项目小组明确自己的展览馆主题，项目小组可以根据主题给自己小组重新命名。组长列出项目小组的任务清单及展览成果初步的提纲，项目小组成员根据主题分别搜集相关史料，进行整理分类、分析。各小组汇总所有史料，根据盛唐气象相关主题，讨论并筛选史料，分析所选史料的价值。分工合作，完成各展览馆演示文稿的初稿。

（三）全程评价激动力

课程标准相关解读指出：历史教学评价要以学生学会学习为标准，采用多样的评价方法，坚持诊断性评价、过程性评价与终结性评价相结合，教师评价与学生自我评价、同伴评价相结合，量化评价与质性评价相结合的原则。同样地，历史学科的项目化学习也需要多元丰富的评价，要求设计者同时运用过程性评价和总结性评价策略及多元主体参与的评价方法来促进学生真正投入学习。[2]在项目化学习过程中，教师关注的焦点不再仅仅是对知识的掌握，而是会把关注点放在一些非智力因素上，如学生对于史学思想方法的探究、小组团队合作中的合作沟通能力、克服困难的智慧和勇气，以及对史料探究的动力和持续性等。为此，笔者和参与项目化学习的所有同学一起制作了项目化评价表。

1. 小组分工记录表（30 分）。

我们的小组名称：

分　工	组长（组织）	记录员	资料收集者 1	资料收集者 2	电脑技术者	发言人
姓　名						
自我评价（5 分）						
伙伴评价（5 分）						
教师评价（5 分）						
小组特色（15）						
小组总分						

2. 你在完成此项目的过程中是否进行了仔细的研究？是否对文献进行了分析和解释？请给自己在下列维度上打分，5 分表示最高分，1 分表示在这个问题上还有待努力。

1. 在规定的时间里,我充分地研究了"史料实证"主题。 2. 我的研究步骤是很清晰的。 3. 我和我的伙伴共同探讨制订了研究本组负责项目的方案。 4. 我能运用多种文献检索方式查找史料信息。 5. 我现在的研究成果是基于多种史料来源的。 6. 我对我所甄别的史料可靠性进行了筛选。 7. 我觉得我所解读的史料信息是可以作为证据支撑我的观点的。

报告深度(50%)	与听众的互动(20%)	团队合作(15%)	报告的表现性(15%)
全面覆盖并精心选择核心内容;能够提供超出原有文本的内容;直接指向趋向性问题的解答	在真实情境中引发听众参与;能够让听众投入地参与其中	呈现出团队合作的证据;所有的团队成员都参与汇报过程	专业性;富有创意,表现独特;运用多种类型的媒体

3. 项目化学习成果的整合性评价量规(30 分)。

维度	初　级	良　好	优　秀
口述报告	* 无法用史学语言表达观点,没有史论结合; * 语言不连贯,有很多停顿	* 用较丰富的史学语言词汇表达观点,在教师提示下能够结合史实; * 以富有逻辑的方式组织观点,流畅地表达观点	* 用完整的语句清楚表达观点,史论结合,独立运用史学方法解决历史问题

根据评价量规,项目小组内和项目小组间,对主题、史料及史料与盛唐知识之间的关系进行评价交流。在此过程中,教师进入项目小组内,对各项目的展览部分中的主题、史料、史料与历史知识之间的证史关系及语言的专业度提出修改建议。

(四) 项目成果展智慧

项目化学习最终要形成有质量、有内容的成果,并且要公开展示,允许参观者进行评价。成果包括个人成果和团队成果,不能总是追求团队集体的学习成果,这样就会导致学生个体学习质量无法得到保证。成果不仅是做出东西,更是要解决真实问题,体现对核心概念的理解。[3]本次项目化学习的成果放在体育馆,空间大,设备齐全,成果以 PPT、微视频、展板等形式进行展示,举办一场以"梦回盛唐"为主题的博物馆展览会,共分为四个展区,分别是:盛唐经济分区、民族关系分区、盛唐文化分区、社会风气分区,每个小组的学生都有分工,创建"真实"的历史场景,有讲解,有播放的表演视频,有物品展览等,并在活动现场提供电子书、合成音、视频、打印的材料和图片等。观众是八年级其他班级的学生,可以按照自己的兴趣参观,也可以按顺序依次参观。各小组成员在公开成果中记录他人意见和观点。

1. 盛唐经济分区：展示动态PPT，展示盛唐时期的生产工具等农业发展水平；展示敦煌壁画《雨中耕作图》，学生做讲解员，讲解图中所示的瓷器，做成不同图片进行展示；展示“唐朝长安城平面图”海报，平铺在地面上，组员装扮成不同职业的唐朝居民进行演绎，讲解员一边用激光笔扫描海报，一边为其他学生展示唐朝长安城平面图，讲解“市”“坊”的概念和唐朝商业发展。

2. 民族关系分区：大屏幕播放学生演的话剧《重绎步辇图》，并分发给观众纸质材料；展示“唐朝疆域图”，组员讲解唐朝不同的地理方位有哪些少数民族，以及唐朝如何管理边疆地区。

3. 盛唐文化分区：举办“唐朝诗词大会”和“唐朝书法展”，组员装扮成盛唐时期的几位著名诗人，收集他们的诗词，配上背景音乐进行朗诵展示；书法展是学生的临摹作品，做成展板，给参观者发放组员合力完成的小论文。

4. 社会风气分区：组员以《唐代女子图鉴》为主题，收集唐代女子不同风格和内容的壁画、图片等，做成动态PPT，组员做讲解员进行讲解。

成果展示后，小组内部和小组之间进行总结性评价，教师进行指导性评价，在项目化学习交流中，学生对“盛世”的含义和多种史料证史途径(史料实证)突破了原有的生硬印象，现在更生动理解“盛唐气象”的多种表现，知道了搜集史料的途径和多种类型史料的证史价值，有学生甚至讲道：被中华古代文明的成果震撼到！学生经过项目化学习后不仅在知识层面和史学思想方法层面多了深刻理解，还能有这样的感慨，笔者深感欣慰，这就是学习历史、了解历史的魅力！

三、意义：从“旁听者”到“参与者”的改变

(一) 感受真实历史

历史学一定程度上是史料学，史料实证强调求真求实，引导学生将感性认识和理性分析统一起来。[4]学生在项目化学习过程中，不仅要动脑筋思考知识内容，还要动手参与探寻史料、分析史料。社会生活小组组员在“盛唐博物馆”项目化学习中查询了相关唐史的书籍，从书籍中找到了一些当时的文物照片，如《书香门第图》等，又根据汉籍检索，查阅唐朝时期的文献史料，并指出盛唐的文化教育政策对女性的开放程度，通过绘画作品与文献记载的相互印证，得出“唐代女子教育的进步离不开唐朝社会风气繁荣开放的大背景和盛唐女子的自身努力”这一历史观点，学生在探索过程中感受到了盛唐社会风气之开放包容。

(二) 形成素养能力

“核心素养”本质上应是在不同历史情境中创造性地解决问题的能力。[5]学生在素养目标的指引下，参与到项目化学习过程中来，在教师提供的支架下，搜集史料，分析史料，在不同的历史情境中，进行史料实证能力的迁移和运用，如文化组，查阅了大量唐朝诗人、画家和书法家的作品，有的学生还对“颜体”“柳体”进行临摹，一定程度上提升了审美能力。

除此之外，项目化学习还培养了学生的非智力能力，如人际合作交流等。小组伙伴之间充分地交流、表达、合作分析史料，在这过程中，难免会有摩擦，但学生能很快回归正常的讨论状态。正如夏雪梅在调查报告中指出："项目化学习对学生尤其对中等以下的学生大有益处。"[6]笔者发现，很多学生根据自己的特长在本小组中发挥着作用，如擅长绘画的会去绘制地图，擅长电脑技术的会去承担 PPT 工作等，让他们发现彼此的优点，促进伙伴之间的合作交流。学生对知识的获取也由"旁听者"转变为"参与者"，项目化学习的学习方式和学习思维将会使学生和教师都有所收获。

【参考文献】

[1] 夏雪梅.项目化学习设计：学习素养视角下的国际与本土实践[M].北京：教育科学出版社，2018：10.
[2] 夏雪梅.项目化学习设计：学习素养视角下的国际与本土实践[M].北京：教育科学出版社，2018：114.
[3] 夏雪梅.项目化学习设计：学习素养视角下的国际与本土实践[M].北京：教育科学出版社，2018：105.
[4] 赖辉军，黄瑞玲.以项目化学习探寻史料教学新模式[J].中学历史教学，2021(5).
[5] 郑汉东.从"等待"到"求索"——微项目化学习在高中历史教学中的实践[J].中学历史教学参考，2020(8).
[6] 夏雪梅.在学科中进行项目化学习：学生视角[J].全球教育展望，2019(2).

注：此论文荣获浦东新区 2022 年"黄浦杯"长三角城市群"温暖的教学"教育征文评选三等奖。

新时代、新征程：改革开放后浦东发展成就展

——项目化学习实践与思考

陈　润

一、入项背景

之所以确定这个项目，是因为八年级学生在第一学期刚好学习了中国历史第四册《对外开放》这一课。1990年浦东开发开放，30多年来上海浦东发生了翻天覆地的变化，而这种变化就发生在我们身边。与此同时，上海中考改革以来，历史平时成绩的赋分恰巧含有实践作业这一项内容，由此产生开展本次项目活动的想法。

本项目是面向八年级学生的历史学科项目。十一届三中全会是中华人民共和国成立以来党的历史上具有深远意义的伟大转折，开启了改革开放和社会主义现代化的伟大征程，从此中国社会发生了巨大、深刻的变化。身处新时代的青少年，正感受着前人披荆斩棘所带来的幸福生活。开展本项目化的探究学习是为了让学生了解改革开放后浦东所发生的巨大变化，体会改革开放以来浦东取得的丰硕成果，感受改革开放带给我们每个人的好处，继而引发学生深入思考个人成长与社会进步、国家发展的关系，培养学生社会责任意识。

改革开放后上海浦东有哪些显著成就？教师希冀学生通过调查所处生活环境的变化，了解改革开放的显著成就；知道构建社会变化的内容框架，体会改革开放后浦东所取得的显著成就；感知浦东快速发展的原因，理解改革开放这一伟大决策的深远意义。

学生根据自身所处环境的实际情况，聚焦一个具体的小角度深入观察，做到以小见大，折射出时代的大变化，通过走访相关部门、单位或个人，设计调查问卷，分析调查结果，撰写调查报告，交流调查成果。在调查的过程中，了解家人、民众对一些社会问题的看法和认识，体验口述史的知史方法；培养学生参与社会活动、关心社会发展的意识；运用相关史料作为证据来论证观点或对具体史事做出解释和评价，培育学生历史解释的素养。在此基础上，让学生展望10年、20年后浦东发展的美好前景，规划自己的家乡和个人未来的发展蓝图。

二、项目实施

每班同学按照自愿的原则组成若干调查小组，每组 3～5 人，选出小组长 1 名。每个小组根据各自的爱好、兴趣点及有切身体会和感受的问题来确定本组的调查主题。接下来，每个小组根据调查内容确定本组的调查形式，组长领导组员根据任务需要和时间安排，讨论制订出切实可行的调查活动计划，以此培养学生的团队合作意识。

每个小组确定好主题后，就开始按照实施计划和组内的分工，协作完成调查研究任务，走访相关部门、单位或个人，设计调查问卷。先由个人整理调查记录，对访谈内容和调查问卷等相关资料进行分析，再在小组内汇总各方面搜集到的资料进行研究分析、讨论，得出结果。

根据确定的调查形式开始实施，活动中有三种形式：

第一种人物访谈，设计访谈记录表。在学生选择好访谈方式时，教师会相应地进行指导，在走访、考察过程中应该注意一些问题：第一，调查问题应事先交到调查对象手中，让受访者有所准备；第二，调查过程中认真做好记录，在征得对方同意的前提下可以录音、录像、拍照；第三，提问要紧扣主题，注意活跃气氛；第四，调查访谈中要尊重受访者，同学的行为举止要大方得体，谈话要彬彬有礼。采访问答记录如下图。

采访问题及受访者回答

- 1.受访者：宋浩霆外婆
- 2.问：你觉得改革开放后生活中改变最大的是什么？
  - 答：嗯……应该是服饰方面的吧。改革开放前，无论男女老少，衣服的款式都差不多，基本上都是深色的。那时衣服都没如今衣服款式那么多，一件皮大衣能穿好多年，我那个时候有一件黑色的皮大衣，穿了七八年都还没换，再后来经济上来了，一些国外的服饰进入市场并且火爆，比如喇叭裤。后来，戴蛤蟆镜、穿喇叭裤成为了一种大街小巷的时尚。随后，像"港裤""燕尾服"等各种新潮的服装出现了，现在的牛仔裤就是在那个时候出现的。80年代我记得最清楚，大街上的女的几乎人人一条红裙子，是一道美丽的风景线。再后来人们的生活向小康过渡，思想观念更为开放，衣服也越来越五颜六色，越来越好看了。
- 3.问：那你是不是觉得服装的质量也比以前好很多了？
  - 答：那肯定啊，记得我小时候都是穿的布料很粗糙的衣服，应该是的确良吧。原本大冬天要穿大棉袄，走路不方便，现在只需要一件鸭绒衫就解决了。相较于以前来说，无论是布料还是材质，都比以前好太多了。

第二种设计调查问卷。有部分小组采用"问卷星"手机软件辅助信息采集数据统计。问卷的设计须根据调查目的和调查对象有针对性地设计题目，一般包括主观题和客观题两个部分，题量要适中。与此同时，问卷的采集要有一定的数量保证，以保证调查结果的有效性。

我国教育环境及受教育程度调查

您好！教育环境与平民教育程度一直以来都是较为热烈的话题之一。过去的人们为求学攀山越岭，当今的我们却为学业头疼不已。作为中学生，我们到校的方式都很便捷，学习内容丰富，环境氛围却比较紧张，大家在学校为自己的学业而努力拼搏。回首昨天，我们的中学生活充斥着我们的心灵，太多的精彩挥洒在昨日的旅程上。为了了解您中学时期的教育环境，我们特意设计了此次调查，希望您在百忙之中回忆曾经，完成调查。感谢您的帮助！

*1. 您认为以下哪种环境对中学生的教育更为重要【多选题】

- ☐ 学校教育环境
- ☐ 家庭教育环境
- ☐ 社会教育环境

*2. 您认为现在的学习环境如何？【多选题】

- ☐ 学习氛围好，学生积极学习
- ☐ 很累，非常辛苦
- ☐ 教师设施齐全，功能完整
- ☐ 其他

*3. 您认为目前学校对中学生的教育环境较之前是否逐渐改善

- ○ 有，非常显著
- ○ 没感受
- ○ 没有，比以前更差

4. 您过去的学习环境是怎样的？【多选题】

- ☐ 学习氛围较好
- ☐ 教室设施较为齐全
- ☐ 教室设施简陋
- ☐ 其他

*5. 您的受教育程度为

- ○ 基础教育（小学）
- ○ 中等教育（初中、高中）
- ○ 高等教育（大学）
- ○ 其他

*6. 您怎么看待中国目前对中学生的教育理念？

- ○ 应试教育，灌输式培养，注重升学
- ○ 素质教育，注重创新能力培养，德智体美劳全面发展

问卷名称：在日常生活中，你、你的父母和奶奶爷爷的服饰风格.

调查说明：问卷面向的同学为05后的衣着风格，父母亲多为80后，爷爷奶奶主要为50、60后，有着各自时代风格.

问卷题目：（如篇幅较长，可粘贴附加页）

主观：Q1：请问你日常的穿衣习惯是什么？

Q2：请问你父母日常的穿衣习惯是什么？

Q3：请问你奶奶爷爷日常的穿衣习惯是什么？

客观：Q1：请问你奶奶爷爷是否有过军装？

Q2：请问你爷爷奶奶是否有过咔叽布/的确良的衣物.

第三种文献查找。小组成员对拟查找的资料名称进行分类，掌握史料的基本分类能力，阅读后提炼观点，截取和主题相关的内容，备注好出处。文献查找尽量选择原始史料、第一手史料，确保结果的真实性。

在学生调查实施的过程中，教师适当提供学习支架，尽量选择第一手史料，即原始史料，针对同一主题，还应选择不同类型的史料进行互证。如上海人服饰的变化，可以询问父母及其长辈，选取不同年代的服饰进行比对，还可收集相关的文献史料进行互证；如采取访谈的方式了解改革后上海人服饰的变化，为了确保访谈内容的可靠性，访谈肯定是多人的，一个人的口述史说明不了服饰的变化。

编码：01

名称：教育普及水平实现历史性跨越

类型：文献（摘自：中国教育）

结论：十年来，教育普及水平不断提高，国民受教育机会进一步扩大，受教育程度进一步提升。2021 年，义务教育阶段学校 20.7 万所，在校生 1.6 亿人，已实现全面普及。国民素质不断提升，为经济高质量发展提供了强大智力支撑，为民族复兴注入了强劲的动力。

资料四

编码：01

名称：40 年的教室变化，让人惊叹！

类型：文献、图片（摘自：搜狐）

编码：02

名称：1929 民国年间的老上海一所小学上课实录，听听那个时候的上海话

类型：视屏（摘自：优酷）

结论：1978-2022年，转眼已过了44 年。44 年前的一个伟大决定，让中国步入了日新月异的快车道，也让中国的教育稳步前行。中国教育事业取得跨越式发展，教育水平不断提高，规模不断扩大，种类不断增多，投入不断增加，为国家的繁荣富强提供了人才基础和智力保障。

调查过程

- 我们通过文献查找、问卷调查等方式对这个主题开展调查。
- 教育环境与平民教育程度一直以来都是较为热烈的话题之一。过去的人们为求学攀山越岭，当今的我们却为学业头疼不已。作为中学生，我们到校的方式都很便捷，学习内容丰富，环境氛围却比较紧张，大家在学校为自己的学业而努力拼搏。于是我们组便想探讨研究过去与当今教育环境的区别。我们通过查找资料、调查填写等方式来完成此次报告。
- 通过在互联网上阅读文章、新闻、观看采访等方式，我们收集了许多资料。通过分析综合这些资料和数据，我们讨论出了本活动的结论。

采集资料及内容整理

- 资料来源：《中国服装史》，1999年4月天津人民美术出版社出版，作者：华梅；《中国近现代服装史》出版时间：2008年3月1日，作者：华梅

- 1.服装款式大体变化：新中国成立初期，最具有代表性的服装是中山装、列宁装、工裤装。中山装上衣的纽扣很多，四个口袋，平平整整，但样式呆板正统，缺乏创新，当时好多人都在口袋里插一支笔来显示自己很有文化的样子。随后又因为大多数人的追捧，设计出了新的款式“人民装”和“青年装”。列宁装是苏联革命的代表服饰，是当时女特务专用的服饰，它的样式是西装开领，双排扣，斜纹布的上衣，有单衣也有棉衣，双襟中下方均带有一个暗斜口袋，腰中束有一根布带，各有三粒纽扣，后来由于政府女干部经常穿戴，也称作“干部服”。改革开放后，在我们日常生活中，女性多以裙子为主,学生大多数是校服或者运动装，各种各样的职业装让人眼花缭乱。通过服装就可以判断一个人的工作。人们的穿衣风格越来越大胆，颜色搭配也越来越张扬，改革前后的变化十分明显， 也受外来服饰的影响较多。之前的服装还有身份的高低之分， 城市市民一般穿侧面开襟的长袍，妇女穿旗袍，农村的男子一般穿中式的对襟短衣，长裤，妇女穿左边开襟的短衫，长裤或长裙，而现在人人平等，没有穿衣的身份高低之分。

三、项目成果

每个小组在前期收集整理的基础上，讨论并制定出调查汇报提纲。

本项目采用过程性评价和总结性评价相结合及多元主体参与的评价方法，促进学生真正投入学习。过程性评价关注学生个人在活动中的表现和小组内协调合作能力，以学生自评、组内互评、师评等方式进行。总结性评价针对项目成果展示内容是否贴切、主题是否突出、表达是否清楚，同样以学生自评、组内互评、师评等方式进行。

调查结论

- 通过问卷调查，我们发现，在改革开放前夕艰苦的条件下，人们并没有放弃对知识的追求。当时书本极少，课外读物更是少之又少，上课时只有老师手中有课本，只有靠自己的笔写下一些重要的知识。当时的教室大多没有合适的桌椅，都是用土堆砌成一个个台子，把木板放上去当作课桌。每个学生自己准备凳子搬到学校，这样就组成了学生的教室。

- 随着改革开放的不断发展，人民生活水平在不断提高，现代社会的物质条件也有了很大的提高。走在大街小巷，随处可见各种各样的书店，各种学科的图书，甚至各个国家的图书都可以在书店找到。走进校园，学校的硬件设施也有很大的改善，现代化的多媒体设施进入了校园，多媒体的运用丰富了课堂的形式和内容。教室的设施变得更加舒适，学校桌椅是根据中学生的身体特点设置的，这样更有助于学生身体健康地发展。每个教室里都装有冷暖空调，再也不会夏天热、冬天冷，学校的每个楼层都配有热水设备，宽敞

明亮的教室，为学生学习提供最优的硬件设施。

- 我们得到了以下结论：

我国的教育环境不断变好，教育设施不断完善，国家对未成年人的教育也越来越重视，国民的受教育程度也越来越深。

收获及感悟

- 自改革开放以来，中国的教育事业蓬勃发展，不断迈向新台阶，取得了一些显著的进步。自党的二十大以来，党确定了今后的发展目标和发展方向，为我国的发展与进步指明了新的方向，我们作为中学生，要积极地向党组织靠拢，牢记自身的使命，不断学习与进步。
- 生逢盛世，我们应该不负时代所托，接过时代的接力棒，为前人打下的江山再续辉煌，物质的充实绝不是每个人停下脚步的理由，应该努力学习，长大后成为国之栋梁，为祖国建设添砖加瓦，为实现伟大复兴的中国梦而奋斗。

不足与展望

- 由于疫情，我们无法通过实地探访，寻找当时当地的实物史料来印证我们的结论。我们可以在疫情结束后，重新组织，进一步探讨这一课题。
- 由于问卷填写数量较少，且问卷发布对象较为局限，不能完全再现当时全国情况，只能透过一些老人的回答映射当时的时代特色。

调查主题	上世纪70年代到现今的服装。
调查过程	确定主题 → 收集时代相关讯息/资料 → 制定相关问卷 → 访谈身边人物 → 投放问卷至对应人群中 → 汇总信息
调查结论	上世纪70年代至今，我国人民的衣着风格变化，说明了我国人民的思想在不断地变得开放，从起初的“劳动最光荣”“工装背带裤”的标语，象征当时人民纷纷参加劳动，建设祖国的团结统一，到现如今的衣着多元化，反映了社会的发展历程和人民思想在接受外来国家冲击的不断将冲击内容包含入其思想中，产生新思想风尚

收获及感悟	了解到了70年代～现今的社会风尚变化，感悟到了曾经的社会的社会风气和时代背景下所成长起来的那一代人所拥有的回忆，和过去社会面貌不断地多元化发展历程。
不足与展望	因问卷填写人数略少，所以数据统计方面略有缺欠。
	岳敏清，配合调查问卷的热心网友们。

四、项目反思

中共十一届三中全会开启了改革开放和社会主义现代化建设的新征程。改革开放，尤其是浦东开发开放以来，浦东发生了巨大变化，取得了巨大成就。学生成长于这片改革的沃土，对浦东历史及改革开放以来浦东取得的巨大成就是有一定了解的，他们自己也是有一定亲身感受的，通过项目化活动进一步拉近了他们和历史学科的距离，历史不再是教科书上冷冰冰、干巴巴的文字，不再是遥远的过去或者他人的故事。

项目进行过程中，学生通过调查所处生活环境的变化，如社会保障、教育发展、环境变迁、医疗改善、体育设施、家庭收入、住房改善、饮食变化、服饰演进、交通方式等，追溯和体验社会的变迁，了解了浦东改革开放以来的显著成就，学会了构建社会变化内容框架的路径。通过访谈浦东开发开放的亲历者，如爷爷奶奶、外公外婆、父母等家人，体验口述史的知史方法，学会开展社会调查的基本方法，提高了学科基本能力，发展了学科素养。在调查和访谈的过程中，近距离感受到浦东改革开放以来波澜壮阔的发展历史，增进了对浦东和自己家族发展史的了解，尤其通过了解父辈或祖辈家庭及个人命运的发展，理解家国之间的关系，涵养家国情怀。在此基础上，学生展望10年、20年后浦东发展的美好前景，规划自己的家乡和个人未来的发展蓝图，增进了学生的历史参与感，培养了学生的社会责任感。

存在可改进的地方是：成果的可视化可以再向多样性方面进一步发展。除多媒体、墙报、板报、手抄报等形式进行调查成果汇报外，还可以尽量尝试具有可操作性的能体现历史变迁的实物史料的展示。另外，学生在叙述项目化成果时，教师可以适当提供支架，这也是历史中考的常考题型——小论文。写作时尽量从多个层面和多个视角来叙述，学会从材料中提取关键信息进行论述，并与观点建立联系。若未结合材料进行论述，教师要及时给出建议。如学生能在以上层面基础上谈出自己的认识，这对后续提炼观点非常有利。希冀通过不断打磨、修改项目成果，呈现文字流畅、过渡自然、条理清晰、逻辑准确、论述能有效证明观点、无错别字等优点，真正培育学生的历史素养。

基于 PBL 的美国加州地区课堂的观察与思考

谭李华

PBL，Project Based Learning（基于项目的学习），又称项目教学法，是在构建主义学习理论基础上发展起来的一种以学生为中心的教学模式。它是以完成一个完整的项目为目标进行的教学活动，强调以学生为主体（激情贯穿），教师为引导（问题导学），促进学生在完成项目主题（产品）和执行任务的学习中进行质询和实证，从而获得知识和技能，让学生在自主观察、分析、探究、展示与分享的过程中，培养分析能力、创新能力、解决问题的能力、沟通能力、合作能力及批判性思维的能力。

一、课题的由来

作为一名劳动技术学科的教师，笔者在课堂上较多采用的是“以学生为主体，教师为引导，操作为主线”的项目教学模式。经过多年的实践，笔者遇到一些问题：1. 在研究《合作学习与竞争模式》的课题时，发现在“项目的选择、组员的分工、作品的展示”三个环节须特别重视与谨慎处理；2. 在做《承重结构的设计与制作》项目时，面临“看似非常热闹的背后，没有再做二次尝试的激情”这一问题反映，在活动的过程中，学生的积极性没有被很好贯彻始终；3. 在期末的学生问卷中，从“我不喜欢这个活动”“我喜欢做这个作品，因为做完我可以用了”“我想做个摆件，回家放在书桌上”等回答中发现“我喜欢的我就能完成”这一现象。因此，在进行学科教学时，如何将作品与技术、教学与学习方法及学生的热情融入整个项目活动中，是我一直在考虑的问题。

PBL 的理论及其应用始于美国。在美国，基于项目的学习是其开展研究性学习的主要学习模式之一，其研究成果丰富、理论基本成熟，实践的例子也很多，尤其是在“PBL+其他应用”方面取得的进步更加值得关注。因此，借助此次赴美研修之行，我提出了课题《基于 PBL 的美国加州地区课堂的观察与思考》，试图通过对美国加州学校课堂的观察，与国内技术课堂、自己的课堂进行比较与研究，扩大视野，增加对 PBL 教学法的认识，期望解决本人在教学中存在的问题，实现学生喜爱的“技术课堂”。

在加州的四周时间内，我们走访了七所学校（其中在一所初中内跟岗两周），深入课堂，走访教师，了解 PBL 在课堂里的应用情况。结合自身对项目教学的实践经验，笔者对 PBL 在美国课堂教学中的应用有了初步的认识，在美国课堂中能如此广泛与深入地使用 PBL 教学，与其背后的教育部门和专业团队的支持和帮助密不可分，他们在实施 PBL 方面提供了众多的资源与有效的指导，形成了优势合力，推动了 PBL 与课堂的发展。

二、什么是 PBL

1. PBL 的概念

PBL 又称项目教学法，是一种建构主义的教学形式，是基于探索性学习和协作学习的一种教学模式，其本质是以学生为中心，既强调学习者的认识主体作用，又充分发挥教师的主导作用；这种教学形式要求教学设计者把教学内容和教学目标巧妙地隐藏在一个个任务中，即教学进程由任务来驱动，而不是对教材内容的线性讲解；在教学过程中，教师只给学生提供具体的问题或者挑战，但是没有具体的解决办法；在教学中，教师要采用相对开放的教学组织方式，以保证教学的有序进行。

"项目教学法"最显著的特点是"以项目为主线、教师为引导、学生为主体"，其核心思想是学生的"兴趣与计划"，鼓励学生进行自主学习，并且通过相应的作品，来完成知识的构建。具体表现在：目标指向的多重性；项目周期短，见效快；可控性好；注重理论与实践相结合。项目教学法是师生共同完成项目、共同取得进步的教学方法，强调学习者自己探索的过程，遇到困难自己解决的能力。

2. PBL 教学法的特点与课堂优势

PBL 一直被广泛应用到医学、职业教育等课程中。近几年来，随着社会、信息科技不断发展进步，教育理念与方法的不断更新变化，PBL 教学已出现在基础教育的各学科课堂中，因为更多的实践者发现，应用 PBL 的教学不仅能够培养学生的自主学习实践、自主解决问题、自主创新的能力，而且能够使学生从被动的知识载体转变为对知识主动吸收、融合和创新的应用者。此外，应用 PBL 的学习可以促进学生对新问题的概念迁移，提高学生对知识的综合运用能力和自主学习能力。

PBL 在课堂上的应用具有三个显著的特点：一是以学生为中心，自主性学习为主；二是学生参与教学全过程，包括收集信息、制订计划、做出决策、实施计划、反馈控制、评估成果；三是教师是学习过程的组织者、咨询者和伙伴。

同时，相比传统的教学课堂，应用 PBL 的课堂具有较多优势。

(1) PBL 教学顺应时代的发展。当今的社会是信息时代，技术不断发展，知识不断更新。填鸭式的传统教学越来越无法适应信息社会的要求，这就要求现在的教师和学生改变教与学的方式。在接受人类已有的科学知识基础上，着重培养创造能力，学会自己寻找知识和创造知识的本领。PBL 明显减少说教式教学和学习负担，以项目活动形式开展教学，在活动中培养学生的独立学习能力、解决问题的能力。

(2) PBL 教学可提高学生的综合素质。对学生来说，项目化学习过程，可培养其自主学习能力，捕捉、整合、判断各种信息价值的能力，质疑能力，不断思索、发现、创新的能力等，充分体现学生学习的个性，让学生亲身体验知识的产生和发展过程，充分开动脑筋运用多门相关学科知识进行分析、判断、推理、综合直至得出结论，培养逻辑思维能力，逐步实现个性发展和全面发展。

(3) PBL 教学可提高教师对相关学科的理解。教师引导学生提出问题，指导其如何去解决问题。通过设计与编写项目方案，教师扩大了知识面，有利于将理论与实践研究有机结合。另外，教师也可以从学生的讨论中得到某些启示，真正做到教学相长。

三、加州 PBL 课堂见闻

在经历了 UCLA、阿卡迪亚学区培训及走访了加州的七所学校后，笔者了解到学科教师都在自己的课堂上实践 PBL。据了解，最初的 PBL 在大学课程和职业教育中应用得较为普遍，然而随着其在教学中的优势不断显现，PBL 逐步被应用在幼儿园至高中。由起初的活动类课程到现今所有学科都能看到 PBL 的影子，其优势和效果已经不言而喻了。研究表明，PBL 对孩子的学习有积极的影响：在幼儿时期，孩子对生活的不同面存有好奇心，因此，教师可以让孩子参与项目学习，并挑战他们，帮助他们发展合作学习的能力；当他们升到初中或高中，教师可以利用 PBL 帮助学生形成概念性理解和运用理论知识；到大学或职业学校时，PBL 帮助学生提高应用知识解决实际问题的能力。

在我们所参访的学校中，最触动人心的学校当数圣地亚哥 HTH 学校的全 PBL 教学，以及日常渗透 PBL 教学的跟岗学校约翰格伦中学的学科课堂。

(一) 实行全 PBL 教学的 HTH 学校

HTH(High-Tech High School，高科技高中，http://www.hightechhigh.org)位于加州圣地亚哥市(San Diego)，是一所受盖茨基金资助的多元、综合的特许学校，该校包括 K－12 学校、教师培训与认证及研究生院。

HTH 的办学特色很多，最让人钦佩的就是它敢于打破传统的按学科分类的教学模式，完全采用 PBL 基于项目的学习方法，让学生通过完成一个个(工程)项目学习，获得他们这个年纪该学的且实用的知识和技能。这是一所没有教科书的学校，没有传统固定的教室，没有课本，没有试卷，学生通过设计、完成、展示小组项目进行学习，教师通过观察记录学生参与项目的整个过程对学生的学习效果进行评估与反馈。

搜索HTH学校网站，在学生项目作品栏中至今已有近百个项目收藏其中，种类齐全，涉及政治、经济、环保、历史、工程、机器人、火箭等多方面，几乎涵盖所有学科内容。在HTH里，学生是设想者，他们提出想做的项目主题，教师则是项目的设计者、规划者，根据学生的设想，设计规划出项目的具体安排。大致的流程如下。

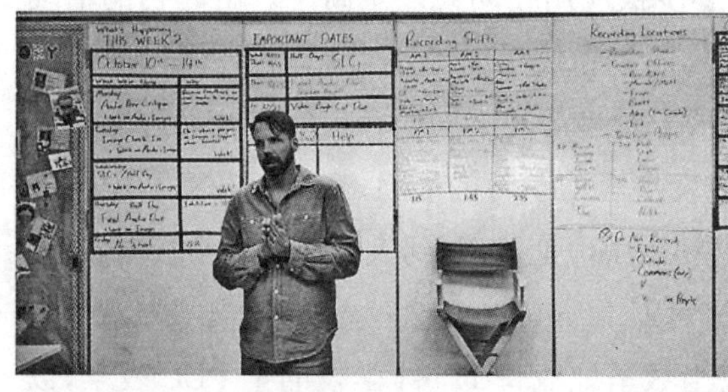

(1) 在每学期末，教师根据学生的需求筛选出主题，并结合学科教学要求进行分析，再根据学校的要求和可利用的资源等情况，选择、设计符合学生兴趣的主题，规划成一个项目。大的项目主题单元通常要跨越一学期的时间，小的项目也有4～6周时间，比较简单的，甚至1～2节课就能完成。每个项目均有简短的介绍，对活动中所涉及的主题做介绍，分析主题涉及的知识、技能和各种能力的要求，以及对完成任务的时间节点等要求。然后，学生按需选择课程项目，并将其加入自己的课表。

(2) 下学期始，学生按课表进教室上课，根据项目要求制订个人学习计划，并按计划中的时间节点完成各项分任务。教师的任务一是为学生提供各种介绍性的材料，然后将这些材料发放给各个小组，以便让每个学生在参与各个项目时探索、发现学习任务中所蕴含的内容，并与教师所提供的材料进行积极的互动。二是教师在整个项目中始终是指导者、服务者。教师在各个时间节点检查学生的学习进度，督促其完成，提供相应的、必要的学习帮助。学生在项目学习中的动力来自教师为他们设定的学习任务，他们必须自己学会发现问题、提出观点、正确使用研究的材料，并运用自己所提出的观点构建新的知识。

(3) 在学习任务结束后，对全班学习的结果做一个展示。全班同学可以聚到一起，分享在项目进行中获得的知识、技能或制作出的产品。教师与学生按预先设定的评价量规进行评判，学生展示与说明自制的产品，与更多的学生进行分享。

通过多年一系列的项目学习，该校学生普遍掌握了 21 世纪社会所看重的学习技能，包括动手能力和学科领域的融合。学生的评价基于他们表现的综合：所有的学生都完成项目、解决问题，并为来自社群的评审展示自己的作品。毕业前都需要学生完成学术实习、毕业生项目、个人数字作品集。而教师则用不同的方法为多元的学生提供教学，注重不同背景的学生共同学习的价值。

（二）融入 PBL 的约翰格伦中学的学科课堂

约翰格伦中学（JGMS，JOHN GLENN MIDDLE SCHOOL）隶属于沙漠沙学区（Desert Sands USD）的拉金塔地区（LA QUINTA），是一所拥有 1 400 多名 6～8 年级学生，共有 48 间教室、4 间科学实验室、4 间技术实验室的 IBMYP（Internation Baccalaureate Middle Years Programme）国际课程学校，是一所金带学校。在跟岗的两周时间里，我们在负责课程的 Tulie 教师的安排下，参加了学校的校务、教师培训活动，走遍了学校每间教室，走进了所有学科的教学课堂，专访了学校课程、教务的负责人，从正面了解有关学校的教学情况，观察与感受课堂教学，寻找 PBL 在格伦中学教学中的应用印迹。

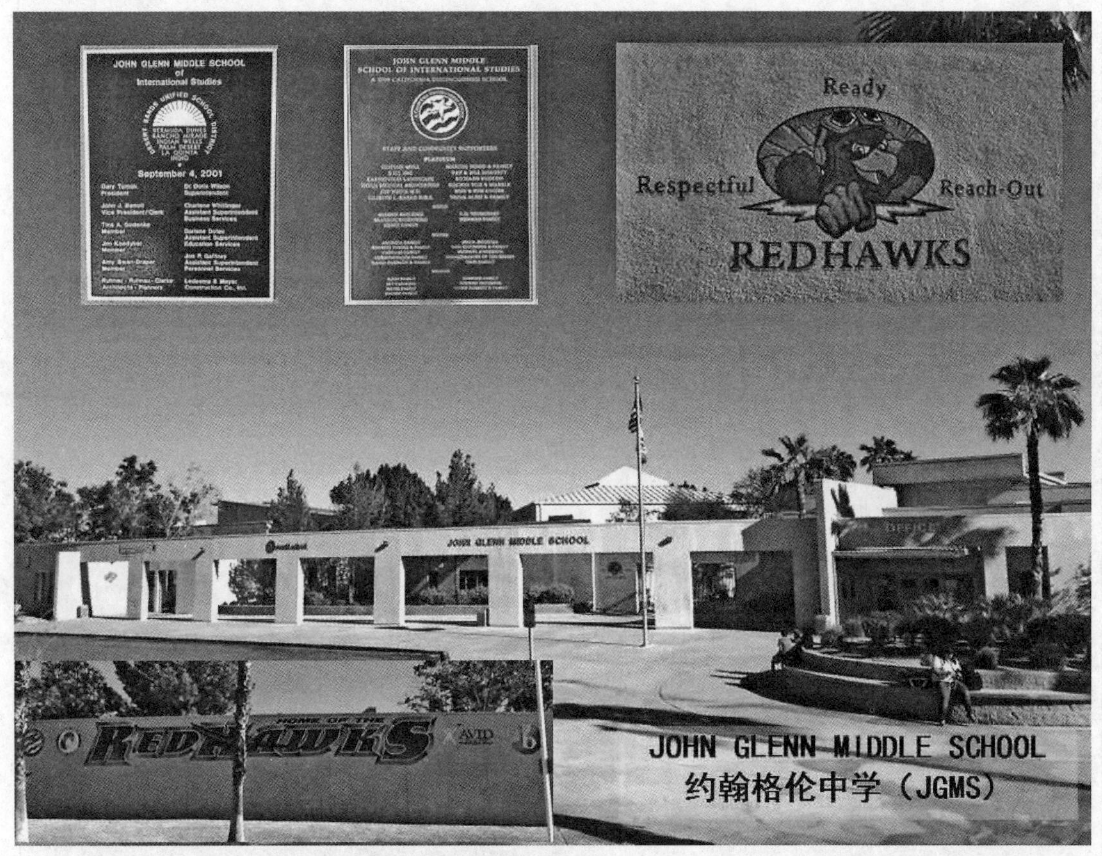

JOHN GLENN MIDDLE SCHOOL
约翰格伦中学（JGMS）

在格伦学校的日常教学中，应用 PBL 教学是很普遍的，该校在科学、社会、数学等学科中会根据教学进度将 PBL 穿插在课堂教学中，如科学课中的“球撞小车”课堂活动（是探索“牛顿定律”的活动项目)、数学课中的“纸塔项目”、社会课中的“纽约之行”等。而在活动类课程的教学中,则直接以PBL形式开展,如“戏剧社”“年鉴制作社”等。

项目案例:玩“多米诺游戏”的“球撞小车”项目——探索“牛顿定律”

项目名称	“球撞小车”项目	学科	科学
探究内容	牛顿定律、能量守恒定律	地点	402科学教室
展示形式	项目活动记录、研究报告、实物模型、研究总结		
材料工具	多米诺骨牌、木块、塑料轨道、纸板等材料		
项目要求	1. 搭建结构:球不能直接撞到小车,中间要有1～2个结构用来传递小球 2. 小组合作,两周内完成 3. 每个阶段展示:研究报告、PPT、小结		
项目来源	NGSS网站:www.mosamack.com 		
项目进度	大致过程: 活动介绍,视频引入(1课时) 所用材料属性探究+研究报告(2课时) 模型搭建+报告(4课时) 展示(报告+PPT+小结)(1课时) 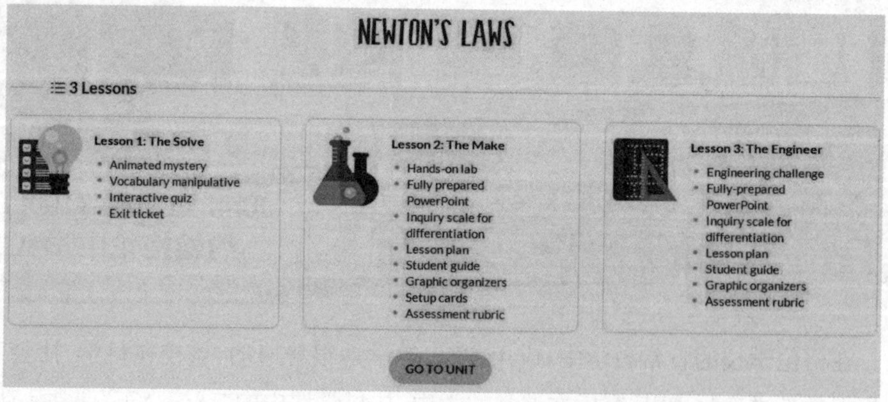		

续表

活动记载	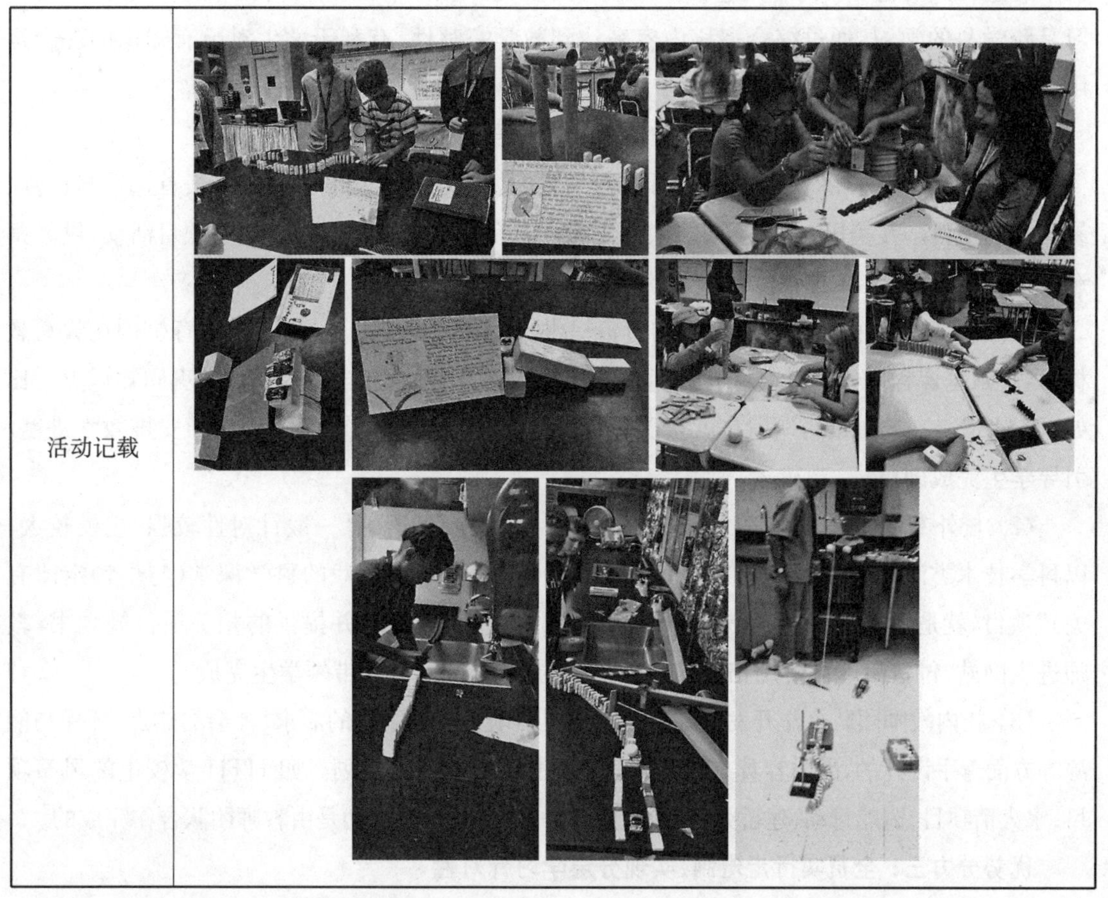

四、加州 PBL 课堂的优势分析

通过观察两所学校及走访学校基于 PBL 所做的系列教学实践活动、与教师交流应用 PBL 的“大致过程和部分细节”，我们发现，由州政府、校外专业团体、学校、教师、学生等多方面形成的各个优势分力组成的优势合力，共同推动了 PBL 教学法在美国课堂上的应用与发展。具体如下：

优势分力一：参与学科多样性，推动项目类型多样化

在美国的课堂里，项目的形式是多样的，它可以是一项任务，可以是一件具体的、具有实际应用价值的产品，也可以是完成一个完整的事情。同时，项目的规模可大可小，如有建造一座桥的，制作一个挂钟的，也有来一场辩论赛的。这些项目有的要持续一学期，有的只要 2～3 周时间，也有的只要 1 周。

在项目主题的选择上，以“解决问题类”“社会热点的讨论类”为主，如建桥梁、做挂钟、飞向太空、总统选举、控枪大讨论等。但不管怎样的项目，基本属于自然人文类、艺术修养类或工程技术类这三大类之一。内容则包含多种学科的多类知识体系,而非单个学科或专业。项目学习是跨学科的学习,通过综合多科内容来达到教学完整性,有利于学生对已有知识的综合运用,提高分析问题和解决问题的能力。

优势分力二:参与团队多类型,推动项目设计专业化

根据课程的要求和学生的需求不同,对项目的要求也不尽相同。教师一般首选针对性强、易操作的项目。在美国,会有不同层次的专家团队负责开发、设计、规划这些项目活动,供教师选择,学生实践。这样的项目来源大体可以分为三种。

(1) 课程自带,由州政府教育机构负责提供。应课程发展需要,州政府教育机构在编写教材时,会根据课程内容设计一些有针对性的项目活动,用来增加学习的乐趣和巩固知识点。比如,JGMS学校的"报纸塔"项目,就是课程自带的,教师只须按教学用书的指导安排教学进度,引导学生完成即可。

(2) 校外专业团队开发,供学校有偿使用。此类项目的设计一般针对性较强、规模较大,以科学技术类课程项目居多。例如JGMS学校的"玩多米诺游戏的科学课堂(与牛顿定律有关)"项目,就是由网站(www.mosamack.com)的专业团队设计并提供的相关项目规划书,教师进入网站,付费后即可使用相关的项目单元的学习资源,而后带领学生完成。

(3) 校内教师团队合作开发完成。此类项目活动是根据学生的需求、社会的热点、环保与能源等方面着手设计的,因内容具有时效性,直接由教师设计并规划。如HTH学校里的风筝项目、水火箭项目、造船行动、建桥梁、控枪大讨论等,大部分项目活动是由教师团队合作完成的。

优势分力三:全员实行走班制,实现分层学习针对性

进入初中阶段后,美国实行走班制的教学形式,教师在固定的教室内上课,教室即办公室,学生走班上课,由兴趣能力决定去哪个班级。实地观察下来,分层走班制的教学形式非常有利于PBL教学的开展与实现,原因有以下三点:

(1) 我有兴趣我就来。有兴趣即有动力,就会有想做的冲动,就会积极地投入项目的学习中去,对高效地完成项目、实现学生的自我管理是非常有利的。例如在"球撞小车"的项目活动中,第一课时的专家团队玩转"多米诺"的视频极具震撼力,时刻吸引着学生的眼球,刺激着他们的神经,有着强烈去尝试搭建结构、钻入多米诺游戏中去的愿望。正是这样的兴趣冲动,才会有完成任务的动力。

(2) 能力决定我去哪儿。学生的原有基础、能力差异,会导致项目在之后的实施过程中进度相差甚大,日积月累后会消减部分学生的积极性和自信心,甚至选择放弃活动。一群学习基础相似、能力相近的学生在一个班级内进行分组学习,有利于教师进行适时的指导、进度的安排、必要的拓展加入,积极效果会显著。比如"球撞小车"的项目中,多个基础相当的小组,进度和最后完成项目活动的时间都是相近的,保证了课堂教学的进度计划能顺利进行。

(3) 每天来关注产品。完成项目的学习需要充足的时间,而一段短期集中的时间能够使项目教学的效果达到最大化。实行分层走班制后，在课程的设置上就会为项目学习提供时间和空间上的保障。从兴趣的保持、思维的连续性、知识与技能的强化、多人协作的默契度等多方面来看，短期、集中、固定的时间段，加上不变的学习环境（如场地环境、设备使用、材料摆放等），能使学习的强度较快向学习的深度发展。

优势分力四：自主学习能力培养，从多彩的笔记本开始

项目教学法注重几个关键要素：学生自主性、有计划的行动、解决问题的过程和相应的社会情境。其中，学生的自主性强调学习者自己探索的过程，遇到困难自己解决的能力，因此，学生的自主学习能力是至关重要的，而在美国的课堂中对学生良好的笔记习惯的培养，可以视为培养自主学习能力的方式之一。

（1）良好的笔记习惯强调计划性。学校为每名学生准备了一本"学生手册"。在手册中，有学校的简介、学校作息表、学校要求和规则、课程介绍、学习技巧指导、学期计划表和每周计划记录表。学校要求学生每天都要带好此手册，详细记录在校学习生活的每一天，在重要的地方还有教师的签名。另外，每门课程都会要求学生准备一本大笔记本，按要求记录每节课的教学内容、书写自己的学习体会。在笔记本的第一页都有一个统一的要求，就是留给"上课内容的进度表"。"学生手册"和"学习进度表"都要求学生做事要有计划性，要知道做什么、什么时候去做及做多少时间，是在培养学生的全局观念和项目活动的管理能力。

（2）良好的笔记习惯强调学习方法。美国的学校会提供非常详细的学生教材和教师用书，但是学生的教材采用的是循环教材，教材只能放在教室内供学生参阅，不能带回家，而且美国教师对自己的课堂有较高的自主权，教材很少用，课上教师会用很多的纸质资料、作业单来辅助教学(类似"导学案"一样的资料)。纸质资料在课中、课后则需要学生自行整理成本，所以学生的课堂学习和回家复习主要靠笔记来完成。这种行为在潜移默化中培养了学生的自我整理、归档的学习能力。同时，教师为了帮助学生有效学习和针对性复习，对笔记的记录会有具体的要求和方法来指导学生完成学习，比如将作业纸设计成图标格式、活页式等各种形式。从小学开始指导学生使用一些记忆方法，如思维导图、康奈尔笔记法等方法，这些学习方法对学生的记忆能力、分析能力和思维能力的提高都有很大的帮助。

（3）良好的笔记习惯强调思维过程。知识学习和技术学习的思维过程一般是"接收—模仿—总结、反思—练习强化、内化—精通"，在学习的过程中要允许学生有犯错、思考、更正的机会。不允许有错误，不留思考的时间，不给改正的机会，都有违学习思维的一般规律，是不科学的。

在美国的教室里，你会发现随处都是铅笔和荧光笔，学生习惯用铅笔来记录课堂知识，用荧光笔勾画知识重点。铅笔记录有利于内容的重新整理、错误之处的修改，最后将正确的内容清楚地呈现出来。而多色荧光笔的勾画，则是对笔记内容的重新梳理和对知识点的强化过程。所以，使用"铅笔和荧光笔"的学习习惯，给学生容错与更正的机会，五彩的笔记展现了学生的思维过程,体现的是课堂知识的精华。

优势分力五:教学策略多途径,持续保持学习积极性

PBL是一种将项目(产品或任务)作为课程内容的载体,即按照项目的相关性来组织课程的教学内容,设计时将教学内容和教学目标巧妙地隐藏在一个个任务之中,即教学进程由任务来驱动,在教学实施过程中,教师采用了多种相对开放的教学策略,以增加学习兴趣,调动学生积极性,引导学生积极参与各项活动,保证教学的有序进行。

(1) 以产品为基础的项目设计——联系生活策略(Product Based Learning)

联系生活策略是指教学中通过加强教学内容与现实生活的联系,凸显学习的现实意义与价值,从而激发学生学习的兴趣,促使其积极地参与到学习活动中来的一种策略。所以以产品为基础的项目设计,把课堂与生活紧密地联系在一起,学生通过创意作品的DIY制作,习得有关知识和技能,提高解决问题的能力。

(2) 以问题为导向的实施过程——问题导学策略(Problem Based Learning)

问题导学策略是指以问题为载体贯穿教学过程,设疑激学,使学生在好奇中萌生探究的欲望,在质疑和释问的过程中积极参与学习活动的一种教学策略。Problem Based Learning(基于问题的学习),是基于现实世界的以学生为中心的教育方式,以问题为导向的教学方法,强调以学生的主动学习为主,而不是传统教学中以教师讲授为主。问题导向教学,能够让学生在产品制作中学习新知识、新技能,能够提升学生的探究精神,培养团队合作精神、创新能力,是创新教育中有效的模式。

(3) 以激情为主线的教学策略——适度挑战和分数策略(Passion Based Learning)

激情贯穿,Passion Based Learning(以激情为基础),激情是想象力和创造力的基础,基于激情的学习,核心在于激发学生的学习激情,激发学生的创造激情。而在这里是指在项目的实施过程中应始终注意学生参与活动的热情,即调动、维持学生的学习积极性,以激发学生的学习激情,如在小组合作式的教学中,常采用TPS策略(Think-Pair-Share),探究类课常用的POE策略(Predict-Observe-Explain)及KWL策略(What do you KNOW? —What do you WANT to know? —What have you LEARNED?)和WAIT策略(留有思考的时间)。适度挑战策略是有效激发学生学习动机的策略之一,为学生的学习创设有适当难度的挑战、展示机会,根据建构主义理论,在项目设置时,将分解后的小任务,采用"适度挑战策略",设计成学生"跳一跳"就能够达到的任务,有具体要求但不能有偏离学生基础太多的高要求,避免因要求太高,学生不能按时、按质完成,从而降低学生的积极性。SCORE策略(分数策略),由五个单词首字母组成,分别是Succeed(让孩子获得成功)、Curiosity(激发好奇心)、Originality(鼓励原创)、Relations(促进同伴协作关系)和Energy(充满能量)。在设计项目活动、分解任务时,将分数策略用在其中,可以让这个项目更加完善,具有更好的可行性,也更加具有趣味性,必然会受学生的欢迎。学生在参与项目活动时,也能始终保持积极性。

优势分力六：评价量规多方面，凸显学习的过程管理

在PBL学习的评估重点由终结性评价转变为形成性评价，最终以形成性评价与评分和知识成果相结合的方法进行。评价作为项目的一个有机组成部分，可以有效维持学生的学习动机。教师可以根据评价提供反馈信息来调节学生的学习进度。形成性评价重点强调对学生思维方面的进展展开批判性评价，让学生归纳、分析、总结自己所学到的内容并用适当的方式展示、分享自己的成果。

(1) 研究报告，形成自我评价。每个研究阶段都会用研究报告的形式来描述实验的结果。因为评价的依据是报告中的语言描述和思考性的内容，所以可以帮助学生对自己所学的知识进行重组并能够较灵活地使用。

(2) 作品展示，接受同伴评价。展示环节作为评价的一个非常重要的组成部分，进一步提高学生应用知识的能力及表达能力。原因有三：第一，可以综合考量学生作品的质量情况；第二，学生汇报时会对内容、语言进行重新组织；第三，接受质疑。在汇报时，要接受其他学生评价时的批判性评语，对比自己的结果做出合理的解释。

(3) 教师指导，注重鼓励评价。教师在巡视的过程中，询问任务进度，不断提出问题，引导学生完成任务，教师的评价以激发学生主动性学习为主，对项目实施起着导向作用。以正面肯定为主，用鼓励性的语言来描述已有成功，婉转地指出不足，保护学生自尊心和自信心，激发其学习兴趣，使他们在学习过程中能独立思考、积极创新、善于与他人合作。

五、今后发展方向

1. 优化已有项目设计，着重以“设计多评价量规”为主

在PBL中，通常以产品或任务来展示学生学习的结果，学生要学的知识与技能已融入项目的各个任务，产品的创造过程即学生的学习过程。因此，在应用PBL的课堂教法中，采用形成性评价是较为合适的，具体的方法借鉴“优势分力六：评价量规多方面，凸显学习的过程管理”的相关措施。而接下来的重点是放在多种评价量规的设计上。通过多评价量规，引导学生不同的创作思路，达到不同的知识和技能要求。例如，在“框架结构设计与制作”和“桥梁设计”项目中的评价量规，在原来只注重“① 结构的负载自重比最高者”的基础上，现可再增加“② 看起来最实用的桥；③ 最佳设计”，采用三个评价量规，分别从负载比、实用性和美观度三方面引导学生完成作品任务。

2. 提高自身教学素养，向双师型教师发展

PBL教学法是一个开放式的教学模式，对教师自身的素质和教学技巧都有很高的要求。要求教师不但要扎实掌握相关学科知识，还要具备提出问题、解决问题的能力、灵活运用知识的能力、严密的逻辑思维能力。课堂中，要掌握调动学生积极性、寓教于乐、控制课堂节奏等技巧。笔者自知离PBL对教师的要求还有一定的差距，所以还须多学习、多实践，提高项目管理

能力，才能更好地应用项目教学法。在现今互联网+的大数据背景下，在课堂内外开始尝试"基于BYOD的混合式教育模式探讨"和"基于项目的STEAM学习（STEAM项目学习）的研究"课题研究与实践工作，丰富教学形式，提升自我素养。

3. 开展"基于项目的STEAM学习"的实践研究

STEAM教育即加强关于科学、技术、工程、艺术及数学的综合运用教育，提倡技术和工程结合，艺术和数学结合，它打破了常规的学科界限。STEAM教育"希望孩子们创造能够应用于真实生活的知识"。因此，STEAM教育不是在桌椅整齐的教室上课，而是在充满木板、锉刀、画笔、电线、电路板、芯片、3D打印机及各种教育科技产品的工作坊中进行。

STEAM教育在课堂上实施，其实也是借助任务来解决生活中的实际问题，以工程设计思路为主。近期阅读了《中小学STEM教育丛书》（赵中健主编），细想个人多年来在课堂上进行的项目教学法实践工作，结合书中提出的"基于项目的STEAM学习"，这是一个非常好的切入口。在PBL的基础上开展STEAM教育活动，形成"基于项目的STEAM学习"，不仅提倡学习这五个学科知识，用科学、技术、数学等各个领域的知识来解决真实世界中有意义的问题，并制作出产品，同时，以"注重学习与现实世界的联系，注重学习的过程，而不是结果"的"STEAM项目学习"方式代表的是一种现代教育理念，提倡的是一种新的教学方法。这种教学模式能够更好地发挥活动类、实践类和技术类课程的优势，让学生提高自主学习能力，学习各种学科及跨学科的知识；让他们尝试不同的想法，敢于犯错，让他们听到不同的观点，学会倾听，培养对自己学习负责的责任意识；也能鼓励学生去发展在21世纪所需要的技能，如技术技能、娴熟的沟通技能和解决问题的技能等。

【参考文献】

[1] 华爱琴.试论高职电子课程教学中项目教学法的应用[J].消费导刊，2016(11).

[2] 姜音.项目教学法在计算机教学中的探索与应用[J].职业技术，2016(12).

[3] 吕宁，唐企尧.项目教学法研究成果分析[J].职教科技，2016(1).

[4] 李海洁.项目教学法对学生素质的要求[J].吉林省教育学院学报，2016(3).

[5] 唐晓艳.基于工作过程为导向的项目教学法在单片机课程的教学实践[J].电子测试，2017(2).

[6] 吴兰臻，张洪生，张少杨.项目教学法在电子技术课程教学中的应用[J].教育教学论坛，2017(1).

[7] 王磊，等.项目教学法在数字逻辑电路中的实践与研究[J].中国管理信息化，2016(12).

[8] 赵中健.中小学 STEM 教育丛书[M].上海：上海科技教育出版社，2016.

[9] 张猛.浅析项目教学法在《电子线路》教学中应用[J].计算机教学，2015(11).

[10] 庄渊昭.基于项目教学法的电子技能训练校本课程开发[J].职业技术教育，2008(35).

第五部分

行 动 计 划

浦东新区义务教育项目化学习三年行动计划第三批实验校申报表

申报学校(全称)：上海市实验学校南校

填表日期：2022 年 7 月 22 日

一、项目团队成员信息表

<table>
<tr><td rowspan="2">申报类别</td><td colspan="4">种子实验校：□(如申报此类别,请在此处以"√"勾选)
注：种子实验校需要全面推进项目化学习,起到辐射引领作用。经评审如不符合种子实验校条件,是否愿意调整为项目实验校?
是□否□(请以"√"勾选)</td></tr>
<tr><td colspan="4">项目实验校：√(如申报此类别,请在此处以"√"勾选)
注：项目实验校需要重点突破某一类别的项目。项目学校须根据学校实际选择主要的实验领域。
活动项目□学科项目□跨学科项目√(请以"√"勾选)</td></tr>
<tr><td>项目名称</td><td colspan="4">核心素养导向的跨学科项目化学习实践</td></tr>
<tr><td rowspan="4">项目负责人(学校负责人)</td><td>姓　名</td><td>陈罡</td><td>职　称</td><td>高级</td></tr>
<tr><td>工作单位</td><td>实验南校</td><td>职　务</td><td>校长</td></tr>
<tr><td>学历/学位</td><td>本科/学士</td><td>手机号码</td><td>186××××9991</td></tr>
<tr><td>电子信箱或微信</td><td colspan="3">sse××××.com</td></tr>
<tr><td rowspan="4">项目联系人(学校分管负责人)</td><td>姓　名</td><td>谭李华</td><td>职　称</td><td>高级</td></tr>
<tr><td>工作单位</td><td>实验南校</td><td>职　务</td><td>校长助理;
教学中心主任</td></tr>
<tr><td>学历/学位</td><td>本科/学士</td><td>手机号码</td><td>189××××1387</td></tr>
<tr><td>电子信箱或微信</td><td colspan="3">tan××××.com</td></tr>
</table>

续 表

学校项目团队核心成员(学校有关部门、教研组负责人及骨干教师)					
姓 名	单 位	职 务	职称	学历	拟承担工作
黄 华	实验南校	理化科备课组长	一级	本科	项目化推动与实践
王 蓓	实验南校	教研组长	高级	本科	项目化推动与实践
蒋 来	实验南校	教研组长	二级	本科	项目化推动与实践
王慧华	实验南校	教研组长	二级	本科	项目化推动与实践
高 琪	实验南校	教研组长	一级	本科	项目化推动与实践
谢 园	实验南校	教研组长	一级	本科	项目化推动与实践
杨晓丽	实验南校	教研组长	一级	本科	项目化推动与实践
张芳芳	实验南校	心理教师	二级	硕士	项目化实践
李帅帅	实验南校	课程干事	二级	硕士	协调、规划、收集资料,项目化实践
王 萍	实验南校	科研干事	一级	博士	协调、规划

二、实施方案

分别从以下各方面具体阐述实施方案。

(一) 工作基础

2022年4月,教育部印发了《义务教育课程方案和课程标准(2022年版)》(以下简称"新课标"),指出依据义务教育培养目标,凝练课程所要培养的核心素养,体现课程独特育人价值和共通性育人要求,规定各门课程用不少于10%的课时设计跨学科主题学习活动,强化学科间的相互关联,增强课程的综合性和实践性。基于新课标的育人要求,结合南校育人理念,建构指向核心素养的跨学科项目实施策略。

上海市实验学校南校是一所年轻且朝气蓬勃的学校,学校被评为全国青少年冰雪体育传统特色学校;博物馆校本拓展课程《你所不知道的博物馆》成功申报了浦东新区教育科学课题,获得专家优秀的等级评价;《基于学科核心素养的"馆+"科学课程实施案例研究》,成功申报浦东新区教育教学课题;《"梦回盛唐"博物馆之旅》历史学科项目化学习活动,荣获"浦东新区项目化学习案例三等奖";《植物医生:"疫"起"沪"蔬,生命续航》跨学科项目化学习活动,荣获"浦东新区居家在线环境下项目化学习案例一等奖"。

(二) 工作目标

1. 基于国家新课标育人目标,融合学校个性化育人目标,引领学校跨学科项目的设计与实施，构建具有学校特色的教育和管理体系。

2. 以跨学科项目赋能教师专业发展，着重培养跨学科教师所应具备的学习力、行动力、创新力和跨学科融合教学能力，构建项目化学习共同体，适应教育变革发展趋势。

3. 通过实施跨学科项目化学习活动，全面提升学生综合核心素养，深度强化学生研究探究能力，动态优化学生学习评价方式，契合新时代青少年育人目标。

（三）路径与举措

基于 2020 年和 2021 年南校作为项目化创建校"以点带面"的实践思路，在"综文教研组、学科发展年、拓展课、线上学习"等做了尝试，已积累相关项目实践经验，制定了"（跨）学科项目化学习指导手册"，切实推进项目实践。接下来将开展如下项目化学习工作。

首先，将面向全组、全学科推进项目化学习，并实现活动、学科、跨学科的全面开花，相互赋能。由年级组牵头推进活动项目化，教研组和备课组牵头推进学科和跨学科项目，并结合学校特点，将项目化的学习主题作为学科发展年的课题方向，初步选定真实的小问题开展探究实践。

其次，发展学生核心素养，切实强调发展知识、技能、情感、态度、价值观的综合性品质，打破知识之间的边界壁垒，建立不同领域知识技能之间的关联，制定指向核心素养的跨学科项目化学习质量标准，切实落实项目的育人本位。

1. 孵化跨学科来源：收集学生提出的真实问题；整理不同学科教材中重叠度较高的内容，不同学科之间的创造性关联。

2. 设定跨学科时空：每名教师每学期至少完成一个跨学科项目，学期内自由选择时间完成，学期开始前完成项目设计，学期中和学期末分批完成项目汇报。

3. 开展新课标互学：统一开展全校"新课标互学"活动，由各学科备课组长做新课标讲座，并动态公布和更新各年级授课进度和计划。

4. 结合学科发展年：结合学校特点，将项目化的学习主题作为学科发展年的课题方向。

5. 制定质量标准：制定指向核心素养的跨学科项目化学习质量标准。

（四）进度安排

本项目周期为 3 年，进度安排如下。

1. 启动阶段（2022.5—2022.7）

组建课题、立题、论证、完成项目方案、申请立项。

2. 实施阶段

（1）初探阶段（2022.8—2022.9）

全员教师暑期完成一份活动/学科/跨学科项目化学习案例设计，构建年级组、教研组、备课组的项目化推进机制。

(2) 深化阶段(2022.9—2025.4)

制定跨学科项目推进策略,跟进项目设计,分析实施成效,提炼项目亮点和不足,提供阶段性按需培训,动态优化管理机制。

3. 总结阶段(2025.4—2025.6)

整理研究资料,撰写研究报告,准备鉴定、结题和验收。

(五) 预期成果

阶段成果:

1. 各年级跨学科项目化案例集;

2. 各年级跨学科项目化学习实践智慧文本集(案例故事、关键问题与关键策略、推进机制变革等);

3. 学生项目化研究报告/探究报告/微论文成果集;

4. 区级以上核心素养导向的跨学科项目化学习案例交流展示。

最终成果:

核心素养导向的跨学科项目化学习实践研究报告。

(六) 保障条件

1. 构建跨学科项目"动态赋能"机制

基于学校项目化学习的探索实践,关注实践过程中各级管理者、教师、学生对跨学科项目化学习的切实需求、问题挑战和实践智慧,形成融交流、培训、咨询为一体的动态赋能机制。

2. 构建跨学科项目"评价优化"机制

明确核心素养发展目标,制定项目化学习实践质量标准,指导学校、教师全面落实"核心素养"和"跨学科",提高教育教学质量。

3. 构建跨学科项目"管理推广"机制

依托项目化学习平台网站,以年级组、教研组、备课组为管理抓手,跟进教师的项目化设计和实施进展,研制典型案例,辐射推广实践经验,并依托教工大会,适时汇总和公布 PBL 活动近况。

4. 构建跨学科项目"教研组团"机制

以自由组团为主,注重记录合作交流内容、听评课教研现场,并将"跨学科教研历程"作为项目汇报的质量评价内容之一。另外,基于不同学科教材中重叠度较高的内容,不同学科之间的创造性关联,为各教研组和备课组提供跨学科教研组团建议。

5. 构建跨学科项目"专辑连载"机制

鼓励教师创建"项目专辑",整合多个学科的核心素养,依托一个大的项目主题,连载多个小项目,打造项目化学习的学校特色,如延续"植物医生"跨学科项目专辑。

SSES 跨学科项目化专辑 1——植物医生

大项目	子 项 目	涉 及 学 科	核 心 素 养
植物医生	“疫”起“沪”蔬,生命续航	劳动技术、信息科技、科学	劳动技术(劳动能力、劳动习惯、劳动精神)、信息科技(信息常识、数字化学习与创新)、科学(科学思维、探究实践)
	是“毒品”还是“美人”	劳动技术、信息科技、科学	劳动技术(劳动意识、劳动能力、劳动精神)、信息科技(信息意识、计算思维、信息社会责任)、科学(探究实践)
	穿越千年“古莲子”的现代盛放	语文、信息科技、科学	语文(文化自信、思维能力)、信息科技(信息意识、数字化学习与创新)、科学(科学观念、态度责任)
	……	……	……

(七) 学校实践

详见本书“第三部分　跨学科项目化学习案例——植物医生:‘疫’起‘沪’蔬,生命续航”。

三、审核意见

申报学校意见: 同意申报 单位(盖章):上海市实验学校南校 2022 年 7 月 31 日
专家评审结果: 专家签字: 年　月　日

上海市实验学校南校2022年项目化学习工作计划

根据上海市教委2020年发布的《上海市义务教育项目化学习三年行动计划(2020—2022年)》,我校作为项目化创建校,将项目化学习作为学校教育科研工作的重点,积极推进南校教学方式的变革,促进我校教师专业成长,培养学生终身学习能力。

一、项目背景

(一) 政策导向

1. 新时代教育需要自主建构知识

《中国教育现代化2035》与《中国学生发展核心素养》分别提出"加强创新人才特别是拔尖创新人才的培养"的要求和培养"学会学习""实践创新"等核心素质,以学生创新素养培育为目标的教与学方式变革势在必行。

2. 项目化学习提高义务教育质量

2019年6月,《中共中央关于深化教育教学改革全面提高义务教育质量的意见》中指出:"探索基于学科的课程综合化教学,开展研究型、项目化、合作式学习",同时上海市教委出台了《义务教育项目化学习三年行动计划(2020—2022年)》,将项目化学习作为促进义务教育学校教与学方式变革的重要手段。

3. 跨学科教学推动课程协同育人

2022年4月,教育部发布《义务教育课程方案和课程标准(2022年版)》,文件指出:"义务教育课程应该开展跨学科主题教学,强化课程协同育人功能,跨学科主题学习的课时不少于本学科总课时的10%。"

(二) 问题驱动

1. 项目化学习补足中国教育"短板"

在国际比较中,中国学生往往被认为存在创造性、问题解决能力不足的"短板",而项目化学习的重要使命之一是补足这块教育"短板"。通过多种项目形态,让学生经历真实的问题解决,调动已有的知识经验、能力基础,创造性地解决真实情境中的问题。

2. 项目化学习挖掘学生学习潜能

研究发现,项目化学习使学业中等或不良的学生在知识传递、学习深度、主动投入的学习态度和自我认识的发展等方面有更好的表现,项目化学习对真实世界的关注会让对学业不感兴趣的学生积极投入学习。

(三) 理论基础

项目化学习是基于建构主义理论设计的,建构主义在知识观、学习观、学生观、教学观等方面与传统教育理念存在差异(见表1),相对于传统教学观,建构主义更注重学生对知识的主动构建,更强调教学情境对学习的影响。

表1 建构主义教育观与传统教育观对比

教育观念	建构主义	传统教育
知识观	知识是基于自身经验背景与学习情境构建	知识是客观事物、原理的认知表征
学习观	学习需要主动建构,与社会文化互动,情境学习	学习是学生记忆及应用教师传授的客观原理
学生观	强调学生经验世界的丰富性和差异性	知识由教师向学生传递,学生是被动的信息吸收者
教学观	激活学生原有知识经验,促进知识经验的"生长"	传递客观而确定的现成知识

(四) 实践基础

1. 教学经验

我校基于2020学年和2021学年作为项目化创建校的教学实践,已积累相关项目实践经验,制定了"(跨)学科项目化学习指导手册"。2022学年成功申报区级项目化实验校,促进了活动、学科、跨学科项目全面开花。本学年我校《植物医生:"疫"起"沪"蔬,生命续航》和《"梦回盛唐"博物馆之旅》分别荣获第三届"学习素养·项目化学习"全国案例征集与评选活动一等奖、三等奖。

2. 校本研究

学校的《积极行为支持视角下劳动教育核心素养的培养体系研究》课题成功立项区级规划课题,该课题将成为未来三年对劳动教育项目学习与核心素养融合进行研究的主阵地。

3. 技术保障

学校基于"预见学习"项目申报平台,组织教师创建项目,规范设计和实施项目,并作为校级项目化资源库。

二、实施方案

(一) 选题来源

结合"德智体美劳"五育并举,与"活动、学科、跨学科"项目相结合,选题来源于学生提出的真实问题、重大社会事件或新闻热点、不同学科教材中重叠度较高的内容、不同学科之间的创造性关联、人类世界中永恒的问题或现象、文学创作中的母题与普遍的故事、新技术的涌现带来的需求和问题等。

2022年度上半年计划以“以点带面”的学习实践思路，在“教研组、学科发展年、拓展课、线上学习”中加以尝试，综合开展活动、学科、跨学科项目化。

2022年度下半年面向全组、全学科推进项目化学习，并实现活动、学科、跨学科的全面开花，相互赋能。由年级组牵头推进活动项目化，教研组和备课组牵头推进学科和跨学科项目，并结合学校特点，将项目化的学习主题作为学科发展年的课题方向，初步选定真实的小问题开展探究实践。

1. 孵化跨学科来源：收集学生提出的真实问题，整理不同学科教材中重叠度较高的内容、不同学科之间的创造性关联。

2. 设定跨学科时空：每名教师每学期至少完成一个跨学科项目，学期内自由选择时间完成，学期开始前完成项目设计，学期中和学期末分批完成项目汇报。

3. 开展新课标互学：统一开展全校“新课标互学”活动，由各学科备课组长做新课标讲座，并动态公布和更新各年级授课进度和计划。

4. 结合学科发展年：结合学校特点，将项目化的学习主题作为学科发展年的课题方向。

5. 制定质量标准：制定指向核心素养的跨学科项目化学习质量标准。

（二）推进计划

可选项目类型：活动项目、学科项目、跨学科项目。

可选项目周期（时间）：

* 微项目：对于具体1～2节课的项目化研究。

* 综合项目：围绕（跨）学科单元或真实问题的一个项目主题，展开项目，时间自定。

* 中长期项目：以季度或年度为单位，形成一个项目化学习研究课题（教师个人或团队课题）。

注：高质量项目化学习要素包括素养目标、驱动性问题、持续探究、全程评估。

时间点	阶段	工作内容	平台	落实责任人
根据通知	穿插各阶段	“种子教师”培训	—	教师发展中心
		参加区级工作会议		
		参加区级实践指导、交流研讨等		
		专家讲座		

续 表

时间点	阶段	工 作 内 容	平 台	落实责任人
2022.2 之前	学习	阅读项目化相关书籍，并撰写读书笔记	—	教研组
2022.6 之前	设计& 实施	完成活动、学科、跨学科各至少 一个项目的设计与实施	预见学 习平台	教师发展 中心
暑期 （2022.7）	交流	项目化教学经验分享&交流 项目化学习设计手册分享&解读	腾讯会议	教师发展 中心
暑期 （2022.8.31 之前）	设计	完成、完善项目活动的设计	预见学习平台： 完成并提交项 目“设计”部分	教研组/ 备课组
2022.9.30 之前	交流+ 完善+ 申报+ 统计	各组推荐项目交流	—	教研组/ 备课组
		各项目“完善”方案设计， 做好实施前准备工作	预见学习平台： 优化并提交项 目“设计”部分	项目组+ 教师个人
		推动申报，统计本学期项目化案例 （9 月 30 日，开始统计项目化平台上 https://www.shsricc.org.cn/#/完成并提交项目“设计”部分的教师名单，积累项目化“设计”积分，关联教师绩效。） 截至 2022 年 9 月 30 日，本学期“第 1 批”参与项目申报的数据如下（详见附件 1）： √6 个教研组 √55 名教师 √24 个项目（涉及活动/学科/跨学科） 关于项目化学习案例的设计与实施，引导教师关联拓展/探究课、学科发展年和校级研究课题	预见学习平台： 提交项目“设 计”部分终版	ALL （教师发展中 心+教研组+ 项目组+教师 个人）
2022.10.30 之前	跟踪+ 实施+ 申报+ 发布	1. 培训与指导：提供校外专家教师、校内骨干教师培训 2. 实施与跟踪：个人/团队项目至少开展一次教研或备课组内交流，团队项目自由开展项目组内交流（次数不做要求），交流记录及时更新到“钉钉群”共享文件中 3. 截至 10 月 30 日 24 点，统计第 2 批项目申报成果 4. 微信公众号发布优秀项目案例	钉钉群共享 文件+预见 学习平台： 每月跟进	ALL （教师发展 中心+教研 组+项目组+ 教师个人）
2022.12.18 之前	全部 完成 实施	1. 微信公众号发布优秀项目案例 2. 根据项目实施情况，统计项目化“实施”积分，关联教师绩效	预见学习 平台：完成 “实施”部 分的填写	教师发展中心

续 表

时间点	阶段	工 作 内 容	平 台	落实责任人
2023年1月	学期小结	1. 交流、推荐优秀案例 2. 修改、完善在"设计、实施"各环节中的细节问题 3. 2022年第二学期项目化推进方案专家指导	—	教师发展中心+优秀项目负责人

三、问题对策

(一) 主要问题

1. 学术科研氛围不浓厚

2022年是我校建校的第四年,在教学上已取得相对丰硕的成果,但是在科研上还有很大的进步空间,教师对科研的重视程度有待加强。

2. 教师科研基础较薄弱

我校有小部分教师参与或主持了市级、区级课题,但大部分教师缺乏课题研究基础,学术论文发表也较少,科研工作有待进一步加强。

3. 项目评价标准待完善

科学评价标准对项目开展有积极引导作用,但目前活动、学科和跨学科三类项目的评价标准均有待完善。

4. 学科教研机制待创新

各教研组以学科为单位划分,学科间相对独立,缺少跨学科和课程整合,不利于跨学科教学的开展,以项目组为单位的跨学科教研亟待落实。

(二) 基本对策

1. 唤醒全员教师"善教善研"意识

新时期呼唤高素质、专业化、创新型教师,担负着"学生创新思维的引路人"重大使命的中小学教师更要"镕金琢玉,并究其妙",教育实践与教育科研"两手抓、两手硬"。教而不研则浅,研而不教则空。真能教者必能研,真善研者必善教,研究型教师就应该是真能教者和真善研者的统一体。

2. 构建项目化学习"动态赋能"机制

基于学校项目化学习的探索实践,关注实践过程中各级管理者、教师、学生对跨学科项目化学习的切实需求、问题挑战和实践智慧,形成融交流、培训、咨询为一体的动态赋能机制。

3. 构建项目化学习"评价优化"机制

明确核心素养发展目标,制定项目化学习实践质量标准,指导学校、教师全面落实"核心素养"和"跨学科",提高教育教学质量。

4. 构建项目化学习"教研组团"机制

以自由组团为主,注重记录合作交流内容、听评课教研现场,并将"跨学科教研历程"作为项目汇报的质量评价内容之一。另外,基于不同学科教材中重叠度较高的内容、不同学科之间的创造性关联,为各教研组和备课组提供跨学科教研组团建议。

5. 构建项目化学习"辐射推广"机制

依托项目化学习平台网站,以年级组、教研组、备课组为管理抓手,跟进教师的项目化设计和实施进展,研制典型案例,辐射推广实践经验,塑造学校科研氛围,并依托教工大会,适时汇总和公布 PBL 活动近况。

四、项目成果

1. 上实南校项目化学习案例汇编

2. 核心素养导向的项目化学习实践研究报告

上海市实验学校南校 2023 年
项目化学习推进计划

2020—2022 年，我校申报成为“区级项目化创建校”，并于 2022 年度考核“优秀”，2023 年进阶成为“区级项目化实验校”。我校将项目化学习作为学校教育科研工作的重点，积极推进南校教学方式的变革，促进我校教师专业成长，培养学生终身学习能力。

一、项目背景

（一）政策导向

1. 新时代教育需要自主建构知识

《中国教育现代化 2035》与《中国学生发展核心素养》分别提出“加强创新人才特别是拔尖创新人才的培养”的要求和培养“学会学习”“实践创新”等核心素质，以学生创新素养培育为目标的教与学方式变革势在必行。

2. 项目化学习提高义务教育质量

2019 年 6 月，《中共中央关于深化教育教学改革全面提高义务教育质量的意见》中指出：“探索基于学科的课程综合化教学，开展研究型、项目化、合作式学习”，同时上海市教委出台了《义务教育项目化学习三年行动计划(2020—2022 年)》，将项目化学习作为促进义务教育学校教与学方式变革的重要手段。

3. 跨学科教学推动课程协同育人

2022 年 4 月，教育部发布《义务教育课程方案和课程标准(2022 年版)》，文件指出：“义务教育课程应该开展跨学科主题教学，强化课程协同育人功能，跨学科主题学习的课时不少于本学科总课时的 10%。”

（二）问题驱动

1. 项目化学习补足中国教育“短板”

在国际比较中，中国学生往往被认为存在创造性、问题解决能力不足的“短板”，而项目化学习的重要使命之一是补足这块教育“短板”。通过多种项目形态，让学生经历真实的问题解决，调动已有的知识经验、能力基础，创造性地解决真实情境中的问题。

2. 项目化学习挖掘学生学习潜能

研究发现，项目化学习使学业中等或不良的学生在知识传递、学习深度、主动投入的学习态度和自我认识的发展等方面有更好的表现，项目化学习对真实世界的关注会让对学业不感兴趣的学生积极投入学习。

（三）理论基础

项目化学习是基于建构主义理论设计的，建构主义在知识观、学习观、学生观、教学观等方面与传统教育理念存在差异（见表1），相对于传统教学观，建构主义更注重学生对知识的主动构建，更强调教学情境对学习的影响。

表1　建构主义教育观与传统教育观对比

教育观念	建　构　主　义	传　统　教　育
知识观	知识是基于自身经验背景与学习情境构建	知识是客观事物、原理的认知表征
学习观	学习需要主动建构，与社会文化互动，情境学习	学习是学生记忆及应用教师传授的客观原理
学生观	强调学生经验世界的丰富性和差异性	知识由教师向学生传递，学生是被动的信息吸收者
教学观	激活学生原有知识经验，促进知识经验的"生长"	传递客观而确定的现成知识

（四）实践基础

1. 教学经验

学校以"'项'上攀登，'目'营心匠，'化'雨春风"为主题，展开了项目化学习探索，截至目前共完成16个项目化案例，60余名教师参与设计和实施，涵盖活动、学科、跨学科全类目。其中2个项目分获第三届"学习素养・项目化学习"全国案例征集与评选的一等奖和三等奖，1个项目获评首届"中国基础教育卓越原创案例展评"特色案例。1名教师获评"浦东新区义务教育项目化学习种子教师"。

2. 技术保障

学校基于"预见学习"项目申报平台，组织教师创建项目，规范设计和实施项目，并作为校级项目化资源库。

二、实施方案

（一）课题引领

学校的《积极行为支持视角下劳动教育核心素养的培养体系研究》课题成功立项区级规划课题，2023年拟申请区级课题的项目化相关课题有《核心素养导向下初中语文古诗情境化教学实践研究》《指向核心素养的初中信息科技项目化学习表现性评价研究》《初中语文课本剧项目化设计与实施研究》。

（二）共学共研

2023 年 3—7 月，开展项目化学习“共学共研”，目前已成立 18 人的项目化研究小组，每周三的第 7、8 节课，开展项目化丛书共读共研，项目化第一、二期如下图。通过项目化学习，旨在提升教师设计与实施活动、学科、跨学科项目化案例，并基于案例撰写系列论文。

（三）评价保质

本学期进一步落实项目化学习评价，通过“指向素养的项目化学习评价的质量分析框架（见前言附件）”，将项目划分为 A、B、C 三个等级，并根据不同等级给予绩效奖励，旨在实现项目化学习高质量发展。

（四）进度计划

<table>
<tr><th>时间点</th><th>阶段</th><th>工　作　内　容</th><th>平　台</th><th>落实责任人</th></tr>
<tr><td rowspan="4">根据通知</td><td rowspan="4">穿插各阶段</td><td>“种子教师”培训</td><td rowspan="4">—</td><td rowspan="4">教师发展中心</td></tr>
<tr><td>参加区级工作会议</td></tr>
<tr><td>参加区级实践指导，交流研讨等</td></tr>
<tr><td>专家讲座</td></tr>
<tr><td>2023 年共学共研</td><td>每周三</td><td>阅读项目化设计和实施丛书，并组内分享带学</td><td>—</td><td>教师发展中心</td></tr>
<tr><td>2023.3.15 前</td><td>申报 & 统计</td><td>推动申报，统计本学期项目化案例
（3 月 15 日，开始统计项目化平台上 https://www.shsricc.org.cn/#/完成并提交项目“设计”部分的教师名单，积累项目化“设计”积分，关联教师绩效）</td><td>—</td><td>教师发展中心</td></tr>
</table>

续 表

时间点	阶段	工 作 内 容	平 台	落实责任人
2023.4	展示	申请区级项目化学习展示	—	教师发展中心
2023.6.30前	设计 & 实施 & 参赛	1. 活动、学科、跨学科各至少一个项目的设计与实施 2. 组织参加预见学习平台的"项目化学习三年行动计划优秀案例征集活动"	预见学习平台	教研组
暑期（2023.9）	分享 & 交流	项目化教学经验分享 & 交流	腾讯会议	教师发展中心
2023.9.30前	申报 & 统计	推动申报，统计本学期项目化案例 （9月30日，开始统计项目化平台上 https://www.shsricc.org.cn/#/完成并提交项目"设计"部分的教师名单，积累项目化"设计"积分，关联教师绩效）	—	教师发展中心
2023.12.18前全部完成实施	设计 & 实施	1. 2023年12月18日截止统计，12月31日前完成公众号优秀项目案例发布 2. 根据项目实施情况，统计项目化"实施"积分，关联教师绩效	预见学习平台：完成"实施"部分的填写	教师发展中心

图书在版编目(CIP)数据

"项"美攀登：上海市实验学校南校项目化学习实践与探索/陈罡主编；谭李华副主编. —上海：文汇出版社，2023.11

ISBN 978 - 7 - 5496 - 4152 - 9

Ⅰ.①项… Ⅱ.①陈… ②谭… Ⅲ.①中学教育—教学研究—初中 Ⅳ.①G632.0

中国国家版本馆 CIP 数据核字(2023)第 217967 号

"项"美攀登

——上海市实验学校南校项目化学习实践与探索

主　　编/ 陈　罡
副 主 编/ 谭李华
责任编辑/ 张　涛
特约编辑/ 盛　纯
封面装帧/ 薛　冰

出 版 人/ 周伯军
出版发行/ 文匯出版社
上海市威海路 755 号 （邮政编码 200041）
经　　销/ 全国新华书店
排　　版/ 南京展望文化发展有限公司
印刷装订/ 启东市人民印刷有限公司

版　　次/ 2023 年 11 月第 1 版
印　　次/ 2023 年 11 月第 1 次印刷
开　　本/ 787 × 1092　1/ 16
字　　数/ 450 千字
印　　张/ 21.5

ISBN 978 - 7 - 5496 - 4152 - 9
定　　价/ 80.00 元